I
조선 후기 사족과 예교질서

엮은이
박종천 朴鍾天, Park, Jong-Chun_고려대학교 민족문화연구원 HK교수

글쓴이
전성건 全聖健, Jeon, Sung-Kun_연세대학교 국학연구원 연구교수
김문용 金文鎔, Kim, Moon-Yong_고려대학교 민족문화연구원 HK교수
김선희 金宣姬, Kim, Seon-Hee_이화여자대학교 인문과학원 HK연구교수
김윤정 金允貞, Kim, Yun-Jung_연세대학교 국학연구원 연구교수
김형수 金炯秀, Kim, Hyeong-Su_한국국학진흥원 책임연구위원
김학수 金鶴洙, Kim, Hak-Su_한국학중앙연구원 수석연구원
박종천 朴鍾天, Park, Jong-Chun_고려대학교 민족문화연구원 HK교수

문화동역학라이브러리 20
조선 후기 사족과 예교질서

초판인쇄 2015년 6월 1일 **초판발행** 2015년 6월 10일
엮은이 박종천 **펴낸이** 박성모 **펴낸곳** 소명출판 **출판등록** 제13-522호
주소 서울시 서초구 서초중앙로6길 15, 1층
전화 02-585-7840 **팩스** 02-585-7848 **전자우편** somyong@korea.com **홈페이지** www.somyong.co.kr

값 33,000원

ISBN 979-11-86356-48-7 94910
ISBN 978-89-5626-851-4 (세트)

이 책은 2007년 정부(교육과학기술부)의 재원으로 한국연구재단의 지원을 받아 수행된 연구임(NRF-2007-361-AL0013).

고려대학교 민족문화연구원
문화동역학 라이브러리 20

조선 후기 사족과 예교질서

Confucian Literati and its Order in the late Chosun

박종천 편

문화동역학 라이브러리 문화는 복합적이고 역동적인 구성물이다. 한국 문화는 안팎의 다양한 갈래와 요소가 상호작용하는 과정을 통해 끊임없이 변화해왔고, 변화해 갈 것이다. 고려대학교 민족문화연구원이 주관하는 이 총서는 한국과 그 주변 문화의 복합적이고 역동적인 양상을 추적하고, 이를 통해 한국 문화는 물론 인류 문화에 대한 새로운 통찰과 그 다양성의 증진에 기여하고자 한다. 문화동역학(Cultural Dynamics)이란 이러한 도정을 이끌어 가는 우리의 방법론적인 표어이다.

소명출판

책머리에

대한민국은 법치法治사회다. 자유와 평등의 이상을 중심으로 국민의 인권을 보호하는 헌법적 질서에 따라 사회가 운영된다. 그런데 과연 법法은 시민을 권리와 의무를 지니는 자율적 주체로 만들어 주는가? 사실은 그 반대가 아닌가? 법이 시민을 자율적 주체로 만드는 것이 아니라 시민들의 자율적 노력이 법을 만드는 것은 아닌가? 그렇다면 시민을 자율적 주체로 만들어 주는 것은 무엇인가? 이상적 질서에 대한 사회적 공감대와 그러한 이상을 실현시키기 위한 결단과 실천이 법의 근간이 된다. 따라서 공감대와 결단 및 실천의 내용과 형식에 대한 심층적인 탐색이 필요하다.

그런데 이러한 문제제기를 전통사회에도 그대로 적용할 수 있는가? 근대 이전 조선이라는 유교적 전통사회에서 법은 국가를 구성하는 조직과 기능을 규정하고 그 기능을 원활하게 실현시키는 수단으로서 합법적이고 강제적인 형률刑律을 지니고 있었다. 그러나 이러한 법보다 더 중요한 것은 예禮였다. 유교적 관점에 의하면, 사회질서를 구성하고 운영하는 측면에서 형정刑政의 법적 / 정치적 수단은 어디까지나 부차적인 것이고, 예악禮樂의 도덕적 / 문화적 방식이 근본적인 것이었다.

법은 규범의 최소한을 규정하지만, 예는 규범의 최대한을 반영한다. 유교적 예교질서는 규범의 최소주의가 아니라 규범의 최대주의를 적극적으로 지향한다. 이러한 이상에 따라 조선의 선비들은 법적이고 정치적인 수단에 의해 타율적으로 지배받는 사회가 아니라 스스로 도덕적이고 문화적인 이상을 체득하고 주체적으로 실천하는 자율적 사회를 꿈꾸었다. 그리하여 타율적 법치가 아니라 자율적인 예치禮治를 모색했다. 따라서 조선시대의 예는 사회질서의 토대가 되는 사회적 공감대와 그런 공감대를 구현하기 위한 실천 내용과 형식이라고 할 수 있으며, 선비들은 그러한 공감대를 파악하고 구체적인 실천의 형식으로 만들고 실현하는 주체로서 활동했다.

그러나 선비들이 파악했던 사회적 공감대는 경전에서 규정된 이상적 이념을 기반으로 했기 때문에 현실 적용에서 일정한 한계를 노출했으며, 교화의 주체인 사족들을 중심으로 한 자율적인 예교질서의 형성은 서얼, 노비, 여성 등 내부의 타자를 규제의 대상으로 규정하고 실제로 단속하는 양상으로 전개되기도 했다.

이러한 예교질서의 이상과 한계를 균형잡힌 시각으로 접근하기 위해서 고려대 민족문화연구원 HK한국문화연구단은 2013년 하반기부터 2014년 하반기까지 '예교의 사회문화'를 연구하는 연구진을 구성하였으며, 첫 번째 연구과제로 조선 후기 사족士族들이 만들어가는 예교禮教질서의 변화 양상과 함의를 탐색하기로 결정하였다. 본 연구진은 조선시대 사회문화가 복합적인 차원과 다층적인 층위를 지니고 역동적으로 변화했다는 점을 염두에 두고 '예교禮教'를 중심으로 구성되는 조선시대의 사회문화의 구조적 특성과 역동적 변화를 유기적으로 연결시켜 이해하고자 하는 기획연구의 첫 번째 작업으로서, 가족, 친족, 향촌 등의 차원에서 조선 후기 사족 공동체가 발전하면서 예교질서가 확장되고 강화되는 양상과 그에 따른 여러 가지 문제점들을 탐색하였다.

특히 '예교질서의 변화와 가족공동체의 일상생활'과 '향촌사회의 예교질서와 사족공동체의 변화'라는 주제를 천착하면서, 예교의 사회문화를 구성하는 정치적 권력, 경제적 기반, 문화적 권위의 상관관계에 주목했다. 먼저 조선 후기 예론의 변동과 분화, 향촌 지식인의 자기정체성 인식, 공적 지식인이자 사적 생활인으로서 가족과 사회 사이에서 고민하고 분투하는 사족들의 고민과 분투, 가족 내부의 타자로 설정되는 어머니와 여성의 위상 등을 검토했으며, 다음으로 정치적 권력, 경제적 기반, 문화적 권위를 모두 갖춘 서울 중심의 경화세족, 정치적 권력에서 소외되었지만 경제적 기반과 문화적 권위를 갖추고 있는 영남 남인과 호서 소론의 명문 가문, 정치적 권력과 경제적 기반이 모두 미미하여 문화적 권위에 호소할 수밖에 없는 근기 남인 등을 대상으로 설정하여, 학단, 향약 / 동계, 친족 등 학연, 지연, 혈연의 향촌공동체의 예교질서가 기호지역의 서인 노론학파, 영남지역의 남인 퇴계학파, 근기지역의 성호학파의 차이에 따라, 또 중앙과 지방의 차이에 따라 다양하게 나타나는 양상들을 검토했다.

먼저, 1부 '예교질서의 변화와 가족공동체의 일상생활'의 첫 번째 연구로서 전성건의 「조선 후기 예론의 변동과 분화 – 영남 퇴계학파로부터 근기 성호학파까지」는 조선 후기 예론禮論의 학파별 차이와 지역적 특성에 주목하던 기존의 연구 경향을 넘어서 의리예학과 체제예학의 분기, 덕례德禮의 자율적 예속과 형정刑政의 타율적 강제의 병행이라는 조선 후기 예론의 변동과 분화 양상을 분석하고 있다. 그는 천리天理와 인정人情, 고례古禮와 속례俗禮를 기준으로 삼아 천리 중심의 의리義理예학과 인정 중심의 체제예학이 분기를 설명하고, 덕례형정론德禮刑政論

의 틀 속에서 덕례의 자율적 예속을 강조하던 의리예학으로부터 형정의 타율적 강제까지 병행하는 체제예학이 분화되어 나오는 흐름을 주자로부터 퇴계로 전승되었던 의리예학이 미수 허목과 성호 이익을 기점으로 해서 체제예학으로 분화하는 양상을 분명하게 정리하였다. 또한 예악형정론의 틀에서 영남 남인들이 형정의 타율적 강제를 배제하고 향촌사회의 자율적 예속문화 건설을 추진했던 것에 비해, 근기 남인들은 자율적 예악禮樂과 타율적 형정의 균형 있는 결합을 예치禮治를 지향했음을 밝히는 한편, 조선 후기 성호학파 내에서도 천리 중심의 성호 우파의 의리예학과 인정 중심의 성호 좌파의 체제예학의 분기가 있었음을 설명하였다. 우리는 이런 관점을 통해서 조선 전기에 주도적이었던 향촌 주도의 상향적이고 자율적인 예속문화의 흐름이 조선 후기에 와서 국가 주도의 하향적이고 타율적인 예치질서의 흐름으로 변화해 가는 거시적 양상을 조망할 수 있다.

조선시대 사족들은 투철한 사회적 책임의식을 지닌 공적 지식인이기도 했지만, 가난과 병과 죽음 등 삶의 난관 앞에서 실존적으로 고민하는 사적 생활인이기도 했다. 김문용과 김선희의 연구는 공적 지식인이자 사적 생활인으로서 사족들의 중층적 정체성에 대한 탐색을 시도한 연구다. 이들의 연구를 통해 우리는 가족과 사회, 실존적 한계상황과 공적 가치 실현의 사이에서 분투하는 사족들의 모습을 입체적으로 이해할 수 있다.

김문용의 글은 조선 후기 한 향촌 지식인이었던 위백규魏伯珪, 1727~1798의 사례를 통해서 조선 후기 사족의 자아의식 구성 혹은 주체성 자각이 다양한 해석학적 시각을 요청한다는 점을 실증적으로 보여준다.

유교 지식인들은 가족의 일원이면서 향촌의 일원이었다. 사족들은 지식인으로서 가족과 사회에 대한 강렬한 책임의식을 지니고서 혈연 공동체인 가족과 지역공동체인 향촌사회의 이상적 질서를 이루기 위해 노력했다. 위백규는 18세기 후반 향촌 지식인으로서 사심私心과 방심放心의 중용, 유아론과 무아론의 병행을 통해 자신을 강렬한 사회적 책임의식을 지닌 실천적 주체로서 자각하는 한편, 그것을 토대로 삼아 사강회社講會와 가중사시회家中四時會 등을 통해 활발한 향촌운동을 벌였다. 이러한 향촌운동은 효를 기반으로 하는 가부장 의식을 향촌윤리로 확장되면서 종족적 배타성을 극복하고 향촌의 공공성으로 나아가는 가능성을 지니고 있었지만, 종족질서가 강화되어 가던 상황에서 그의 향촌질서에 대한 비전은 결과적으로 종족중심적인 가족윤리의 확장의 한계를 드러냈다. 이러한 시각은 혈연공동체인 종족과 지역공동체인 향촌 사이에서 길항하는 유교적 사회질서를 배타성을 넘어서 공공성을 지향하는 방식으로 재구성하기 위한 사회적 고민의 양상과 특성을 압축적으로 드러내고 있으며, 사족의 정체성에 대한 복합적 이해의 한 가능성을 잘 보여주고 있다.

김선희는 「가난, 병, 죽음—삶의 난관 앞에 선 실학자들」에서 생활인으로서 각종 난관에 대응하는 실학자들의 실존적 모습을 집중적으로 탐구하고 있다. 유교 전통에서 가난과 그에 따른 검소한 삶은 자기수양과 도덕적 완성의 토대로 여겨졌으며, 검약은 단순한 생계유지의 차원을 넘어서서 세계관과 가치 실현의 문제였다. 이런 맥락에서 공적 정치 영역에 진입하지 못하거나 배제되었던 성호학파 실학자들은 사치를 비판하고 검약을 실천함으로써 가난과 병과 죽음의 실존적 문제를 공적 가치 실현의 장으로 변화시켰다. 이 연구는 가족이라는 삶의 공동체가 겪는 실존적 조건으로서 가난, 병, 죽음의 문제를 견디는 생활 방식에 대한 탐색인 동시에, 그러한 실존적 문제가 어떻게 공적 가치 실현의 문제로 승화될 수 있는지를 검토함으로써 새로운 성찰을 불러일으킨다.

조선 후기 예교질서의 확장과 심화는 남성 가부장 중심의 종법적 질서를 강화하면서 가족 내에서 아버지에 대응되는 어머니의 위상과 남성에 대비되는 여성의 지위가 하락되는 사회적 문제를 야기했다. 김윤정과 김선희의 연구는 아버지에 의해 그 지위가 결정되는 어머니와 가문 유지의 필수적인 존재이면서도 중심이 되지 못하는 여성이 차별받는 가족 내부의 타자였음을 보여주는 동시에, 아버지의 자의적 명령을 넘어서서 어머니 자신의 도덕적 행위를 통해 사회적 한계를 일정하게 넘어설 수 있는 가능성을 확보할 있으며, 여성에 대한 보수적 단속이 정치적 권력도 없고 경제적 능력도 없는 향촌의 지식인들이 가문의 유지를 위해 도덕적 정당성을 확보하는 이념적 방어로서 불가피한 사회적 성격을 지니고 있음을 보여주고 있다.

김윤정은 「조선 후기 가모嫁母·출모出母 담론과 어머니의 예학적 위상」에서 조선시대 어머니의 위상이 아버지와의 관계에 따라 설정되는 양상을 아버지 사망 후 재가한 어머니인 가모嫁母와 아버지에게 내쫓긴 출모出母처럼 혈연적 은혜는 있으나 아버지와의 의리가 끊어져서 온전하지 못한 어머니들의 문제를 통해 분석했다. 이 연구는 가부장권의 강화로 인해 부적격한 어머니의 배제가 이루어진 역사적 맥락을 밝히는 한편, 중국과 대비되는 가모·출모 담론의 조선적 특징을 규명하였다.

특히 17세기 병자호란 포로로 끌려갔다가 돌아온 여성들을 절개를 잃어버렸다는 이유로 개가改嫁한 것으로 간주하여 이혼하거나 그 자식들의 관직 진출이 규제되는 등의 사회적 문제를 탐색하는 한편, 출모와 가모의 경중을 '부명父命'의 유무有無로 구분하는 중국과는 달리, 죄 없이 쫓겨난 출모에 대해서는 동정하지만 아버지와의 의리를 스스로 끊어버린 가모의 개가를 절개를 상실한 것으로 간주하여 비판하는 조선사회의 특징을 극명하게 보여주었다. 이 연구를 통해 우리는 중국과는 달리 아버지의 권위를 최우선으로 하는 종법의 원칙을 넘어서서 어머니의 도덕적 행위를 더 중요하게 생각하는 조선사회의 윤리적 면모를 살펴볼 수 있으며, 여성들이 도덕적 행위를 통해 사회질서의 한계를 일정하게 극복할 수 있는 상대적 가능성을 확인할 수 있다.

이에 비해 김선희의 「가家의 확장과 내부의 타자들—성호학파의 여성 인식」은 가문의 유지에 필수적인 존재이면서도 중심이 될 수 없는 가족 내부의 타자로서 여성의 문제를 다루었다. 여성의 노동은 가족의 유지를 위해 필수적인 것이었지만, 가족 내부에서 여성은 타율적으로 구성되고 유교적 이념에 따라 편집된 존재였다. 김선희는 이런 상황이 진보적인 일군의 실학자들에 의해 도리어 더 강화되는 양상을 성호 이익의 사례를 통해 집중적으로 파헤치고 있다. 이익은 유랑민, 노비, 서얼 등 사회적 약자들에 대한 공감과 사회적 문제 해결에서 진보적인 제도 개선을 선보였지만, 장신구나 사치품에 대한 여성들의 기호를 비난하고 사나운 아내를 몰아내는 출처법出妻法을 만들 것을 주장하는 등 여성에 대해서는 오히려 더 보수적인 입장을 견지했다. 김선희는 여성을 구제의 대상인 외부의 타자가 아니라 지배의 대상인 내부의 타자로 설정하는 이익의 구상이 정치적 권력도 없고 경제적 능력이 없는 향촌의 독서인이 꿈꿀 수 있는 가장 완벽한 유가적 세계인 가문의 유지를 이룰 수 있도록 도덕적 정당성을 확보하는 이념적 방어였다고 해석한다. 이러한 해석은 사회적으로는 진보적인 개혁을 제안하면서도 가족 내부의 타자인 여성에 대해서는 더 보수적인 입장을 취하는 실학자들의 이중성을 정치적 권력과 경제적 능력이 모자란 상황에서 어렵사리 가문을 유지해야 했던 평범한 향촌 사족들의 사회적 처지에서 이해할 수 있는 길을 열어준다.

양난 이후 학문적 실천과 의병활동의 희생으로 도덕적 주도권을 획득한 사족들은 향촌사회를 교화하는 주체로서 나서는 한편, 양난 이후 유교의례의 실천과 종법적 이상이 보편화되는 가운데 친족공동체의 계후繼後와 학문공동체의 사복師服의 의례적 실천 속에서 의리명분에 맞는 사회문화적 이상을 수립했다. 이에 비해 하층민의 사회적 지위 향상과 양반층의 분화 심화에 따라 하층민으로 전락할 위험이 있는 경계선상에 선 양반들은 하층민과 구별되는 사족의 문화적 정체성을 지키기 위해 힘겹게 노력하기도 했다.

이러한 다양하고 복합적인 양상은 특정 학파나 지역을 넘어서서 정치적 권력, 경제적 기반, 문화적 권위를 갖추는 정도에 따라 상당히 전형적인 모습을 선보였다. 정치적 권력과 경제적 기반과 문화적 권위를 모두 장악하고 있던 서울 중심의 소수 경화세족이 현실에 따라 탄력적인 반응을 보여주는 데 비해, 정치적으로는 소외되었으나 지방에서 일정한 경제적 기반을 갖추고 있던 영남이나 호서 및 호남의 명문재지사족들은 지속적으로 중앙 정계로 나아가기 위해 노력하면서도 향촌 차원에서 사회적 교화의 주체로서 향권鄕權을 장악하는 노력을 경주했으나, 근기 남인 성호학파처럼 정치적 권력도 경제적 능력도 부족한 상당수 향유들은 사회적으로 정치적 권력 남용과 경제적 사치 소비를 비판하면서 검약을 통해 생계의 기반을 보존하면서도 여성, 서얼, 노비를 포함한 하층민들에 대한 보수적이고 차별적인 대응을 강화하고 사족의 문화적 정체성을 배타적으로 지키려고 노력했다.

2부 '향촌사회의 예교질서와 사족공동체의 변화'에서는 이러한 생각을 염두에 두고, 임진왜란 이후 19세기까지 조선 후기 향촌사회의 예교질서가 전개되는 양상을 영남 남인 퇴계학파, 기호지역의 서인-노론과 호남의 노론-낙론, 근기 남인 성호학파 등 학파와 지역을 아울러 고찰하되, 학맥과 향촌 및 친족 등 학연, 지연, 혈연을 중심으로 이루어지는 사족공동체들이 역사적으로 변화하는 모습과 사회적 의미를 분석하고 있다.

양난의 위기에 대응하여 적극적으로 의병활동에 나섰던 사족들은 학문적 기반과 의병활동의 경험을 토대로 삼아 향촌사회를 재건하는 과정에서 향촌을 교화하는 자율적 주체로서 서원과 향약 등을 통해 자신들의 정치사회적 주도권과 문화적 권위를 정립하였다.

먼저 그 대표적 사례로서 영남 남인 퇴계학파의 지역사회 재건과 분화과정을 살펴보았다.

김형수는 「임진왜란 직후 대구사림의 지역사회 재건노력과 분화」에서 임진왜란 이후 영남 남인 퇴계학파 사림과 학맥이 지역사회를 재건하는 모습과 양상을 상세하게 검토하였다. 대구는 경제적으로는 풍부한 물산으로 인해 비약적으로 성장했으나, 16세기까지도 사림세력이 거의 형성되지 못했기 때문에 강좌 남명학파와 강우 퇴계학파 사이에서 뚜렷한 색채가 없었으나, 임진왜란 의병활동을 계기로 삼아 지역사회의 재건을 주도하는 사림세력으로 자리 잡았으며, 한강 정구의 학맥을 계승하는 한강학단으로서 향촌질서를 주도하는 문화적 권위까지 지니게 되었다. 그러나 박이립의 무고사건과 정인홍의 회퇴변척晦退辨斥을 계기로 정인홍을 적극적으로 비판한 손처눌 계열과 비판에 미온적이었던 서사원 계열로 정치적 분화가 이루어졌으며, 그에 따라 대구 사림의 한강학단 가운데 손처눌 계열은 정구가 이황을 학문적 계승한 것으로 파악하면서 남인 퇴계학파의 학맥으로 정체성을 재설정한 반면, 서사원 계열은 정구가 조식을 계승했다고 보면서 북인 남명학파의 학맥으로 연결되었다. 이러한 연구는 의병활동이 사족의 정체성을 강화하는 중요한 계기가 된다는 점을 명료하게 드러내는 한편, 정치적 관점에 따라 학문적 정체성이 분화되는 계기와 양상을 구체적으로 살펴볼 수 있는 관점을 제시한다.

조선 후기 사족들은 임진왜란의 피해를 극복하는 방안으로 민생을 위한 경제적 혁신보다도 예교질서의 확립에 더 신경을 썼다. 김형수는 「임진왜란 이후 월천학맥과 예안지역사회의 재건」에서 임진왜란 이후 예안지역에서 퇴계의 초기 제자 중 장로격이었던 월천 조목을 중심으로 한 월천학맥이 도산서원과 향약 및 동약을 통해서 향촌지역사회의 재정립을 주도하는 과정에서 전후 사회질서 회복을 위해 경제적 수복보다는 예교적 교화질서를 앞세웠던 양상을 분석하였다. 월천학맥은 임진왜란 당시 의병활동을 지원했을 뿐만 아니라 전후에 도산서원을 중심으로 사족의 결집을 도모했다. 특히 향촌 자치공동체의 중심인 교화 주체로서 향약과 동약을 추진하였다. 이러한 연구를 통해 우리는 의병활동과 학문활동이 향촌 질서를 주도하는 기반이 되며 조선 후기 사족공동체가 물질보다 정신, 경제보다 문화를 중시했던 사실을 생생하게 알 수 있다.

한편, 조선 후기 기호지역의 서인 노론은 정치와 문화를 이끌어가던 중심세력이었다. 이들은 양난 이후 의리명분론을 주도하면서 친족공동체의 가통家統을 계승하는 계후繼後문제와 학문공동체의 도통道統을 전승하는 사복師服의 의례적 문제들을 통해서 조선 후기 친족공동체와 학문공동체의 의례적 계승방식에 대한 전형을 만들어갔다. 우리 연구진들은 이런 맥락에 주목하여 17~18세기 기호지역 서인-노론의 정치사회적 관심이 집중되었던 포은가문의 계후繼後 문제를 검토함으로써 계후문제가 법제적이고 사회사적 차원을 넘어서 정치사회적 위상을 지닐 수 있다는 점을 검토하는 한편, 18세기 노론-낙론을 대표하던 도암 이재의 상을 당해 사복師服을 입는 방식에 대한 논쟁과 실천을 논의함으로써 호남의 일개 향유가 스승의 상복을 입는 의례적 과정을 진지하고 성실하게 수행함으로써 정치적 권력과 문화적 권위의 중심으로서 경화세족이 주도하던 학문공동체 속에 학문적으로 인정받고 문화적으로 편입되는 구체적 양상을 살펴보았다. 이러한 논의를 통해서 우리는 일개 가문의 의례적 실천이 전국적인 차원의 정치적 관심으로 부상할 수도 있다는 점과 더불어, 진지한 의례적 실천이 문화적 권위를 획득하는 사회적 계기가 될 수 있다는 점을 알 수 있다.

김학수는 「18세기 포은가문 계후의 정치사회적 의미」에서 18세기에 일어났던 포은가문의 계후문제가 일개 가문의 후사 세우기에 국한되지 않고 노론과 소론을 망라한 서인 기호학파의 중진들이 깊이 개입하면서 국가적 관심으로 부상하게 된 정치사회적 맥락과 의미를 분석하고 있다. 17세기 이후 주자학이 심화되고 종법제가 사회적으로 확산되면서 적장자가 없을 때 남의 아들을 데려다가 후사를 잇는 계후도 보편화되었는데, 17세기 이후 송시열, 민정중, 최석정, 오명항, 이재, 김재로, 송인명 등 노론과 소론을 망라하는 서인 기호학파의 중진들은 의리명분론을 적극적으로 강조하면서 의리명분론의 표상이자 도통道統의 상징인 정몽주의 절의를 현창하는 과정에서 포은가문의 계후繼後 문제에 정치사회적 관심을 집중하였다. 18세기에도 3차례에 걸쳐 일어났던 포은가문의 계후문제는 그 정치사회적 의미 때문에 노론계 관료들의 지속적 관심과 개입의 대상이 되었다. 이러한 분석은 일반적으로 법제사나 사회사의 관점에서 다루어졌던 계후의 문제 중 일부는 정치적 관점에서 다루어야 온전한 이해가 가능하다는 점을 분명하게 보여준다.

김윤정은 「18세기 노론의 사복 예설－호남 사족 양응수를 중심으로」에서 호남 사족 양응수가 노론 낙론을 대표했던 스승 이재의 묘소에서 1년간 거상하면서 작성한 『축장일기』에 대한 분석을 통해 정치적 권력이나 문화적 권위의 중심으로부터 멀리 떨어져 있던 지방의 향유鄕儒가 스승의 상을 당해 상복을 입고 거상하는 과정에서 정치적 권력과 문화적 권위의 중심인 도통道統으로 편입되는 과정을 상세하게 보여주었다. 양응수는 하루 두 차례씩 스승의 무덤에 올라가서 조석곡을 하는 과정에서 무리한 곡과 소식으로 질병에 시달리면서도 꿈에서 스승을 만날 정도로 철저하게 거상하는 과정에서 여러 조문객들과 교류하고 스승의 유고 정리에 참여하여 동문들과 유대를 강화하는 과정에서 자연스럽게 노론 낙론의 중심인 경화세족들에게도 인정받았다. 우리는 이러한 논의를 통해서 스승의 상을 당해 상복을 입고 거상하는 의례적 실천이 정치-문화적으로 소외되어 주변화된 지방의 향유가 정치적 권력과 문화적 권위의 중심으로 편입되어 학문적 권위를 인정받고 문화적 정체성을 강화하는 계기가 될 수 있음을 알 수 있다.

마지막으로 18세기 이후 근기 남인 성호학파가 선보였던 변등론적 사회의식과 친족의식에 대한 탐색을 시도했다.

박종천은 「성호학파의 입후설立後說과 변등론적 사회의식」을 통해서 정치적 권력과 경제적 기반이 미약한 근기 남인 성호학파 학자들이 양반으로서의 정체성을 지키기 위해 종법질서를 확장 혹은 변용시키면서 친족의 혈연적 결속을 도모하는 한편, 가족 내 서얼 차대에는 반대하면서도 사회 내 양반과 서민 및 노비의 신분 차이를 귀족貴族과 천류賤流의 문화적 차이로 정당화함으로써 양반과 일반 백성들과의 차별성을 견지하려고 하는 보수적 의식을 드러내었다고 분석하였다. 조선 후기 근기 남인 성호학파는 정치적 권력과 경제적 기반이 미미한 가운데 사회문화적 권위를 확보하기 위한 전략적 차원에서 친친의 이념에 따라 친족의 결속을 통해 중앙의 유력 경화세족이나 지방의 명문 재지사족을 따라잡을 수 있는 가능성을 확보하는 한편, 상층 양반과 하층민들의 차별적 경계를 확고하게 분별함으로써 사족의 문화적 정체성을 배타적으로 지키는 양면적 전략을 보여주었다. 이들은 사적 영역에서 친족질서의 혈연적 유대를 최대한 존중한다는 점에서 종법설과 입후설을 전개함으로써 친친親親의 측면에서 중앙의 경화세족 혹은 노론 기호학파에 다가가는 한편, 공적 영역인 사회질서에서는 존존尊尊의 사회적 위계질서를 합리화하는 변등론辨等論의 정당화를 통해 영남 퇴계학파의 문제의식을 계승하여 변용시켰다. 성호학파가 서얼과 하층민에 대한 차별 문제에서도 양면적인 태도를 갖게 된 것도 같은 맥락에서 이해할 수 있다. 근기 남인 성호학파의 입후설과 변등론적 사회의식은 양반들이 하층민으로 몰락할 수도 있는 위기에 몰렸을 때 친족의 끈끈한 결집과 하층민들과 차별화된 문화적 정체성을 지키는 양면적 전략을 사용하며, 그에 따라 사회적으로는 진보적인 개혁안을 제시하면서도 자신들의 사족적 정체성을 지키기 위해서 하층민과 차별화하는 보수적인 면모도 공존한다는 점을 명확하게 보여준다.

하층민으로 전락할 위험에 처한 양반들에게 친족 공동체는 일정한 사회적 안전망의 역할을 했다. 양반들은 종계宗契를 중심으로 자신들의 사족적 정체성을 문화적으로 표현하는 친족 전체의 시제 혹은 묘제의 실천과 족보의 간행 등을 준행했다. 박종천은 이런 점에 주목하여 「성호학파의 친족의식과 종계 활동」에서 조선 후기 근기 남인을 대표하는 성호학파가 정치적 권력과 경제적 여유를 갖추지 못한 향촌의 재지사족으로서, 절검과 상호부조를 통해 친족공동체를 결속시키기 위해 종약을 제정하고 종계를 운영한 양상과 특징을 검토했다. 특히 18세기 중반에 형성된 광주안씨 사간공파 종중은 가난한 종인들의 네트워크를 전국적 범위의 대종계로 확장함으로써 종계 운영을 위한 최소한의 경제적 토대를 마련했는데, 이는 규모의 경제를 통해 현실적인 경제적 한계를 극복하고 제사의 의례적 구심점과 상호부조의 사회경제적 안전망을 마련하여 친족의식의 토대를 구축한 것으로서 주목할 만하다. 순암 안정복은 이러한 종계 운영과 의례적 실천을 '생양生養'의 경제적 기반 위에서 '예교적 풍속風俗'의 문화적 실천을 합리적으로 정립하고 그러한 합리적 의례질서를 친족공동체와 지역공동체에서 구현하도록 '정령政令'의 정치적 경계를 시행하는 체계적인 예학적 구상으로 뒷받침했다. 그는 성호 이익을 계승하여 경제적 여건에 맞게 의례의 규모와 방식을 합리적으로 조정함으로써 절검을 통한 경제적 기반 구축을 시도하는 한편, 종계의 운영과 묘제의 실천을 통해서 서민으로 전락해 가는 사족의 정체성을 재정립하여 하층민으로 전락하는 것을 막고자 모색했다. 조선 후기 성호학파의 종계 운영과 의례적 실천을 통해서 우리는 정치적 권력과 경제적 능력이 부족한 향촌의 재지사족들이 종계활동을 통해 사회경제적 현실에 탄력적으로 대응하는 한편, 하층민과 차별화된 사족적 정체성을 강화하여 독자적인 문화적 헤게모니를 장악하고 의례적 위계질서를 실천함으로써 경제, 정치, 문화가 유기적으로 연결된 향촌사회의 예교질서를 갱신하는 양상을 분명하게 인식할 수 있다.

우리 연구진은 조선 후기 사족과 예교질서를 복합적인 구조와 역동적인 과정으로 다루기 위해서 '예교질서의 변화와 가족공동체의 일상생활'의 주제별 접근과 더불어 '향촌사회의 예교질서와 사족공동체의 변화'의 지역별 접근을 병행하면서 미시적인 일상사적 접근과 거시적인 구조적 접근을 유기적으로 결합하기 위해 노력했다. 그리고 정치적 권력, 경제적 기반, 문화적 권위의 성취 정도에 따라 다양하게 나타나는 사족공동체의 분화 양상과 그에 따른 예교질서의 변화과정을 해명하려고 했다. 그러나 논증에 성공한 부분보다 미비한 대목이 더 많은 것을 고백하지 않을 수 없다. 그저 우공이산愚公移山의 우직한 연구로 미비한 부분을 채워나갈 것을 다짐하면서 눈밝은 분들의 애정어린 질정을 기다릴 뿐이다.

2015년 5월

필자들을 대표해서

박종천

차례

2부 향촌사회의 예교질서와 사족공동체의 변화

— 1부 —

예교질서의 변화와 가족공동체의 일상생활

조선 후기 예론의 변동과 분화*

영남 퇴계학파로부터 근기 성호학파까지

전성건

1. 유교공동체를 바라보는 시각

조선 중기 퇴계退溪 이황李滉, 1501~1570과 고봉高峯 기대승奇大升, 1527~1572의 사단칠정四端七情에 대한 논변을 통해 성리학의 이념축인 천명과 본성의 관계에 대한 이론적 이해 및 의리와 이익의 관계에 대한 실천적 이해가 심화되었다고 한다면, 조선 후기는 일상생활에서 이념의 실천, 즉 유교의례를 어떻게 실현할 수 있는가가 문제의 중심이 되었다고 해도 과언은 아닐 것이다. 그러한 점에서 『주자가례』의 이해와 실천, 즉 예론의 이해와 실천은 조선 후기 유학이 당면한 현실적 문제가 된다.

* 이 글은 「성호학파의 예학과 다산예학의 정위—『가례』 이해를 중심으로」(초출일람 참조)에서 관련 부분을 수정・보완하고, 덕례형정론德禮刑政論을 새로 추가하여 보강한 것이다.

『주자가례』의 이해와 실천의 심화는 종법宗法과 입후立後 등에 근거하여 조선사회를 구조적으로 변화시키는 동력이 되었다. 예컨대, 사당祠堂을 중심으로 한 『주자가례』의 실천은 조선사회의 가옥구조를 변화시켰으며, 종법에 따른 입후의 실천은 제사를 중심으로 한 가족양상의 변모를 이루게 하였다. 부계와 모계의 양측적 질서체계를 부계 중심의 가부장적 질서체계로 변화시켰던 것이다.

종법질서의 확대를 위한 입후와 입양入養 등의 논의가 활발해지면서 나타나는 현상은 예론의 변동과 분화이다. 예론의 변동과 분화는 각각 학파적 맥락에서의 예론의 변동과 동일한 학파 내에서의 예론의 분화를 말한다. 예컨대 『주자가례』의 체제를 묵수하는 가운데 조선의 상황에 맞게 고례와 속례를 종합하는 방향, 『주자가례』의 체제를 따르기는 하지만 사회변화에 따라 재구성하는 방향, 『주자가례』의 체제를 벗어나 고례를 중심으로 가례문화를 재조직하는 방향 등 예론의 변동과 분화 현상이 등장하였던 것이다.

이러한 예론의 변동과 분화 현상을 체계적으로 이해하기 위해서 정치적 권력, 경제적 기반, 문화적 권위의 세 층위를 고려해보고자 한다.[1] 조선 후기 『주자가례』의 실천은 종법과 입후에 대한 인식을 공유하도

1 박종천, 「의례적 계승인가, 사회적 구휼인가?－조선 후기 입후와 입양에 대한 다산의 논의」, 『다산학』 16, 2010; 박종천, 「성호학파의 친족의식과 의례생활－광주안씨 종계를 중심으로」, 『한국실학연구』 26, 2013; 박종천, 「조선 후기 성호학파의 입후설과 친족의식」, 『민족문화연구』 65, 2014 등. 박종천은 “혈연적 유대관계를 강화하는 ‘친친親親’과 사회적 위계질서를 구축하는 ‘존존尊尊’의 이념적 기준들을 둘러싼 해석의 차이는 사상과 사회구조의 관계를 이해하는 데에 중요한 시사점을 제공”하고 있다는 점을 인정하면서, 이를 확대하여 “정치적 권력, 경제적 기반, 문화적 권위”라는 세 요인들이 어떻게 결합하고 있는지를 살펴볼 것을 제안한다. 이 글은 이러한 견해에 동의하는 한편, 여기에 의리예학과 체제예학 등의 논의를 더해 해당 논점을 보강하고자 하였다.

록 하였지만, 이는 몇 가지 논점에서 서로 다른 주장을 펼치게 되는 계기도 된 셈이다. 앞서 언급했던 학파적 연원淵源에 따른 변동과 학파 내에서의 분화가 바로 그것이다. 이는 서울과 지방, 즉 경향京鄕의 분기分岐 및 지역적 입지조건과 연동되기도 한다. 여하튼 이러한 변동과 분화의 밑그림을 살펴보기 위한 하나의 관점이 바로 위의 세 층위이다.

이 세 가지 사회적 요인들을 학파적・지역적 분기를 고려하여 적용하면 다음과 같이 서술할 수 있을 것이다. 정치적 권력, 경제적 기반, 문화적 권위를 모두 가진 서울 중심의 경화세족, 정치적 권력에서 소외되었지만 경제적 기반과 문화적 권위를 갖추고 있는 영남 남인과 호서 소론의 명문 가문, 정치적 권력과 경제적 기반이 모두 미미하여 문화적 권위에 호소할 수밖에 없는 근기 남인 등이 바로 그러한 구분이다.

이 글은 이상의 논점, 즉 예교질서의 문화적 접근을 통해 예론의 변동과 분화가 갖는 의미가 무엇인지를 살펴보려고 하였다. 첫째, 퇴계 이황의 의리적 관심에서 출발한 의리예학이 성호星湖 이익李瀷, 1681~1763을 꼭짓점으로 하여 한편으로는 순암順菴 안정복安鼎福, 1712~1791과 박사정朴思正 등의 성호우파 계열로, 다른 한편으로는 정산貞山 이병휴李秉休, 1710~1776와 다산茶山 정약용丁若鏞, 1762~1836 등의 성호좌파 계열로 변모하는 점을 살펴보았다. 이는 시대적으로 변화하는 예론의 성격과 예설의 동향을 규명하기 위한 것이다.

회암晦庵 주희朱熹, 1130~1200는 고례와 속례를 절충하여 유교 국가를 일신하려고 하였다. 이때 사용되는 결합 원칙이 바로 의기義起이다. 사안에 따른 의례의 원칙을 목적과 방향에 따라 제시할 수 있다는 것이다. 그러므로 주희의 예학을 의리예학이라고 할 수 있으며, 이를 충실히 따른 퇴계의 예학도 이에 포섭된다. 문제는 고례를 중시할 것인가, 아니면 속례를 중시할 것인가의 문제이며, 이는 다시 천리天理와 인정人情의 문제로 확장된다. 성호우파의 경우 천리를 중심으로 한 의리예학으로 나아가는 한편, 성호좌파의 경우 인정을 중심으로 한 체제예학으로 나아간다.[2]

둘째, 덕례형정론의 틀에서 볼 때, 영남의 명문 가문은 형정의 타율적 강제를 배제하고 향촌사회의 자율적 예속문화를 이룩하려고 하였던 반면, 근기의 남인들은 자율적 덕례와 함께 타율적 형정의 균형 있는 결합을 통해 예치문화를 이룩하려고 하였다. 이는 조선 후기 동시대의 퇴계학파 내에서도 영남 남인과 근기 남인에게서 보이는 예론의 분화양상을 살펴보는 데에 유의미한 구분이다.

주희는 예禮를 "천리의 절문과 인사의 의칙天理之節文, 人事之儀則"이라는 말로 정의하였는데, 이는 예를 천리와 인사를 일관된 구조 속에서 이해하려는 것이었다. 천리天理를 통해 의례의 등급과 문식의 차이를 살피고, 그것에 기반 하여 만들어진 각종 의절儀節을 신분에 맞게 인사人事에 적용한 것이 예禮라는 말이다. 그리고 인사에 적용하는 예禮는 인륜질서의 실현이므로 인정人情이 고려되어야 하는 것이다. 그러므로 천리인정론天理人情論은 덕례형정론德禮刑政論의 기초가 된다.

한강寒岡 정구鄭逑, 1543~1620와 대산大山 이상정李象靖, 1711~1788을 비롯한 영남 남인들은 예속禮俗의 사회적 확대를 통해 향촌사회의 자율적 예속문화를 정립하는 것을 목적으로 하였기에 강제적인 형정刑政을

2 고례와 속례 및 천리와 인정 등의 개념은 예학의 핵심 용어로 사용된다. 의례의 원칙과 의식을 세울 때에도 이 용어들은 짝 개념으로 제시되어 나타나고 서로 교직되어 설명되어야 하는 것이 사실이다. 그러나 실천 시기와 사안에 따라 그 무게중심이 이동하기 때문에, 대응개념으로 사용하는 동시에 대항개념으로 사용할 수도 있다고 생각한다.

배제하는 반면, 미수眉叟 허목許穆, 1595~1682과 성호 이익을 비롯한 근기 남인들은 덕례와 형정을 균형 있게 결합하여 조선왕조의 예치禮治를 실현하는 방향으로 나아간다.

2. 의리예학에서 체제예학으로

1) 의리의 계승과 시의의 적용

성호학파의 예학을 살펴보기 위해서는 다른 학파와의 연관성을 비교하는 것이 우선이 될 것이다. 학문적 문제의식이 서로 다를 수 있기 때문이기도 하거니와 정치적 문제의식이 다를 수 있기 때문이다. 그러나 이 글에서는 이러한 문제를 해결하는 것이 핵심이 아니기 때문에 그간의 연구 성과를 이어받아 논의를 진행하려고 한다.

기호학파의 대표적 예학자인 사계沙溪 김장생金長生, 1548~1631의 예학적 문제의식은 다음과 같이 정리된다. 첫째, 고례와 주희의 직접적인 언급을 통해 『주자가례』의 문헌적 완정성을 확보해야 함. 둘째, 예의 운영에 있어서는 '후厚'의 측면에서 고례의 원칙을 실현해야 함. 셋째, 도설圖說의 강화를 통해 행례의 편의성을 강화해야 함. 김장생의 예학적 문제의식은 이 세 축으로 구성된다. 이러한 문제의식은 그의 아들인 도암陶庵 이재李縡, 1680~1746의 『사례편람四禮便覽』, 시남市南 유계兪棨, 1607~1664의 『가례원류家禮源流』, 경호鏡湖 이의조李宜朝, 1727~1805의 『가례증해家禮增解』에도 그대로 관철된다.

영남학파의 원류原流인 퇴계의 예학적 문제의식은 『주자가례』에 대한 명확한 이해를 기반으로 시속時俗을 재단하는 한편, 국전國典 또는 시속과의 절충을 모색하는 것이었다. 이는 이후 고례를 통한 『주자가례』의 보완이라는 측면에서 지산芝山 조호익曺好益, 1545~1609의 『가례고증家禮考證』으로 이어진다. 한편 기호학파에 대항하여 퇴계학파의 예론을 정립하는 오휴자五休子 안신安玑, 1569~1648의 『가례부췌家禮附贅』로 이어졌다가, 다시 일암一庵 신몽삼辛夢參, 1648~1711의 『가례집해家禮集解』로 합류된다. 여기서 한 걸음 더 나아가 동암東巖 유장원柳長源, 1724~1796의 『상변통고常變通攷』와 한주寒洲 이진상李震相, 1818~1886의 『사례집요四禮輯要』에 이르면, 고례를 통한 『주자가례』의 보완은 『주자가례』를 넘어선 새로운 가례서를 정립하는 방향으로 전개된다.[3]

근기 남인의 종장인 성호는 자신과 같은 필서匹庶들이 실행할 수 있는 일반 서민을 대상으로 하는 가례규범을 재정립할 필요가 있다고 판단하였다. 그는 자신의 집안에서 사용하기 위한 가례규범을 일생동안 재구성하였는데, 그것은 사후 『성호예식星湖禮式』으로 묶여 성호집안의 실질적 가례규범으로써 전승된다. 『성호예식』의 가장 큰 특징은 "『주자가례』의 체제에 따르면서 조선예학의 성과와 고례를 이용하여 보완한 것이지만, 필서의 신분이 준행하는 가례의 형식을 제시하였다"는 것이다.[4] 이러한 성호의 문제의식은 '신분에 맞는 예제의 준행'과 '불필요한 비용의 절약'에 초점을 두고 전개된 것이다.

---

3 장동우, 「조선 후기 가례 담론의 등장 배경과 지역적 특색-『주자가례』에 대한 주석서를 중심으로」, 『국학연구』 13, 2008, 105~107·112~121쪽 참조.

4 이봉규, 「실학의 예론-성호학파의 예론을 중심으로」, 『한국사상사학』 24, 2005, 106쪽 참조.

성호문하에서 『성호예식』은 두 방향으로 보완된다. 하나는 지나치게 간소화된 형식을 『주자가례』의 체제에 맞추어 보완함으로써 『주자가례』와의 차이를 줄여가는 방향이고, 또 하나는 고례의 원칙에 입각하여 『주자가례』와 『성호예식』을 넘어선 새로운 가례서家禮書를 정립해나가는 방향이다. 전자는 순암 안정복의 문하에서 주로 나타나고, 후자는 다산 정약용에게서 발견할 수 있다.

순암은 『가례주해家禮註解』, 『가례익家禮翼』, 『가례집해家禮集解』 등 『주자가례』에 대한 연구를 지속하였다. 순암과 사돈 사이였던 박사정은 『가례작통家禮酌通』을 저술하였는데, 성호와 순암의 예설을 절충하는 입장을 취하였다고 하였지만, 실제로는 『주자가례』와 순암의 설을 절충한 형태에 더 가까웠다.[5] 반면 다산은 『성호예식』과 성호우파의 『주자가례』로 회귀하는 두 입장을 모두 넘어서고 있다고 판단된다. 첫째, 다산의 저술인 『사례가식四禮家式』은 『성호예식』의 지나친 간소화와 고례의 정신에 위배되는 점을 비판적으로 계승하고 있기 때문이다. 둘째, 성호우파가 『성호예식』을 교정하여 『주자가례』와의 차이점을 줄여가는 방향으로 전개되고 있다는 점에 비해, 『사례가식』은 조선의 현실에 맞는 가례서를 제시하여 『주자가례』를 대체하려는 의도에서 저술되었기 때문이다.

주자학에서는 예禮를 천리天理의 절문節文이자 인사人事의 의칙儀則으로 해석하였다.[6] 때문에 예는 어느 시대건 일정한 모습을 지닌다. 그러

5 위의 글, 124쪽 각주46 참조.

6 『論語集註』「學而」. "禮者, 天理之節文, 人事之儀則也. 和者, 從容不迫之意. 蓋禮之爲體雖嚴, 然皆出於自然之理. 故其爲用, 必從容而不迫, 乃爲可貴, 先王之道, 此其所以爲美, 而小事大事無不由之也."

나 하·은·주 삼대의 예禮가 다르게 된 것은 무엇 때문인가? 성호는 해와 달이 바뀌면 그에 따라 인간의 삶도 변화하게 된다고 생각하였다. 예컨대 추우면 갖옷을 입고 더우면 갈옷을 입게 되는 것처럼 때에 따라 의례도 변화하게 된다는 것이다. 이러한 의미를 파악하고 있는 사람만이 예를 언급할 수가 있다는 것이 성호의 입장이다.[7] 그리고 이러한 시의時宜에 주목하는 성호예학의 학문적 모범은 퇴계예학이었다.

> 우리 동방에 이르러 퇴계선생께서 먼 지방에서 우뚝 일어나셨는데, 낡은 서책에서 실마리를 찾아 푹 젖어 두루 이해하고 몸소 실천하시었다. 송宋 이후로 적전嫡傳이 되었음을 속일 수가 없다. 일찍이 여러 학생들과 더불어 주공周公과 공자孔子가 남긴 뜻을 강론하였고 서찰에 드러내었으니, 모두 문집 속에 갖추어져 있다. 대개 대부분 풍토에 따라 편리한 데로 선善을 따랐으나 의리에 맞아 상쾌하였다. 동인東人들은 그것을 중시하여 옥을 지닌 듯 했을 뿐만 아니라, 그것을 암송하지 못하는 자들은 소략하다고 생각하였다. 그러나 이 또한 『가례』가 동방에 다시 밝아진 것이라 하겠다.[8]

성호는 퇴계를 동방에 태어난 주희라고 생각하였다. 즉 퇴계를 조선예학의 적전으로 생각하였던 것이다. 더 나아가 성호는 퇴계를 공

---

7 『星湖先生全集』 권49 「家禮疾書序」. “蓋聞禮者天理之節文, 天有理一而已矣. 而三代之不同禮, 何也? 驗之於時, 月之代序, 四時不同氣, 故寒而裘, 暑而葛, 不同其養也. 理何嘗不同? 理有所値養, 不得不異, 故曰禮者, 時也. 以時爲大, 因以撙節, 天亦不違. 知此意者, 可以言禮矣.”

8 『星湖先生全集』 권49 「李先生禮說類編序」. “至我東方, 退陶李先生崛起於荒服之外, 尋緖於蠹簡之中, 淹貫該洽, 反躬踐實. 自宋以後適傳, 不可誣也. 嘗與諸生論周公朱子之餘意, 形諸筆札, 備在『集中』. 蓋多因土風而方便從善, 愜諸義而愜者也. 東人重之不翅拱璧, 而不誦者爲沽, 是又『家禮』之復明於東也.”

자와 견주기까지 하였다.[9] 퇴계는 문하의 제생諸生들과 강론을 하거나 서찰을 통해 『주자가례』와 관련된 논의들을 하였다.[10] 『주자가례』가 상당히 중시된 시대적 상황이 있기는 하였지만, 퇴계는 그것을 묵수하지 않고 풍토에 따라 방편적으로 처리하였으나 의리에 맞도록 하였다.

퇴계의 『가례』에 대한 이해를 동인東人들은 중시하였으나 그렇지 못한 사람들은 소략하다고 애써 무시하였다. 퇴계의 문인인 조기백趙起伯; 조진趙振, 1535~?이 상제례喪祭禮와 관련 된 퇴계의 글들을 모아 『퇴계상제례문답退溪喪祭禮答問』[11]을 편성하였지만, 이 또한 조리가 없고 여러 서찰에 산견되어 있어 퇴계의 진수를 살펴보기에 미흡하였다. 즉 『퇴계상제례답문』은 퇴계의 정설定說을 기록한 것이 아니고, 퇴계의 학문이 심화됨에 따라 의례적 견해에 차이가 생긴 지점, 그리고 그에 대한 고거考據 또한 상세하지 못한 부분이 있었다.[12]

그래서 성호는 상제례와 관련된 항목의 부류를 나누고 제목을 붙여 『이선생예설유편李先生禮說類編』을 만들게 되었다. 성호는 어려서부터 『주자가례』를 공부하였지만 어떤 부분은 간략하고 어떤 부분은 번다

---

9 『星湖先生全集』 권54 「退溪禮解跋」. "東方有退陶, 如周末生聖人, 仰如喬泰, 信如金石."

10 퇴계는 일찍이 『소학小學』과 더불어 『가례家禮』를 독서의 입문서入門書로 제자들에게 제시하였을 뿐 아니라, 몸소 『가례』를 제자들에게 강의하여 그 내용이 그의 문인인 물암勿巖 김융金隆, 1549~1593에 의해 『가례강록家禮講錄』으로, 특히 상장례喪葬禮에 대한 설명은 간재艮齋 이덕홍李德弘, 1541~1596에 의해 『가례주해家禮註解』로 정리되었다. 뿐만 아니라 퇴계는 지인이나 문인들과 주고받은 수많은 답문서를 통해 이에 관한 다양하고 심도 있는 논의를 전개하였으며, 역시 그의 문인인 농은聾隱 조진趙振은 이 중 상제례喪祭禮 관련 답문서들만을 발췌해 『퇴계상제례답문』으로 편찬하였다.

11 『퇴계상제례답문』의 상세한 분석은 한재훈, 「『상제례답문喪祭禮答問』 분석分析을 통한 퇴계退溪의 속례관俗禮觀 고찰考察」, 『퇴계학보』 128, 2010 참조.

12 『星湖先生全集』 권49 「李先生禮說類編序」. "又念先生答問非一時定說, 或前後有異, 考据未詳."

하여 의문점이 많았는데, 퇴계의 저술과 퇴계 문인들의 저술을 살펴보고서 퇴계의 예설이 상당히 의미가 있다는 것을 알게 되었다. 그리고 마침내 편찬해낸 것이 바로 『이선생예설분류』였던 것이다. 성호는 이것을 예를 고거하는 사람에게는 지남指南이 될 만한 것이라고 자부하는 데에까지 나아갔다.[13]

퇴계의 예론 연구에서 중요한 지점은 예문禮文에 없거나 변례變禮의 상황에 대처해야 할 때 적용했던 의리적 해석이다. 의기義起란 이전에 없던 예禮를 의리에 비추어 새롭게 제기한다는 의미를 지닌다.[14] 그리고 의리는 무궁하기 때문에 배움 또한 무궁할 수밖에 없다.[15] 퇴계예학의 핵심도 여기에 있다.

특히 퇴계의 유추類推와 의기義起의 예학적 원칙을 토대로 한 변례變禮의 대응은 퇴계의 예학을 의리예학으로 정의하는 데에 있어 진면목을 보여준다. 유추는 해당 사안에 대한 예문은 없더라도 그 사안에 참고가 될 수 있는 다른 예문들을 찾아 이를 근거로 대응하는 방식이고, 의기는 참고가 될 만한 예문마저도 없을 경우 오로지 자신의 의리적 견해를 근거로 대응하는 방식이다.[16]

---

13 『星湖先生全集』 권49 「李先生禮說類編序」. "瀷自始學禮, 尊信是書, 敬以讀之. 每嫌篇簡浩繁, 人不能領會, 無以爲考閱之地. 及見先生門人趙起伯所輯喪祭問答上下冊, 雖於全書, 稍爲要略, 猶散見諸書, 綱條易紊. 又所抄止於喪祭二禮, 大欠尺寸慕效之意, 而不得爲全家言語. 於是分段類彙, 各爲題目, 自居家日用, 至在邦在鄕, 苟涉言禮, 悉皆裒集. 至累易稿而始成完帙, 命曰『李先生禮說類編』. 使讀者開卷了然, 斯可爲考禮之指南也."

14 『禮記』 「禮運」. "禮也者, 義之實也. 協諸義而協, 則禮雖先王未之有, 可以義起也."

15 『退溪全書』 권26 「與鄭子中」. "義理無窮, 故爲學亦無窮."

16 유추와 의기와 관련된 해석은 한재훈, 「退溪 禮學思想 硏究」, 고려대 박사논문, 2011, 4장 의리해석적 전개를 참조. 이 글은 한재훈의 '의리해석적 전개'의 논의와 퇴계의 예학을 '의리예학'이라고 부를 수 있다는 점에 동조하여 구성한 것이다.

성호는 퇴계의 상제례 관련 저술에서 의리의 소재를 보았던 것이다. 성호는 퇴계가 주목했던 의리의 소재에 대한 입장을 계승하는 한편, 시간과 공간이 변화하면서 생기게 되는 시의時宜에 주목한다. 시의에 따른 변화는 곧 명물도수名物度數와 관련을 맺고 있기 때문에 성호예학의 기본 정신을 '인시제의因時制宜'로 설명하는 것은 기본적으로 타당하다.[17]

성호는 『주자가례』 또한 인시제의가 반영된 것으로 파악하였다. 게다가 성호는 『주자가례』가 미완의 저술이기는 하지만, 주희가 돌아간 뒤 그의 문인들이 보완한 저술로, 『주례』가 다시 세상에 밝아지는 것과 같은 위상을 지니게 되었다고 파악하였다.[18] '예는 의리의 실현'이라는 말이 제시하고 있는 것처럼, 예는 그 자체가 목적이라기보다는 상황과 조건에 맞는 의리를 구현하는 데 목적이 있다고 할 수 있다.[19] 이는 공자가 제시한 '극기복례克己復禮'를 통해서도 확인할 수 있으며,[20] 주희가 천리의 절문과 더불어 '인사의 의칙'이라는 말로 예를 정의한 데에서도 확인할 수 있다.[21]

이처럼 성호는 퇴계의 예학 연구에서 의리정신을 계승하였으며, 퇴

---

17 김종석, 「星湖 李瀷에 있어서 退溪 禮學의 繼承과 變容」, 『동아인문학』 10, 2006, 544~546쪽 참조.

18 『星湖先生全集』 권49 「李先生禮說類編序」. "朱子家禮書, 是因時制宜之典. 雖曰未及完就, 當時及門之士, 以升堂記聞, 各有成說. 分門類入, 以羽翼本文, 故後來疑文錯節, 至是大定, 於是天下靡然從之, 是『周禮』之復明於世也."

19 『禮記』 「禮運」. "故禮也者, 義之實也. 協諸義而協, 則禮雖先王未之有, 可以義起也."

20 기사己私를 극복하여 예禮를 회복하는 것이 인仁의 실천이 된다. 사적 욕망의 극복은 공적 의리의 실현임으로 극기복례를 통해 의리를 구현한다고 해도 지나친 말은 아닐 것이다. 『論語』 「晏然」. "顔淵問仁. 子曰, 克己復禮爲仁. 一日克己復禮, 天下歸仁焉. 爲仁由己而由人乎哉? 顔淵曰, 請問其目. 子曰, 非禮勿視, 非禮勿聽, 非禮勿言, 非禮勿動. 顔淵曰, 回雖不敏, 請事斯語矣."

21 『論語集註』 「學而」. "禮者, 天理之節文, 人事之儀則也."

계가 간과하고 있었던 시의時宜의 발휘를 통해 퇴계의 예학 연구를 계승하고자 하였던 것이다. 주周나라 말기에 공자가 탄생한 것처럼 동방에는 퇴계선생이 있고, 그의 뒤를 이어 자신이 퇴계의 의리정신을 계승하였다는 자부심을 갖고 있었던 것으로 생각된다. 성호는 사문斯文의 전통을 증명해내는 일이 결코 작지 않음을 알고 있었고, 때문에 퇴계의 의사意思와 부합하기를 바라는 마음을 가지고 예를 탐구하지 않을 수 없었던 것이다.[22]

그러나 성호가 퇴계의 모든 예식과 관련된 사안에 동의하고 그것을 준용하려고 했던 것은 아니다. 왜냐하면 앞서 지적한 것처럼 퇴계의 의리정신을 계승한 것은 사실이지만, 역시 퇴계와 성호 사이에는 시간과 공간이 갖는 거리감이 없을 수 없기 때문이다. 다시 말하면 성호의 시대가 퇴계의 시대보다는 학문적 측면과 정치적 측면에서 해결해야 할 문제들이 더욱 많이 산적해 있었기 때문이기도 하다는 것이다. 이러한 점에서 이 글에서는 시속時俗에 따른 의리의 차이, 즉 시의時宜라는 개념에 주목해보려고 하였다. 이를 사대봉사四代奉祀와 묘제墓祭를 중심으로 살펴보고자 한다.

조선시대 조종祖宗의 성헌成憲이었던 『경국대전經國大典』에서는 봉사대수奉祀代數를 품계에 따라 "문무관文武官 6품 이상은 삼대三代까지 제사를 드리고, 7품 이하는 이대二代까지 제사를 드리며, 서인庶人들은 고

---

22 『星湖先生全集』 권54 「退溪禮解跋」. "東方有退陶, 如周末生聖人. 仰如喬泰, 信如金石. 收拾殘簡敗紙, 莫不佩持尊奉. 唯恐有異議, 然而後生末學, 魯莽求志, 辛勤涉級, 如何能渙然無滯. 昔者聖人之門, 唯顔氏子殆庶幾, 故無所不悅, 不違如愚, 其餘由賜之徒, 或至於質言强聒, 此所以深究有造, 得免乎自欺自誣也. 斯文之引古證明, 卽不過函席間無犯無隱氣像, 又曷可少哉! 瀷喜其意思之懸合, 述此而還之."

비考妣에게만 제사를 드린다."[23]고 규정하고 있다. 그런데 『주자가례』에는 사대부와 서인 모두 사대봉사를 지내는 것으로 명시하고 있다.[24] 퇴계는 이 문제와 관련하여 다음과 같이 정리한다.

> 사대까지 제사를 드리는 것은 고례에서도 다 그랬던 것은 아니다. 『예기禮記』 「대전大傳」에 "대부가 일이 있거든 군주에게 물어서 협제祫祭가 고조에게까지 미치기를 구한다"고 했다.[25] 이에 대해 "협祫은 본래 제후가 지내는 제사의 이름이며, 대부로서 고조까지 합제하는 예를 행하는 것이 '아래에서 위로 구한다'는 의미가 있기 때문에 '간협干祫'이라고 한다"는 설명이 있다. 이런 사실들을 살펴보았을 때, 사대까지 제사를 드리는 것은 본래 제후의 예이며, 대부의 경우에는 집에 대사大事가 있을 경우에 반드시 군주에게 고한 뒤에 고조에게 제사를 드려 고할 수 있었으며, 항상 지낼 수 있는 제사는 아니었다. 나중에 정자程子께서 "고조도 유복지친有服之親이니 제사를 드리지 않을 수 없다"고 하셨고, 『주자가례』는 정자의 설에 따라 사대까지 제사를 드리는 예를 세웠던 것이다. 대개 옛날에는 대마다 묘廟를 달리하여 그 체제가 매우 거창하였기 때문에 대수代數의 차등을 엄격하게 하지 않을 수 없었다. 하지만 후세에는 하나의 묘廟에 감龕만 나누어 제사를 드리게 되니, 체제가 매우 간솔해져서 대수를 공통으로 행해도 되었기 때문에 이렇게 옛것을 변경한 것이다. 이른바 "예란 예전에 없었더라도 의리에

23 『經國大典』 권3 「禮典」, 奉祀條. "文武官, 六品以上祭三代, 七品以下祭二代, 庶人則只祭考妣."

24 『朱子家禮』 「通禮」, 祠堂條. "君子將營宮室, 先立祠堂於正寢之東, 爲四龕, 以奉先世神主."

25 『朱熹集』 권30 「答汪尙書論家廟」. "禮家又言, "大夫有事, 省於其君, 干祫及其高祖." 此則可爲立三廟, 而祭及高祖之驗."

입각하여 제기할 수 있다"는 것이 이런 경우이다. 지금 사람들이 삼대까지만 제사를 드리는 것은 '시왕지제時王之制'이고, 사대까지 제사를 드리는 것은 '정주지제程朱之制'이니, 힘이 미치기만 하다면 통행하더라도 문제될 것이 없을 듯하다.[26]

퇴계는 여기에서 고례와 더불어 정주지례程朱之禮와 시왕지제時王之制까지 이 문제와 관련한 전반적인 사항을 검토하고 있을 뿐만 아니라, 그 가운데 쟁점이 되는 묘제廟制와의 충돌문제까지 면밀하게 검토하였다. 이러한 퇴계의 태도는 우선, 어떤 견해가 정주의 설이기 때문에 혹은 조종의 성헌이기 때문에 지지하는 차원을 넘어서, 어떤 주장이 어떤 맥락에서 제기되었으며 어떤 측면에서 합당한 것인지를 객관적으로 검토하고 있다는 점에서 예학자로서의 균형감각을 보여준다. 그러면서도 퇴계는 묘제를 둘러싼 변화된 상황에서 의리에 입각하여 봉사대수를 재해석한 정주의 입장을 지지함으로써 예를 논하는 과정에서 의리가 궁극적 근거여야 한다는 견해를 분명하게 견지하였다.[27]

퇴계는 '조종성헌' 또는 '시왕지제'를 드러내놓고 거부할 수는 없었기 때문에 겉으로는 두 가지 모두를 통행하자는 입장을 취한다. 그러나 자

---

26 『退溪全書』 권38 「答趙起伯問目◯戊辰」. "祭四代, 古禮亦非盡然. 『禮記』 「大傳」, "大夫有事, 省於其君, 干祫及其高祖." 說者謂, "祫本諸侯祭名, 以大夫行合祭高祖之禮, 有自下干上之義, 故云干祫." 以此觀之, 祭四代, 本諸侯之禮, 大夫則家有大事, 必告於其君而後, 得祭高祖而告之, 不常祭也. 後來, 程子謂 '高祖有服之親, 不可不祭.' 『朱子家禮』因程子說, 而立爲祭四代之禮. 蓋古者, 代各異廟, 其制甚鉅, 故代數之等, 不可不嚴. 後世, 只爲一廟, 分龕以祭, 制殊簡率, 猶可通行代數, 故變古如此, 所謂 '禮雖古未有, 可以義起者' 此也. 今人祭三代者, 時王之制也, 祭四代者, 程朱之制也, 力可及則通行, 恐無妨也."

27 『退溪全書』 권17 「答奇明彦◯乙丑 / 別紙」. "只據『家禮』祭四代之義而祭之, 雖若少違於今, 而正是得合於古."

율적으로 사대봉사를 선택한 사람을 '독효호례篤孝好禮'라고 표현한다든지 '선비는 계고稽古를 귀하게 여긴다'고 진술한 맥락을 살펴보았을 때,[28] 퇴계가 속으로는 '의기지례義起之禮'인 사대봉사에 훨씬 무게를 두고 있었음에 틀림없다. 이러한 퇴계의 입장은 이후 지역과 학파를 불문하고 조선왕조에서 사대봉사가 정착되는 데 결정적인 영향을 끼치게 된다.[29] 이와 함께 퇴계는 묘제墓祭에 대해서도 비판적인 입장이다.

> 옛날 종법이 크게 밝았을 때엔 들에서 장례를 치르고 사당에서 제사를 지냈다. 종자가 사시四時의 제향을 드리면 군소군목群昭群穆에 모두 정성을 펼칠 수 있었다. 그러므로 비록 지자支子가 직접 제사를 지내지 않아도, 제사를 지낼 때 분묘墳墓에 찾아가지 않아도 인정이 편안했었다. 후세에 이르러 종법이 붕괴되고 제례祭禮에 결함이 있게 되자 사당을 소홀히 하고 분묘를 숭상하는 풍속이 생겼다. 정자와 주자가 나오셔서 고례를 이어 묘제廟祭를 중히 여기셨음에도, 묘제墓祭의 법을 『주자가례』에 싣고 폐시하시 않은 것은 시대에 따라 덜고 보태느라 부득이해서였다. 오늘날 우리 성조聖朝에서는 효로 다스림에 사대부가에 사당을 세우지 않은 집이 없으니, 거

28 『退溪全書』 권17 「答奇明彦◯乙丑 / 別紙」. "今有人焉, 主祭而篤孝好禮, 自出意欲祭四代, 則是亦一道, 豈至於違條礙格而不可行乎? (…중략…) 吾非居位, 故於人或可從周, 士貴稽古, 故於己不害返古, 恐兩行而不相悖, 安有議禮拂時之嫌也?"

29 기왕의 연구에서 볼 때, 사대봉사의 연원을 사계 김장생에서 찾고 있는 연구자들이 많다고 할 수 있다. 당대의 학자들 또한 사대봉사의 출처를 사계에게서 찾고 있는 것을 볼 수 있다. 그러나 사계의 예학관련 저술이 비록 『주자가례』를 중심으로 하고 있지만, 그 연원을 찾아가 보면 역시 퇴계의 저술을 근거로 사계 자신의 예학적 관점을 투영하고 있다는 점에서 사계 또한 퇴계의 영향권 아래에서 예학저술을 남겼다고 해도 과언은 아닐 것이다. 『의례문해疑禮問解』를 보더라도 퇴계의 영향관계를 짐작할 수 있다. 조선시대 사대봉사 정착의 연원 또한 사계라기보다는 퇴계에게서 찾아져야 할 것이다.

의 종법의 유풍이 있게 되었다고 하겠다. 그러므로 사당에서는 오직 종자만이 제사를 지낼 수 있지만, 분묘에서는 종자와 지자가 다 제사를 지낼 수 있다. 고례가 갑자기 회복되기 쉽지 않고 인정은 막을 길이 없으니, 이것이 오늘날 묘제墓祭가 성행하게 된 까닭이다.[30]

퇴계는 묘제墓祭를 묘제廟祭의 정립으로 가기 위한 과도기적 단계로서 인식하고 있었다. 우선 퇴계는 "장례는 들野에서 지내고 제사는 사당廟에서 지낸다"는 원칙을 적용한다. 그리고 종법이 크게 밝아 묘제廟祭가 분명하게 준행되던 이상적인 고례의 모습을 제시한다. 이러한 상황에서는 조상에 대해 충분히 정성을 다할 수 있기 때문에 누구도 서운함을 갖지 않게 된다. 퇴계는 고례가 쉽게 회복되는 것도 아니고 그렇다고 조상에 대한 정성어린 마음을 막을 수도 없으니, 묘제墓祭가 성행하게 되었다고 하였다. 퇴계는 궁극적으로 묘제廟祭 중심의 제례를 지향하지만, 현실적으로는 아직 시기상조임을 알기에 우선은 묘제墓祭를 대안으로 수용했던 것이다.

또한 퇴계는 지자支子들도 묘제墓祭를 주제主祭할 수 있도록 허용해 준다. 물론 종법이 크게 밝은 상황에서는 종자가 주재하는 사시四時의 묘제廟祭만으로도 인정에 편안했다고 말한다. 하지만 지금은 가묘家廟는 세워지고 있으나 종법이 무너진 상황이라서 가묘의 제사만으로는

30 『退溪全書』 권42 「樹谷庵記」. "抑嘗聞之, 古者宗法大明, 葬於野而祭於廟. 宗子有四時之享, 則群昭群穆, 咸得以展誠, 故雖支子不祭, 祭不就墓, 而人情安焉. 至於後世, 宗法壞而祭禮缺, 忽廟崇野之俗有作, 程朱之興, 述古禮重廟祭, 然而墓祭之法, 載在『家禮』而不廢, 因時損益, 不得已也. 今我聖朝以孝爲治, 士大夫家無不立廟, 蓋髣髴有宗法之遺意, 故唯宗子得祭於廟, 而墓則宗子支子皆可以祭也. 古禮未易卒復, 而人情所不能遏, 此今日墓祭之所以盛行也."

지자들이 조상에 대한 효도와 공경을 다할 수 없으며, 따라서 종자뿐만 아니라 지자들도 주재할 수 있는 묘제墓祭가 중시될 수 있다고 하였다.[31] 퇴계는 종자가 아닌 지자들이 묘제廟祭를 주관하는 것에 대해서는 '월분越分'의 혐의를 두면서 엄격하게 다룬다.[32] 그러나 묘제墓祭나 기제忌祭에 대해서는 지자支子들도 윤행輪行을 통해 적극적으로 주재할 것을 권장한다.[33] 그것은 지자들 역시 조상을 받드는 예를 알아야 할 의무가 있기 때문이다.[34]

요컨대, 퇴계는 사대봉사와 묘제廟祭 중심의 의례문화를 통해 적장자 계승을 통한 종법질서를 확립하려고 하였던 것이다. 특히 퇴계는 당대의 외손봉사外孫奉祀와 총부봉사冢婦奉祀 등을 비판하여 성인成人으로 죽은 종자宗子를 위해서는 입후立後해야 함을 주장하였다. 이는 종법과 입후에 관한 입장을 엄격하게 규정하려고 했던 퇴계의 인식에서 나온 것이다.[35] 해속駭俗을 방지하고 교속矯俗을 위한 점진적 방식으로

---

31 『退溪全書』 권32 「答禹景善 / 別紙」. "今宗法廢而不行, 人家衆子孫不能盡孝敬於家廟之祭, 而墓祭不得以不重, 乃反疎略如此, 無乃未安乎?"

32 『退溪全書』 권28 「答金惇敘◯癸丑」. "廟祭, 主人不在, 則爲衆子者, 以主人之命行祭, 固當矣. (…중략…) 未及有命, 或勢不能行祭,【行祭之祭, 一本作而】爲衆子者, 率意自辦, 而行於宗子之家廟, 似有越分之嫌, 恐不可爲也."【 】는 원문의 소주小註이다. 이하 동일.

33 『退溪全書』 권29 「與金而精◯乙丑 / 別紙」. "專主設行, 近於古禮, 甚善. 然朱子亦有支子所得自主之祭之言, 疑支子所得祭之祭, 卽今忌日 · 墓祭之類. 然則此等祭輪行, 亦恐無大害義也. 如何如何?"

34 『退溪全書』 권39 「答鄭道可問目」. "朱子「與劉平父」書, 有支子所得自主之祭之說, 想支子所主之祭, 恐是忌祭 · 節祀之類也. 今若一切皆歸於宗子, 而支子不得祭, 則因循偸惰之間, 助物不如式, 以致衆子孫全忘享先之禮, 而宗子獨當追遠之誠, 甚爲未安."

35 『退溪全書』 권39 「答鄭道可問目」. "宗子成人而死, 則當爲之立後. 朱子答李繼善之書, 可考. 今尊堂欲爲長子立後, 甚合禮義, 兩君極宜贊成之. 一擧而百事皆順矣, 且宗子而已成人有室, 非旁親比, 而泛然班祔, 更恐非所宜爲. 故必以立後爲善耳. 廟祭祝文書名所宜, 亦有李繼善問答見於續集. 今依此處之, 則繼後子雖在襁褓, 亦當書其名, 而季也爲攝主以奠獻, 可也. 然則其未立後之前, 亦不得已權以季爲攝主, 不稱孝, 只書名稱攝而行之, 爲可. 仲則已出繼人後, 雖攝主, 恐亦未安也. 但今人無子而有女, 牽掣情私, 鮮能斷以大義而立

의례를 세속화하기 위하여 종자와 지자가 서로 각기 다른 방식의 의례를 행할 수 있도록 여지를 두었던 것이다.

성호는 퇴계와는 다소 다른 관점을 가지고 자신의 논의를 전개한다. 성호에게서 매우 중시된 것은 행례에서의 신분구별이었다. 그러므로 성호가 『주자가례』에서 가장 큰 병폐로 생각한 것은 『주자가례』가 신분에 따른 예식의 한계를 명시하지 않은 것이다. 특히 사서인士庶人이 사대봉사를 행하는 것을 참례라고 비난하면서, 그것은 천자국의 공경이나 제후에게서 가능한 일이며, 우리나라에서는 『경국대전』에 따라 육품 이상의 대부는 삼대, 칠품 이하의 사서인들은 고비考妣만 제사하는 것이 옳다고 하였다.

한편 성호는 묘제墓祭를 『주례周禮』「춘관春官」에 근거하여 고례임을 밝힌다.[36] 그러나 여기서 주목되는 것은 성호가 퇴계처럼 여묘廬墓를 옳게 보지는 않았다는 점이다. 성호는 여묘살이가 반드시 바른 마음과 바른 생활을 보장하는 것은 아니라고 하였으며, 삼년상 안에 있는 각종 궤전饋奠은 상주喪主와 주부主婦가 함께 행하는 것이 예법인데, 여묘살이를 하게 되면 궤전에 올리는 음식을 주부가 담당하지 못하게 되어 예가 아니라고 하였다. 또 망자亡者의 신神은 집안에 모셔야 편안한 법인데, 산소에 모시게 되면 평안치 못하게 된다고 하였다.[37] 성호가

後, 至以外孫奉祀, 一廟而二姓同祭. 夫天之生物, 使之一本, 而此則爲二本焉, 甚不可也. 今人或不幸, 其外家祖先, 無後而未有所處者, 不忍其主之無歸, 則權宜奉置別所, 而往來奠省, 未爲不可. 若公然與其本親同享一廟, 則悖理莫甚, 所謂神不歆非禮者, 此類之謂也. 故今於外孫奉祀之問, 不敢苟徇, 而以爲可行也."

36 『家禮疾書』 墓祭條. "『周禮』春官, 冢人凡祭墓爲尸註云, 或祈禱爲此, 後世墓祭之所由起也."

37 『星湖先生全集』 권39 「金沙溪疑禮問解辨疑」. "返魂, 固正禮, 但人還家, 妻子同處, 禮防大壞. 凡喪親者, 自度一一從禮, 則當依禮返魂, 如或未然則依舊俗廬墓, 可也. 豫慮有男女

퇴계와는 달리 묘제가 고례임을 명시하고 있기는 하지만, 퇴계와 마찬가지로 체백體魄보다는 신혼神魂을 더 중시하기에 결과적으로 묘제墓祭보다는 묘제廟制에 중점을 두어야 한다는 입장을 보였던 것이다.

그런데 성호의 이런 태도는 예식禮式의 주체가 고려해야만 하는 상황과 조건에 따른 의리를 생각하고 판단한 결정이었던 것이다. 예컨대 성인께서 예제를 만들 때에는 길쌈할 것이 없으면 상복이 없도록 하였고, 나무가 없으면 곽郭을 만들지 않도록 했던 것처럼 민서民庶의 처지에서 사대부의 예를 지키는 것은 성인의 의리에 맞지 않는다는 논리와 같은 것이다.[38]

> 지금 풍속은 『가례』로써 사서士庶가 통용하는 규례를 삼으나, 그 제사지내는 대수와 여러 가지 제물은 결코 봉록俸祿이 없는 자로서는 감당할 수 없는 것이다. 내가 생각건대 정자와 주자는 모두 조정에 나아가 벼슬한 몸이었으며, 주자가 축부인祝夫人의 초상을 당했을 때 일찍이 그가 행한 것을 이와 같이 적어 놓았을 뿐이고, 가난하고 비천한 자도 모두 그렇게 해야 한다는 것은 아니었다. (…중략…) 그러므로 나는 예를 아는 자가 마땅히 따로 『서인가례庶人家禮』라는 책을 만들어서 벼슬아치 아닌 자들에게 널리

混處之弊, 而俾不行正禮, 殆於因噎而廢食也. 禮有定制, 方可以一俗, 各使人自度以處之, 又非穩當. 人固不愼者, 多矣. 然先自不信, 而不敢於正禮, 豈人情哉? 後漢趙宣以親墓隧道爲室, 行喪二十年, 而服中多生子, 仇香按得治其罪. 苟其無行, 廬墓亦無所益也. 愚謂三年饋奠, 夫婦親之禮也. 遠在鄕舍, 內無主饋, 則其於薦獻, 或多欠缺, 是豈如事生之道哉? 又況魂返室堂? 神之所安, 或因未必然之弊, 而忘神之所安, 則益知其不可矣."

38 『星湖先生全集』 권16 「答尹參奉」. "家禮以上皆大夫士之例, 曷嘗見有庶人家禮耶? 聖人之制, 亦云不績者無縗, 不樹者無槨. 今以小國之民庶, 妄希彷彿於天子之大夫士, 可乎? 古人慮遠, 貴不忘賤, 富不忘貧."

준행케 해야 옳을 것이라고 생각한다. 제전祭田이 없으면 천신薦新만 하고 제사는 지내지 않는 까닭에, 성현도 이것을 누차 말하였다. 이는 다만 힘이 모자랄 뿐 아니라, 의義에 있어서도 감히 그러할 수 없는 일이다. 지식이 있는 자와 더불어 의논할 만한 일이다.[39]

성호 당시 사士와 서인庶人에게 모두 통용되던 사례四禮는 『주자가례』였다. 그러나 봉록이 없거나 재물이 없어 사대봉사를 할 수 없는 경우에도 똑같이 『주자가례』를 따를 수는 없다. 정자와 주자 모두 당시에 대부의 반열에 오른 사람이고, 또 『가례』는 축부인의 거상居喪 때에 이루어진 것으로 정리되지 못한 것이었다. 성호는 가력家力에 알맞게 『가례』를 시행하는 것은 문제될 것이 없다고 생각하였고, 신분구별 없이 동일하게 행례하는 것에 대해서는 반대하였다. 그리고 그 중심에는 사례四禮의 시행에서는 절검節儉을 우선으로 생각해야 한다는 성호의 생각이 자리하고 있었던 것이다.[40]

이와 같이 성호에게서 보이는 특징적인 사안은 절검을 기반으로 한 시의時宜의 적용이다. 때문에 그가 저술한 『성호예식』은 이러한 인식을 기반으로 작성되었다고 할 수 있다. 『성호예식』은 관혼상제 사례四禮를 모두 갖춘 저서로 집안에서 시행할 목적으로 저술한 가례서이다. 성호는 자신의 손자인 이구환李久煥의 관례를 행한 이후 「관의冠儀」를 저

39 『星湖僿說』 권10 「人事門 · 庶人家禮」.

40 『星湖先生全集』 권15 「答安百順」. "朱子位躋大夫, 『家禮』成於居喪時, 而未及修潤者也. 其意豈許士庶之通用, 縱使有之? 不過隨其家力而處之, 何可一一備物如此? 聖人喪子, 有棺而無槨. 古無灰壙則土親於棺也. 及門人之厚葬顔淵, 歎不如葬鯉之得宜, 此爲貧士之節度也. 百順以爲如何? 近草喪威日錄, 爲庶人家禮, 惟儉是趨, 爲子孫長久計. 雖駭于俗觀, 竊自謂得周公之意, 今俗或生不崇養, 死必飾葬, 虛地上以實地下, 往往可憫."

술하였고 며느리를 얻고서 「취부의娶婦儀」를 저술하였으며, 딸을 시집 보내고서 「부녀의婦女儀」를 저술하였고 부인과 자식李孟休을 잃고 「상례의喪威儀」 상하편을 저술하였으며, 이어 「제식祭式」을 저술하였다.[41]

이처럼 시대적 상황과 조건에 따른 의리의 발현을 통해 완성된 『성호예식』은 『가례질서』와 함께 성호학파에서 사례四禮를 다룰 때 반드시 검토해야만 하는 자료가 되었다. 조선 후기에는 『주자가례』의 문제점을 보완하는 동시에, 예식의 후厚한 측면을 강조하여 저술된 사계의 『상례비요喪禮備要』를 집집마다 소장하고 있고,[42] 나라에서 예를 논하는 사람들은 사계를 예학의 종주로 받들고 있다는 점을 고려하면, 이상과 같은 성호의 저술은 근기 남인의 입장을 여실하게 보여주는 것이라 판단된다.[43]

특히 이러한 성호의 예학은 『주자가례』와 종법의 적용범위를 서인庶人에게까지 확대하고 있다는 점에서 유의미하다고 할 수 있다. 『예기禮記』에서 언급되어 있듯, 예는 서인에게까지 미치는 것이 아니었고, 『경국대전』 및 국가전례에서도 서인의 묘廟를 허락하지 않았음을 고려한다면, 성호가 제시한 서인가례庶人家禮는 의례를 세속화하면서 확대하는 데에 일조하였다고 평가할 수 있다.[44] 사대부의 가문이 아닌 일반 사서인의 가문에까지 종법이 확산되는 결과를 초래하는 원인이기도 한 것이다.

---

41 『한국예학총서』에 실려 있는 『성호예식』은 「星湖禮式序」, 「東奎謹序」, 「删節冠儀」, 「娶婦儀」, 「婦女儀」, 「家祭法」, 「參禮式」, 「墓祭式」, 「祭式」, 「喪內祭式」, 「喪威日錄序自」로 구성되어 있다.

42 『喪禮四箋』. "沙溪『備要』之書, 家家皆有."

43 『喪儀切要』. "今國中言禮, 皆宗沙溪."

44 『星湖塞說』 권10 「人事門 · 庶人家禮」.

2) 시속의 교정과 『가례』의 준용

앞서 살펴본 것처럼 성호는 퇴계에게서 의리예학의 정수를 계승하였고, 퇴계에게서 부족하다고 판단하였던 명물도수의 이해를 보완하여 좀 더 체계적이고 일상적인 가정의례를 구축하려고 하였다. 그것이 바로 시의時宜의 적용이라고 할 수가 있고, 다시 시의의 내용을 정리하면 '신분에 맞는 예제의 준행'과 '불필요한 비용의 절약'이라고 할 수 있다. 여기에서는 성호우파의 박사정의 경우를 먼저 살펴보도록 하겠다.

박사정은 순암의 막내 동생 안정록安鼎祿의 장인[45]으로 순암의 예설과 자기 집안의 예설을 참고하여 『가례작통家禮酌通』을 짓게 된다. 순암은 가례와 관련하여 『가례주해家禮註解』와 『가례익家禮翼』 그리고 『가례집해家禮集解』 등을 저술한다.[46] 한편 집안의 제식祭式을 성묘省墓보다 묘제廟祭를 중시하는 쪽으로 개정하고, 『혼례작의婚禮酌宜』와 『관례작의의절冠禮酌宜儀節』을 마련한다. 이는 성호의 입장을 보완한 형태로 마련된 것이다.[47]

순암은 기본적으로 소박함을 중시하는 성호의 예학관을 계승하고는 있지만, 예의 본의를 중시한다禮不忘本는 점에서는 성호의 예학관을 보완한다고 할 수 있다. 순암은 고례나 『경국대전』이 신분에 따른 봉사대수를 다르게 지내야 한다는 점을 분명하게 인식하고 있었지만, 『주자가례』에 따라 고조까지 제사드리는 것은 조선에서 보편적인 현

---

45 『順菴集』 권25 「先妣恭人李氏行狀」.

46 『順菴集』 「示弟鼎祿子景曾遺書」 및 「年譜」. 이들 저서는 현존하지 않는다.

47 『順菴集』 「追錄」.

상이어서 바꿀 수 없다고 하였다. 다만 순암은 제물祭物을 간소하게 차리는 방안을 제시하였다.[48]

또한 성호는 『가례질서』에서 최장방最長房의 폐단을 언급하면서 주자의 초년설이라고 확정하였는데, 순암은 이에 의문을 제시하면서 성호가 고증을 잘못하여 벌어진 일로 『가례질서』를 수정할 것을 요구하였다.[49] 또 『가례질서』 괄발括髮 조항에서 성호가 부모상에 머리를 풀어헤치는 것이 예禮라고 정의하고 있는데 대해서, 이는 예가 아니지만 『주자가례』에서도 그대로 행하고 있고, 또 대동大同의 풍속이 되었다는 점을 들어 그대로 행할 것을 제시하였다.[50]

이와는 달리 묘제墓祭의 경우, 『주자가례』가 1번 지내는 것으로 규정되어 있는 것에 반해, 사계는 정월 초하루, 한식, 단오, 추석 등 4번 지내는 것을 용인하고 있었다. 사계는 한식과 추석에는 삼헌三獻을 행

---

48 『順菴集』「上星湖先生」.

49 『順菴先生文集』 권4 「與李景協書－己丑」. “最長房之弊, 先生所論. 無可改評. 而『家禮疾書』「大祥章」引朱子答李堯卿胡伯量書, 而以爲初年說. 此恐未考朱子以紹興己酉守漳州, 而堯卿卽其州人, 其壻陳淳始受業, 則堯卿書, 必是是時事. 又答胡書曰. “將來小孫奉祠, 其勢亦當如此. 小孫卽長孫鑑, 而長子塾之子也. 塾之歿, 在辛亥歲, 是書之出於塾死後無疑, 此二書, 俱是晩來定論, 『疾書』此條改定, 如何?”

50 『順菴先生文集』 권6 「答權旣明別紙－戊子」. “問 : 謹按禮, 親始死, 謹按禮, 親始死. 『喪服變除』曰 : 親始死, 孝子笄纚徒跣, 旣襲三稱服, 白布深衣, 素章甫冠. 「檀弓」武叔之母死, 旣小斂. 武叔投冠而括髮, 子游曰知禮. 「喪大記」曰 : 君大夫之喪, 子弁絰, 大夫素弁, 士素委貌. 若去吉笄, 不當曰笄纚, 若髮散而括髮, 不當曰投冠而括髮, 且冠者至尊之服, 不加於肉袒之體. 以免代之, 豈以素弁素委貌, 加之被髮之上乎? 且去髦之文, 見於「大記」, 而在括髮之時, 則不爲髮散而括髮明甚. 而『家禮疾書』定論如此, 誠所未曉. 盖親喪被髮, 疑永嘉以後胡俗, 而『開元禮』因之, 『家禮』從之. 今成大同之俗, 雖未可輕論. 若逢制禮作樂之聖人, 亟去似無疑, 未知如何. 答 : 纚以韜髮, 笄以固之, 則去笄纚則髮當被面矣. 然而禮無去笄纚之文, 古時被髮有無, 不可考. 但『左傳』晉惠, 羣臣反首茇舍, 處之喪禮, 則古有被髮之擧, 而何必引西原蠻俗耶? 雖云非禮, 『家禮』斷然行之, 以成大同之俗, 不容更議. 近者子中丈言此事之非, 欲自自家身後行之云. 雖相視而笑, 此不可行之事也. 雖聖王有作, 無害於義者, 不必改作. 但今俗奔喪者, 被髮而行, 則已非禮意. 示喩「喪大記」小斂始脫髦, 爲不被髮之證, 考出可喜.”

하는 정식의례로, 정월 초하루와 단오에는 일헌一獻만을 하는 간략의례로 지낼 것을 권한다.[51] 그러나 성호는 이것이 너무 번다하다고 생각하여 한식과 10월 2번만 지낼 것을 집안의 가례로 규정하였다.[52] 이 경우 순암은 성호의 견해에 따른다. 이처럼 순암은 『주자가례』에 의해 확립된 조선의 유교적 질서를 존중하는 '근수규구謹守規矩'의 입장에서 성호의 실용적 정신을 계승한다고 할 수 있다.[53]

> 성호 이익선생께서 집안에서 관혼상제를 시행하신 것을 연유로 여기에 대략 변통을 부가하여 『의식』을 저술하시었다. 순암 안정복 또한 이를 본받아 편집해 둔 것이 있다. 대저 고례를 좇되 금속今俗을 놀라게 하지 않고, 금속을 따르되 고례에 어긋나지 않게 하며, 또 빈궁한 사람으로 하여금 (『가례』에) 힘써 종사할 수 있기를 바란다. 나의 우둔함이 참람함을 헤아리지 못하고 망령되이 절충을 부가하였다. 우선 『가례』를 위주로 삼았으며, 퇴계 이하 여러 선유들의 논의들을 널리 고구하고, 또 두 집안의 글을 취하여 참고하고 고증하여 이 책을 만들었다. 『가례작통』이라 명명하였는데, 이는 바로 고례를 참작하고 금속을 통용시키려는 뜻이다.[54]

박사정은 먼저 『성호예식』을 거론한다. 성호선생께서 집안에서 관혼

---

51 『沙溪愼獨齋全書』下『疑禮問解』「墓祭時日」.

52 『星湖全書』「墓祭式」.

53 이봉규, 「順菴 安鼎福의 儒敎觀과 經學思想」, 『한국실학연구』 2, 2000, 81~87쪽 참조.

54 『家禮酌通』「家禮酌通序」. "星湖李先生, 因冠婚喪祭之行於家, 而畧加通變, 著爲『儀式』, 順菴安百順, 亦有倣而輯之者. 大抵欲從古而不駭於今, 循俗而不悖於禮, 又令貧窮者, 可企而及之耳. 思正之愚, 不揆僭猥, 妄加折衷, 先以『家禮』爲主, 而博究退溪以下諸先儒之論, 又取兩家文字, 參互考證, 作爲此書. 名之曰『家禮酌通』, 乃酌古通今之義也."

상제를 시행하시고 여기에 변통을 부가하여 『성호예식』을 저술하였다는 점을 밝혔다. 이후 순암 안정복의 예서가 있음을 명시하여 기본적으로 이 둘의 입장을 견지하고 있음을 보여준다. 박사정은 『주자가례』를 위주로 삼아 『가례작통』을 저술하였다고 하였는데, 이를 통해 『성호예식』의 지나친 절검을 보완하여 그보다는 돈후敦厚한 형태로 『가례작통』이 작성되었음을 알 수 있다. 그다음 퇴계 이하 여러 선유들의 논의를 구하였고, 성호집안과 순암집안의 글을 취하여 참고하고 고증하여 『가례작통』을 만들었음을 밝히고 있다. 그다음 『가례작통』이라고 명명한 이유는 고례를 참작하고 금속을 통용시키려는 뜻임을 분명히 하였다.

고례와 시속을 참작할 때 박사정이 가장 중요하게 생각했던 예식의 문제점은 시속時俗과 관계되는 것이었다. 빈궁한 향촌에서는 대부분이 세력이 없어 관혼상제의 예를 폐할 판인데 이를 어떻게 처리해야 하는 고민이 있었던 것이다.[55] 물론 이러한 인식은 성호의 문제의식과 맞닿아 있다고 할 수 있다. 그러나 박사정은 성호의 생각과는 달리 사대봉사를 지낼 것을 명시하였다.

> 사당의 북쪽 벽을 나누어 네 개의 감실을 만들고 감실마다 의자 한 개를 놓아둔다. 대종 및 고조를 계승한 소종이라면, 고조高祖는 서쪽에 거하는데 증조曾祖가 그다음이고 조祖가 그다음이며 부父가 그다음이다. 증조를 계승한 소종이라면 감히 고조에게 제사하지 못하니 서쪽의 감실 한 곳을 비워둔다. 조를 계승한 소종이라면 감히 증조에게 제사하지 못하니 서쪽

---

55 『家禮酌通』「家禮酌通序」. "狃於俗而訛復訛, 拘於時而失又失, 雖有志好禮之士, 猝不可以卞其訛, 而正其失矣. 且窮鄕貧室, 亦多有勢窘力乏而遂廢之者, 是豈不大可寒心哉?"

의 감실 두 곳을 비워둔다. 녜禰를 계승한 소종이라면 감히 조부에게 제사하지 못하니 서쪽의 감실 세 곳을 비워둔다.[56]

박사정이 저술한 『가례작통』은 『주자가례』의 경문經文을 위주로 작성하였으며, 경문 한 칸 아래에 자신의 생각을 일목요연하게 정리하여 두었다. 사대봉사를 원칙으로 하되 대종 및 고조를 계승한 소종의 경우는 사대봉사를, 증조를 계승한 소종은 삼대봉사를, 조를 계승한 소종은 이대봉사를, 녜를 계승한 소종은 일대봉사를 지내야 한다는 것이다. 국법에는 사대부가 삼대만 지낼 것을 명시하고 있지만, 사람들은 모두 사대봉사를 지내고 있는 현실인데, 그것은 정주程朱께서 이미 사대봉사를 허락하였기 때문이고, 조가朝家 또한 이를 넘지 않고 있어 '대동지례大同之禮'가 되었음을 분명히 하였다.[57] 이처럼 박사정의 사대봉사에 대한 논의는 순암의 생각을 골자로 하고 있기에 성호의 삼대봉사의 의미와는 그 결을 달리하는 것이었다. 다음으로 묘제와 관련하여 생각해본다.

박사정은 먼저 예경禮經에서는 묘제墓祭가 없음을 밝히고 있다. 그런데 『주자가례』에는 삼월 상순에 날을 택하여 묘제를 지닌다고 하였다. 그리고 박사정 당시에는 속례俗禮에 따라 정월초하루, 한식, 단오, 추석에 묘제를 지니고 있었다.[58] 이에 대한 박사정의 단안斷案은 삼월과 시

56 『家禮酌通』. "祠堂北壁, 分作四龕, 每龕內置一椅. 大宗及繼高祖之小宗, 則高祖居西, 曾祖次之, 祖次之, 父次之. 繼曾祖之小宗, 則不敢祭高祖, 而虛其西龕一. 繼祖之小宗, 則不敢祭曾祖, 而虛其西龕二. 繼禰之小宗, 則不敢祭祖, 而虛其西龕三."
57 『家禮酌通』. "國法士大夫, 只祭三代, 而人皆祭四代. 蓋自程朱已許祭及高祖, 而朝家亦不以過制爲禁, 便成大同之禮矣."
58 『家禮酌通』. "俗禮, 以正朝寒食端午秋夕行墓祭."

월 상순에 날을 택하여 묘제를 지내도록 하는 것이었다.[59] 즉 퇴계선생 이하 여러 선생들은 모두 시속에 따라 묘제를 지낼 것을 말하였지만, 율곡은 묘제墓祭와 묘제廟祭가 차이나지 않는다는 점을 미안未安하다고 하여 한식과 추석에 지내고자 한다는 점을 밝히면서 『가례』를 준용하되 정월초하루와 단오에 지낼 것을 주장하였다. 그러나 박사정은 여기에는 여러 문제점들이 있기 때문에 한위공韓魏公과 주문공朱文公의 예를 참용하여 삼월과 시월에 날을 택하여 묘제를 지낼 것을 주장하였다.[60]

이처럼 성호우파의 박사정은 『성호예식』이 가지고 있는 성호의 예학정신인 절검을 계승하면서도, 사대봉사 등의 행용을 통해 『주자가례』로 회귀하는 모습을 보이고 있다. 성호의 예학정신을 계승하는 측면이 있기는 하지만, 결국 『주자가례』로 돌아가고 있다는 측면에서 볼 때, 박사정을 성호우파 예학에 있어서의 대표적 인물이라 할 수 있을 것이다.

3) 고례의 복원과 체제의 개혁

사회적 질서유지를 위해서 예禮는 인간이 행해야 할 매우 중요한 기준이 된다. 다산은 예를 가볍게 저버리는 자는 반드시 가볍게 범법을 저지르게 될 것이기 때문에 군자가 예를 중시하는 것이라고 말한다.[61]

---

59 『家禮酌通』. "墓祭用三月十月前旬卜日."

60 『家禮酌通』. "近有一二師友家, 緣此變通四名日, 則以時食薦獻於家廟, 廟制則參用韓魏公朱文公之禮, 以三月十月卜日行之, 以三月不必上旬, 十月不必朔朝, 只擇丁亥以尊卑次序, 上旬行一處墓祭."

61 『牧民心書』. "夫禮者, 天地之節文. 祭祀燕享, 尤所致愼. 其名與器, 不可加減. 輕棄其禮者, 必輕犯其法, 故君子重禮."

유학자에게 도덕과 예의는 선왕께서 만백성을 다스리는 방법이다. 목민관 또한 백성들을 다스릴 때에는 자신이 먼저 규율을 지키는 것律己은 물론, 예의를 통해 백성들을 다스리고 은혜로 그들과 교제한 이후 마지막에 법을 통해서 구속해야 함을 분명히 해야 한다.[62]

그러나 다산 당시의 현실은 이상과의 괴리가 매우 심하였다. 다산은 감사監司가 시찰할 때에 베푸는 연향燕饗의 사례를 들어 당시 예식의 규모가 지나치게 성대하였고, 그것은 해당 직분의 범위를 넘어서는 것임을 분명히 하였다.[63] 이는 결국 정치적 권력과 경제적 재력을 독점함으로써 사회적 명분과 국가적 위계질서를 무너뜨리는 것이었다.

이상과 같은 이유로 다산은 제례감齊禮監을 설치할 것을 제안한다. 제례감은 관혼상제를 감사監司하는 기관으로 신민臣民들이 의례의 규정에 맞지 않게 예식을 거행할 때에 잡아서 다스리는 것을 관장한다. 예컨대 서인庶人이 사례士禮를 행하는 경우나 사士가 대부大夫의 예를 행하는 경우에는 잡아서 다스리고, 대부가 왕후王侯의 예를 사용하게 되면 상급 기관인 사헌부에 알려 조치를 취하게 함으로써 국가의 기강을 바로 잡

---

62 『牧民心書』. "束吏之本, 在於律己. 其身正, 不令而行, 其身不正, 雖令不行 (…중략…) 余以此知律己, 爲束吏之本. 齊之以禮, 接之有恩, 然後束之以法. 若陵轢虐使, 顚倒詭遇者, 不受束也."

63 『詩文集』「答仲氏」. "又如監司巡歷之饗, 春間試問此縣所供. 較之古禮, 其視上等太牢, 不啻三倍. 上等太牢者, 惟天子宗廟之祭及天子朔月之食及諸侯之饗王人用之. 今監司一日三受之饗, 乃視天子朔月之食, 加增三倍, 犯分蔑法, 暴殄天物, 莫此若也. 「夏諺」曰師行而糧食, 飢者不食, 勞者不息, 睊睊胥讒, 民乃作慝, 方命虐民, 飮食若流, 流連荒亡, 爲諸侯憂, 今之監司之謂也. 世雖汚矣, 俗雖侈矣. 九章之服, 猶未敢服者, 以其有袞衣之名也. 九旒之冠, 猶未敢冠者, 以其有冕旒之名也. 名存則人猶畏之, 名亡則僭亂凌犯, 潰決而不可爲矣. 嗟乎! 誰能建白此事, 凡使客燕饗, 悉用古制, 名之曰太牢, 名之曰少牢, 名之曰特牲特豚, 而犯太牢者, 如犯九章九旒之罪, 則守令掾吏雖欲諂事上官, 必不敢輕犯大辟, 以至閭巷婚姻壽養延諡之類. 各定其等, 悉別其名, 則國之大弊去矣. 嗟乎! 奈何?"

고자 하였다.[64] 그러므로 다산의 경세학을 "도덕적인 덕치 이상으로 왕권강화에 의한 법치적 예치와 공복의 책무를 실천한 목민정신의 강화라는 의도로 집약된다"[65] 고 평가하는 것도 타당하다고 할 수 있다.

> 여기에서 논의하고 있는 것은 법法이다. 논의하는 바가 법인데도 예禮라고 말하는 것은 어째서인가? 선왕은 예로써 나라를 다스렸고 백성들을 인도하였다. 그러다가 예가 쇠약해지자 법이라는 이름이 발생하였던 것이다. 법은 나라를 다스리고 백성들을 인도하는 근본이 아니다. 천리에 비춰보아서 합당하며 인정에 적용하여도 조화로운 것을 예라고 한다. 공포로써 위협하고 비애로써 옥박질러 이 백성들로 하여금 전전긍긍 감히 법을 어기지 못하게 하는 것을 법이라고 한다. 선왕은 예로 법을 삼았으나 후왕은 법으로 법을 삼았으니, 여기에 같지 않은 바가 있는 것이다.[66]

삼대三代의 선왕들은 예禮를 통해 국가를 다스리고 백성을 교화시켰지만, 진대秦代 이후의 수많은 나라의 후왕들은 법法을 가지고 백성들을 공포하고 위협하여 강압적인 질서를 유지하였다고 다산은 비판한다.

---

64 『經世遺表』. "臣謹案 導之以德, 齊之以禮者, 先王之所以馭萬民也. 『周禮』「春官」齊民以禮者, 其職非一. 今擬別立一司, 名之曰齊禮監. 凡冠婚喪祭, 有不以禮者, 執而治之. 其或庶人用士禮, 三士用大夫禮, 亦執而治之. 其或大夫, 用王侯之禮者, 報于憲府. 請其覈治, 亦至要之官也. 立後之法, 今亦太濫, 宜令此官, 頒其限節, 掌其奏聞."

65 윤사순, 「성리학과 실학, 그 근본 사고의 동이성에 대한 고찰」, 『다산 정약용』, 예문서원, 2005, 140~141쪽 참조.

66 「邦禮艸本序」. "玆所論者, 法也. 法而名之曰 : 禮, 何也? 先王以禮而爲國., 以禮而道民. 至禮之衰而法之名, 起焉. 法非所以爲國, 非所以道民也. 揆諸天理而合, 錯諸人情而協者, 謂之禮. 威之以所恐, 迫之以所悲, 使斯民兢兢然莫之敢干者, 謂之法. 先王以禮而爲法, 後王以法而爲法, 斯其所不同也."

따라서 이러한 예禮·법法의 논리를 지니고 있는 다산에게 성리학적 이념을 가지고 건국되었던 조선왕조의 예치질서는 그 결함 때문에 온전한 삼대의 이상사회를 건설하기에는 매우 미흡한 것이었다. 다산은 이러한 결함을 극복하고 새로운 예치질서를 위해서 '고례회복을 통한 예학이념의 정립'과 '체제개혁을 통한 예치질서의 확립'을 제시하였다.

이상의 인식을 토대로 하여 다산의 예학저술은 시작되었던 것이다. 여기에서는 앞선 논의의 연장선에서 사대봉사와 묘제에 대한 다산의 입장을 구체적으로 살펴본다. 다산은 사대봉사와 묘제에 대한 입장을 『제례고정』「제법고」에서 종합적으로 검토하고 체계적으로 정리한다.

> 옛 성인의 제도를 상고해보니, 남의 신하된 자가 자기 선조를 제사하는 것은 삼대에서 그친다. 태조의 불천묘를 제외하면 실제로 친親을 제사하는 것은 이대에 그치니, 그 친을 사대까지 제사하는 것은 천자의 예이다. 당唐·송宋의 제도에서 사묘四廟를 세우는 것을 허가하였는데, 이는 천자의 공경을 제후에 비견한 것이고, 시봉始封의 초기에는 이미 태조太祖가 없기 때문에 오직 사친四親만을 제사한다. 그러므로 우리나라가 제도를 세울 때에는 비록 대부의 제사이기는 하지만 삼대에 그친 것은 제후의 나라이기 때문이다.[67]

다산은 먼저 남의 신하된 사람이 제 선조를 제사할 경우에는 삼대에서 그쳐야 한다고 하였다. 태조의 불천묘를 제외하면 실제로 친親을

---

67 『祭禮考定』. "考古聖人之制, 人臣之祭, 其先止於三代. 太祖之廟不遷, 其實祭親止於二代, 其祭四親者, 天子之禮也. 唐宋之制, 許立四廟者, 以天子之公卿, 得比諸侯, 而始封之初, 旣無太祖, 故唯祭四親也. 故我國立制, 雖大夫之祭, 止於三代, 以侯邦也."

제사하는 것은 이대에 한정된다. 사대를 제사하는 것은 천자의 예로 천자가 비록 칠묘를 세우더라도 태조太祖・문세실文世室・무세실武世室은 공덕 때문에 묘廟를 세운 것이지 친친親親의 원리에 따르고 공덕功德을 불문에 붙인다면 친은 사대에 한정된다. 따라서 대부는 의당 이대에 제사지내야 한다.[68]

다산에 의하면 사대봉사는 중국 당・송대의 제도에 의한 것이었다. 즉 "『당서唐書』「예지禮誌」에 일품・이품은 사묘, 삼품은 삼묘, 오품은 이묘, 적사適士는 일묘이다(서인은 침寢에서 제사지낸다). 사묘에 시봉始封이 있으면 오묘가 된다"[69]고 하였고, "『송사宋史』「예지禮志」에 경력제慶曆制의 경우, 정일품・평장사平章事 이상은 사묘를 세우고, 추밀사樞密使・참지정사參知政事 이상은 삼묘를 세우고, 나머지 관리들은 침寢에서 제사지낸다"[70]고 하였고, "「명회전明會典」에 국초에 품관의 묘제廟制는 임시로 송유宋儒의 제도를 모방하여 고高・증曾・조祖・녜禰 사세四世의 신주를 받들고, 사서인士庶人은 조부모祖父母・부모父母의 제사를 받들었다"[71]는 것이다.

다산에게 당・송의 신하는 정국공鄭國公 위징魏徵・위국공衛國公 이정李靖・위국공魏國公 한기韓琦・온국공溫國公 사마광司馬光으로 모두 옛날

---

68 『祭禮考定』. "天子雖立七廟, 其大祖及文世室武世室, 以功德也. 其以親親而不問功德者, 唯四親而已. 【王肅以七世, 謂祭及六代, 而文王武王不在七世之數, 其義非也】 諸侯亦有文武世室. 【「明堂位」曰, "魯公之廟文世室也. 武公之廟, 武世室也】 則其祭四親者, 天子之禮也. 大夫宜祭二代."

69 『祭禮考定』. "『唐書』「禮志」曰, 一品二品四廟, 三品三廟, 五品二廟, 適士一廟【庶人祭於寢】 四廟有始封爲五廟. 【三品以上, 有神主, 五品已上有几筵】"

70 『祭禮考定』. "『宋史』「禮志」曰 : 【慶曆制】 正一品平章事以上, 立四廟, 樞密使參知政事以上, 立三廟, 餘官祭於寢. 【大觀制執政官, 視古諸侯, 祭五世, 文武升朝官, 祭三世, 餘祭二世.】"

71 『祭禮考定』. "「明會典」曰, 國初品官廟制, 權倣宋儒之制, 奉高曾祖禰四世之主, 士庶人奉其祖父母父母之祀. 【丘濬曰, 國初用胡秉中議, 許庶人祭及三代.】"

제후에 해당하는 작위를 지니고 있는 사람들이었다. 게다가 그들은 모두 시봉始封의 군주에 해당하는 사람이기도 하였다. 그러므로 스스로 태조가 되었기 때문에 사세를 제사지내고, 그 현손들은 시봉자始封者를 불천不遷하였으니, 마땅히 오세를 제사지내야 한다고 하였다. 그러나 조선은 제후의 국가이고 대부와 사는 제후의 신하이기에, 이들과 똑같이 제사지낼 수는 없다고 하였다.[72]

다산은 이를 뒷받침하기 위하여 "『경국대전』「예전」에서도 문무관 6품 이상은 3세를 제사지내고, 7품 이하는 이대를 제사지내고, 서인은 고비만 제사지낸다"[73]는 것을 제시하였다. "『경국대전』이 사마광의 『서의書儀』·주자의 『주자가례朱子家禮』·구준의 『가례의절家禮儀節』을 준용하였지만, 이들 삼현三賢은 모주 천자의 신하로 자신이 상경上卿이 되거나 국공國公으로 추봉追封되었기에 모두 옛 제후가 되는 사람들이었다. 그러므로 그것을 예로 저술하여 집안에 전한 것은 대부분이 제후의 예를 쓴 것이다. 그러나 우리나라 사람들은 본분을 잊고 욕심을 움직여 모의模擬하려 하니 참람함을 범하는 것이 많다. 마땅히 『경국대전』을 따라야 한다"[74]고 정리한다.

다산은 사대봉사가 조선에서 일반화된 것은 사계沙溪의 예설이고, 사계의 예설은 『주자가례』를 좇은 것이고, 다시 『주자가례』는 『서의』를

72 『祭禮考定』. "唐宋之臣, 如鄭國公魏徵, 衛國公李靖, 魏國公韓琦, 溫國公司馬光, 皆古諸侯之爵也. 故用諸侯之禮, 又皆是始封之君, 自爲太祖, 故祭止四世, 及其玄孫之後, 始封者不遷, 則當祭五世也. 今以諸侯之臣, 而祭及四代可乎?"

73 『祭禮考定』. "『經國大典』曰, 文武官六品以上, 祭三世, 七品以下祭二代, 庶人只祭考妣."

74 『祭禮考定』. "我邦禮制, 多遵溫公『書儀』·『朱子家禮』·丘氏『儀節』, 然是三賢, 皆天子之臣也. 或身爲上相, 或追封國公, 其位秩, 皆古諸侯也. 故其著之禮而傳之家者, 多用侯禮, 我邦之人, 忘其本分, 動欲摸擬, 則犯于僭者多矣. 宜謹守國典."

따른 것임을 들고, 제후의 예를 제후국의 사서인이 쓸 수 없다는 것을 근거로 사대봉사의 부당함을 지적한다.[75] 때문에 성경聖經·현전賢傳·국제國制·사설師說을 준수하여 모든 사환의 족속들은 마땅히 가묘家廟에 삼세의 신주를 받들어 모실 수 있어야 하며 유월踰越해서는 안 된다고 결론을 내린다.

이러한 다산의 사대봉사에 관한 설명과 이해는 당대의 정치적이고 경제적 맥락에서 독해될 수 있다. 왜냐하면 성호와 다산은 모두 당대 유력가문의 지나친 의례문화를 비판하는 한편, 정치권력의 자장에 들어가지 못하는 자신들의 가문의 종통을 세우기 위해 대안을 제시해야만 했던 인물들이기 때문이다. 예컨대 성호는 서성입종론庶性立宗論을 제시하여 서인가례庶人家禮의 실천을 확대하여 유력가문이 아닌 사서인의 가문에서도 종통을 세우고 서인들과 가난한 선비도 실천할 수 있는 가례문화를 건설하려고 하였다.

다산 또한 성호의 현실인식에 수복하여 계별자繼別子와 계고조繼高祖로 이해되던 대종과 소종을 계조繼祖와 계녜繼禰로 재해석하여 종법을 확산시키는 한편, 대종만 입후할 수 있다는 것과 종자가 죽고 나서 아들이 없어야만 입후할 수 있다는 원칙을 제시함으로써 고례의 이상을 현실에 구체화하려고 하였다. 이러한 입장에서 사대봉사에 대한 그들의 견해를 이해해야만 비로소 그 의미를 적확하게 읽어낼 수가 있게 된다.

---

75 『祭禮考定』. "東儒, 唯沙溪【金文元公長生】最爲知禮而特從四世之制, 此所以擧世遵用也. 然沙溪之禮, 蓋從『家禮』, 『家禮』出於『書儀』, 『書儀』者, 溫國公司馬光之作, 彼固天子之上相, 得用上公之禮者也. 藩邦之士庶人, 其敢倚是乎?"

> 묘제墓祭는 고례이다. 대부는 청명과 한로에 두 차례 묘제를 지내고, 사와 서인은 한식에만 한차례 묘제를 지낸다. 묘제는 고조에서 그친다. 그러나 먼 조상으로서 처음 벼슬하여 자손의 시조가 되는 조상에게는 마땅히 한 차례의 묘제를 더 지낸다. 후토后土에 제사지내는 것은 본래 정현의 주석에 잘못이 있었기 때문이니, 의론할 것이 못 된다.[76]

다산은 묘제에 대해서는 『주례』를 통해 분명히 알 수 있다고 말한다.[77] 다만 예경에 명확한 글이 없어서 사람들이 제도를 행하는 것이 분분해졌다는 것이다. 여러 글을 참고하고 인정에 가까운 바를 들어[78] 대부는 청명과 한로에 두 차례 묘제를 지내고, 사와 서인은 한식에만 한 차례 묘제를 지내야 한다고 정리한다. 묘제의 대상에 대해서도 친親이 있는 조상은 고조에까지 해당하고, 먼 조상으로서 처음 벼슬하여 자손의 시조가 되는 조상에게 1년에 1차례의 묘제를 지낼 것을 권한다. 그리고 그 이외에 다른 조상에 대한 제사는 금지한다. 시조가 되는 조상에 대한 제사는 한위공의 사례를 따라 10월 초하루를 사용하는 것이 옳다고 하였다.[79]

다산에게 묘제는 『주례』에 분명히 기록되어 있는데도, 선유들이 잘못 파악하여 문제가 되었다고 파악한다. 이는 분명한 증거가 있음에

76 『祭禮考定』. “墓祭古也. 大夫二祭, 用淸明寒露, 士庶人一祭, 寒食而已. 墓祭止於高祖, 然遠祖始仕, 爲子孫冠冕者, 宜有一祭. 至於后土之祭, 本因鄭註有誤, 未可議也.”

77 『祭禮考定』. “墓祭之禮, 明著『周禮』.【冢人文見下】只緣先儒誤解, 漢唐諸賢, 竝有評議.”

78 『祭禮考定』. “蓋緣禮經無文, 人自爲制, 紛紛如此, 今參考諸文, 唯淸明霜降, 最爲近情, 然兩祭相距之間, 猶未均正.【淸明至霜降遠, 而霜降至淸明近】莫如用淸明寒露之爲允也.【三月九月節】”

79 『祭禮考定』. “人情, 無限禮制, 有防苟不防之將千歲矣. 然杜甫寒食, 祭遠祖當陽君,【卽杜預】則已自唐時, 祭其顯祖也. 歲一祭者, 依韓式用十月一日可也.”

도 불구하고 의안疑案으로 남겨놓고, 예에 확정된 제도가 없는 경우 자신들만의 의리를 일으켜義起 원야原野의 풍속으로 삼는 잘못에 대한 비판이다.[80] 퇴계는 예문에 보이지 않거나 변례의 상황에 대처해야 할 때 유추와 의리를 적용하였다. 그러나 다산은 오히려 이러한 의기義起를 앞세우기보다는 고례의 예문例文을 재해석하는 과정에서 변례의 상황을 발견해내려고 하였다. 이는 의리의 적용이 자칫 잘못하면 개인의 자의적인 해석이 될 수 있음을 염려한 것이다.

다산은 고례의 의례를 복원하기 위해 삼례三禮를 다시 이해할 필요가 있다고 생각하였다. 다산은 다음과 같은 고례 복원의 방법을 통해 『상례사전喪禮四箋』을 저술하였다. 첫째 「사상례士喪禮」를 이해하는 데에 도움이 되는『예기禮記』의 적용, 둘째 경서經書와 선진先秦 고문古文에 등장하는 상례와 관련된 사례의 활용, 셋째 흑산도에 유배되어 있는 형에게 검증을 받는 일 등[81]이었다.[82] 그리고 다시 『상례사전』을 근거로 행례의 간편화를 위한 『사례가식四禮家式』을 저술하였다.

이 점을 통해 우리가 알 수 있는 것은 다산이 고례이기 때문에 따라야 한다는 단순논리를 주장한 것이 아니라, 오히려 조선의 변화된 현실에 맞게 의례를 조정하는 과정에서 고례의 규정을 새롭게 살려 내고

---

80 『喪儀節要』. "鏞案 墓祭之禮, 明著『周禮』. 只緣先儒誤解, 漢唐諸賢, 竝有評議. 程宋以來, 尙置疑案, 禮無定制, 人自義起. 遂令原野之俗, 紛紛然莫適所從也."

81 『喪禮四箋』. "幸而有禮記諸篇, 寔爲士喪禮之翼傳, 外此諸經及一切先秦古文, 有論死喪之事者, 皆足以交據而互徵之, 則我之生雖晩, 其所據依在蚤, 無傷也, 亦與無也."

82 『喪禮四箋』. "是時我仲氏巽菴先生, 亦謫居羅州島中. 書粗成寄示之曰, 汝之於禮, 若張湯治獄, 綜理爬櫛, 無遺情. 嗟其言如是, 殆庶幾乎? 於是始敢序次成編. 然彼非不章, 此是不立, 故其于諸家之說, 凡足以亂經旨者與足以發經旨者, 皆兩著而交顯之, 使後之君子, 公聽竝觀, 而唯是是求, 亦余志也."

이를 속례와 결합시켰다는 것이다. 그리고 『사례가식』이 행용의 측면에서 『주자가례』와 충돌한다는 점을 의식한다면, 결국 『사례가식』은 『주자가례』를 대체하려는 의도에서 작성된 것임도 알 수 있다.

그런데 더욱 중요한 것은 다산은 『사례가식』을 통해 가례의 측면에서 체제개혁을 고려하고 있었다는 점이다. "가령 내가 수년 전에 이 책을 만들었다면, 어찌 정조임금께 올려 크게 시행하지 않았겠느냐?"[83]는 언급을 통해 그가 구상한 사례에 대한 예식은 결국 체제개혁의 일환으로 작성되었다고 할 수 있다. 그리고 이 글에서는 이러한 다산의 예학을 '체제예학'으로 부르고자 한다.

3. 자율적 덕례에서 타율적 형정으로

1) 향촌주도의 자율적 예속문화

공자가 군주를 북극성으로 비유하면서 정치는 덕德을 통해서 이루어져야 한다[84]고 말한 이래로, 유교정치의 핵심에는 언제나 덕德과 예禮가 우선순위에 들게 되었다. 전근대 사회에서의 군주의 위상은 매우

---

83 「寄兩兒」. "玆所去『祭禮考定』一卷, 此吾平生之志也. 大牢少牢之名, 世非不知, 唯知爲牛一羊一豕一與羊一豕一之名, 其籩豆簋鉶之秩然若天成地造, 人所不知耳. 古人燕饗祭祀, 皆有品級, 每於大牢少牢特牲特豚一鼎脯醢, 六者之中, 揀而用之. 其一菜一果, 不敢任意增損, 先王法制之嚴且密如是也. 大牢者, 天子諸侯之物, 今監司巡歷之饗, 其鉶俎籩豆之數, 較之大牢, 不啻五倍. 古所謂飮食若流, 流連荒亡, 不幸近之, 吾玆祭禮, 不唯祭祀是爲. 凡京外使客支應及婚姻壽考, 一切燕饗之饌, 竝宜畫一爲制, 使之欽此欽遵, 無敢踰越, 則於世道不亦有裨? 使我成此書於數年之前, 豈不疏陳于先朝, 沛然施行乎? 書成於邑, 悲不自勝也!"

84 『論語』「爲政」. "子曰 : '爲政以德, 譬如北辰, 居其所而衆星共之.'"

존엄하여 그의 덕성의 여부에 따라, 그리고 현인의 등용에 따라 나라가 안정安定되거나 경색哽塞되거나 하는 차이가 빈번하게 나타나게 때문이다. 그리고 그러한 사례의 대표적인 사례가 바로 순舜이라는 군주이다.

그러나 이는 삼대의 대표적 성인을 제시하여 이상을 제시한 것일 뿐, 현실정치에서는 매우 나이브한 말이 될 수도 있다. 현실정치는 언제나 인륜의 쟁탈적 상황이 여기저기에서 도출되는 다종한 범죄의 온상이 되는 전쟁터이기도 하다. 그러므로 법제와 형벌이 사회정의의 실현의 도구가 되는 것은 필수불가결하다고 말할 수 있다.

그럼에도 불구하고 유교공동체에서는 덕과 예를 형과 정보다 우선순위에 놓는다. 가장 유력한 근거는 진시황秦始皇의 법가정책에서 기인한 다종한 폐해와 분서갱유焚書坑儒의 상징적 사건으로 인한 유교공동체의 파괴일 것이며, 유학儒學을 표방하면서도 법가法家나 황로학黃老學의 정치를 수용했던 한漢나라 등에서 시행한 형정刑政의 폐해 때문일 것이다.

> 공자께서 말씀하셨다. "법제와 금령으로 선도하고 형벌로써 다스리면, 백성은 형벌을 구차스럽게 면하려고 하고 부끄러움이 없을 것이다. 그러나 덕으로써 선도하고 예로써 다스리면, 백성은 불선不善에 대해서 부끄러워하여 선善에로까지 이르게 될 것이다."[85]

---

85 『論語』「爲政」. "子曰 : '道之以政, 齊之以刑, 民免而無恥; 道之以德, 齊之以禮, 有恥且格.'"

주희는 공자의 말에 주석을 달면서, 덕과 예로 백성을 다스릴 경우와 형과 정으로 백성을 다스릴 경우를 대비하면서, 법제와 형벌로 백성을 다스리면 범죄를 멀리할 수 있게 할 수 있지만, 덕과 예의 효과는 백성들로 하여금 날마다 선善을 실천하게 하여 모든 사람의 모든 행동이 선이 될 수 있도록 할 수 있게 하는 것이라고 하였다.[86] 그리고 이러한 덕례형정德禮刑政에 대한 인식은 조선의 유학자들에게도 연속성을 지니게 된다.

공자를 대표로 하는 선진유학에서 주희를 대표로 하는 신유학에 이르기까지의 도통론道統論에 입각한 조선유학의 거두는 퇴계 이황이라고 할 수 있다. 퇴계는 조선유학사에서 볼 때, 주희의 성리학의 이념체계를 선도적으로 이해하였으며, 그러한 이념체계를 구체적 현실세계에서 실현하려고 했던 인물이다. 그는 주희가 제시하는 이러한 덕례형정관의 입장에서 의리예학을 발전시켰으며, 이후 영남 남인과 근기남인뿐만 아니라 여타의 학파에 대해서도 예학사적인 측면에서 상당한 영향력을 행사하게 된다.

퇴계 이황은 불교의 풍속과 민속의 관습이 혼합된 시속時俗의 흐름을 바로잡아 유교적 예속禮俗을 이루고자 했으며, 주희 예학의 근간 위에서 고례古禮의 이상을 탐색하여 종법宗法에 입각한 유교적 전통사회의 정립을 위해 노력하였다. 즉, 퇴계는 주희 예학의 본지를 충실하게 연구하고 구현하려는 과정에서, 고례에 담긴 의리義理의 기준을 탐구하여 그 이상을 조선의 현실적 인정人情 가운데 점진적으로 구현하려

---

86 『論語集註』「爲政」. "政刑能使民遠罪而已, 德禮之效, 則有以使民日遷善而不自知."

는 온건한 예속화의 방향을 설정하여 조선예학의 토대를 정초시키려 한 인물이다.[87]

그렇다고 퇴계의 온건한 예속화가 근거 없이 통행되는 속례에 대해 무원칙적으로 허용되는 것은 아니다. 근거 없이 통행되고 있다고 하더라도 의리에 합당하다면, 그리고 그것이 해당 의례행위의 전체과정에 문제가 발생하지 않는다면, 퇴계는 그러한 속례에 대해서만은 긍정적 입장을 취한다. 퇴계는 사회개혁적 함의를 갖는 교속矯俗에 대해서는 대단히 신중한 태도를 견지하는데, 이는 해당 의례 행위가 가정과 향촌 그리고 국가 전체로 그 범위가 확장될수록 그 신중함의 정도가 커져나가기 때문이다.[88]

이러한 퇴계의 예학은 영남 남인의 예학적 토대가 되었을 뿐만 아니라, 한강 정구와 미수 허목을 거쳐 성호 이익에게까지 영향력을 행사하였으며, 성호 이익을 꼭짓점으로 하여 다시 순암 안정복과 다산 정약용을 포괄하는 근기 남인에게까지 영향력을 확대시켜나갔다. 특히 종법의 사회적 확대를 통해 사대부에 국한되었던 종법 질서를 서인庶人으로까지 확대한 성호의 예론과, 계별자繼別子와 계고조繼高祖로 이해되었던 대종大宗과 소종小宗의 구분을 계조繼祖와 계녜繼禰로 재해석하여 종법적 질서를 조선왕조의 전 체계로 시스템화 하려고 했던 다산의 예설은 퇴계의 의리예학이 어떻게 체제예학으로 변모되는가를 보여주는 모범적 사례라고 할 수 있다.

---

87 박종천, 「퇴계 예학과 근기실학자의 예학」, 『국학연구』 21, 2012, 106~107쪽 참조.
88 한재훈, 「상제례답문 분석을 통한 퇴계의 속례관 고찰」, 『퇴계학보』 128, 2010, 54~55쪽 참조.

퇴계 예학의 적통을 계승하였다고 평가받는 한강 정구 역시 이상에서 언급한 것을 토대로 자신의 예론을 전개한다. 그런데 한강은 퇴계와 같이 교속의 소극적 반응인 해속駭俗과 적극적 반응인 피화被禍를 염려하여 구체적 예서禮書를 편찬하지 않은 것과는 달리, 『가례집람보주家禮輯覽補註』, 『오선생예설분류五先生禮說分類』, 『예기상례분류禮記喪禮分類』, 『오복연혁도五服沿革圖』 등을 저술하였다. 또한 그는 영남지역의 유교적 예속화를 확장시키면서 기왕에 행해지던 무속의 굿이나 불교의 우란분 등의 풍속이 사족 사회에서 자리잡지 못하도록 노력하였다.[89] 이는 퇴계에 비해 한강이 좀 더 강력하게 비유교적 관습을 바로잡는 교속의 예설을 진행하였다는 것을 증험해주는 사례가 된다.[90]

퇴계와 한강의 사단칠정四端七情에 대한 이해와 성경誠敬의 정신을 이어받은 대산 이상정의 예론 또한 퇴계와 한강의 예학전통을 벗어나지 않는다.

> 예禮는 시의時宜를 따르는 것을 귀하게 치고, 시속時俗을 변화시키려고 하지 않는 법이니, 반드시 의리에 해가 된다고 확신하지 못한다면, 굳이 시속을 변화시켜 옛것으로 되돌림으로써 사람들을 놀라게 할 필요는 없을 듯합니다.[91]

89 鄭逑, 『寒岡先生言行錄』 권1 「禮學」. "嶺南, 雖稱文獻之邦, 而乙巳摧沮之餘, 人皆樂放曠而賤名教. 雖士大夫家冠婚喪祭皆用俗禮, 雜以佛教, 自先生出, 士爭自濯磨轉相慕效, 古巫覡禱祀之事, 盂蘭盆供之設, 不復行於士族矣."

90 한강은 실제로 조선 중기까지도 잘 이루어지지 않았던 친영례를 직접 준비하여 준행했으며, 향사례와 향음주례를 본격적으로 실천했다. 박종천, 「한강 정구의 예론과 예설」, 『태동고전연구』 29, 2012, 16~17쪽 참조.

91 李象靖, 『大山集』 권12 「答金退甫別紙」. "禮貴從宜, 不求變俗. 既未知其必害於義, 則恐

대산은 퇴계와 한강과 마찬가지로 고례가 허용하는 의리의 범위 내에서, 인정상의 시속을 용인해주는 방식으로 점진적으로 의례화 작업을 진행한다. 의리에 해가 되지 않을 경우 굳이 시속을 변화시켜 옛것으로 되돌림으로써 사람들을 놀라게 할 필요가 없다는 것이다.

예컨대, 대산은 연제練祭 때 사용하는 요질과 교질에 관한 질문에 다음과 같이 답변한다. 예禮에 근거하면 질絰은 칡을 3겹으로 꼬아서 사용하고 교대絞帶는 베를 사용하도록 되어 있는데, 오늘날의 풍속에서는 칡으로 만든 교대를 쓰니, 이는 칡으로 만든 질로 인하여 잘못 전습된 것이지만, 점차 등급을 낮추어간다는 의리에 문제가 없고, 게다가 자최齊衰와 참최斬衰를 구별하는 것으로 삼을 수 있으니, 굳이 옛날로 되돌려 시속을 놀라게 할 필요는 없다는 것[92]이 그것이다.

한강과 대산을 비롯한 영남 남인들은 예속의 사회적 확대를 통해 향촌사회의 자율적 예속문화를 정립하는 데서 임진왜란과 병자호란 등으로 나타난 사회문제를 극복해나가려고 하였다. 이러한 흐름은 타율적이고 강제적인 형정刑政을 배제한 자율적이고 자발적인 예양禮讓문화를 지향한 것이며, 국가적 차원에서 하향식으로 강제하는 제도개혁보다는 향촌사회에서 자율적으로 예속문화를 추구하는 방향이었다.[93]

不必矯俗反古以取駭異, 此區區所以有前日之論也. 如何?"

92 李象靖, 『大山集』 권12 「答金退甫別紙」. "據禮則絰用葛三重而絞帶用布, 今俗之用葛絞帶, 恐因葛絰而謬襲耳. 然旣無害於漸殺之義, 而又足以爲齊斬之別, 恐不必以反古駭俗爲高也. 詥諸禮家亦多如此說, 今不敢不從."

93 박종천, 「조선 후기 예론의 성격과 전개 양상」, 『한국학연구』 31, 2013, 144~145쪽 참조.

2) 국가주도의 타율적 예치질서

그런데 근기 남인의 경우는 퇴계와 한강의 가례를 중심으로 하는 예학 전통을 계승하면서도 그것의 제도화로 나아간다. 즉 예악과 형정을 균형 있게 결합하여 예치를 실현하려는 방향으로 나아간다는 말이다. 이는 정치적 권력뿐만 아니라, 경제적 기반마저도 갖추지 못한 그들의 현실인식이 있었기 때문에 가능했을 것이다. 여하튼 여기에서 중요한 인물이 바로 미수 허목이다. 미수는 2번에 걸쳐 차자箚子[94]를 올리는데, 거기에는 덕례형정德禮刑政에 관한 그의 사고가 분명하게 들어 있다.

> 덕德은 얻는 것得이니, 온갖 선이 마음에 얻어지는 것입니다. 예禮는 인사人事의 의칙儀則이고 사람이 일상생활에서 늘 행하는 것입니다. 정政은 바르게 하는 것이니, 사람이 바르지 않은 것을 바르게 하는 것입니다. 법法은 예를 통행하게 하는 장치이고, 형刑은 법을 시행하는 도구입니다. 예는 법이 없으면 행해지지 않고, 형은 법이 없으면 맞지 않습니다. 법에는 경도經道와 권도權道가 있고, 형에는 무겁고 가벼움이 있는데, 법은 인仁에서 나와서 공公에서 이루어집니다. 이것은 성인의 대용大用으로써 무거운 죄에 가벼운 법을 적용하면 법을 무시하는 것이고, 가벼운 죄에 무거운 법을 적용하면 의義를 무시하는 것입니다. 법을 무시하고 의를 무시하는 것은 크게 어지러운 정치입니다.[95]

---

94 許穆,『記言』권52 續集「進德禮政刑箚」; 許穆,『記言』권52 續集「復推言德禮政刑再上箚」.

95 許穆,『記言』권52 續集「復推言德禮政刑再上箚」. "德者, 得也, 萬善得於心者也. 德必一於誠實, 無一毫私僞間之, 而流通事爲之際, 在吾修身制行. 近而自居室之微, 遠而至於四方千里之外, 無不恰悅誠服而天道應之也. 然明德貴於審幾, 苟幾之不審, 敗德之愆, 危身

미수는 먼저 덕례형정에 대한 정의를 제시한다. 덕은 수신修身과 제행制行을 통해 사사로운 마음과 거짓된 행실이 없도록 함으로써 마음에 모든 선을 얻게 하는 것이고, 예는 인사의 의칙으로 표현되는 것으로 사람들이 일상생활 속에서 관계를 맺는 사람들간의 질서인 인륜을 유지하게 하는 것으로 정명正名을 귀하게 생각하는 것이고, 정正은 바르게 한다는 뜻으로 사람들의 바르지 못함을 바르게 잡는다는 것으로 해석한다. 그리고 법은 예를 통행하게 하는 장치이고, 형은 법을 시행하는 도구라고 정의한다. 그러므로 예는 법이 없으면 행해지지 않고, 형은 법이 없으면 들어맞지가 않게 되는 것이다.

미수는 당시를 덕과 예뿐만 아니라 형과 정 모두가 어지러운 시대로 규정한다.[96] 이는 덕과 예가 문제가 아니라, 가장 말단으로 생각해오던 형과 정마저 문제가 된 파국의 시대로 당시를 진단하고 있는 것이다. 또한 그는 법을 예를 통행하게 하는 장치라고 명명하면서 법이 없으면 예를 시행할 수 없다고까지 단언한다. 게다가 법도 인仁에서 나와 공公에서 이루어진 것이라고 하면서 나름의 덕례형정의 관점을 제시하고 있다.

미수의 이와 같은 덕례형정관의 세례를 받고 있는 성호 또한 그와

之行, 切近之咎, 有親蹈而不覺者, 綿綿不戒, 至於禍大而不救者, 甚可懼也. 禮者, 人事之則而行於彝倫日用之常, 聖人以禮制行, 以義制事, 此禮義之大經, 禮貴正名. 政者, 正也, 正人之不正者也. 善政本於善行, 安民本於知人, 所畏巧言・令色・孔壬. 聖人必先禮讓信義, 而責民之忠敬悅服而用其情也. 政成於公, 敗於私. 一於是, 貳於非, 公私不可與苟循, 是非不可與苟合, 此治亂之兆; 興亡之機也, 可不戒哉? 法者, 禮之通; 刑者, 法之用. 禮無法則不行, 刑無法則不中. 法有經有權, 刑有重有輕, 法出於仁, 成於公者也. 聖人之大用, 重罪輕法者, 無法也; 輕罪重法者, 無義也, 無法無義, 大亂之治也."

96 許穆, 『記言』 권52 續集 「復推言德禮政刑再上箚」. "方今之治, 德禮政刑皆亂矣."

유사한 생각을 지니고 당시 조선사회를 바라본다. 성호는 덕례德禮와 형정政刑을 표리관계로 파악했고 형법刑法이 밝지 못하면 예교禮敎가 행해질 수 없다고 생각하였다.[97] 그리고 이러한 전제는 아래로는 사서인士庶人에게 까지 예속을 확장하고 의례의 제도화를 통해 시속을 정비하고자 하는 한편, 위로는 사회적 위상을 높이고자 과례過禮를 행하는 소수 경화세족들의 권력남용과 소비풍조에 대해 규제를 가하려는 근기 남인의 공통된 의식을 지닌 것이었다.[98]

성호는 주지하고 있는 것처럼 『가례』와 종법의 범위를 사대부에서 서인庶人에게까지 확장하였다. 『예기』에서 말하고 있듯이, 예는 본래 서인의 영역에까지 미치는 것이 아니었고, 『경국대전』을 비롯한 국가 전례에서도 서인은 묘廟를 세우지 못하는 등 예제질서에 편입되어 있지 않은 존재였다. 그러나 성호는 서인가례庶人家禮의 예식을 만들어 제시했던 것이다. 성호는 가문에게 닥친 위기로 인해 출사하지 못하게 되면서 사대부로써가 아니라 사서인이라는 인식을 가지고 있었고, 예속을 확산시켜 나가야 한다는 사명감을 가지고 있었기 때문에 서인가례의 필요성을 인식했던 것이고, 이는 다시 의례의 제도화와 연결되었던 것이다.

그리고 이러한 미수와 성호의 세례를 받으면서도 그들의 사유를 넘어서 의례를 제도화하려고 했던 대표적 인물이 바로 다산 정약용이다. 앞서 언급했던 것처럼, 다산은 각종 의례용품의 규모를 예제에 의해

---

97 李瀷, 『星湖僿說』 권18 「經史門」. "夫德禮政刑相爲表裏"; 李瀷, 『星湖僿說』 권25 「經史門」. "刑者, 補治之具. 刑法不明, 禮教無以行也. 雖有人心仁政, 又何益哉?"
98 박종천, 「퇴계 예학과 근기실학자의 예학」, 『국학연구』 21, 2012, 124쪽 참조.

규제하는 한편, 이러한 규정을 어길 경우에는 제례감을 통해 감시와 처벌을 할 수 있게 하는 국가체계를 갖추려고 하였다. 또한 조선 후기에 보편화되어 있던 사대봉사를 고례와 국가전례서에 입각하여 삼대봉사로 제한하는 등 의례의 규모를 간소화하면서도 품계별 지위에 따른 의례행위를 통해 신분질서를 공고히 하려고 하였다. 즉 이는 소수 경화세족들의 권력남용과 소비풍조를 국가시스템에 의해 체계적으로 금지시키는 한편, 근기 남인의 문화적 권위를 높이려는 의도가 있었던 것이다.

요컨대, 퇴계의 예학은 이후 영남 예학의 토대가 되었을 뿐만 아니라, 한강 정구와 미수 허목을 거쳐 성호 이익과 다산 정약용에 이르기까지 조선 후기 근기 남인에게도 영향력을 행사하였다. 영남 예학의 토대는 한강에게서 더욱 정밀해지는데, 한강은 『의례儀禮』를 경經으로 『예기禮記』를 전傳으로 설정하는 주희 예학의 토대와 퇴계와의 문답 등을 통해 영남 예학의 모형을 제시한다. 그는 친영례 및 향사례와 향음주례 등을 실천하여 향촌사회가 자발적으로 예속을 확장시켜 나가는 모델을 제시하였다. 더불어 그는 『심경心經』을 근거로 성경誠敬의 수양을 중요하게 생각하여 이후 대산에게 상당한 영향력을 행사한다. 대산의 학문이 육경六經중심이 아니라 사서四書를 비롯한 주자서朱子書 중심이었다는 것과 존심양성存心養性과 성경誠敬을 중시하는 수양위주의 도학적 학문이었다는 것이 이를 뒷받침해준다.

그러나 미수를 비롯한 성호와 이후 다산 등에 이르기까지 근기 남인의 예학적 토대는 향촌사회의 자발적인 예속의 확산과정과는 다소 길을 달리하게 된다. 유학자답게 영남 남인과 근기 남인 모두 덕치와 예치를 숭상하고 법치를 천시하는 관념을 갖고 있다. 그러나 한강과 대산 등 영남 남인은 덕치와 예치에 중점을 둔 사고를 지니고 있는 데에 반해, 미수와 성호를 비롯한 근기 남인들은 당대를 말세末世로 규정하면서 형정刑政이 필요함을 역설하는 한편, 덕치와 예치를 이루기 위해서는 법치가 필요하다는 주장으로까지 나아간다. 이는 향촌사회의 자발적 예속의 확산, 즉 향촌사회의 상향적 예속의 전개와는 달리 중앙정부의 하향적 예치의 전개라고 할 수 있다.

4. 의례중심의 유교공동체

이상에서 살펴본 것처럼, 조선 후기는 입후와 입양 등의 논의를 통해 종법질서에 대한 이해가 심화·확장되어가는 시기였으며, 그런 만큼 예론의 변동과 분화가 학파와 지역에 따라 다양하게 확대되어 간 시기라고 할 수 있다. 즉 학파적 연원에 따른 예론의 변동이 나타났으며, 학파 내에서도 다양한 분화가 나타난 것도 사실이다. 더불어 서울과 지방의 분기라는 지역적 차이에 의해서도 이러한 변동이 나타나고 있었던 것이다.

예론의 변동과 분화 현상은 특히 정치적 권력, 경제적 기반, 문화적 권위의 세 범주를 통해 이해할 수 있다. 그리고 이러한 세 범주를 이 글에서는 각 학파별 『주자가례』의 실천방향과 덕례형정론의 이해방식의 두 측면에서 살펴보았다.

정치적 권력, 경제적 기반, 문화적 권위의 세 범주를 모두 선점하고 있었던 노론은 『주자가례』의 체제를 묵수하는 가운데 조선의 상황에 맞게 고례와 속례를 종합하는 방향으로 나아갔으며, 덕례형정의 경우 덕례를 형정의 우선순위에 두면서도 조화가능성을 고려하고 있었다. 이는 주희의 권위에 기대는 한편, 정국운영자로서의 입지를 공고히 하려는 의도가 반영된 것이라고 할 수 있다.

영남이라는 재지在地적 기반과 퇴계라는 문화적 권위의 두 범주를 점유하고 있는 영남 남인은 퇴계가 주희의 성리학에 기반 하여 재해석한 『주자가례』를 준수하면서도, 정국과 사회의 변동에 따라 이를 재구성하는 방향으로 나아갔으며, 덕성과 나이를 중심으로 한 덕례를 지위에 따른 형정보다 중시하는 방향으로 나아갔다. 이는 퇴계를 주희 성리학의 적통으로 내세우는 한편, 향촌에서 자신들의 권위를 확대시키려고 하는 의도가 반영된 것이라고 할 수 있다.

정치적 권력과 경제적 기반이 전무하다시피 한 근기 남인은 성호라는 문화적 권위를 기반으로 하여 예론과 형정의 방향을 설정할 수밖에 없었다. 근기 남인의 경우 대략 두 방향으로 나아갔다고 할 수 있다. 첫째는 『성호예식』을 따르면서도 『주자가례』의 체제로 복귀하는 경향을 보이는 성호우파의 경우이고, 둘째는 『성호예식』을 따르면서 『주자가례』의 체제를 벗어나 고례를 중심으로 조선왕조의 가례문화를 재조직하는 경향을 보이는 성호좌파이다.

더불어 근기 남인은 공히 미수와 성호를 경세학의 토대로 삼아 그들의 덕례형정론을 이해하고 있는데, 이들은 조선 후기의 정황을 난세로 규정하여 형정의 중요성을 피력하는 한편, 국가제도에서도 시스템에 의한 국정운영의 관점에서 재조再造의 가능성을 열어둔다. 이는 정치적으로 소외되어 있으면서도 경제적 기반마저 전무한 상태에서의 불가피한 입장이 반영된 것이라고 할 수 있다.

조선왕조는 성리학 이념에 따라 유교공동체를 형성하려고 부단히 노력하였다. 귀족과 토호세력들의 대립對立과 연대連帶의 부침浮沈의 과정을 통해 유지되던 고려왕조의 무신 중심의 유제와 유풍을 버리고, 성리학적 의미에서의 원기元氣를 지닌 문신 중심의 제도와 풍습으로 변혁모하고자 했던 것이다. 그 가운데 사단칠정논쟁을 비롯한 다양한 논쟁들은 그런 의미에서 유교공동체의 모습을 심화시키는 데에 강력한 동인이었다고 할 수 있다.

문제는 임진왜란과 병자호란 등의 외침과 해외 정세의 변동으로 인한 조선왕조 정국의 소용돌이였고, 그로 인해 재편된 조선 후기 정국의 운영주체와 그러한 자장에서 벗어나 있는 소외계층은 나름대로의 전략을 가지고 경학활동과 경세활동을 하지 않으면 안 되었다. 향촌주도의 자율적 예속문화와 국가주도의 타율적 예치질서는 이러한 사례들을 범주화하여 개념화한 장치이다. 그러나 언제나 그렇듯이 범주화의 과정은 수많은 난점을 지니고 있음을 인지하고 있어야 한다. 그리고 이는 유교공동체를 바라보는 시각에서도 적용된다.

우선, 유교공동체를 고민하는 이들은 친친親親과 존존尊尊의 교직을 통해 인륜적 실천을 어떻게 현실화할 수 있는가를 고민해야 한다. 효제자의 실천은 혈연적 유대감을 넘어 인위적 연대감으로 확장되어야 하는 것이 사실이지만, 이것이 충돌할 경우 문제는 여전히 남아 있기 때문이다. 특히 이러한 사상적 측면이 현실적 측면으로써의 정치적 권력, 경제적 기반, 문화적 권위 등과 연계되었을 경우, 더 많은 문제점이 산출된다는 점도 간과할 수 없다.

이상을 위해 몇 가지 보안해야 할 점을 제시함으로써 이 글을 마감하려고 한다.

첫째, 천리天理 / 인정人情, 친친親親 / 존존尊尊, 절문節文 / 인사人事 등의 예학개념을 시대적으로 재조명해볼 필요가 있을 것이다. 특히 인사人事에 적용되는 의리義理의 개념은 그 자체 모호성으로 인해 많은 혼란을 겪고 있는 것이 현실이다. 예컨대 조선예학사의 관점에서 보자면, 『소학小學』, 『가례家禮』, 『국조오례의國朝五禮儀』 등의 예학서가 담고 있는 내용 및 그에 대한 시대별, 지역별, 학자별 사유의 변화과정을 의리 개념을 중심으로 따라가 볼 필요가 있다.

둘째, 이 글에서는 소개되어 있지 않지만 향약鄉約을 포함한 향례鄉禮에 대한 조선유학자들의 시각을 살펴볼 필요가 있다. 특히 국가주도적 입장에서 바라보는 시각과 지방자치적 차원에서 바라보는 시각에서 향례가 다루어질 필요가 있다. 가가례家家禮의 확장으로써의 향례에 대한 이해와 함께 국가차원에서의 향례실시가 어떤 관계를 맺고 있는지도 살펴볼 필요가 있을 것이다.

셋째, 이 글에서 제시한 세 범주에 포함되지 않는 경우가 상당하다는 점도 인정해야 한다. 세 범주 어느 곳에도 속하지 않는 인물이 있다는 점과, 그 가운데 어느 한 범주에만 속하는 인물도 있기 때문이다. 지역의 경우도 마찬가지이다. 영남과 호서에는 재지사족도 있었겠지만, 그렇지 못한 사람도 있었을 것이다. 또한 영남과 호서에서도 각각 남인이나 소론만 있는 것은 아니다. 이들을 어떤 방법으로 수렴시키거나 배제시킬 수 있는 지도 아울러 살펴보아야 한다.

현대적 의미에서의 유교공동체를 위한 논의들이 있는 것으로 안다. 이를 위해서는 과거의 유교공동체의 전모全貌를 밝혀야 하며, 그것을 어떤 결로 읽어낼 수 있을 지를 함께 고민해보아야 할 것이다.

참고문헌

원전류 및 번역본

『論語』

『孟子』

『禮記』

『家禮酌通』

『家禮疾書』

『經國大典』

『韓國禮學叢書』

金長生・金集,『沙溪・愼獨齋全書』

安鼎福,『順菴集』

李　瀷,『星湖文集』

______,『星湖僿說』

______,『星湖先生全集』

朱　熹,『朱子家禮』

李　滉,『退溪全書』

丁若鏞,『與猶堂全書』

연구논저

김종석,「星湖 李瀷에 있어서 退溪 禮學의 繼承과 變容」,『동아인문학』 10, 2006.

박종천,「의례적 계승인가, 사회적 구휼인가?-조선 후기 입후와 입양에 대한 다산의 논의」,『다산학』 16, 2010.

______,「퇴계 예학과 근기실학자의 예학」,『국학연구』 21, 2012.

______,「한강 정구의 예론과 예설」,『태동고전연구』 29, 2012.

______,「성호학파의 친족의식과 의례생활-광주안씨 종계를 중심으로」,『한국실학연구』 26, 2013.

______,「조선 후기 예론의 성격과 전개 양상」,『한국학연구』 31, 2013.

______,「조선 후기 성호학파의 입후설과 친족의식」,『민족문화연구』 65, 2014.

이봉규,「順菴 安鼎福의 儒教觀과 經學思想」,『한국실학연구』 2, 2000.

______, 「실학의 예론-성호학파의 예론을 중심으로」, 『한국사상사학』 24, 2005.
유권종, 『茶山 禮學 硏究』, 고려대 박사논문, 1991.
______, 「茶山 丁若鏞의 『祭禮考定』硏究」, 『孔子學』 8, 2001.
윤사순, 「성리학과 실학, 그 근본 사고의 동이성에 대한 고찰」, 『다산 정약용』, 예문서원, 2005.
원재린, 『조선 후기 星湖學派의 학풍 연구』, 혜안, 2003.
장동우, 「茶山 禮學의 硏究-『儀禮』 「喪服」과 『喪禮四箋』 「喪期別」의 비교를 중심으로」, 연세대 박사논문, 1997.
______, 「조선 후기 가례 담론의 등장 배경과 지역적 특색-『주자가례』에 대한 주석서를 중심으로」, 『국학연구』 13, 2008.
전성건, 「茶山의 禮治思想 硏究」, 고려대 박사논문, 2010.
______, 「『사례가식四禮家式』 연구」, 『다산학』 19, 2011.
______, 「성호학파의 예학과 다산예학의 정위-『가례』 이해를 중심으로」, 『한국실학연구』 24, 2012.
한재훈, 「『상제례답문喪祭禮答問』 분석分析을 통한 퇴계退溪의 속례관俗禮觀 고찰考察」, 『퇴계학보』 128, 2010.
______, 「退溪 禮學思想 硏究」, 고려대 박사논문, 2011.

18세기 향촌 지식인의 자아 구성

존재存齋 위백규魏伯珪의 경우

김문용

1. 머리말

한국의 18세기는 통상적으로 임진壬辰·병사丙子 양란兩亂에서 비롯된 사회·문화적 피폐를 극복한 문예부흥文藝復興의 시대로, 주자성리학 일변도의 학술·사상적 풍토가 이른바 '실학'의 대두를 바탕으로 어느 정도 다변화한 시대로 이해된다. 그러나 달리 보자면 16·17세기를 경과하면서 강화된 예교禮敎와 주자학이 사회 저변으로 뿌리 깊이 확산·정착되던 시대, 그래서 어쩌면 19세기 후반의 사회·문화적 고착과 침체를 예비豫備했던 시대로 읽힐 여지도 없지 않다. 이런 점들은 그 시대 또는 그 시대 인물에 대해 다면적인 접근과 함께 종합적인 고려가 절실함을 일깨워준다.

존재存齋 위백규魏伯珪, 1727~1798는 18세기 한 복판을 살았던 인물이다. 지금 남아 있는 것만으로 25권 분량의 저작이 있고, 당시 유력한 산림山林 가운데 한 사람인 노론老論 호론계湖論系 윤봉구尹鳳九 문하에 출입하였으며, 생원生員 복시覆試에 합격하고 70세에 국왕의 부름을 받아 잠시 현감 벼슬을 지냈다. 그는 일종의 세계지리지인 『환영지寰瀛誌』와 경세서 계통에 속하는 『정현신보政絃新譜』 등으로 인해 일찍이 '실학자實學者'로 분류되기도 하고, 한글 시가詩歌인 「농가구장農歌九章」·「자회가自悔歌」 등으로 인해 문학사 연구자들의 주목을 받기도 했다. 다른 한편으로 그는 호론계 학풍과 연결되는 전형적인 성리학적 세계관을 가지고 있었고, 중년에 이르러서는 과거를 단념한 채 고향에서 궁경躬耕·독서讀書를 실천하고 향촌교화 운동에 힘을 쏟았다.[1]

생활과 실천의 대부분이 향촌에서 향촌민과 더불어 이루어졌다는 점에서 그는 향촌鄕村 사족士族이자 유자儒者이고, 또 지식인이었다. 여기서 지식인이란 세계 또는 역사에 대한 통합적인 지식을 바탕으로 개인적 이해관계 너머의 공공적公共的 책무責務를 자각하고 실천하는 존재를 말한다. 물론 그 공공성의 구체 내용과 정도는 상황에 따라 차이가 있게 마련이라는 점을 전제해야 할 것이다. 그러자면 도덕주의적인 유교 전통하에서 평생에 걸쳐 공부하고 실천한 그에게 향촌 지식인

---

1 위백규에 관한 연구는 1974년 필사본을 모은 『존재전서存齋全書』가 영인된 이래 수십 권·편의 논저가 나왔다. 그 가운데 이해준李海濬의 「存齋 魏伯珪의 社會改善論」, 『한국사론』 5집, 서울대 국사학과, 1979와 김석회金碩會의 『존재 위백규 문학 연구−18세기 향촌사족층의 삶과 문학』, 以文出版社, 1995는 각각 사회사상과 문학사상 분야의 대표적인 성과로서, 이 글의 작성 과정에 많은 도움을 주었다. 위백규의 저작은 『존재전서』 이외에, 1875년 목활자로 간행한 『존재집存齋集』이 2000년에 영인되어 나옴으로써 열람이 한결 편리해졌다. 이 글에서는 『존재집』을 주로 인용하고, 누락된 글에 한하여 『존재전서』를 활용한다.

으로서의 역할을 기대하는 것이 특별한 일은 아니다.

이 글은 위백규가 남긴 「아我」를 단서로 삼아, 18세기 조선의 향촌 지식인인 그의 자아 구성을 살펴보는 데 목표를 둔다. 「아我」는 900여 자 분량의 단편으로서, 저자 자신을 술회한 글이 아니라 자아 일반을 추상하여 정리한 글이다. 인식 대상으로서의 자아는 보통의 순수한 객체와는 달리 주체의 의지가 끊임없이 간섭하는 존재이고, 그런 면에서 그것은 주체에 의해 이해되는 측면 못지않게 구성되는 측면이 강하기 마련이다. 그런 면에서, 지금 그것을 살펴보는 데는 해당 인물과 그의 환경 사이를 단절적으로 구획하기보다 상호 침투하고 간섭하는 관계로 파악하는 일이 필요하다. 이런 관점에 따라 이 글은 먼저 2절에서 「아」를 분석한 후, 3절과 4절에서 그의 행적과 언급을 따라가며 그의 자아를, 특히 그 실천적 주체의 측면을 중심으로 재구성하는 데 중점을 두고자 한다. 이런 과정을 통하여 우리는 그를 이해할 뿐 아니라, 18세기 조선 사회·문화 변동의 양상을 조망하는 기회도 가질 수 있을 것이다.

2. 무아無我와 유아有我 그리고 주체성

「아我」는 총 4권으로 구성된 『격물설格物說』의 맨 끝에 붙어 있다. 『격물설』은 크게 「천지天地」, 「오행五行」, 「금수禽獸」, 「곤충昆蟲」, 「사물事物」, 「상론尙論; 인물론」 등의 5장으로 구성되는데, 끝에 「아」와 함께 비슷한 분량의 「부귀존영富貴尊榮」도 붙어 있고, 제목만 남고 내용이 누락된 항목도 존재한다. 그런 만큼 『격물설』은 완성된 작품으로 보기 어려운 면이 있다. 장章의 구성을 통해 저자의 박학적博學的 관심關心을 엿볼 수 있지만, 언급된 지식과 그 관점이 종래 주자학의 범위를 거의 벗어나지 않는다는 점에서 그다지 특별하지는 않다. 이런 인상은 「아我」의 경우에도 비슷하지만, 그런 중에도 의미 있는 논점을 찾기가 어려운 것은 아니다. 우리가 우선 주목할 것은 「아我」의 첫 단락을 이루는 다음 글이다.

> 무아를 이상極으로 삼는 것은 유·불·도가 마찬가지이다. 사람은 천지의 리기理氣를 받아 생하여 '나'가 되는데, 이미 생했으니 '나'가 어찌 '무'가 될 수 있겠는가! 우리 유가에서는 '나'가 존재하므로 그것을 사랑하고 귀하게 여긴다. 그것이 허물이 없기를 바라고, 완전히 아름다워지기를 바라며, 그것이 스스로 없어질까 두려워하고, 오래 살지 못할까 두려워한다. 감히 사심私心으로 그것을 조장하지 않고, 방심放心으로 그것을 망각하지도 않는다. 하늘의 명령에 근거하고 본성의 규칙에 따라 '나'를 보존하고 배양하며, '나'를 완전하게 이룬다. 일부러 보내지도, 불러들이지도, 고집하지도, 기필하지도 않아 '나'를 마음속에 부담지우지 않는다. 그러므로 무아라 한다. 이것이 이른바 유有에 유有가 없어서 그것을 유有로 여기지 않는다고 하는 것이다.[2]

---

2 魏伯珪, 『存齋集』 권15 「我」, 格物說. "以無我爲極, 則儒道佛三教一也. 人受天地之理氣, 生而爲我, 旣以生矣, 我烏得無乎! 吾儒我有, 故愛而珍之, 欲其無過也, 欲其盡美也, 恐其自亡也, 恐其不壽也, 不敢以私心助之也, 不敢以放心忘之也. 因天之命, 循性之則, 存我而養之, 全我而成之. 無將無迎無固無必, 不使我加于心中, 故曰無我. 此所謂無有於有, 而不有之之謂也."

위백규는 '무아'가 이상極임을 부정하지 않는다. 그러나 불교나 도가처럼 현실적으로 존재하는 내 육체와 정신을 인정하지 않고 허황되게 그것의 소멸을 희구하는 것에 대해 문제 삼는다. "노·불老·佛은 유아有我의 '유有'를 이기지 못하고 미워하여 그것이 없어지기를 바라지만, 우리 유가는 몸에 주어진 것을 실현하여 나를 완성한다"고 함으로써,[3] 기본적으로 '무아'보다는 '유아'의 입장에 서 있음을 분명히 한다. 이는 유가가 '추기급인推己及人'이나 '위기지학爲己之學' 등의 논법과 개념을 통해 자기 또는 자아를 인식과 실천의 출발점이자 지향점으로 삼아왔다는 점을 연상케 한다. 그에게서 '무아'는 '유아'를 전제로, 자아를 일부러 조장將·迎하거나 그것에 집착固·必하지 않는다는 뜻에서만 인정되는 것이었다. 달리 말해, 자아에 관한 올바른 관점은 사심私心과 방심放心 사이에 존재한다는 것이 그의 생각이다.

유교 전통 속에서 '무아'에 대한 대표적인 초기 논의로는 『논어論語』에 언급된 공자孔子의 '절사絶四'를 꼽을 만하다. '절사'란 사사로운 뜻을 가지지 않고毋意 기필하지 않고毋必 고집하지 않고毋固 사사로운 자아를 가지지 않는다毋我는 것인데, 주희朱熹는 이 구절을 풀이하면서 사사로운 뜻意으로부터 기필必과 고집固을 거쳐 자아我가 형성된다는 해석을 덧붙였다.[4] 위백규의 무아론無我論은 이런 배경 위에 형성된 것으로서 그 사상사적 무게가 결코 가볍지 않다. 그럼에도 불구하고 그

---

3 魏伯珪, 『存齋集』 권15 「我」, 格物說. "老佛有我, 故不勝其有, 惡之而欲其無也. 吾儒踐形以成我……."

4 朱熹, 『論語集注·自罕』. "子絶四. 毋意, 毋必, 毋固, 毋我. (意, 私意也. 必, 期必也. 固, 執滯也. 我, 私己也. 四者相爲終始, 起於意, 遂於必, 留於固, 而成於我也.)"(괄호 안은 원문의 소주小註임. 이하 같음.)

가 '무아'가 아니라 '유아'를 특별히 강조하고자 했다는 사실은 그 나름의 분명한 의도가 있음을 짐작케 한다. 이런 점에서 다음의 주장에 주목할 필요가 있다.

> 음식과 재화食貨가 우리 유가에겐 나를 기르는 수단이지만, 저들은 반드시 그것에서 벗어나려고 한다. 부자·부부·군신·형제·붕우가 우리 유가에겐 나를 완성하는 수단이지만, 저들은 그것을 반드시 끊어버리려고 한다. 무릇 '나'가 '나' 되기 위한 수단을 완전히 끊어 없애 버리고서 '무아'라 하고 '득도'라 한다. 실로 '나'가 없다면 득도하는 자는 누구인가?(우리 유가에서는 '나'가 있으므로 득도할 수 있다.) 무릇 얻지 못한 자는 슬프고 얻은 자는 즐거운 법인데, '나'가 없는데 어떻게 즐겁겠는가!(우리 유가는 '나'가 있으므로 즐거울 수 있다.) 저들은 얻음과 즐거움을 모두 없애는 것을 도라고 한다. 이미 '무'인데 이른바 도는 어떻게 있겠는가!(우리 유가에서는 '나'가 있으므로 도가 있다.) 이미 이른바 도라고 하는 것이 없는데 그것을 추구하는 자는 누구인가?[5]

위백규는 먼저 삶의 두 가지 요건에 대해 언급한다. 하나는 음식물과 재화 같은 물질적 요건이고, 다른 하나는 오륜 관계로 대표되는 사회적 요건이다. 그는 이 두 가지가 자아를 길러내고 완성하는 수단이

---

5 魏伯珪, 『存齋集』 권15 「我」, 格物說. "食貨, 吾儒之所以養我也, 而彼則必欲去之. 父子夫婦君臣兄弟朋友, 吾儒之所以成我也, 而彼則必欲絶之. 凡我所以爲我, 盡絶而去之, 乃曰無我矣, 得道矣. 我誠無矣, 得道者誰耶?(吾儒則我有, 故可以得道.) 凡不得者可哀, 得者可樂, 無者烏乎樂哉!(吾儒則我有, 故可以樂.) 彼乃曰並與其得與樂而無之, 故謂之道也. 旣無矣, 烏有所謂道也?(吾儒我有, 故有道.) 旣無所謂道矣, 求之者果誰歟?"

라는 점에서 필수적임에도 불구하고, 불교와 도가의 무아론은 이 점을 부인한다고 지적한다. 불교와 도가는 득도를 위해 물질과 사회적 관계를 거부한다고 하지만, 결국 자아가 확립되지 않으면 득도의 주체도 사라지는 것 아닌가? 득도에 대한 의지 역시 즐거움을 추구하는 자연적 욕구에 기초하는데, 자아가 없다면 누가 어떻게 득도의 즐거움을 느낄 수 있겠는가! 이렇듯, 그가 보기에 자아의 존재는 무엇보다 득도得道 내지 추도求道의 주체로서 인정되어야 하는 것이었다. 그러나 여기서 특별히 득도·구도의 주체 문제를 거론한 것은 불교·도가의 논리를 반박하기 위한 것일 뿐, 그에게서 자아란 모든 인간적 활동과 실천의 주체로서 의미를 가지는 것이었다고 보아도 무리가 아니다. 그의 유아론有我論은 유가가 기본적으로 긍정해 온 일상적 욕구충족 활동이나 윤리적·사회적 실천을 그 주체 수립의 측면에서 근거지우는 데 목표를 두었다고 할 수 있다.[6]

주희나 그 후학들에게서 주체 문제는 결코 낯선 주제가 아니었다. 통상적으로 주체 또는 그 작용을 지시하는 용어로 주主·주재主宰·재재裁宰 등이 사용되고, 주체 작용의 담지자로는 상제上帝로부터 군주君主·인人·심心에 이르기까지 다양하게 거론되었다. 그중에서도 주자학적 주체 논의의 가장 전형적인 대상은 의심할 나위 없이 심이다. "심이 일신의 주재心者, 一身之主宰"라는 구절은 실로 주자학적 심성론의 기초 명제 가운데 하나로 자리를 잡았다. 주희는 불교의 관심설觀心說을 비판하면서 이렇게 언급하였다. '심心이' 물物을 보는 것인데, '심을' 본

6 魏伯珪, 『存齋集』 권15 「人說」. "大抵飮食衣服宮室器用, 皆外物而不與於我者, 君子所貴, 在人而不在彼. 然而世之以身發財者, 全求衣食, 竟爲禽獸, 是與賈胡之剖腹藏珠者, 何以異哉!"

다觀心고 하면 보이는 심 외에 보는 심을 따로 설정하는 셈이 된다. 그렇다면 과연 "심은 하나인가 둘인가? 주체主인가 객체客인가?"[7] 주희의 이 반문 속에는 심을 신체 내지 만물과 대비하여 주체로 확립해야 하고, 그러기 위해서는 무엇보다 심의 통합성 또는 자기동일성을 확보할 필요가 있다는 생각이 담겨 있다.

위백규는 심心뿐 아니라 몸까지 포괄하는 의미의 '아'를 주체로 설정한다는 점에서 주희와 차이가 있다. 이 점은 무엇보다 그가 주자학의 심성론적 관심에서 어느 정도 벗어나 있었다는 사실과 관련이 있다. 사문師門의 기대 속에서 사단四端·칠정七情의 연원과 선악 문제, 인성人性·물성物性의 동이同異 문제에 대한 입장을 정리하는 등, 그 역시 심성론 방면에의 관심과 성취가 없지 않았다. 그러나 전체적으로 볼 때 그가 남긴 심성론 방면의 글은 분량도 수준도 그다지 주목받을 만한 정도는 아니다. 이는 한편으로 당대 주류 학술에 대한 그의 천착 정도가 그다지 높지 않았음을 의미하고, 다른 한편으로는 그의 탐구가 생활상의 관심과 실천적인 요구를 반영하는 데 치중했음을 의미하기도 한다.

> 우리 유가는 천지만물을 한 몸으로 여기므로, 반드시 백성과 만물을 사랑하며仁民愛物 널리 은혜를 베풀고 대중을 구제하고자博施濟衆 한다.[8]

---

7 朱熹, 『晦庵先生文集』 권67 「觀心說」. "或問, 佛者有觀心說, 然乎? 曰, 夫心者, 人之所以主乎身者也, 一而不二者也, 爲主而不爲客者也, 命物而不命于物者也. 故以心觀物, 則物之理得. 今復有物以反觀乎心, 則是此心之外, 復有一心而能管乎此心也. 然則所謂心者, 爲一耶, 爲二耶? 爲主耶, 爲客耶? 爲命物者耶, 爲命于物者耶? 此亦不待教, 而審其言之謬矣."

8 魏伯珪, 『存齋集』 권15 「我」, 格物說. "吾儒以天地萬物爲一身, 故必欲仁民愛物博施濟衆宜矣."

이것은 「아我」 결론부의 한 단락을 이끄는 문장이다. 비록 전후 연관에 대한 설명 없이 돌출되어 있기는 하지만, 인민仁民·애물愛物이나 박시제중博施濟衆과 같은 사회적 실천을 정당화하는 일은 유자이자 사족으로서의 그의 실천적 삶에 긴요한 일이었다. 그는 이 문제를 특별히 불교의 경우와 대비하여 설명한다. 요컨대 불교가 우리 몸을 예기穢器로 보고 친속親屬과 사물事物을 업진業塵으로 보는 한 아무리 천수천안千手千眼이라도 그 많은 중생을 다 구제하기에 부족한 반면, 유교식의 '무아'를 실천한다면 두 손과 두 눈만으로도 천지만물을 구제하기에 충분하다는 것이다. 이타적 성격의 사회적 실천을 위해서는 '유아'가 필수적이되 그것으로 충분하지는 않고, 사심私心의 억제를 의미하는 '무아'가 더 필요하다는 것이 그의 생각이었다. 그는 주체 논의의 연장선 위에 사회적 실천의 문제를 새롭게 끌어들이고, 추가로 무아론의 의의를 강조하면서 글을 맺고자 한 셈이다.

흥미로운 것은 위 인용문이 그의 자아 논의의 사상사적 함의를 검토하는 데 유용한 단서를 포함하고 있다는 점이다. "천지만물을 한 몸으로 여긴다." 그의 이 표현이 연상케 하는 것은 단연 장재張載의 만물일체론萬物一體論이다. 위백규는 만물일체론적 사유를 인민仁民·애물愛物과 같은 사회적 실천의 논리적 근거로 삼고, 암암리에 무아론과도 연결시키고자 하였다. '만물일체'가 축자적으로 물아무분物我無分·피아무별彼我無別의 사유를 함축하는 만큼, 그런 시도가 논리적으로 무리가 있는 것은 아니다. 그런데 정이程頤와 주희朱熹 이래로 주자학자들이 만물일체론의 수용에 제한적인 태도를 보여 왔다는 점을 고려하자면 그의 시도가 가지는 사상사적 함의는 단순하지 않다. 다음은 주희朱熹

가 지은 「서명해의西銘解義」의 일부분으로서, 만물일체론에 대한 주자학자들의 관점 조정에 영향을 끼쳐왔던 글이다.

> 대개 하늘을 아버지로 삼고 땅을 어머니로 삼음은 생명 있는 것들 가운데 그렇지 않은 것이 없으니, 이른바 리일理一이다. 그런데 사람과 만물이 태어나 혈맥이 있는 것들은 각자 자기 부모를 부모로 삼고 자기 자식을 자식으로 삼으니, 그 나뉜 것들이 또 어찌 서로 다르지 않을 수 있겠는가! 하나로 통일되면서도 만 가지로 다르니萬殊, 비록 천하가 한 집안이고 중국이 한 사람이라도 겸애兼愛의 폐단으로 흐르지 않는다. 만 가지로 다르면서도 하나로 관통하니, 비록 친소親疎의 정情이 다르고 귀천貴賤의 등급이 달라도 유아有我의 사사로움有我之私에 질곡되지 않는다. 이것이 『서명西銘』의 큰 뜻이다. 그것이 친친親親의 두터움을 미루어 무아無我의 공공성無我之公을 키우고, 사친事親의 정성에 말미암아 사천事天의 도리를 밝히는 것을 보면, 어디서나 이른바 나뉨에서 '리 하나理一'로 나아감이 아닌 것이 없다. 어찌 오직 "백성이 내 동포이다民吾同胞"와 "어른을 어른 대접하고 아이를 아이 대접한다長長幼幼"만으로 '리 하나'라 생각하고, 반드시 말뜻 너머를 묵식默識한 후에야 그 나뉜 것들의 서로 다름을 아는가![9]

주희는 장재가 『서명』에서 주장한 만물일체론을 결코 부정하지 않

---

9 朱熹, 『晦庵先生文集』 前集 권10 「西銘解義」. "蓋以乾爲父, 以坤爲母, 有生之類, 無物不然, 所謂理一也. 而人物之生, 血脈之屬各親其親, 各子其子, 則其分亦安得而不殊哉! 一統而萬殊, 則雖天下一家, 中國一人, 而不流于兼愛之敝. 萬殊而一貫, 則雖親疏異情, 貴賤異等, 而不梏于有我之私. 此西銘之大旨也. 觀其推親親之厚, 以大無我之公, 因事親之誠, 以明事天之道. 蓋無適而非所謂分立而推理一者, 夫豈專以民吾同胞, 長長幼幼爲理一, 而必默識于言意之表, 然後知其分之殊哉!"

았다. 그러나 만물일체는 리일理一의 측면일 뿐이며, 그것과 별도로 분수分殊의 측면 즉 만물 사이의 차별성도 인정해야 한다고 강조한다. 위백규가 「아我」에서 무아가 이상임을 부정하지는 않지만, 주체로서의 자아를 먼저 인정해야 한다고 했던 것과 유사한 논법이다. 뿐만 아니라 위백규가 강조한 '유아'와 주희가 강조한 '분수', 그들이 비판의 대상으로 삼은 불교·도가의 무아설無我說과 묵자의 겸애설兼愛說은 각각 유사한 의미 대역을 가지는 것이기도 하다. 여러 모로 「서명해의」와 「아」는 상호 참조의 여지를 가지는 글이라고 할 수 있다.

그런 중에 특별히 우리의 관심을 끄는 것은 유아지사有我之私와 무아지공無我之公라는 용어이다. 주지하듯이 유교적 전통에서 공(공공성)과 사(사사로움)는 영역과 가치 두 층위에서의 구분을 함축하는데, 여기서는 공=공정·공평, 사=불공정·불공평이라는 가치 층위의 구분을 의미한다고 볼 수 있다.[10] 이에 따르자면 주희에게서 '무아'는 공정이나 공평 즉 긍정적인 가치와 연결되고, 반면에 '유아'는 부정적인 가치와 연결되는 것으로 간주되는 셈이다. 그렇다면 그가 말하는 '유아'는 위백규가 긍정적으로 강조한 '유아'와 다른 것인가?

주희에게서 '유아'는 양주楊朱가 주장한 '위아爲我'의 그림자가 짙게 드리운 것이었고,[11] 그런 면에서 위백규가 비판한 사심私心과 통하는

10 이승환李承煥은 '公'이 ① 정치적 지배영역, ② 보편적 윤리원칙, ③ 다수의 의지 등의 세 의미 층위를 가지는 것으로 보았다. '公'의 용례를 기준으로 할 때 적절한 분류로 판단된다. 그러나 여기서는 논의의 간명화를 위해 ①을 ③에 포함시켜 '公'이 영역(③①)과 가치(②) 두 층위의 의미를 가지는 것으로 간주한다. 李承煥, 「한국 및 동양의 公私觀과 근대적 변용」, 『정치사상연구』 6호, 한국정치사상학회, 2002.

11 이황李滉은 『성학십도聖學十圖』의 '제이서명도第二西銘圖'에서 주희의 위 인용문을 인용하면서 '有我之私'를 '爲我之私'로 바꾸어 표현한 바 있다.

것이었다. 어쨌건 주희는 자아 문제에 공·사 개념을 결합하면서 '유아'를 더 이상 긍정적으로 해석할 여지를 잃었다. 그런 만큼, 장재와 비교하여 만물 사이의 차별성 또는 만물의 개체성을 강조하는 입장에서 있었음에도 불구하고, 만물일체론의 긍정적 가치 역시 인정하지 않을 수 없었다. 위백규의 자아 논의는 '유아'를 강조했다는 점에서 일단 특징적이지만, 기본적으로 주희 이래의 이런 문제 틀 위에서 유동하는 것이었음을 기억할 필요가 있을 것이다.

3. 향촌기임鄕村己任과 향촌질서

'아我'가 사변의 산물일 뿐 아니라 생활상의 관심과 실천적 요구의 반영이라고 할 때, 그것은 위백규 본인의 자아 구성을 이해하는 데 무엇보다 요긴한 안내서라고 할 수 있다. 그것에 따르자면 자아와 관련한 그의 관심은 유교 전통에 입각하여 생활인으로서의 자신을 정당화하고 사족이자 유자로서의 정체성을 확립하는 데 집중되어 있었다. 특히 사족·유자로서의 정체성 문제는 그의 자아 구성에서 매우 적극적인 측면을 이루는 것으로서, 그 스스로 윤리적·사회적 실천의 주체임을 자각하고 내면화하는 것으로 귀결되는 것이었다. 그에게서는 무아의 경지조차 주체임을 방기하는 것이라기보다 주체로서의 책임을 확대하는 장치였다고 하는 편이 적절하다.

여영시余英時는 송대宋代 이래로 '천하를 자신의 책임으로 삼는以天下爲己任'(이하 天下己任으로 줄임) 공공적 책임 의식이 '士'의 정체성을 구성하는 중요한 부분으로 자리 잡았다고 주장한다. 『논어論語·태백泰伯』에 "仁을 자신의 책임으로 삼는다仁以爲己任"는 구절이 등장하지만, 범중엄范仲淹과 왕안석王安石 그리고 정이程頤·주희朱熹 등을 거치면서 비로소 '천하기임'이라는 표현이 분명하게 확립·확산되고, 그럼으로써 사의식士意識의 획기적인 진전이 이루어졌다는 것이 그의 견해이다.[12] 이전과 비교하여 송대 이후 '사士'의 공공적 책임 의식이 얼마나 더 높아졌는가는 논란의 여지가 있더라도,[13] 주자학자들 그리고 조선시대 사족·유자들의 정체성 형성에 천하기임 의식이 중요한 몫을 차지했다는 데는 이견이 있을 수 없다.

천하기임 의식은 위백규에게서 실천적 주체로서의 자아가 구체적으로 어떤 양상을 띠었는지를 살펴보기 위한 단서로서 유용하다. 기대할 수 있는 것처럼 그의 저작에는 천하기임이나 그것에 상응하는 제세濟世·구세救世·구민救民 등의 표현이 적지 않게 등장한다. 그러나 자세히 살펴보자면, 그런 표현은 주로 경선 해석에 집중되는 경향을 보이고, 일부 상소문上疏文을 예외로 할 경우 자신의 실천적 의지와 직접 결합되어 나타나는 경우는 드물었다. 설혹 언급되더라도 표현이 일정하게 변형되거나 의의가 제한되는 양상을 띠었다. "반드시 천지사방天地四方을 기임己任으로 삼고, 천하天下 경륜經綸의 일과 만물萬物 재제裁制의 공을 이룬 후에야 바야흐로 남자男子"[14]라고 하여 천하기임

---

12 余英時, 『朱熹的歷史世界』, 三聯書店, 2011, 207~214쪽.

13 『孟子』에는 천하를 자임한다는 표현이 등장한다(『孟子·萬章上/下』. "其自任以天下之重如此"). '天下己任'의 표현법을 넘어 그 사상 내용까지 송대 이후의 사士 계층에 귀속시키는 듯한 여영시余英時의 관점은 재고의 여지가 있어 보인다.

14 魏伯珪, 『存齋集』 권13 「格物說」. "必以天地四方爲己任, 經綸天下之務, 裁制萬物之功, 然後方是男子也."

의 주체를 남자로 한정하거나, "천명天命이 때를 만나 천하가 나의 책임이 되면 사양하지 않고 맡아서 내 마음을 다하지만, 천명이 때와 어긋나 천하가 나의 책임이 되지 않으면 고민 없이 포기하고 나의 분수에 안주한다"고 하여 안분安分 의지를 병렬하는 것이 그 예이다.[15]

그의 이런 면모를 이해하기 위해서는 무엇보다 그의 처지를 고려해야 할 것이다. 그는 유자이자 사족이었지만, 활동과 실천의 범위가 향촌으로 제한되는 향유鄕儒·향사鄕士의 처지를 벗어날 수 없었다. 그가 말년에 남긴 다음의 편지글은 그의 낙척落拓 환경과 그에 따른 의식의 변화를 이해하는 데 도움을 준다.

> 저는 해안의 가난한 백성으로서 매번 삼벽三僻을 자신의 분수로 삼아 왔습니다. (…중략…) 요행으로 왕명을 받아 마을을 빛낼 생각이 머리끝부터 발끝까지 가득 차서 밤낮 없이 망상에 젖었습니다. 그러나 성씨姓氏의 운수가 변변치 못하여 400년 동안 3품 현관顯官이 없어 스스로 불리함을 알고 노력하는 것을 포기하였습니다. 그러므로 궁경躬耕·독서讀書하면서 두문불출하고, 30년간 서울에 내왕하면서 한 번도 권문세가에 청탁하거나 관장官長들과 알고 지내지 않았습니다. 말 타고 오간 것은 인척과 오랜 친구에 지나지 않고, 서로 따르며 교유한 사람은 산야의 농부와 나무꾼에 지나지 않습니다. 고을 안 사류士類 중에 도타운 정을 나누는 사람이 없으니 좋은 소문이나 문장을 기리는 말이 어찌 허름한 문 밖을 벗어나겠습니까! (…중략…) 삼벽이란 지벽地僻·성벽姓僻·인벽人僻입니다.[16]

---

15 魏伯珪, 『存齋集』 권9 「讀書箚義·孟子·萬章」. "命耦時來, 天下爲己任, 則任之不辭而盡吾心. 命違時乖, 天下不己任, 則舍之无憫而安吾分."

삼벽三僻 의식은 여러 차례에 걸쳐 언급되고 있는 만큼, 그에게 매우 강하게 각인되어 있던 것으로 보인다. 그 가운데 지벽地僻 의식은 생활 근거지인 고흥이 조선의 남단 해안에 치우친 좁은 땅이라는 점 외에, 조선이 천하의 동쪽 끝 작은 나라에 불과하다는 세계지리 인식까지 겹쳐 증폭되고 있었다.[17] 성벽姓僻 의식은 사족 내부 경쟁의 열세 요인으로 토로되기도 하지만, 다른 한편 과거科擧와 사환仕宦에서 권문세가의 전횡을 비판하는 배경으로 작용하기도 하는 것이었다. 인벽人僻이란 교유 관계의 협소함을 의미하는 것으로서, 그가 평생에 걸쳐 지기知己가 없음을 한탄하기도 했던 사실과 통한다. 아마도 여기에는 서울로의 과거길이나 공주公州의 사문을 내왕하는 과정에서 교유에 적극적으로 임하지 못한 자신의 고지식한 성벽性癖에 대한 자의식도 겹쳐 있었을 것으로 생각된다.

위백규는 40세를 전후하여 스스로 문과 응시를 포기한데다 스승 윤봉구尹鳳九까지 운명함으로써 그나마 외부로 향한 통로도 막히고 생활세계가 향촌으로 국한되는, 전형적인 향촌 사족의 길로 들어섰다. 궁경과 독서는 향촌 사족의 생존 전략이자 유자로서의 명분 유지를 위한 최후 보루堡壘와도 같은 것이었다. 「아我」에서 언급한바, 음식과 재화

16 魏伯珪, 『存齋集』 권4 「與兪參奉孟煥·別紙」. "伯珪海岸寒民, 每以三僻自分. (…중략…) 幸添一命, 生光閭里之念, 弸滿頂踵, 夙宵忘(妄)想. 然而姓運缺嗇, 四百年迄無三品顯官, 自知數奇, 望絶進取, 故躬耕讀書, 杜門自廢, 來往漢師三十年, 未嘗拭一刺於高門, 修半面於官長. 鞍馬往還, 不過姻婭知舊, 交遊追隨, 不過山野耕樵. 省內士類, 尙無執袂拭眼者, 華聞藻譽, 豈出席門之外哉! (…중략…) 三僻, 卽地僻姓僻人僻也."

17 魏伯珪는 『存齋全書』 권20 「新編標題纂圖寰瀛誌序」, 33쪽에서 "사람이 천지의 극동, 큰 바다의 변두리에 태어나 천지의 크기에 비해 장구벌레나 게 같고, 고금의 유구함에 비해 여치나 땅강아지 같다"고 하면서 "치우친 소견과 열등한 안목으로 이를 억지로 의심한다면 자라가 비웃지 않을까 한다"고 하였다.

의 가치에 대한 인정은 그에게 당연하면서도 긴요한 요청이었고, 인민仁民·애물愛物과 같은 공공적 책무는 사족이자 유자로서의 위신威信을 만회하기 위한 창구로서 유효한 것이었다. 일찍이 장재張載는 "그것三代의 治을 천하에 실행할 수 없다면 일향一鄕에 시험해 볼 수 있다."[18]고 하고, 스스로 자기 고장의 교화를 위해 힘을 쏟았다. 여대림呂大臨 형제의 '여씨향약呂氏鄕約'은 장재의 이런 정신에 입각해 제정된 것이었다. 16세기 이래로 '여씨향약'이 조선사회에 끼친 영향을 감안할 때, 위백규에게서 천하기임이 향촌에 대한 책임, 이를테면 향촌기임으로 전환되는 상황을 상상하기는 어려운 일이 아니다.

> 궁벽한 시골에 태어나, 아직 남아 있는 천성을 바탕으로 인생의 크게 두려워할 만한 것을 깨닫고, 동지들과 약조하여 성훈聖訓을 수행하고 서로 일깨워서 인도人道를 기약한다면, 또 어찌 불행 중 큰 다행이라 할 만하지 않은가! 이것이 우리 사社에 규약을 설립한 까닭이다.[19]

향촌 사족으로서의 그의 삶은 스스로 궁경躬耕·독서讀書를 실천하고, 동지들을 규합하여 사강회社講會를 조직하고 운영하는 것으로 본격화하였다. 궁벽한 향촌에 처하여 성인의 가르침을 실천하고 인도를 실현하는 데 목표를 둔 사강회 활동은 전형적인 향촌기임 의식의 발로

---

18 呂大臨, 『張載集』(張載) 附錄 「橫渠先生行狀」. "先生慨然有意三代之治, (…중략…) 縱不得行之天下, 猶可驗之一鄕."

19 魏伯珪, 『存齋集』 권18 「講會名帖序」. "乃若生於窮閻曲巷, 而因其天賦之未全喪, 克知人生之大可懼, 而約符同志, 依服聖訓, 互相箴切, 庶幾人道, 則又豈非不幸之大可幸者乎! 斯吾社中約之所由設也."

라 할 수 있다. 사강회 규약에는 회원 명부인 명첩名帖과 강령綱領, 전원 합의完議로 결정한 8개항飭躬·睦族·敬長·齊家·訓子姪·慶吊·契規의 실천규칙, 강회의 조직과 절차를 규정한 회규會規, 그리고 강규講規와 농규農規가 포함되어 있었고, 별도로 퇴계의 「예안향약禮安鄕約」과 위백규 본인의 「농가구장農家九章」이 첨부되어 있었다. 강회에는 나이에 따라 『소학小學』·『격몽요결擊蒙要訣』·세계世系·육갑六甲·『가례家禮』·『상례비요喪禮備要』 등이 텍스트로 활용되었고, 농사철의 일과에는 공동 노동과 함께 독서가 포함되도록 규정되어 있었다. 그는 이런 사강회 활동의 연장선 위에서 여러 차례에 걸쳐 향사례鄕射禮·향음주례鄕飮酒禮를 주도하고, 열부烈婦와 일민逸民의 표창을 주선하는가 하면, 말년에 옥과현감玉果縣監으로 재직하면서는 향약鄕約의 제정과 운영에 힘을 쏟기도 하였다.

향촌기임은 위백규의 향촌 생활을 본인의 표현과는 달리, 두문자폐杜門自廢나 안분낙도安貧樂道의 차원을 넘어 능동적이고 적극적인 것으로 이끌어 갔다고 할 수 있다. 그러나 향촌기임의 구현이 생각만큼 순조로웠던 것으로 보이지는 않는다. 1767년 사강회를 결성하던 해의 회원 명부를 보면, 총 18인의 회원 가운데 1인을 제외한 나머지는 모두 12촌 이내의 위씨 종족들로 채워져 있었다. 그로부터 7년 후에 새로 작성한 명부를 보더라도 이성異姓 회원 2인이 늘었을 뿐이다. 결국 사강회는 위씨 종족 중심의 조직 성격을 크게 벗어나지 못했고, 그나마 폭염과 타인들의 시선을 핑계로 3년 만에 운영을 중단하였다. 얼마 후 다시 속개했지만, 본래 1월과 8월을 제외하고 매월 2회씩 개최하던 강회를 1년에 2회 개최하는 등, 규모를 축소하여 유지해 갈 수밖에 없었다.[20]

이런 상황은 어떻게 이해해야 하는가? 그의 향촌 운동은 전통적인 천하기임 정신 못지않게, 16세기에 사림士林이 주도한 향약鄕約 운동의 전통을 계승하는 것이기도 했다. 그러나 18세기 조선의 향촌질서는 이미 16세기 그것과의 사이에 간과할 수 없는 차이가 있었고, 그런 만큼 두 시기 향촌 운동을 연속성의 측면에서만 보기에는 어려운 면이 있었다. 그 개인의 노력 여하나 그가 살던 장흥長興 계춘동桂春洞 지역의 특수한 상황에서 원인을 찾을 수 없는 한, 우리는 그의 향촌 운동의 향배를 당시의 향촌질서를 바탕으로 이해할 필요가 있다.

16세기의 사림은 성리학 이념을 바탕으로 이성異姓 사족들 사이의 협력체계를 구축하고, 이를 바탕으로 유향소留鄕所·사창社倉·향규鄕規 등을 설치하고 향약을 보급하였다. 당시는 사족의 족계族契가 구성되더라도 대체로 내외 친족이 망라되는 양상을 띠고 있었다. 이런 상황에서 그들의 향약 운동은 향촌 내 예속禮俗의 증진을 의미하는 것이면서, 동시에 사족지배체제의 강화를 의미하는 것이기도 하였다. 17세기를 경과하면서 이런 사정에 변화가 나타났다. 장자長子 중심의 차등상속제差等相續制와 함께, 외外·처족妻族을 배제한 채 부계혈통父系血統의 친족親族만으로 구성되는 종족宗族 또는 문중門中 조직이 확산되었고, 전국적으로 다수의 동성촌락同姓村落이 대두하였다. 이로 인해 종족 사이의 경쟁과 대립이 심화되고 향론鄕論의 일치가 어려워졌다. 뿐만 아니라 향촌에서는 아래로 다양한 방면에서 새로운 계층이 성장하고, 위로는 지방관地方官의 수령권守令權도 나날이 강화되어 갔다. 결국

20 위 두 단락의 기술은 다음을 참조: 魏伯珪, 『存齋集』 권21 「社講會序」; 『存齋集』 권18 「社講規」.

종래의 사족지배체제 역시 동요하지 않을 수 없었다.[21]

위백규의 향촌 운동이 종족 조직의 강화로 상징되는 당시 향촌질서의 영향하에 있었다는 점은 분명하다. 사강회 규약에는 이성異姓 회원에 대한 배려 조항이 포함되는 등 종족적宗族的 성격을 벗어나기 위해 노력한 흔적이 없지 않지만,[22] 그런 노력은 그다지 두드러지지도 않았고 애초부터 크게 성공하기도 쉽지 않았다고 보아야 한다. 사실 그는 20세에 「화수종회규花樹宗會規」를 지어 행하고, 29세 무렵에는 선대先代 유문遺文의 발굴 작업을 시작하는 등, 젊은 시절부터 향촌 안에서 위씨 종족 중심의 여러 활동에 종사하고 있었다. 사강회 중단을 전후한 43세 때부터는 가중사시회家中四時會를 시행하고, 64세 때는 종족 젊은이들이 조직한 무기계無忮契를 위해 서문을 써서 격려하기도 하였다.[23] 특히 가중사시회家中四時會는 종족宗族과 그 가솔家率의 교화와 결속을 도모하기 위한 것으로서, 사강회를 대신하거나 보완하는 성격을 가지고 있었다고 해야 할 것이다.

그러면 그에게서 향촌기임은 포기되고 종족에 대한 책임, 이를테면 종족기임으로 완전히 대체되었다고 할 수 있는가?

---

21 향촌질서의 변화에 대해서는 다음을 참조: 이해준, 「조선 후기 '문중화' 경향과 친족조직의 변질」, 『역사와 현실』 48호, 한국역사연구회, 2003, 175~176쪽.

22 사강회社講會 규칙 가운데는 완의完議로 여러 세부 규칙이 포함되어 있는데, 그중에 '慶弔' 조에는 동약인同約人은 동성同姓이든 이성異姓이든 상장喪葬에 고기와 술·떡을 먹지 말 것이며, 이를 범할 경우 처벌한다는 기록이 포함되어 있다. 반면, '訓子姪' 조에는 아동들이 상한가常漢家에 놀러가 자지 말도록 하라는 규정이 있는데, 이로써 사강회는 이성에 개방적이되 상민들에게는 폐쇄적이었음을 알 수 있다.

23 魏伯珪, 『存齋集』 권24(附錄) 「年譜」; 김석회, 『존재 위백규 문학 연구—18세기 향촌사족층의 삶과 문학』, 以文出版社, 1995, '제2장 생애와 사상' 참조.

경상卿相들이 빼돌린 과거科擧 문제지가 과장科場 주변을 어지럽게 날아다니고, 일반 사족들의 부르튼 발이 도성 안팎을 분주히 오갑니다. 심지어는 향리鄕吏·역서驛胥·포호浦豪·점장店長·산승山僧·군교軍校들까지 다투어 도리에 어긋나고 법에 저촉되는 지름길을 찾아 헤맵니다. 크게 성공하면 입신출세에 횡재를 하고, 조금 성공하면 향리에서 교만을 떱니다. 아랫사람들을 보더라도 모두 그것을 침 흘리며 고대하고 부러워합니다. 그리하여 이제 마을에 온순한 백성이 사라졌고, 들에 참된 풍속이 사라졌습니다. 실로 이런 기풍과 습속을 변혁하지 않으면 비록 요순堯舜이라도 교화를 펼칠 수 없습니다. 만고에 백성의 습속이 이 지경에 이르고도 망하지 않은 나라는 없습니다.[24]

이 글은 그의 「만언봉사萬言封事」에서 사족의 습속 교정과 명리 추구의 억제를 논하는 부분이다. 「만언봉사」는 그가 31세에 스승에게 보이기 위해 지었던 「시폐십조時弊十條」에 기초하여 집필해 둔 의상소문擬上疏文으로서, 말년에 국왕 정조의 부름을 받아 실제 진상할 기회를 얻었던 글이다. 이런 상소문 형식임을 고려할 때 이 글에는 특별한 점이 있다. 서울의 고관이나 벌열閥閱 사족들보다 향리鄕吏·역서驛胥·포호浦豪·점장店長·산승山僧·군교軍校 등 향촌의 중간 계층에 초점을 맞추고 있다는 것이 그것이다. 또 그는 군제軍制의 폐단을 논하면서 가산家産이 있는 상민常民과 호세지가豪勢之家, 승니僧尼와 부민富民, 탐

24 魏伯珪, 『存齋集』 권2 「萬言封事」. "卿相之赫蹄, 紛飛於域中, 人士之繭足, 旁午於都下. 乃至於鄕吏驛胥浦豪店長山僧軍校, 競尋曲蹊, 交穿暗逕, 得意則發身賭利, 小售則矜驕鄕里, 其瞠乎下風者, 亦皆垂涎翹足, 咨嗟歆羡, 遂以丘無靜民, 野無眞俗. 苟不變此風革此習, 雖堯舜亦無以施其化矣. 萬古未有民習至此, 而不亡之國也."

욕스러운 사족, 마을의 사기꾼, 부유한 점포나 촌락 사람들의 횡포를 고발하고, 연작시連作詩 「연년행年年行」에서는 좌수座首 · 별감別監 · 서원書員 · 서사書史 · 면임面任 · 송임松任 · 장의掌儀 · 재임齋任 등의 수탈을 성토하기도 하였다. 하층 사족에 이르기까지 범위가 넓혀지기는 했지만, 비판의 대상이 기본적으로 향촌민을 상대로 수탈과 횡포를 일삼는 자들이자 향촌의 풍속을 저해하는 자들이라는 점에서는 마찬가지이다.

우리는 그의 이런 관점에 신분적 · 계층적 이해관계가 개입됐을 가능성을 부인하기 어려운 것이 사실이다. 그렇더라도 당시 향촌 내부의 신분적 · 계층적 갈등 상황이 그다지 위세 있는 가문 출신이 아닌 그의 향촌 생활을 지배했던 기본적인 요소 가운데 하나라는 점 또한 상상하기 어렵지 않다. 그는 가족 또는 종족 질서의 붕괴 가능성에 대한 위기의식을 표출하였지만, 당시가 전반적으로 종족 질서가 위축되기보다는 강화되어 가던 상황임을 감안할 때 그것은 어쩌면 향촌의 문제 상황을 돌파하기 위한 방법으로 종족에 걸었던 기대감의 다른 측면이라고 하는 편이 옳을 것이다. 그에게서 종족기임은 향촌기임을 대체하기보다 그 일부로 존재했고, 종족운동은 향촌운동의 일환이자 수단으로서 작용했다고 보는 것이 더 적절해 보인다.

4. 가부장 의식과 공공성 문제

위백규의 향촌 운동이 종족 중심의 교화 운동이었다는 사실은 그의 자아 구성에도 크게 영향을 미쳤음에 틀림이 없다. 종족교화 운동의 대표적인 사례에 해당하는 가중사시회家中四時會는 조직의 규모와 모임의 절차에서 사강회와 비견할 만했지만, 구성원이 달랐던 만큼 지향하는 가치에서도 일정한 차이가 있었다. 사강회가 오륜五倫과 육행六行; 孝·友·睦·仁·任·恤·육덕六德; 知·仁·聖·義·忠·和·육예六藝; 禮·樂·射·御·書·數를 강령으로 규정하고 있었음에 비해, 가중사시회는 오륜 중에서도 가족윤리에 해당하는 부자·형제長幼·부부의 삼륜三倫만을 강조하였다는 사실이 그 단적인 징표이다. 비록 군신·붕우의 이륜二倫을 명시적으로든 암묵적으로든 경시한 바가 없더라도, 삼륜의 강조는 오륜 체계 안에서 가족윤리를 특화하고, 그 실천 과정을 통해 위백규 본인을 포함한 구성원들에게 가족 구성원으로서의 책임을 강조하는 효과를 가져왔을 것이다.

위백규에게서 가족윤리는 기본적으로 유교적 전통을 벗어나지 않는 것이었다. 그런 가운데 강조점의 차이를 통해 그 나름의 특색을 드러낸다. 우리는 가중사시회家中四時會 '계사戒辭'의 첫머리를 이루는 다음 글에서 그의 가족윤리관에서 가장 두드러지는 점 하나를 확인하게 된다.

> 사람이 금수와 다른 것은 부자·형제·부부의 인륜이 있기 때문이다. 무릇 집집마다 부자·형제는 처음에 선하지 않은 것이 없지만, 아내를 들여 분가하면서 리理가 사사로움私을 이기지 못한다. 각자 자기 몸과 가족家만을 위하고, 서로 장점을 헐뜯고 단점을 미워하며, 정감을 잊고 의리를 저버린다. 점차 유감이 쌓이고 격해져서 끝내 부자가 나그네 같고 형제가 원수가 된다. 이렇게 되니 비록 부부가 함께 살며 자녀를 기르고 가산을 지켜

도, 사는 게 빨리 죽는 것만 못하고 부유해도 빌어먹는 것보다 못하다. 두렵지 않을 수 있겠는가![25]

사람들은 결혼한 후 부부관계의 사사로움에 빠져 부모·형제와의 정감과 의리를 잃고 금수와 같아지기 쉽다는 것이 이 글의 핵심이다. 우리는 여기서 부부관계에 대한 강한 경계심과 가족질서의 붕괴 가능성에 대한 위기의식을 동시에 읽을 수 있다. 그런데 그가 경계하는 부부관계의 사사로움이란 정욕을 매개로 하는 부부 당사자들同室뿐 아니라 그 자식들까지 포함하는 핵가족의 사사로움이다. 그러고 보면 가족질서와 관련한 그의 위기의식이란 비속卑屬은 물론 존속尊屬과 방계傍系 친족을 아우르는 확대가족의 붕괴 가능성을 염두에 둔 것이었다. 이런 측면에서 그는 아버지의 형제는 아버지와 일체이고 조카는 내 자식과 차이가 없음을 강조하였다.[26] 이런 확대가족 관념이 동성촌락 규모의 종족 단위로까지 이어지는 것임은 말할 나위가 없다.

인용문에서 부부관계의 행위 주체로 상정되는 것은 남성이지만, 정작 논란의 중심에 서있는 대상은 여성이다. 그는 다른 글에서 이렇게 표현하기도 하였다. 사람들은 자기 처를 사물私物 즉 자기 혼자만의 소유로 생각하기 때문에 잘못이 있어도 알아차리지 못하고, 끝내 처를 스스로 소유하지 못할 뿐 아니라 자신의 부모·형제를 '처의 이성異姓

25 魏伯珪, 『存齋集』 권18 「家中四時會飮規·戒辭」. "人之所以異於禽獸者, 以其有父子兄弟夫婦之倫也. 凡人家父子兄弟, 厥初固無有不善者, 及其娶婦析居, 理不勝私, 各身其身, 各家其家, 忮長惡短, 忘情棄義, 漸漬疵慽, 轉相乖激, 畢竟至於父子如行路, 兄弟爲讎隙. 如此則雖夫婦同室, 長子女保家產, 其生不如速死, 其富不如行丐, 可不懼哉!"

26 魏伯珪, 『存齋集』 권18 「家中四時會飮規·戒辭」. "父之兄弟, 吾父一體而分, 於我爲父而本無差等. 兄弟之子, 吾親一氣之支, 於我爲子而初無間隔."

타인'으로 삼는 지경에 이른다.[27] 이런 말을 통해 확인할 수 있는 사실은, 결혼을 통해 유입되는 타성他姓 여성女性이 부계혈통 중심의 확대가족 내지 종족 질서를 위협하는 요인으로 간주되었다는 것이다. 그는 어떻게든 여성을 종족질서에 종속시킴으로써 그 부정적 영향력을 약화시키고자 했다. 이런 맥락에서 "여자가 본성이 유순하기는 쉽지 않다"[28]고 여성을 노골적으로 폄하하거나, "부인들이 혼자 일하는 것을 꺼리고 남편을 깔보고 꾸짖어 노비처럼 천한 일을 하도록 만든다"[29]고 가족 내 여성들의 행태를 힐난하기도 하였다.

여기서 우리는 '천지사방天地四方을 기임己任으로' 삼은 후에야 '바야흐로 남자男子'라고 했던 그의 언급을 상기할 필요가 있다. 이에 따르자면, 그가 자아를 윤리적 · 사회적 실천의 주체로 간주했더라도 그에게서 그 주체성의 온전한 담지자는 인간 일반이 아니라 오직 남성일 뿐이라고 해야 한다. 시야를 가족 내부로 좁힐 경우, 남성은 스스로를 중심으로 하는 위계질서 구축에 능동적으로 참여하고 여성은 거기에 수동적으로 편입되는 역할만 허용되는 것이었다. 그는 "남녀의 구별(또는 차별)은 천리자연의 규칙"이라고 천명하였고,[30] 마치 이를 애써 근거 지우기라도 하듯 "만물이 가지런하지 않은 것은 만물의 실정實情"

27 魏伯珪, 『存齋集』 권13 「格物說」. "世人溺於私, 乃視其妻爲吾私物, 而思之若吾所獨有, 故有過而不知, 有惡而不察, 末乃以吾身爲妻物而不敢自有, 則父母兄弟皆不得爲吾至親, 而爲妻之異姓別人."

28 魏伯珪, 『存齋集』 권13 「格物說」. "女子性馴者, 不易也."

29 魏伯珪, 『存齋集』 권18 「家中四時會飮規 · 戒辭」. "今時則不然, 擧世汨於利欲, 淪於禽獸. 凡爲人妻, 憚於獨勞, 督責其夫, 凌轢詬詈, 使其夫雖躬執賤役如僮僕, 頑愚無知如禽獸, 恬不知恥, 反以爲喜."

30 魏伯珪, 『存齋集』 권12 「事物」. "男女之別, 天理自然之則也."

이라는 주장을 여러 곳에서 반복하였다.[31] 여기에 당시가 장자 중심의 차등상속제와 그에 상응하는 종법 관념이 확산되던 시기였음을 더 고려할 때, 우리는 그가 전형적인 가부장제적 사고에 젖어있던 인물임을 부인하기 어렵다.

가부장 의식이 향촌기임 의식과 더불어 위백규의 자아를 구성하는 중요한 요소라고 할 때, 우리는 양자 사이의 구체적인 결합 양상에 관심을 갖지 않을 수 없다. 그가 살던 곳이 아무리 동성촌락이라 하더라도, 사회적 실천 공간으로서의 향촌은 여러 종족 또는 집단이 병존하던 곳으로 보는 것이 적절할 것이다. 그럴 경우 가족 내지 종족질서를 바탕으로 하는 가부장 의식은 그것 자체로 향촌 단위의 보편성 또는 공공성을 가지는 것으로 선뜻 인정하기 어렵다. 이 점은 국가國가 가족家과 유비적인 관계에 있는 것으로 이해되고, 따라서 군주가 가부장과 논리적 등가로 간주되는 경우와는 사정이 다르다. 지방 수령이 군주의 대리자라는 인식이 강화되어 가기는 했지만,[32] 그들 역시 향촌에서 가부장적인 권위를 가질 수 있는 상황은 아니었다.

종족 중심의 향촌 운동이 가지는 가능성과 한계는 그것이 가족과 종

---

31 魏伯珪,『存齋全書』「觀物說 二」, 182쪽. "物之不齊, 物之情也. 惟其不齊, 故能成大齊, 而大統小, 尊臨卑, 强御弱, 天地造化, 王政風敎, 人事綱紀, 擧得其理. 若地大如天, 人大如地, 星大如日, 泉大如海, 烏乎可哉?" 그의 이런 생각은 사문師門의 종지宗旨인 인물성이론人物性異論에 의해 가중되는 측면이 있다. 참조 : 魏伯珪,『存齋集』 권4「上久菴先生」.

32 위백규魏伯珪의 5대조 위덕후魏德厚가 남긴「遺戒」에는 '전사보신지도田舍保身之道'로 무농상務農桑・봉제사奉祭祀・화형제和兄弟・교자손敎子孫・무노복撫奴僕과 함께 경관리敬官吏가 포함되어 있었다(『魏氏世稿』 권1「顔巷公遺稿」. 김석회,『존재 위백규 문학 연구－18세기 향촌사족층의 삶과 문학』, 以文出版社, 1995, 49쪽에서 재인용). 이익李瀷, 1681~1763도 족손族孫에게 "관장官長을 부형父兄처럼 섬기라"는 당부를 남기도 있는 것을 볼 수 있다(『星湖全集』 권48「書寄姪孫家煥」).

족의 사사로움을 넘어 공공성을 얼마나 확보하느냐와 관련이 있다. 앞에서 살펴보았듯이 위백규의 유아론有我論은 유아지사有我之私와 무아지공無我之公을 대비했던 주희 이래의 개념사적 전통에서 비켜나 있었다는 점에서 특별한 것이었다. 그러나 그가 전통적인 공사公私 개념 자체에서 자유로웠던 것은 결코 아니다. 그에게서도 공과 사는 선악 또는 시비를 판단하는 유력한 기준의 하나였음에 틀림 없다. 그가 관여한 여러 규약에는 공의公議나 공론公論을 의사 결정의 방법과 기준으로 삼는다는 조목이 들어있고, 특히 사강회 규약에는 회원들의 전원합의完議로 결정한 8개항飭躬·睦族·敬長·齊家·訓子姪·慶吊·契規의 실천 규칙이 포함되어 있기도 하다. 이때 공의와 공론의 '공'이란 그 자체로 공정·공평의 가치를 가리키는 것이라기보다, 우선은 구성원 다중을 지시한다는 점에서 영역적 의미를 가지는 것으로 보아야 한다.

중국적 전통에서 공과 사의 영역 구분은 상대적이며 동시에 연속적인 것으로 이해된다. 개인이 원의 중심에 위치하고, 혈연·지연 등의 경로를 통해 구축된 그의 인간관계는 일종의 '동심원적同心圓的 파문波文'의 형태를 띠고 연속적으로 확산되어 나간다. 어느 경우에나 중심에 더 가까이 있는 것이 사이고 더 멀리 있는 것이 공일 뿐, 고대 그리스에서 볼 수 있는 것과 같은 '공=국가=정치영역, 사=가정=경제영역'의 뚜렷한 이분법은 없다는 것이다.[33] 우리는 중국뿐 아니라 조선의 문헌에서도 이러한 주장에 부합하는 다양한 용례를 쉽게 발견할 수 있다. 위

---

33 이승환, 「한국 및 동양의 公私觀과 근대적 변용」, 『정치사상연구』 6호, 한국정치사상학회, 2002, 56~57쪽. '동심원적 파문'은 훼이샤오통費孝通이 중국사회의 친척관계를 설명하기 위해 사용한 표현이다(훼이샤오통, 이경규 역, 『중국 사회의 기본 구조』, 일조각, 1995, 31쪽). 이승환은 그것을 公 개념의 이해에 활용하였다.

백규가 부부관계의 사사로움이라고 했을 때, 그것은 확대가족의 처지에서 볼 때 사사롭다는 것일 뿐이며, 개인의 처지에서 보자면 부부관계 역시 공공적인 것일 수 있는 것이다.

그러면 개인으로부터 가족·종족으로 이어지는 인간관계의 확산 과정에서 종족과 국가 사이를 잇는 매개항으로는 어떤 것이 있었는가? 향촌이나 지방이었다고 할 수 있을까? 조선시대 사족들의 경우, 혈연 이외에 지연은 그들의 정체성 형성에 영향을 끼친 중요한 요소들 중의 하나였다. 그러나 그것은 대체로 당색이나 학연 등 다른 경쟁 요소들과 결합하여 나타나는 경향을 보였고, 그나마 그 경쟁 요소들에 비해 결코 영향력이 두드러졌다고도 할 수 없다. 마치 『대학』의 8조목이 제가齊家에서 치국治國으로 건너뛰듯이, 어쩌면 그들은 중간의 매개 없이 종족을 넘어 국가를 직접 대면하는 사고방식에 익숙해 있었을 것이다. 그럴 경우 향촌은 여러 가족 또는 종족이 모여 경쟁하고 협력하는 공공적 영역으로서의 의의가 부각되기 어려웠다고 해야 한다.

이런 추론을 가능케 하는 배경에는 그들의 주자학적 세계관에서 윤리와 도덕, 특히 부자 관계 중심의 가족윤리가 차지하는 특수성이 있다. 정이程頤는 "부자간의 사랑은 본래 公"이라는 표현을 남겼다.[34] 이때의 '공'은 공정·공평이라는 가치상의 의미를 가지는 것으로 보아야 한다. 부자 관계는 다른 어떤 관계보다도 개인에게 가까운 영역을 지시하지만, 그들 사이의 사랑은 천성이고 따라서 그것 자체로 공정하고 공평하다는 것이다. "인의仁義는 인심人心이 본래 가지고 있는 것에 근

34 程頤, 『二程遺書』 권18 「伊川先生語」. "父子之愛, 本是公."

거하는 것으로서 천리天理의 공公이고, 리심利心은 대상과 내가 형태를 드러내는 데서 생기는 것으로서 인욕人欲의 사私"[35]라는 주희의 유명한 언명은 그런 관점의 변주에 해당하는 것이었다. 여기에서 추출할 수 있는 '인의仁義=천리天理=공公'과 '리심利心=인욕人欲=사私'의 대비는 이른바 '동심원적 파문'이 공·사 구분의 유일한 참조물일 수 없음을 의미한다. 거기에는, 천리 즉 도덕원리가 관철되지 않는다면 향촌이라고 해서 가족이나 종족보다 더 공공적인 것은 아니라는 생각이 담겨 있는 것이다.

위백규의 이런 관점에서 보자면, 향촌 운동이 종족의 사사로움에서 벗어나 공공성을 확대하는 길은 운동의 종족 중심적 성격 자체를 제거하는 데 있는 것이 아니었다. 오히려, 종족질서를 천리에 부합하도록 하고 그것을 향촌 전체로 확대하는 일이야말로 향촌을 공공적 영역으로 전환하기 위해 우선적이고 효과적인 방법일 수 있었다. 이런 측면에서 다음 글을 음미해 볼 필요가 있다.

> 효孝는 순덕順德이고, 순順은 공손恭遜과 경근敬謹을 아우른 이름이다. (…중략…) 요즘 세상의 이른바 효자는 종족宗族과 다퉈서 멀어지고, 향당鄕黨에서 싸움을 일으키고, 돈과 재물을 절취하고, 타인들을 헐뜯어 다투며, 심지어는 형제가 원수가 되고, 부부가 반목하는 것을 면하지 못한다. 이런 무리들은 비록 매일 고기반찬으로 봉양하고, 해마다 비단 옷을 해드려도 효라고 할 수 없는데, 하물며 끝내 몸을 해치고 가족家을 망치는 지경에서 벗어

35 朱熹, 『孟子集注·梁惠王章句上』. "此章言仁義根於人心之固有, 天理之公也. 利心生於物我之相形, 人欲之私也."

> 나지 못함에랴! (…중략…) 효라는 것은 실로 성인의 효에 한 치를 미치지 못하면 한 치가 부족한 것이다. 이 때문에 처자妻子와 화합하지 못하고, 종족宗族과 조화롭지 못하고, 향린鄕隣과 화해롭지 않다면 효가 아니다.[36]

여기서 그는 가족윤리의 대표적인 덕목인 효를 공손과 경근敬謹이라는 좀 더 일반적인 덕목으로 치환하고, 그것이 가족은 물론이고 종족과 향당鄕黨·향린鄕隣으로 확대 적용될 때 비로소 완전해진다고 주장한다. 이것은 단순히 효자의 요건으로 가족·종족·향당과의 화목을 내세우는 데 머물지 않고, 효 개념의 내포와 외연을 확장함으로써 그것을 가족·종족은 물론이고 향촌에까지 두루 관통하는 보편적인 윤리덕목으로 전환시켰다는 데 의의가 있다. 그는 이런 논의 끝에 이렇게 말하였다. "세상에 효자로 이름난 사람이 형제로부터 종족과 인리隣里에 이르기까지 모두 그 순덕順德을 보여주지 못한다면 누구를 속이는 것이겠는가? 하늘을 속이는 것이나!"[37] 결국 그는 효 개념의 확장을 통해 가족질서뿐 아니라 향촌질서 역시 천리와 연계되는 공공적인 어떤 것으로 격상시킬 수 있다고 믿었던 것이다.

물론 이런 방법이 당시 향촌이 당면했던 여러 문제들, 특히 신분이나 계층 간의 대립과 갈등을 해소하는 데 얼마나 효과적이었는지에 대해서는 별도의 논의가 필요하다. 여기서 우리가 떠올릴 것은 그의 가

---

36 魏伯珪,『存齋集』권15「人說」. "孝者, 順德也. 順者, 恭遜敬謹之摠名. (…중략…) 今世所謂孝子, 未免鬪乖宗族, 捏爭鄕黨, 攘取錢財, 鬪訟他人, 甚至於兄弟爲仇, 夫妻反目. 此輩雖日用三牲之養, 歲供絲纊之服, 未足言孝也, 況畢竟未免於戮身亡家乎! (…중략…) 夫孝者苟一分不及於聖孝, 欠一分者也. 是以不合妻子, 不和宗族, 不諧鄕隣, 非孝也."

37 魏伯珪,『存齋集』, 권13「事物」, 格物說. "世或以孝名者, 自兄弟以及宗族鄰里, 都不見其順德, 其誰欺? 欺天乎!"

부장 의식이 안으로 권위적이고 억압적인 측면만 가지고 있었던 것은 아니라는 점이다. 그것은 가난 때문에 학문을 포기하고 농사에 전념하다가 42세 이른 나이에 죽은 막내 동생,[38] 여자의 몸으로 태어나 시집가기 전이나 후나 굶주림과 노역에 고달파 하가가 37세 젊은 나이에 죽은 외동딸 등,[39] 가족 구성원의 불우와 고통에 대한 강한 연민과 회한을 동반하는 것이었다. 가부장 의식의 이런 측면은 밖으로 인민仁民·애물愛物의 태도로 연결되고, 그것으로 하여금 배타적인 측면 못지않게 사교적이고 타협적인 측면을 가지도록 하였다. 요컨대 위백규에게서 향촌질서의 공공성이란 가족질서의 사사로움과 대비되는 어떤 것이 아니라, 그것이 연장되고 확대된 어떤 것이었다고 해야 한다.

5. 맺음말

마루야마 마사오는 '근세'에 있어서 "인간의 발견이란 대상적 의미가 아니라 인간이 주체성을 자각했다는 의미로 이해되지 않으면 안 된다"고 하였다. 그리고 주체성 자각의 지표로 "질서에 따라 행위했던 인간이 질서에 대해 행위하게 된 것"을 들었다. 이런 주장은 분명 '근세', 좀 더 과감하게 말하자면 '근대'를 이전 시대와 비교하여 특화하는 데 의도를 둔 것이었다. 여기에 또 하나 흥미로운 것은 그가 '근세' 이전, 주객이 미분된 사고의 전형으로 유기체론을 들고 있다는 점이다. "유

38 魏伯珪, 『存齋全書』 下 「祭季弟子勉文」, 400쪽.
39 魏伯珪, 『存齋全書』 下 「祭亡女文」, 413쪽.

기체에 있어서는 그것의 바깥에 있으면서 그것을 만들어내는 주체라는 것을 적어도 가장 중요한 것으로 생각하지는 않는다." 이 말은 자신을 포함한 이 세계가 유기체라고 생각하는 한, 그것을 대상으로 삼아 분석하고 조작하려는 생각을 가지기 어렵다는 뜻이다.[40] 그러나 과연 그러한가?

위백규는 불교와 도교의 무아론을 비판하면서, 활동과 실천의 주체인 자아의 존재를 긍정해야 한다고 주장하였다. 향촌 지식인으로서 그가 걸어간 삶을 돌아볼 때, 그의 주장은 분명 자신의 실천적 요구를 반영한 것이었다고 할 수 있다. 그는 여러 저작을 통해 사회의 시폐時弊와 구폐救弊를 논하고, 자신의 구상을 실현하기 위하여 몸소 향촌운동에 종사하였다. 그는 유기체론의 동아시아적 표현이라 할 만물일체론萬物一體論에 기대어 무아론의 가치를 부분적으로 긍정하기도 하였다. 그러나 그가 활용한 만물일체론은 이미 주자학의 리일분수론理一分殊論에 의해 반성적으로 검토·조정된 것이었으며, 따라서 만물일체론적 세계관의 '바깥'을 사유하지 못하는 수준의 것은 아니었다. 이렇게 볼 때 우리는 위백규가 사유한 주체의 문제가 원칙적인 차원에서 마루야마의 그것과 얼마나 다를까 의심해 보지 않을 수 없다. 어떤 면에서는 위백규의 유아론은 물론, 그가 비판했던 불교·도교의 무아론조차도 주체에 대한 각성의 부재라고 보기에는 적절하지 않은 것이었다.

물론 대상으로서의 자기 세계에 대한 관점이나 방법에서 위백규는 근대인들과 차이가 있었다. 그의 관점과 방법은 기본적으로 유가적

---

40 마루야마 마사오, 김석근 역, 『일본 정치사상사 연구』, 통나무, 1998, 356~359쪽.

내지 주자학적 전통을 벗어나지 않았고, 18세기 조선의 현실과 조응하면서 부분적으로 조정되는 양상을 띠었다. 그는 전통적인 천하기임天下己任 정신을 계승하여 향촌기임鄕村己任 의식을 형성하고 향촌운동에 종사하였다. 그러나 종족질서가 강화되어 가던 상황에서 그의 향촌운동 역시 종족 중심적 성격을 띠고, 결과적으로 향촌질서에 대한 비전 역시 가족윤리의 확장 수준에 머무를 수밖에 없었다. 이후의 역사에서 가족의 규모가 꾸준히 축소되고 그와 병행하여 가족윤리의 기능 또한 약화되어 왔음을 감안할 때, 세계에 대한 그의 관점과 방법이 우리에게 낯설게 다가오는 것은 당연한 일이다.

위백규는 자신의 관점과 방법이 하늘天 즉 우주·자연의 원리에 부합하는 것이라고 믿고 있었다. 그는 자신의 하늘을 떠받치고 살았던 인물이라고 할 수 있지만, 사실 자신의 하늘 아래 갇혀 있기로는 근대인 역시 다르지 않다고 봐야 한다. 그가 스스로 자아를 논제로 삼았던 것은 자신의 하늘을 새롭게 조망하고 그 아래에 자신을 다시 자리매김하기 위한 것이었다고 이해할 만하다. 이런 작업을 통해 구성된 그의 자아는 무엇보다도 향촌과 종족 구성원으로서의 책임 의식으로 충만한 존재였다. 여기에는 철저한 가부장 의식이 결합되어 있었는가 하면, 효 덕목의 확장과 같은 가족윤리에 대한 새로운 모색도 포함되어 있었다. 그의 자아 구성에 대한 새롭고 다양한 해석적 시각의 도입은 오늘날 우리의 하늘을 반성적으로 검토하는 데 시사를 줄 수 있을 것이다.

참고문헌

원전류 및 번역본

魏伯珪, 『存齋集』(영인), 『韓國文集叢刊』 243, 한국고전번역원, 2000.

魏伯珪, 『存齋全書』(영인), 景仁文化社, 1979.

張　載, 『張載集』

程顥・程頤, 『二程遺書』

朱　熹, 『四書集註』

______, 『晦庵先生文集』

李　滉, 『退溪全集』

연구논저

余英時, 『朱熹的歷史世界』, 三聯書店, 2011.

金碩會, 『존재 위백규 문학 연구—18세기 향촌사족층의 삶과 문학』, 以文出版社, 1995.

훼이샤오퉁, 이경규 역, 『중국 사회의 기본 구조』, 일조각, 1995.

마루야마 마사오, 김석근 역, 『일본 정치사상사 연구』, 통나무, 1998.

이승환, 「한국 및 동양의 公私觀과 근대적 변용」, 『정치사상연구』 6호, 한국정치사상학회, 2002.

이해준, 「存齋 魏伯珪의 社會改善論」, 『한국사론』 5집, 서울대 국사학과, 1979.

______, 「조선 후기 '문중화' 경향과 친족조직의 변질」, 『역사와 현실』 48호, 한국역사연구회, 2003.

가난, 병, 죽음

삶의 난관 앞에 선 실학자들

김선희

1. 머리말

물질적 제약과 병, 가족과 자신의 죽음은 대부분의 사람에게 삶의 본질적인 조건이다. 사람에 따라 강도와 영향은 다르겠지만 능력과 자원이 있다 해도 이런 상황을 완전히 벗어날 사람은 많지 않을 것이다. 그렇다고 모든 이들이 가난과 병, 죽음을 삶을 제약하는 굴레나 형벌로만 여겼던 것은 아니다. 삶과 죽음의 원리를 통찰하려는 모든 이들과 마찬가지로 유학자들 역시 삶을 제약하는 부정적 조건으로서의 가난과 병, 죽음을 학문과 분리될 수 없는 특정한 태도와 실천의 문제로 받아들였다. 삶과 죽음, 실제와 이념, 삶과 학문을 분리시키지 않았던 유학의 전통 안에서 가난과 병, 죽음은 평생의 결단과 자기 극복[1]을 요구하는 모종의 가치적 영역이거나, 올바른 삶의 원리와 관련된 규범적 차원의 문제라고 할 수 있다. 이는 시대와 공간을 뛰어넘어 공자의 전통을 계승하고자 하는 모든 이들이 동의하는 보편적 전제라 해도 과언이 아닐 것이다.

이 진부할 정도로 당연한 이념을 다시 사유하고 절실하게 고민하는 이들이 있다면 그것은 아마 실제로 절실한 고통을 경험한 사람들일 것이다. 유학자들의 삶과 사상에서 이념과 실제를 구분해낼 수는 없겠지만 적어도 출사의 길이 제한되고 폐족 멸문의 기로에 놓여 있었던 성호학파에게 가난과 병, 죽음은 바람직한 생활 태도를 넘어 절실하고도 실존적인 문제였다. 그러나 동시에 이들은 이 실존적 상황에 묶이고 매이지 않도록 평생에 걸쳐 노력하고 실천한 의지의 사상가들이었다. 중심에서 밀려나 삶의 자원을 잃고 무엇보다 학문의 목표였던 치인治人의 공적 세계에서 탈락한 성호학파에게 이들이 겪은 가난과 병, 죽음은 이념과 실제, 나아가 공公과 사私 사이에 존재한다. 성호학파는 개인적 조건에 묶여 공적 가치에 관심이 없는 이들이나, 이념에 동의하고 설파하지만 실제로는 가난과 병, 유배지에서의 죽음을 겪지 않았던 이들과는 다른 자리에 서 있었다.

전통적으로 유학에서 가난과 그에 따른 검소한 삶은 자기 수양과 학문 그리고 도덕적 완성의 토대로 여겨져 왔다. 공자 이래로 유학자들

---

1 성호의 글에는 가난의 고백과 절검의 선언이 자주 등장한다. "나는 가난한 사람이다. 가난하다는 것은 재물이 없음을 일컫는 것이다. 재물은 부지런히 힘쓰는 데서 나오는 것이며, 부지런히 힘쓴다는 것은 어릴 적부터 익혀서 하지 않으면 할 수 없으니 내가 어찌 가난하지 않을 수 있겠는가? 오직 절약하여 줄일 뿐이다. 무릇 행하는 데 있어 십분 생각하여 적게 할 수 없는 것 외에는 모두 하지 말아야 한다"(『星湖僿說』 권17 「人事門」 「食少」. "我貧者也, 貧無財之稱. 財出於勤力, 勤力, 非小少習業不能. 余安得不貧, 惟在節省. 凡有作爲, 十分思量, 不可少者外. 都不爲也"). 국역이 있는 경우 이를 참조하되 문맥에 따라 다시 번역하였다. 이후 문장들도 모두 동일하다.

에게 검약은 단순히 생계유지나 운영의 방법이 아니라 그 자체로 삶의 원리이자 가치적 지향을 담은 세계관의 문제였다. 대부분의 유학자들의 글에서 검약을 장려하고 사치를 막아야 한다는 논조를 쉽게 발견할 수 있다. 퇴계나 율곡, 우암 등 당대 학자들에게 절검, 절용, 검약, 공검 등은 재론의 여지가 없는 보편적 주제였다.[2] 예를 들어 율곡은 「격몽요결擊蒙要訣」에서 다음과 같이 말한다. '의복은 화려하고 사치스러워서는 안 되니 추위를 막을 정도면 된다. 음식은 달고 맛나서는 안 되니 배고픔을 면할 정도면 된다. 거처는 안락하고 편안해서는 안 되니, 병이 나지 않을 정도면 된다. 오직 학문을 닦고 마음을 바르게 쓰며 위의를 지켜야 하니 날마다 힘쓰고 힘써서 스스로 만족해서는 안 된다. 자기를 이기는克己 공부가 일상생활에서 가장 절실하다.'[3]

학자로서 청빈하고 검약해야 한다는 점은 누구도 부정하기 어려운 자명한 보편적 전제였다. 인작人爵이 아니라 천작天爵을 받은 군자들에게 가난은 곧 절제요, 안분安分으로써 평생 떠날 수 없는 준칙이었다.

---

2 유학자들의 절검이나 검약의 태도를 다룬 선행 연구들이 존재한다. 그러나 이 글에서처럼 병이나 죽음 등 다른 실존적 문제와 더불어 삶의 태도를 넘어 공사 관념이나 제도 개혁의 문제 의식과 연결하여 논의한 선행적 작업은 분명하게 드러나지 않는다. 선행 연구의 경우 절검론 자체를 다루거나 혹은 문학적 관점에서 생활 태도로 다루는 경우가 많다. 권연웅, 「조선 전기 경연의 절검론」, 『경북사학』 24집, 2001; 조희선, 「조선조 검약생활의 규범과 실제」, 『생활과학』 2집, 1999; 김준형, 「조선 후기 사치의 문학적 형상화 양상」, 『국문학연구』 20집, 2009; 김기현, 「퇴계의 소유와 존재 의식－청빈의 인간학」, 『퇴계학보』 110집, 2004 참조. 특히 성호의 경우를 다룬 연구는 다음과 같다. 정은진, 「성호 이익의 삼두회 소고」, 『한국어문학연구』 55집, 2010; 김석희, 「성호이익의 입검설과 생활문학의 관련양상」, 『국어교육』 97집, 1998.

3 『한국문집총간』, 『栗谷先生全書』 권27, 「擊蒙要訣」, 45－85a. "衣服不可華侈, 禦寒而已. 飲食不可甘美, 救飢而已. 居處不可安泰, 不病而已. 惟是學問之功, 心術之正. 威儀之則, 則日勉勉而不可自足也. 克己工夫, 最切於日用." 이후 인용은 『한국문집총간』의 권호와 쪽수만 기재한다.

현대인들과 달리 유학자들에게 가난은 무능력의 증거가 아니었고 자연스럽게 청빈은 실제의 삶과 관계없이 상찬되던 덕목이었다. 그러므로 가난이라는 표상은 사실상 사私 또는 욕欲의 극복을 의미하며, 이른바 '단표누항簞瓢陋巷'은 개인적 조건을 뛰어넘어 공적 이념 수위에서 작동하는 이른바 극기克己 차원의 문제라고 할 수 있다.

그러나 사실 문제는 단순하지 않다. 일단 이념과 실제가 일치하지 않았을 것이다. 검약의 태도와 별개로, 모든 유학자들이 성호나 다산만큼 곤궁하고 어려운 형편을 겪었던 것은 아니기 때문이다. 예를 들어 조선 유학자들은 출사出仕나 처가 쪽에서의 재산 분배, 그 자신의 치산이재治産理財 등의 방법으로 생계를 유지하거나 늘려나갈 수 있었다.[4] 대표적인 예가 퇴계 이황일 것이다. 퇴계는 초년에는 궁했지만 결혼을 통해 재산 분배를 받았고 또 기존 재산을 증식하고 잘 관리한 덕으로 상당한 수의 노비와 전답을 운용하는 중간 수준의 재산을 보유하고 있었다고 한다.[5] 물론 퇴계의 재산 규모가 검약이나 청빈을 강조하는 퇴계의 신조[6]를 해치는 것은 결코 아닐 것이다. 그러나 적어도 퇴계가 말하는 절검이 절실한 생존의 문제가 아니었음은 분명하다. 성호星湖 이익李瀷, 1681~1763에게 가난과 그에 따른 절검은 일상적인 삶의 조건이었다.

---

4 예를 들어 자녀 균분 상속이 일반적이었던 시대에 율곡 이이의 7남매는 위로 세 사람은 16명씩, 아래 네 사람은 15명씩의 노비를 받았다고 한다. 다섯 번째 자녀이자 셋째 아들이었던 율곡은 15명의 노비를 상속받았을 것이다. 박도식, 「『율곡선생남매분재기』 연구」, 『율곡사상연구』 10집, 2005, 90쪽.

5 이수건, 『영남학파의 형성과 전개』, 일조각, 1995, 257~270쪽.

6 예를 들어 퇴계는 「戊辰六條疏」에서 다음과 같이 검약을 강조한다. "검약을 숭상하고 사치를 금지하여 공사公私의 재력을 넉넉하게 하는 것은 느슨히 할 수 없습니다崇儉約, 禁奢侈, 以裕公私之財力者, 不可緩"(『退溪先生文集』 권6 「戊辰六條疏」).

2. 가난에 대하여

1) 사치奢侈와 안분安分

성호의 제자였던 순암順菴 안정복安鼎福, 1712~1791은 「함장록函丈錄」에서 성호와의 첫 대면을 다음과 같이 기록한다.

> 밥은 그릇에 차지 않았으며, 반찬은 새우젓 약간과 한 접시의 나박김치가 놓여 있었고 또한 토호갱土瓠羹이 있었는데, 반찬의 맛이 모두 짰다. 이를 통해 그 절약의 뜻을 알 수 있었다. 상과 그릇들은 모두 청결하였다. (…중략…) 선생이 웃으며 말씀하셨다. "우리 집이 가난해서 반찬이 박하기 때문에 혹 손님의 입맛에 맞지 않는 경우가 있네. 어떤 이는 직접 반찬을 가져와서 먹기도 하였다네."[7]

성호의 조카이자 제자였던 정산貞山 이병휴李秉休, 1710~1776도 성호의 검소한 삶을 증언한다.

> 선생은 일찍이 과거에 뜻을 버리시고 곤궁하게 살며 스스로를 수양하면서 검소함으로 집안을 다스리셨다. 상례・제례와 같은 큰 절차나 혼인과 같은 성대한 행사를 세상에서는 줄일 수 없다고 여겼지만 선생은 단연코 모두 검

7 『順菴先生文集』 권16 「函丈錄」, 115d. "飯未滿一器, 饌則白蝦醢小許, 置白砂楪中, 一楪置蘿菖葅, 又有土瓠羹, 饌味皆醎. 可見其節約之意. 床器皆潔精矣. (…중략…) 先生笑曰, 余家貧饌薄, 故或不合于客口. 或有持其行饌而食者."

소함에 따라 예식을 정하셨다. 자신을 받드는 것은 매우 박하셨고, 손님을 대접할 때도 더하지 않으셨는데 집안사람들이 감히 법도를 어기지 못했다.[8]

성호가 비슷한 처지의 학자들에 비해 상대적으로 더 가난하거나 극단적으로 빈곤했다는 의미는 아니다. 성호의 살림은 선조로부터 받은 땅과 노비를 토대로 운영되었고 성호 역시 이를 인정하며 감사하게 여긴다. '나는 벼슬이 없는 한 선비이다. 그러나 메마른 땅과 잔약한 머슴이라도 있기 때문에 밭 갈고 짐승 치고 나무하고 물 긷는 등의 괴로움이 없으며, 집에서는 심부름할 사령이 있고 나갈 적에는 태워 주는 말이 있으니 저 서민들과는 비할 수 없는 처지이다. 그러나 조용히 생각해 보면, 이 모두가 과연 누구의 힘일까? 물론 조상의 쌓은 음덕으로 은택이 있어서다.'[9] 그러나 관직에 나아가지 않은 사의 신분으로써 온통 땅에 의존할 수밖에 없는 형편과 집안 전체를 이끌어야 한다는 책임감으로 성호는 최대한의 절제와 절검의 삶을 택했던 것으로 보인다.

순암의 형편 역시 편치 않았다. 그는 어려서부터 '집이 가난하여 쌓아둔 책이 없기 때문에 젊을 때부터 즐겨 책을 초록鈔錄하여 잊어버리는 것에 대비'[10]하였다고 말한다. 자연히 검소하고 절제하는 생활이 몸에 배었을 것이다. 그러나 아무리 습관이 되어 있더라도 물리적 빈곤은 힘겨운 일이었다. 그는 작은 땅으로 스무 명 넘는 식솔들을 이끌

---

8 『近畿實學淵源諸賢集』 권3 「敬跋三豆會詩序後」. "先生早廢擧業, 窮居自修, 治家以儉. 如喪祭大節, 婚姻盛觀, 世以爲不可損者, 先生斷然皆從儉定式. 奉己甚薄, 供賓不加行之, 家內莫敢違度."

9 『星湖僿說』 권12 「人事門」 「知國知天」.

10 『順菴先生文集』 권14 「示弟鼎祿子景曾遺書 己卯」, 085a. "余家貧無儲書, 自少好鈔錄, 以備遺忘."

어야 하는 가장으로서 가난의 고통을 다음과 같이 토로한다.

> 죄가 있어 죽는다면 비록 슬퍼할 것도 없으나 죄가 없는데도 (굶어 죽어) 구학에 버려진다면 그것이 어찌 사람이 할 일입니까. (…중략…) 온 식구가 죽은 근근이 먹고 있지만 반드시 장차 겨를 먹는데 이를 것입니다. 집사람이 매우 괴로워하고 나도 매우 민망하나 이렇게 하지 않으면 버틸 수가 없습니다.[11]

18년간의 유배 생활을 견딘 다산茶山 정약용丁若鏞, 1762~1836의 경우는 말할 것도 없을 것이다. 단적인 예로 다산은 무려 넉 달 넘게 같은 옷을 입고 있는 궁핍함을 아들에게 절망스럽게 전한 일이 있다.

> 내가 입고 있는 옷은 지난해 10월 1일에 입은 것이니, 어찌 견딜 수 있겠느냐.[12]

정치적 이유로 중심에서 밀려난 이들에게 가난은 피할 수 없는 일상이었다. 시기나 정도 차이는 있더라도 그들의 글에 가난에 관한 언설과 검약한 신조가 자주 등장하는 것은 일면 자연스럽다. 그렇지만 성호의 검소함을 세상 사람들이 모두 칭찬하지는 않았던 것으로 보인다.

---

11 『順菴先生文集』 권4 「與鄭永年書 乙亥」, 423d. "有罪而死, 雖不足悲, 無罪而自致溝壑, 是豈人情之所爲哉. (…중략…) 擧家食粥不已, 必將及於糠粃, 家人甚苦, 余亦甚悶, 蓋不如是, 不能保矣."

12 『與猶堂全書』 『茶山詩文集』 권21 「答二兒以下康津謫中書」, 449b. "吾所著衣, 乃去年十月初一日所服, 豈可堪耶. 二月十七日."

정산은 성호가 '「입검설入儉說」을 지어 좋은 음식을 좋아하고 겉치레에 힘쓰는 것을 꾸짖었으나, 사람들은 낮잡아 믿지 않았고, 어떤 이는 그 지나친 검소함을 병으로 여기기도 했다'[13]고 전한다. 당시 모든 사람들이 성호처럼 살지 않았을 것이고 또 그런 삶을 바라지도 않았을 것이다. 그보다는 후기로 갈수록 다양한 요인에 의해 사치 풍조가 확산되어 갔다.[14] 즉위 시에 정조가 받은 상소에는 사회의 열 가지 폐단이 지적되어 있었는데 그중 하나가 사치였다.

> 무엇을 일러 세속의 사치의 폐단이라고 하겠습니까. 집에 곡식 한 섬 없으면서 몸은 비단으로 장식을 하고, 아침에 저녁 끼니가 없을까 걱정하면서도 그릇은 아름답게 장식한 진기한 것을 가지고 있습니다.[15]

건국 초기의 혼란이 가라앉은 조선에서는 15세기 말부터 상품 유통 경제가 진전되고 사회적 부가 증가함에 따라 서울이나 개성 등이 문화적 중심이자 소비 중심으로 대두되기 시작했다. 경제도시, 소비도시로 성장한 서울이나 개성에는 술집과 유곽이 성행했고 화폐 유통 증가에 따른 도시 문화의 팽창은 일종의 시대적 현상으로 나타났다.[16] 사치와 향락에 대한 실록의 기사들이 이를 잘 보여준다.[17]

---

13 『近畿實學淵源諸賢集』 권3 「敬跋三豆會詩序後」. "因作入儉說, 諷世之好羞闇飾. 然下焉不信, 或病其過儉也."

14 김준형, 「조선 후기 사치의 문학적 형상화 양상」, 『국문학연구』 20집, 2009 참조.

15 『일성록』 정조즉위년 丙申(1776) 6월 13일 壬子. "何謂世俗侈靡之弊也. 家無擔石之穀而身有錦帛之飾, 朝無慮夕之資而器有珍玩之美."

16 이정수, 「16세기 금주령과 검약령」, 『한국중세사연구』 14권, 2003, 272~273쪽.

17 "지금은 사치가 습속이 되어서 항간에서 잔치를 베풀 때는 반드시 수만금을 허비하여 산

사치는 당시의 상당수의 지식인들이 염려하고 비판하던 사회적 문제였다. 성호보다 한 세대 아래 인물인 성대중成大中, 1732~1812의 사치 비판은 더욱 구체적이고 신랄하다.

> 극도로 먹고 마시기를 사치스럽게 하는 자는 패망당하지 않는 경우가 드물다. 평민은 굶어서 죽는데 지체 높은 집은 (사치로) 뒤집혀 멸망한다. 허의라는 자는 부잣집에서 태어나 자랐는데 극도로 음식에 사치하여 천하의 산해진미도 그 입에는 물리지 않는 것이 없었지만 병이 들자 먹을 수 있는 것이 없어서 결국 굶어죽는데 이르렀으니 한 때의 웃음거리로 전락한 것이다. 김자점은 장차 몰락하려는 때에 백가지 진미가 모두 딱딱하다고 하여 막 부화한 병아리를 먹었고 정후겸 역시 그러했는데 오래지 않아 주살되었다.[18]

15세기 말부터 집중적으로 사치를 금하는 검약령이 발표되었고 16세기에는 수시로 금주책이 시행되었지만 이를 통해 지배층의 향락을 막을 수 없어 점차 유명무실해졌다.[19] 검약이라는 유교적 이념은 당시의 실질적 변화들을 통제할 수 없었던 것이다. 술이나 소, 복식 등을 제한하려는 금령이 잦다는 것은 그만큼 사치품의 유입과 유통 막기 어려웠다는 의미일 것이다. 성호 역시 '오늘날 선비라는 사람들은 대개 편안히 앉아서 입고 먹으면서도 오직 더 잘 먹고 잘 입지 못할까 걱정

해진미를 갖춘 뒤에야 잔치를 행합니다方今奢麗成習, 閭閻之間, 欲設會飮, 則必費萬錢, 而兼水陸之珍, 然後爲之"(『조선왕조실록』 중종 28년 癸巳(1533) 7월 14일 乙卯).

18 『靑城雜記』 권3, 「醒言」 「殃禍」. "極飮食之奢者, 鮮不取敗, 布衣餓死, 朱門覆滅. 許宜者, 生長富家, 窮極奢味, 天下之珍饌美羞, 無不饜於其口, 病而無可食者, 遂至餓死, 爲一時笑. 金自點之將敗, 百毳俱硬, 乃食雞之始啄者, 鄭厚謙亦然, 未久而誅."

19 이정수, 「16세기 금주령과 검약령」, 『한국중세사연구』 14권, 2003, 287쪽.

하여, 혹 사치와 낭비에 절제가 없는 데에 이른다.'[20]며 여러 곳에서 당시의 사치 풍조를 강하게 비판한다.[21] 사치 자체도 문제지만 더욱 중요한 것은 사치가 발생하는 원인이다.

> 옛날 왕안석은 상서上書에서 "천하가 사치를 영화롭게 여기고 검소함은 부끄럽게 여깁니다. 만일 재정이 (재물을) 갖출 수 있을 만하면 (사치를) 행하지 않음이 없고 만일 재정이 부족하여 유행하는 풍속에 걸맞지 못하면 결혼이나 상례에 왕왕 가족과 친척에게 죄를 지은 듯 수치스럽게 여깁니다. 그러므로 부자는 탐하면서도 그칠 줄을 모르고 가난한 자는 억지로 힘써서 부족한 것으로도 (부자를) 좇으려 하니 이것이 선비가 거듭 빈곤해지고 청렴하고 부끄러워하는 마음이 훼손되는 까닭입니다"라고 하였다. 이러한 풍속은 예나 지금이나 도도하게 하나로 꿰뚫을 뿐이다.[22]

성호는 왕안석의 말을 빌려 사치의 원인과 배경을 날카롭게 지적한다. 성호에 따르면 사치는 남과 자신을 비교하고 자신이 남보다 못한 것을 부끄러워하는 마음에서 비롯된다. 다른 사람이 나보다 나은 것을 보면 이를 질투하고 탐욕하느라 다른 것을 돌볼 겨를이 없다는 것이다.

---

20 『星湖僿說』 권11 「人事門」 「飽煖」. "今之爲士者, 多安坐而衣食, 惟恐其不飽煖, 或至於侈靡無節."

21 『성호사설星湖僿說』의 경우 「치속侈俗」, 「기갈사태飢渴奢泰」, 「모효부귀慕效富貴」 등 백여 군데 이상에서 사치에 관한 언급이 나온다. 성호가 사치를 심중한 사회 문제로 생각했음을 알 수 있다.

22 『星湖僿說』 권10 「人事門」 「慕效富貴」. "昔王介甫上書曰, 天下以奢爲榮, 爲儉爲耻. 苟其財之可以具, 則無所爲而不得, 苟財之不足而不能自稱於流俗, 則其昏喪之際, 往往得罪於族人親姻而以爲耻矣, 故富者貪而不知止, 貪者則强勉其不足以追之, 此士之所以重困而廉耻之心毀也. 然則古今滔滔一轍."

> 대개 인정人情이란 다른 이에게 미치지 못하는 것을 부끄럽게 여긴다. 나쁜 옷을 미워하고 박한 음식을 싫어하는 것은 단지 몸을 봉양하는데 방해가 되어서만이 아니다. 사람들은 모두 화려하고 성대한데 나만 홀로 그렇지 못하면 목숨을 걸고 꺼리고 피한다. 그러므로 오직 눈앞의 자랑과 화려함에만 힘쓸 뿐 다른 것을 생각할 겨를이 없다. 그 시작은 반드시 모두 사치에서 비롯된 것이 아니지만 어떤 사람이 옷과 음식, 거마輿馬나 기완器翫에서 혹 다른 사람보다 나음이 있어 흠모의 대상이 되는 것을 보면 한 가지 일의 비용은 처음에는 크게 방해되지 않다가도 여기에서 힘을 다해 본뜨게 된다.[23]

성호는 남과 비교하고 따르려는 마음이 사회의 균형과 안정을 깬다고 비판한다. 부의 편중과 사치는 사회적으로 해를 끼칠 수 있다. '하늘이 이익을 낸 것은 처음부터 나만을 위해 베푼 것이 아닌데, 이제 나에게는 있고 남에게는 없다면 비록 그것이 반드시 해가 된다고 해도 괜찮을 것이다.'[24] 그렇다면 문제를 어떻게 해결해야 하는가. 비교가 욕망을 부르고 욕망이 사치를 낳으며 사치는 탐욕은 수탈을 가져온다. 당연히 수탈은 사회적 안정과 공적 질서의 파괴를 가져온다. 성호가 제안하는 사치를 끊는 첫 번째 방법은 나은 자들과의 비교를 끊어서 허영심이 생기는 것을 막는 것이다. '무릇 가난한 자는 많고 부귀한 자

---

23 『星湖先生全集』 권4 「入儉說」. "大抵人情, 恥不及人. 惡惡衣厭菲食, 不但爲妨口體之養也. 人皆華盛, 己獨不爾則抵死諱避. 故惟務目前之誇耀, 不暇計及于佗也. 其始未必事皆奢靡, 見有一人於服飾飲饌輿馬器翫之間, 或有出乎衆而爲人所悅慕者, 一事之費, 初未甚妨, 於是盡力而效之."

24 『星湖僿說』 권7 「人事門」 「利害仁富」. "天地生此利也, 初非爲我設. 今在己而不在彼, 則雖謂之必害, 可矣."

는 적은 법이므로, 부귀한 자를 기준으로 삼을 수는 없다.'[25] 사실 비교 자체를 말라는 것은 아니다. 자신의 현실에 만족할 수 있도록 아래를 보라고 충고한다.

> 마땅히 과하게 검소한 것을 기준으로 삼고 항상 자기만 못한 자들과 비교해야 비로소 마음이 편할 것이다.[26]

여기서의 핵심은 분수에 만족하는 것이다. 선비라면 선비로서 자신의 분수에 만족해야 한다. 지위가 없는 선비라면 '가난한 것이 보통貧者士常'[27]이다.

> 정치가 밝지 않은 것은 공정하지 못한 데서 비롯되고 공정하지 못한 것은 청렴하지 않은 데서 비롯된다. 청렴하지 않은 것은 검소하지 않은 데서 비롯되고 검소하지 못함은 자기 분수에 만족하지 않는 데서 비롯된다.[28]

분수를 알면 타인과 불필요한 비교를 할 필요가 없고 또 남과 비교하는 데서 오는 부끄러움을 느낄 이유가 없다. 그리하여 '무릇 일사일물一事一物마다 다른 사람과 비교하여 그 우열을 살펴서는 안 되고 반드시 자기의 분수를 헤아려서 그 경중 난이의 다름을 따져야 한다.'[29]

---

25 『星湖僿說』 권23 「經史門」 「飢渴奢泰」. "凡貧賤多而富貴少, 不可以富貴爲準也."

26 『星湖先生全集』 권25 「三豆會詩序」. "宜以過儉爲節度, 常較勘於不若己者, 方是心安."

27 『星湖僿說』 권11 「人事門」 「貧者士常」.

28 『星湖僿說』 권5 「鶴沙短簡」. "夫爲治不明由不公, 不公由不廉, 不廉由不儉, 不儉由不安分."

29 『星湖先生全集』 권4 「入儉說」. "凡一事一物, 不宜較諸人而觀其優劣, 必須揣量於自己分上, 覈其輕重難易之別."

성호가 그토록 사치를 경계했던 것은 이것이 한 개인의 문제가 아니라 조선이라는 사회의 유지와 발전에 직결되는 중요한 문제였기 때문이다. 사치는 백성들의 생존권을 위협하고 나라의 안녕을 해치는 공적 차원의 문제였던 것이다. 더 나아가 사치하는 사람이 나라를 다스릴 경우 문제는 더욱 심각하다.

> 진실로 공손하고 검소하고 청렴하고 부끄러움을 아는 자 중에는 세상에 쓰이지 못한 이가 있으나, 교만하고 사치하고 탐욕스럽고 분수를 모르는 자가 능히 나라를 잘 다스린 경우는 없었다. 이는 바꿀 수 없는 공론이다.[30]

사치에 대한 경계는 공公의 관점에서 사私를 경계하는 태도라고 할 수 있다. 당시 조선 지배층의 사치 풍조는 자신의 부富를 스스로 운용해서 이룬 일종의 사적 영역의 문제라고 할 수 있다. 그러나 성호에게 이 '사치'는 사회의 경제적 구조를 바꾸고 화폐 유통을 촉진시키며 부의 축재와 농민의 몰락을 가속화할 수 있다는 점에서 심각한 사회 문제였고 공公의 저해 요인이었다. 사적인 생활에서의 검약은 그 자체로 인仁이 실현되거나 공公이 현실화되지 않더라도 공公이 사私에 의해 차폐되는 것을 막는 중요한 사회적 가치라고 할 수 있다. 따라서 성호에게 검약과 사치는 생활 방식에 대한 개인적 선택이 아니라 법과 제도 차원에서 통제해야 할 문제였다.

---

30 『星湖僿說』 권10 「人事門」 「恭儉」. "固有恭儉廉耻而無用於世, 亦未有驕奢貪冐, 而能爲國者也, 此則不易之論."

> 밝은 군주는 백성의 생산을 다스리되 반드시 검약을 가르쳤다. 검약의 반대는 사치로, 사치를 버리지 않으면 검약의 풍습이 일어날 수 없다. (사치를) 버리는 방법은 집마다 금단하고 호戶마다 깨우쳐주는 것이 아니라 곧 법을 세워 검약하도록 하는 것이다.[31]

여기까지는 사실상 유학자들이 공유하고 있는 일반적인 이념에 가깝다. 실제의 삶이 어떠하건 말과 글에서 검약을 부정하거나 사치를 상찬하는 학자는 없었을 것이기 때문이다. 검약에 대한 성호학파의 강조는 이념으로서의 검약과 안분의 차원을 넘어선다. 단순히 비용을 아끼는 검약의 실천을 넘어서서 실질적인 노동을 강조하는 차원으로 향하기 때문이다.

2) 궁경躬耕의 실천

> 나는 천성이 글을 좋아하여 비록 온종일 읊조리지만, 베 한필, 낟알 하나도 모두 나의 힘에서 나온 것이 아니니 어찌 이른바 천지간의 한 마리 좀벌레가 아니겠는가?[32]

대부분의 유학자들이 검약을 삶의 근본적인 가치로 여겼을 것이지

31 『藿憂錄』「錢論」. "明君制民之產, 必教之儉, 儉之反則奢, 奢不去則儉無由興, 去之之道, 非家禁而戶喩, 卽立法使之然也."

32 『星湖僿說』 권17 「人事門」「食少」. "我性喜書, 雖終日呻吟, 一縷一粒, 皆非吾力所出. 豈非所謂天地間一蠹也."

만 이를 실질적인 노동의 문제로 연결하는 경우는 흔치 않다. 성호는 노동을 통해 생산을 하지 않는다면 누구나 좀벌레에 불과할 뿐이라고 말한다. '손은 부지런하지 않고 입으로는 물리지 않고 먹기만 한다면 벌레나 짐승과 무엇이 다를 것이 없다.'[33] 물론 글 읽는 학자의 경우 글 읽기를 폐하고 노동에만 매달릴 수는 없기 때문에 기본적으로 농부의 노력勞力에 해당하는 노심勞心에 종사해야 한다. 문제가 되는 것은 선비로서 실제 노동을 하지 않는 것이 아니라 자신의 본분인 노심조차 하지 않는 것이다.

> (공자가 먹고 놀기보다는 차라리 바둑이나 장기를 두라고 한 것은) 반드시 장기 바둑 두는 것이 도리어 좋다고 한 것이 아니고, 배불리 먹고 따뜻이 입고서 놀고만 지내는 자의 피해가 장기, 바둑보다 심하다는 말이다. 장기, 바둑의 피해는 자기 자신에게 국한된 것이지만 배불리 먹고 따뜻이 입고서 놀고 지내는 자의 피해는 다른 사람에게까지 미친다는 것이다.[34]

성호는 놀고먹느니 차라리 바둑이나 장기를 두라는 공자의 말을 다시 의심한다. 그래서 성호는 공자의 진의가 놀고먹는 자의 폐해가 다른 이에게 미친다는 데에 있다고 생각한다. 놀고먹을 뿐 아니라 직접적 생산도 하지 않는데 아끼지 않고 사치하는 것은 남의 생산물을 탈취하는 것이 된다.[35] 결국 '재물은 백성에게서 나오는데 윗자리에서

---

33 『星湖僿說』 권17 「人事門」 「食少」. "手不勤而口無饜, 虫獸何別."

34 『星湖僿說』 권11 「人事門」 「飽煖」. "此未必指博奕之反勝, 飽煖之害甚於博奕. 博奕之害止於己, 飽煖之害及乎人."

35 "남은 몸을 위에 바치는 것을 공이라 하고 나는 또한 굶주리는데 위에서 도리어 강제로

놀고 먹는 사람이 많기 때문然則此不過貨出於民上流在上'[36]에 백성들은 점점 빈곤해지는 것이다. 그러므로 사치를 끊고 놀고먹는 일을 줄이는 것이 급선무다. 성호는 먼저 재물의 유래와 자신의 분수를 생각하라고 경고한다.

> 하물며 재물이란 하늘로부터 떨어지는 것이 아니니 반드시 생산되는 유래가 있다. 그 생산은 애초부터 내가 힘을 쏟아 산출된 것이 아니다. 내가 만일 아무 것도 하는 일 없이 편안히 앉아서 다른 사람이 힘써서 산출된 것을 이용한다면 이미 마음이 편안치 않으니 하물며 감히 작은 터럭이라도 자기 분수를 넘는 것을 낭비할 수 있겠는가.[37]

재물을 낭비해서는 안 되는 이유는 내 힘으로 산출한 것이 아니기 때문이다. 이런 맥락에서 성호는 단순히 물질 소비의 절제를 강조하는 것이 아니라 물실의 유래 즉 노농의 가치를 강조한다.

농사가 이미 어렵고	稼穡既艱
밥 짓기 또한 고되니	饎爨亦苦
앉아서 삼키려면 두려움을 알아야지	坐啖知懼
어찌 감히 배부름을 바랄까.	敢睎充哺[38]

취하는 것을 탈이라 한다以其有餘分, 獻之上, 則謂之貢, 吾且飢餒, 而上反强取, 謂之奪"(『星湖僿說』 권17「人事門」「近民」).

36 『星湖僿說』 권16「人事門」「民貧」.

37 『星湖先生全集』 권4「入儉說」, 243a. "而況財者非從天降, 必有所由產. 其產也初非吾所輸力而出者, 我若無所事事, 安坐而用人輸力出者, 已非心之所安, 況敢有毫末非分之浪耗哉."

38 『星湖先生全集』 권3「對案 五章」, 096c.

알려진 대로 이익은 직접 농사를 짓기도 했고 양봉도 했기 때문에 각종 병충해[39]나 벌에 대한 전문적인 식견[40]이 있었던 것으로 보인다. 순암 역시 생활을 꾸리기 위해 직접 농사를 지었을 뿐 아니라 다른 이에게도 노동의 중요성을 강조한다.

> 듣기에 형께서 근래 형편이 군색하기가 매우 심하시다는 데, 필경筆耕만 부지런히 하고 몸소 밭가는 일은 게으르며, 책만 열심히 보고 들을 보는 일은 소홀한 것이 아닙니까. 백묘百畝가 경작되지 않은 것은 농부의 걱정이라고 하나 옛날에는 사민四民이 각기 일정한 일이 있어서 일을 바꾸지 않았지만 지금 선비들은 농사가 아니면 살아갈 길이 없습니다.[41]

다산도 다르지 않다. 다산 역시 직접 몸을 움직여 일하는 것을 피하지 않았다.

> 나는 오직 밭 가꾸기를 좋아하니　　吾唯愛畦種
> 산림에서는 이것이 호탕한 일　　山林此豪擧[42]

다산은 아들에게 주는 편지에서 '시골에 살면서 과원果園이나 채소

39 『星湖僿說』「天地門」「船趠風」.

40 "나는 꿀벌을 기른 지 수십 년이 넘었으므로 벌들의 실정을 잘 안다我畜蜂數十有餘年 知其精狀"(『星湖僿說』「萬物門」「蜂史」).

41 『順菴先生文集』 권4 「與鄭永年書 乙亥」, 423d. "聞兄年來窘束殊甚, 豈非筆耕勤而躬耕懶, 看書篤而看野踈而然耶. 百畝之不治, 農夫之憂也, 古者四民各有定業, 不易其事, 今之士舍農則無以爲生矣."

42 『茶山詩文集』 권5 「和蘇長公東坡八首」, 090d.

밭을 운영하지 않는다면 천하에 쓸모없는 사람居鄕不治園圃, 天下之棄也'[43] 이라고 말한다. 또 아들에게 채소밭을 가꾸는 요령을 실제 농부처럼 구체적으로 알려주기도 한다.[44] 이들은 다른 유학자들과 달리 노동을 두려워하거나 피하지 않았다. 그러나 이들이 강조한 노동은 생계를 유지하기 위한 단순한 노동과 달랐다. 이들에게 노동은 항상 공부와 연구가 동반되는 배움의 과정이기도 했다. 다산은 양계를 시작했다는 아들을 독려하며 지식인讀書者의 양계에 대해서 훈계한다.[45] 글 읽는 이의 양계는 생계와 이익만을 위한 노동과는 구별되어야 하며 다양한 방법을 시험하고 또 연구하는 과정을 통해 유익한 책을 만들어내는 데까지 이어져야 한다는 것이다.

유학자라면 누구나 검약을 중요한 가치로 여겼지만 성호학파에게 검약은 단순한 삶의 가치가 아니라 노동이라는 구체적 실천과 연결되

---

43 『茶山詩文集』 권21 「寄兩兒」, 454d.

44 『茶山詩文集』 권21 「寄兩兒」, 454d.

45 "네가 닭을 기른다는 말을 들었는데, 닭을 기르는 것은 참으로 좋은 일이다. 하지만 이 중에도 품위 있고 저속하며 깨끗하고 더러운 등의 차이가 있다. 진실로 농서農書를 숙독하여 그 좋은 방법을 선택하여 시험해 보아라. 혹 색깔별로 구별해보고, 혹 홰를 다르게도 만들기도 하여 남의 집 닭보다 더 살찌고 더 번식하게 해 보아라. 또 간혹 시를 지어서 닭의 정경을 묘사하여 사물로써 그 사물을 떨쳐버려야 하니, 이것이 바로 독서하는 사람의 양계법이다. 만약 이익만 보고 의리를 보지 못하며 기를 줄만 알고 취미는 모른 채 부지런히 골몰하면서 이웃의 농사짓는 이와 아침저녁으로 다투기나 한다면 이는 바로 서너 가구 촌동네의 졸렬한 사람의 양계법일 것이다. 너는 어느 쪽이 편한지 모르겠다. 이미 양계를 하고 있다니 모름지기 백가百家의 서적에서 양계에 관한 이론을 취해 옮겨 육우陸羽의 『다경茶經』이나 유혜풍柳惠風의 『연경煙經』처럼 『계경鷄經』을 만든다면 이 또한 하나의 좋은 일일 것이다. 세속적인 일에 힘쓰면서 맑은 운치淸致를 간직하려면 항상 이를 예로 삼아야 한다聞汝養雞, 養雞固善. 然養雞之中, 亦有雅俚淸濁之殊. 苟能熟讀農書, 擇其善法而試之, 或別其色類, 或異其塒桀, 使雞之肥澤繁衍, 勝於他家. 又或作詩, 寫雞情景, 以物遣物, 此讀書者之養雞也. 若見利不見義, 知豢不知趣, 孳孳滾滾, 與鄰人圃老, 早莫爭鬨者. 此直三家村裏拙夫子之養雞也. 未知汝何所安, 旣養鷄矣. 須將百家書, 鈔取鷄說, 彙次作鷄經, 如陸羽茶經, 柳惠風之煙經, 亦一善也. 就俗務帶得淸致, 須每以此爲例"(『茶山詩文集』 권21 「寄游兒」, 459a).

어 있는 삶의 근본적 토대였다. 이들에게 노동은 일종의 공적 가치를 실현하기 위한 경제적 토대이자 사회적 이념이라고 할 수 있다. 또한 생산 활동은 자신과 자기 집안을 이롭게 하는 일이면서도 결국 천하를 이롭게 하는 일이 될 수 있다. 불필요한 사치가 없고 노동의 결과물에 대한 수탈이 없다면 각자 생계유지를 위한 노동만으로도 천하가 안정될 수 있다고 본다.

> 자기를 이롭게 하고 다른 사람을 이롭게 하지 않는 것은 사적인 것이요, 공적인 것이 아니니 이러한 이익은 추구해서는 안 된다. 만약 내 한 몸 내 집안을 이롭게 하면서 천하를 통달하게 한다면 또한 해가 없는 것이요 또한 공적인 이익에 해가 되지 않는다. 가령 농사를 지어서 먹고 우물을 파서 마시는 일은 비록 다른 사람에게 이익이 없다 할지라도 내가 어찌 꺼려하며 하지 않겠는가. 천하의 백성으로 하여금 각자 밭 갈고 우물을 파는 이익이 있도록 한다면 천하에 이익이 된다. 이것이 성인이 바라는 바다.[46]

성호는 이런 세상, 노동을 통해 자기 몫을 다하는 것만으로도 안정과 평화가 오는 세상을 꿈꾼다. 이런 세상에서는 각자 자기 땅에서 농사짓고 우물을 파는 자족적이고 자립적인 삶이 곧 천하의 이익이 될 것이다. 이런 관점에서 성호가 중농의 관점에서 균전론을 말하고 상업이나 화폐를 억제하고자 했던 것을 이해할 수 있다. 성호는 사치를

46 『星湖全書』, 『孟子疾書』 「理仁」 12장. “此利己而不利人, 私也, 非公也, 利所以不可行也. 若利吾身吾家而達之天下, 亦無害者, 亦不害爲公利. 如耕田而食, 鑿井而飮, 雖無利於他人, 而吾何憚不爲哉. 使天下之民, 各有耕鑿之利, 天下斯利矣. 此聖人之所欲也.”

줄임으로써 백성의 생산물을 탈취하는 착취 구조의 고리를 끊고자 했던 것이다. 성호는 수탈을 가져오는 사치와, 이를 더욱 수월하게 만드는 상업과 화폐를 부정했다고 볼 수 있을 것이다.

그러나 성호의 이런 인식에 모두 동의하지는 않았을 것이다. 예를 들어 연암燕巖 박지원朴趾源, 1737~1805은 사士가 농업뿐 아니라 상업이나 공업의 이치에도 밝아야 하며 이를 바탕으로 농업, 상업, 공업을 진흥시켜야 한다고 주장한 바 있다.

> 사士의 학문은 실은 농업, 공업, 상업의 이치까지를 함께 포함하고 있어, 이 세가지의 업業은 반드시 모두 사士를 기다린 뒤에야 이루어지는 것이니, 이른바 농사農事를 밝힌다거나 상업을 유통시키고 공장工匠을 헤아린다는 것에서 그 밝히고 유통시키고 헤아리는 것은 사士가 아니고 누구이겠습니까? 그러므로 신이 가만히 생각건대, 후세의 농업, 공업, 상업이 제 업을 이루지 못하는 것이 바로 사士에게 실학實學이 없기 때문이라 생각합니다.[47]

초정楚亭 박제가朴齊家, 1750~1805처럼 검소함이 아니라 소비를 촉진시켜야 한다고 주장하는 경우도 있다.

> 중국이 사치로 망한다면 우리는 반드시 검소함으로 쇠퇴할 것이다. 왜 그런가? 물건이 있어도 쓰지 않는 것을 일러 검이라 하지 자기에게 없는데

47 『課農小抄』「諸家總論」. "然而士之學 實兼包農工賈之理 而三者之業 必皆待士而後成 夫所謂明農也, 通商而惠工也. 其所以明之通之惠之者 非士而誰也. 故臣竊以爲後世農工賈之失業 卽士無實學之過也."

도 스스로 끊어버리는 것을 이르지는 않는다. 지금 나라 안에는 진주를 캐는 집이 없고 시장에는 산호의 값이 없으며 금은을 들고 가게에 들어가도 먹을 떡을 살 수 없으니 어찌 그 습속이 진실로 검소함을 좋아하여서 그러한 것이겠는가. 다만 이를 이용하는 방법을 몰라서 그런 것이니 이용할 줄 모르므로 생산할 줄 모르고 생산할 줄 모르니 백성은 날로 궁핍해지는 것이다. 대개 재물이란 비유하자면 우물과 같으니 퍼내면 채워지고 이용하지 않으면 말라 버린다.[48]

초정은 고급품이나 사치품이 기술 발전에 이바지하고 그 영향이 백성들의 삶을 향상시킬 수 있을 것이라고 여겼다. 선행 연구는 이러한 초정의 입장을 '시장의 발견, 경제의 발견'이라고 평가하기도 한다.[49] 연암과 초정은 사치와 검약을 단순한 긴장 관계로 보지 않고 산호나 금은 같은 사치품이 유통됨으로써 도리어 문명의 형성에 기여할 수 있는 새로운 문화가 탄생할 것으로 생각했던 것이다. 성호는 더 많은 자원을 만들고 유통시킴으로써 조선의 곤경을 해결하고자 한 초정이나 연암과 같은 이용후생파와 달리 불필요한 생산을 줄이고 꼭 필요한 소비만을 행하며 사회를 안정시키고자 했다. 이들에 비해 성호는 시장과 상업의 확대를 비판한다.

---

48 『北學議』「市井」. "中國固以奢而亡 吾邦必以儉而衰 何也. 夫有其物而不費之謂儉, 非無諸己而自絶之謂也, 今國無採珠之戶, 市無珊瑚之家, 持金銀而入店, 不可以買餠餌, 豈其俗之眞能好儉而然歟, 特不知所以用之之術耳, 不知所以用之, 則不知所以生之, 不知所以生之, 則民日窮, 夫財譬則井也, 汲則滿, 廢則竭."

49 이헌창, 「초정의 이용후생사상과 부국론」, 『초정 박제가 연구』, 사람의무늬, 2012, 129쪽.

이미 시장이 개설되면 모든 신기한 노리개나 화려한 비단 따위의 무역을 금할 수 없는 것이니, 장단점을 비교해 보면 시장을 개설하지 않는 것이 더 유리하다. 지금은 병기나 말 따위는 금하면서 진기한 노리개 따위는 마음대로 매매한다고 하니 이상하다.[50]

성호가 상업을 비판했던 것은 화폐로 인해 유통이 활성화되고 이를 따라 재화가 이동하면 그만큼 사치에 대한 사람들의 욕심도 증가할 것이라고 여겼기 때문이다. 성호의 관점에서 화폐와 상업의 발달은 불필요한 물욕을 발생시켜 불필요한 재화를 늘리고 수탈을 강화하는 출발점이 된다. 이는 결과적으로 부의 축적과 편중을 용이하게 하고 백성들을 더욱 곤궁하게 만든다. 이 때문에 성호는 상업이 아니라 농업으로 돌아간다. 성호는 토지를 국가 경제의 가장 근본적인 자원으로 여긴다. 성호는 땅이 있는 한 백성은 반드시 스스로 살 길을 모색할 수 있다고 생각했다.

예를 들어 하늘에 밝은 빛이 있으면 백성들이 어두운 것을 근심하지 않는다. 백성들이 스스로 창문을 내어 밝은 빛을 취할 수 있듯 땅에 재물이 있으면 백성의 빈곤함을 걱정할 필요가 없다. 백성들이 나무를 하고 풀을 베어 스스로 부유하게 될 것이다.[51]

---

50 『星湖僿說』 권7 『人事門』 「中江開市」. "市易旣開, 則凡玩好紋綺技巧之物, 無以禁遏, 其長短兩較, 不若不開之爲得. 今聞角馬有禁, 而玩好恣售, 可異也."

51 『星湖僿說』 권16 『人事門』 「民貧」. "如天有明, 不憂民晦, 民能穿戶鑿牖, 自取照焉, 地有財, 不憂民貧, 民能伐木芟草, 自取富焉."

연암이나 초정 못지않게 성호 역시 사회와 제도의 개혁을 통해 조선을 곤경의 상황에서 구하고자 했고, 이 과정이 실천적인 인간의 작위에서 비롯될 수 있다고 믿었을 것이다. 제도 개혁을 통해 올바른 공적 세계를 꿈꾸었다는 점에서 이들은 모두 같은 길 위에 있었다. 그러나 성호와 연암, 초정의 접근 방법을 단순히 중농이냐 중상이냐로 단순화하기는 어려울 것이다.

더욱 유의해야할 것은 이들에게 현재의 관점에서 '근대성'이라는 기준을 덧씌운 뒤 보수와 진보로 양분하는 것이다. 이들은 모두 유가적 이념을 바탕으로 국가와 사회를 운영할 합리적인 방법을 모색했던, 현대적 관념으로 치자면 일종의 사회 공학으로서의 경제학자라고 할 수 있지만 경제의 운용 방법과 각론에서 다른 길을 모색했다고 할 수 있다.

토지제도와 화폐 유통의 제한, 시장의 부정 등 성호가 제안하는 사회 경제적 개혁안들은 대부분 사적인 실천의 성격이 강해지는 분야에 공적 이념을 도입해 공공화하자는 것이다. 성호가 사적 영역에 대해 공적인 개입을 시도해 이를 축소하고자 했다면 연암이나 초정 같은 이들은 사적 실천 자체를 공적 토대 위에서 운용하도록 개방하고 양성화하자는 주장에 가깝다. 물론 토지 개혁론의 경우처럼 사적 이익 추구의 대상이었던 토지를 어떻게 공적 영역 안에서 재편성할 수 있을지에 대한 실질적인 대안을 제시하지 못했다는 점에서 성호의 개혁안은 한계를 노정하고 있다는 비판을 받기도 한다. 그러나 적어도 이들이 변화하는 조선 후기 사회에서 공公과 사私의 이념을 실제 사회적 변화의 맥락에서 새롭게 조정하고자 했다는 점은 분명하다.

특히 성호에게 검약의 실천과 노동의 강조는 공적 정치 영역으로 갈

수 없었던 이들이 실제 생활 속에서 공적 가치를 실현하는 방법이었을 것이다. 자신들이 공적 세계의 중심이라고 믿은 이들은 사私 역시 조절가능하다고 생각했겠지만 성호학파처럼 출사가 막혀있던 재야의 학자들에게는 일상적 삶에서 사私의 차원에 매몰되지 않고 늘 공公을 실현하는 것이야말로 삶의 목표요 학문의 궁극적 지향이었을 것이다.

3. 병과 죽음에 대하여

1) 공감의 공동체

> 이런 이치가 없을 터인데 명인가 보다. 이런 사람이 이런 병에 걸리다니 이런 사람이 이런 병에 걸리다니.[52]

공자는 제자인 백우가 전염이 염려되는 중병에 걸렸을 때 그를 찾아가 남쪽 창문을 통해 제자의 손을 잡고 안타깝게 탄식한다. 공자 이후로 유가에게 병은 인간이 개입할 수 없는 일종의 명命으로 받아들여졌다. 한편 병은 이들에게 일상사이기도 했다. 성호도 마찬가지였다. 성호는 옛 백제 땅으로 떠나는 재종질 공서公瑞 징휴徵休를 보내며 쓴 시에서 병으로 평생 숙원이었던 백제 유람을 함께 하지 못하고 병으로 누워있어야만 하는 자신의 신세를 한탄한다.

---

52 『論語』「雍也」. "伯牛有疾, 子問之, 自牖執其手曰, 亡之, 命矣夫. 斯人也而有斯疾也. 斯人也而有斯疾也."

남주의 병상에 누워있다 꿈에서 놀라 깨어나니 南州淹病夢魂驚
침석에 엎드려 신음한 뒤로 달이 이미 바뀌었네 伏枕涔涔月已更[53]

성호에게 병은 삶을 막아서는 장애물과도 같았을 것이다. 성호는 다양한 병을 앓았던 것으로 보인다. 종손에게 보내는 편지에서 '나는 가슴을 부여잡고 아파하지 않는 날이 없으니 말을 하기 어렵고 쓰기도 힘들다吾也無日不捧心憂惱, 不可言, 艱草'[54]며 아픔을 토로한다. 아마도 심장 관련 병이 있었던 듯하다. 말년에는 부스럼瘡疽같이 피곤하고 괴로운 질병으로 괴로움을 당하기도 한다.

저는 등과 가슴에 등창으로 거의 이년을 시달리느라 병을 다스릴 수 없었습니다. 되돌릴 가망이 없으니 다만 통증을 감당하기 어려울 뿐입니다. 아들 역시 고질병을 앓으며 벼슬살이를 하고 있어 살맛이 나지 않습니다.[55]

성호의 병은 아들의 병과 죽음으로 더욱 악화되었던 것으로 보인다. '만년에 아들을 두었으니 조개가 진주를 품은 것과 같았다而余晚有子, 卽蚌抱珠如'[56]며 아꼈던 아들 이맹휴의 병에 차도가 없자 성호는 이를 몹시 안타까워한다.[57] 이들에게 병은 삶을 위협하는 실존적인 문제였을

53 『星湖先生全集』 권2 「送再從姪公瑞」.
54 「答從孫書」, 『성호기념관 소장유물 명품선』, 안산시, 2013.
55 『星湖先生全集』 「答權台仲 甲子」, 289d. "又瀷背痤胸疽, 殆浹二期, 不能愼疾, 全歸無望, 而只痛苦難堪矣. 兒子帶痾從宦, 世味紗薄."
56 『星湖先生全集』 「孟兒讀書山堂次退之韻」, 083c.
57 다음의 구절들이 그 예다. 『星湖先生全集』 권23 「答愼耳老 丁巳」, 468c. "孟兒緜緜病困, 憂惱纏心矣"; 「答愼耳老」, 468a. "子病轉覺深緊, 碾臼不離, 憂惱攪心"; 「與愼耳老 戊午」,

것이다. 더구나 침침하고 백태가 끼는 눈병眼病昏瞖같은 고질병은 학자의 본분인 독서를 막는 심각한 적이었다.[58] 나이가 들어갈수록 몸은 더욱 나빠지게 마련이라 '나이의 무게에 짓눌려 마치 백천 근의 짐이 등에 얹힌 듯한 데다 고질병에 새로운 병까지 생기는灝年數壓重, 如百十斤擔子在背, 舊恙新痾'[59] 상황이 반복되었다. 말년에는 귀까지 안 들리는 통에 상심이 컸던 듯하다.

침침한 눈 해마다 심해졌는데	眼昏年年劇
문득 한쪽 귀도 갑자기 멀어	偏聾輒闖生
총명이 다른 세상인가 의심하니	聰明疑異世
점차 사라져갈 날 앞길로 닥쳐오네	澌滅逼前程[60]

이런 상황은 순암이라고 다르지 않았다. 연보에 따르면 그는 이미 다섯 살 때 친연두痘疹를 앓았나. 이후 그는 병약한 체질이 되었을 것이다. 중년이 될수록 병은 여러 방식으로 나타났던 것으로 보인다. 43세 때 부친상을 당한 뒤에 '절도를 넘어서 지나치게 슬퍼한 나머지 평소에 가지고 있는 구토와 함께 피를 토하는 증상嘔血之症이 더욱 심해져서 결국 종신토록 앓는 고질병이 되고 말았다哀毁踰節, 素有嘔血之症, 至是添劇, 仍成終身之疾.'[61]

469b. "此中子疾尚猶不差, 以是憂惱."

58 서력西曆과 지구 둘레 등을 논하는 편지에서도 성호는 등불 아래 글쓰기가 어려우니 눈병으로 다시 살필 수 없었다燈下亂寫, 眼病不復察고 순암에게 연구의 고충을 토로한다. 『星湖先生全集』 권27 「答安百順」, 545a 참조.

59 『星湖先生全集』 권24 「答安百順 戊辰」, 484c.

60 『星湖先生全集』 권2 「耳聾」.

61 『順菴集』 「順菴先生年譜」, 369a.

54세 때는 종기를 앓다가 풍이 들었는데 증세가 매우 심해서 결국 아들인 경증이 고름을 입으로 빨아냈고 한참 뒤에야 차도가 있었다.[62]

순암에게도 병은 학문의 길을 막는 장애물이었다. 그는 '나이의 무게에 짓눌려 쇠약해진 탓에 남은 것이 없으며 고질병으로 괴로운 상태에서 새로운 통증이 빈발한 탓에 앞으로 진보하지 못한다年數壓重, 衰謝無餘, 而宿症常苦, 新恙頻發, 勢當止此而已'[63]며 자신의 상황을 안타까워한다. 성호가 죽기 전 13년간이나 찾아뵙지 못할 정도였다.[64]

성호나 순암 못지않게 다산 역시 수많은 병에 시달렸다. 다산은 여러 사람에게 자주 자신의 병을 한탄하는 편지를 남겼다. 다산이 제자 황상에게 준 「다산여황상간찰첩茶山與黃裳書簡帖」의 편지 33통[65] 중에 자신의 건강이 좋지 않다거나 고기를 먹고 체한 이야기, 학질인 축일학에 걸렸으니 약을 가져오라는 당부, 자신의 병에 쓸 약재를 구해오라는 부탁 등 자신의 병과 관련된 내용은 물론, 황상 등 다른 이들의 병에 대한 안부와 당부를 적은 글들이 상당수 포함되어 있다.

병의 소식을 알리는 것은 여러 학자의 편지나 시에 나타나는 일반적인 내용이지만[66] 다산의 경우는 좀 특이하다. 다산은 아들이나 제자에게 주는 편지에서 병에 대해 상당히 구체적으로 전한다.

---

62 『順菴集』「順菴先生年譜」, 370a. "左臂受針傷風, 疾症危劇, 破腫後, 子景曾吮其膿血, 至十月, 始得差安."

63 「安鼎福簡札」, 『성호기념관 소장유물 명품선』, 안산시, 2013.

64 "세상 일로 간섭이 많아 다시 스승을 뵙지 못했는데 연이어 병이 발하여 스승을 받들지 못한 지가 13년이 되었습니다世故多掣, 更未摳衣, 因以病廢, 阻奉几杖, 十有三載"(『星湖先生全集』 附錄 권2 「祭文」, 門人安鼎福).

65 다산학술문화재단, 『다산 간찰집』, 사암, 2012.

66 병에 관한 퇴계의 표현은 간접적인 경우가 많다. "병으로 봄 석 달 문을 나서지 않고, 이따금 막대 짚고 동산을 거닐었네我病三春不出門 杖屨時及間園中"(『退溪先生文集』 권2 「杏花」).

내 병은 축일학逐日瘧으로, 또한 해가 진 이후로 춥고 떨리다가 밤에 이르러서야 비로소 열이 난다. 지금이 닷새째인데 처음 며칠은 춥고 열나는 것이 모두 경미하더니 셋째 날 이후로 추위는 적어지고 열은 많아지며 두통이 은은히 계속되어 밤새도록 크게 아팠다.[67]

다산은 학질에 걸렸는데도 곧은 자세로 필사를 멈추지 않는 황상을 격려하며 자신의 병을 다음과 같이 회고한다.

내가 처음 귀양 왔을 때 이 병에 걸렸는데	我初南投罹此病
어린 아이처럼 끙끙 앓으며 괴로워했지	叫嚎懊憹如孩童
고된 비와 찬바람이 살과 뼈에 끼쳐왔고	苦雨凄風逼肌髓
타는 듯한 여름에도 겹이불을 생각했네	炎天暑日思重被
손톱도 점점 검어지고 입술도 점점 파래져서	指爪漸黑脣漸靑
다듬이질 소리가 이빨에서 들렸다네	已聞砧杵生牙齒[68]

다산은 학질인 축일학逐日瘧 외에도 내열에 의한 손상으로 생기는 풍병風病, 눈에 백태가 끼는 병인 안생眼眚, 다리가 붓는 각기병인 연각병軟脚病, 체증滯症, 발등의 종기跗瘡 설사脾泄 오랫동안 낫지 않는 두통인 두풍頭風, 다리가 당기는 병인 현벽痃癖 등 끊임없이 수많은 병에 시

---

67 "吾病, 乃是逐日瘧, 而又自日入後寒甕, 至夜始發熱也. 至五直, 初頭數直, 寒熱皆輕微, 自第三直, 寒少熱多, 頭痛隱隱, 終夜大痛." 다산학술문화재단, 『다산 간찰집』, 사암, 2012, 37쪽. 번역은 수정하였다.

68 정민, 「다산여황상서간첩의 내용과 자료가치」, 『다산학』 13호, 2008, 322쪽. 번역은 수정하였다.

달렸다. 그는 악조건 속에서도 학문에 매달렸지만 그 결과 마비증상과 함께 눈병까지 얻어 삶의 의욕을 잃고 만다.[69]

> 저는 나이가 너무 많고 병이 있어 실로 괴롭습니다. 쇠약해진 탓에 문밖으로 나갈 수도 없어 정신과 몸의 진액이 모두 이미 빠져나가버려 실낱같이 남아있을 뿐이니 어찌 살아있는 삶이라 할 수 있겠습니까.[70]

성호나 순암도 그렇지만 병에 대한 다산의 표현은 훨씬 구체적이다. 증상과 통증을 상세히 전달하는 경우가 많다. 그것은 아마 다산에게 병을 이기고자 하는 의지가 강력했기 때문일 것이다. 실제로 다산은 황상에게 주는 편지에서 여러 번 병에 맞는 약재를 구해오도록 부탁한다. 병을 구체적으로 이해하고 표현하는 만큼 더 적절한 치료법을 찾을 수 있을 것이다. 이는 아마도 『마과회통麻科會通』 같은 실용적 의서를 썼던 다산이기에 가능했을 것이다. 병을 운명에 돌리기보다는 실질적인 치료법을 찾고 문제를 해결하고자 했던 것이다. 더 중요한 것은 삶의 의지다. 병의 표현과 약을 찾는 일은 학문과 삶을 이어갈 수 있는 최소한의 토대를 만들려는 강력한 의지의 표현이었을 것이다.

병은 일상의 균형과 조화가 깨지는 체험이다. 삶의 연속성이 파괴

---

69 "나는 가경嘉慶 임술년1802 봄부터 곧 저술하는 것을 업으로 삼아 붓과 벼루만을 곁에다 두고 아침부터 저녁까지 쉬지 않았다. 그 결과로 왼쪽 어깨에 마비증세가 나타나 결국 폐인이 되었고, 눈이 극히 침침해져 오직 안경에만 의지하게 되었다吾自嘉慶壬戌之春, 便以著書爲業, 藩牆筆硯, 蚤夜不息. 左臂麻痺, 遂成廢人, 瞳神暴暗, 唯恃靉靆"(『茶山詩文集』 권18 「示二子家誡」, 387a).

70 "戚記, 年固巍矣. 病實苦哉. 委頓不能出戶外, 精神津液, 都已耗盡, 所存菫一縷耳. 尙何云生世也." 다산학술문화재단, 『다산 간찰집』, 사암, 2012, 234쪽. 번역은 수정하였다.

되고 미래의 가능성을 줄이기도 한다. 가난 앞에서 담담하던 이들도 병 앞에서는 인간적인 모습을 보이기도 한다. 병은 학문의 열정을 끊고 스승과의 만남을 막으며 앞으로의 가능성을 제한하기 때문일 것이다. 그러나 사실 이들은 병에 진 것이 아니다. 이들이 자신의 병에 대해 끊임없이 말하기 때문이다. 병에 대한 서사는 이미 벌어진 사건을 공식화하고 이를 삶의 조건 내지는 당면한 현실로 받아들이는 효과가 있다. 그리고 병을 인정하고 받아들일 수 있다면 결국 마음 안에서 치료의 실마리를 찾을 수 있다.

병을 다스리는 데는 진정한 방법이 있으니	治病眞有法
약물은 본래 믿을 수 없는 것	藥物固難諶
마음이 한번 태연하면	天君一泰然
모든 맥이 저절로 평온해지니	百脈自愔愔
고요히 중화의 기를 기르고	靜養中和氣
분노와 욕심을 막아 없애야 하니	閑消忿慾心
오직 이 두 구절이면	惟此二句語
천금을 대적할 수 있으리	可以敵千金[71]

순암이 쓴 「술병述病」 중 일부다. 순암은 이 시에서 병을 고치려면 인삼이나 좋은 음식으로 보양해야 하지만 그럴 수 없는 자신의 신세를 한탄하듯 말한다. 그러나 순암은 결국 병의 진짜 치료는 보양이나 약

71 『順菴先生文集』 권1 「述病」.

재가 아니라 결국 내부의 기를 조절하고 분노와 욕심을 다스리는 '마음天君'에서 비롯된다고 본다. 물리적인 병을 모두 마음의 문제로 돌릴 수는 없겠지만 적어도 병을 적으로 돌려 이차적으로 생기는 분노와 괴로움에 휘둘리지는 않을 수 있을 것이다.

더 나아가 이들은 병에 대한 서사를 통해 서로를 이해하며 고충과 안타까움을 공유하며 격려한다. 순암은 성호에게 보내는 편지에 병으로 스승을 뵐 수 없는 자신의 형편을 여러 번 언급했고 성호는 제자인 순암이나 신후담에게 아들의 병을 여러 번 언급하며 안타까움을 나눈다. 이들이 서로 나누는 병에 관한 이야기들은 어려운 처지에 있던 이들을 공감하게 하고 결속시켰을 것이다. 성호학파의 구성원들은 서로를 염려하고 걱정하는 공감 속에서도 심도 깊은 토론을 놓치지 않았다. 아마도 이들은 아팠던 사람들이기에 더욱 강렬한 생의 의지, 학문의 열정으로 서로의 진보를 독려했을 것이다. 그러나 유학자들에게 고통의 공감보다 더욱 중요한 것은 삶에 찾아온 고난들을 처리하는 방법이었을 것이다. 그중 가장 절실했던 것, 그리고 유학자로서의 삶의 이념이 가장 분명하게 드러나는 일이 '죽음'이었을 것이다.

2) 공의 사적 실천

삶도 내가 바라는 바이고 의義 또한 내가 바라는 것이지만 두 가지를 함께 얻을 수 없다면 차라리 삶을 버리고 의를 취할 것이다. 삶 또한 내가 바라는 것이지만 바라는 바 중에 사는 것보다 더 중한 것이 있으므로 구차하

> 게 삶을 구하지 않는다. 죽음 또한 내가 싫어하는 것이지만 죽는 것보다 싫은 것이 있다. 그러므로 비록 환난에도 피하지 않는 바가 있다.[72]

이 구절에 대해 주희는 '생사보다 더욱 중요한 것이 바로 인의예지의 의리지심有甚於生死者, 乃秉彛義理之良心'[73]이라고 말한다. 죽음이라는 자연적 사건 위에 도덕적 존재로서의 인간을 세워놓는 것이다. 이런 전통 아래서 유가에게 죽음은 삶을 살피고 성찰하는 창이자 통로였다.

> 낮과 밤이 바로 삶과 죽음의 도이다. 삶의 도리를 알면 죽음의 도리를 알게 된다. 사람을 섬기는 도리를 다 하는 것이 바로 귀신을 섬기는 도리를 다하는 것이다. 삶과 죽음, 사람과 귀신은 하나이면서 둘이고, 둘이면서 하나이다.[74]

죽음을 생의 연속으로 보는 유가에게 죽음을 통한 소멸은 부재나 단절이 아니라 우주와의 합일에 가까웠다. 개체의 생물학적 조건을 넘어서 우주와의 연속성을 믿는 이들에게 본래 죽음은 완전히 성취될 수 없는 미연未然의 사건이다. 자연적 생명은 끝나지만 효孝라는 가치와 실천 안에서 가계의 전승으로 연결될 뿐 아니라 궁극적으로 그 자신의 도덕적 삶이 육체의 현존을 대신하여 이 세계에 영구히死而不朽 머물기 때문이다.

그러나 동시에 죽음은 누구도 대신할 수 없는 한 개인의 구체적이고

---

72 『孟子』「告子 上」. "生亦我所欲也, 義亦我所欲也, 二者不可得兼, 舍生而取義者也. 生亦我所欲, 所欲有甚於生者, 故不爲苟得也, 死亦我所惡, 所惡有甚於死者, 故患有所不辟也."

73 『孟子集註』「告子 上」.

74 『論語集註』「先秦」. "程子曰, 晝夜者, 死生之道也. 知生之道, 則知死之道 盡事人之道, 則盡事鬼之道. 死生人鬼, 一而二, 二而一者也."

실존적인 경험이다. 그런데 역설적으로 죽음이라는 사건에 직면하는 것은 죽음으로 세상을 떠나는 당사자가 아니다. 죽은 이는 죽는 사건을 경험할 뿐 '죽음'과 연관된 복잡한 정황에서 자유롭다. 그러니 진짜 죽음을 '겪는' 사람들은 죽은 이가 아니라 가족과 사제, 동료들이라고 할 수 있다. 죽음의 파장은 죽음을 간접적으로 경험하는 이들에게 향한다. 그러므로 죽음의 고통은 죽은 자의 몫이 아니다.

성호는 특히 아들 맹휴를 잃었을 때 깊은 슬픔에 빠졌다. 자식 잃은 부모의 슬픔이 깊은 나머지 마침내 건강이 상할 정도였다痛深西河, 遂致㦖攝.[75] 또 성호는 일 년 사이 친척이 열두 명이나, 그것도 굶어서 죽는 것을 참담한 상황을 경험하기도 한다.

> 근세의 기근과 질역이 마치 하늘을 철망으로 덮은 듯하여 일년 사이 일가친척 중에 죽은 어른만 열두 명인데 태반이 굶주림으로 인한 것이다. 아직 죽지 않은 자는 입을 모아 올해 봄은 지난해보다 더욱 심할 것인데 파종할 때인데도 어찌 파종할 방도가 없다 한다. 눈으로 보고 귀로 듣는 것이 십중팔구 놀랍거나 참혹할 따름이다.[76]

가족의 죽음은 이들에게 늘 존재하는 일상사였다. 성호는 정산의 아버지이자 이가환의 조부인 넷째 형 이침李沈, 1671~1713의 제문에서 살아남은 이들의 슬픔을 토로한다.

75 『星湖先生全集』 附錄 권2 「祭文」, 門人安鼎福.
76 『星湖先生全集』 권14 「答權台仲 丁丑」, 301d. "近歲飢荒疫札, 若鐵網彌天, 一年中族中勝冠死者十二人, 太半因飢病. 尙有未殣者, 咸云今春將甚于已往, 卽當播麥之節, 其柰無種何. 目覩耳聞, 九駭八慘."

살아남은 우리 형제	時余數人
모두 함께 병에 걸렸으니	俱病勞悴
나는 마음의 병에 얽히고	弟纏心痗
공 역시 귀수鬼祟 드니	公疾亦祟
정신은 아직 그대로나	神猶未舍
내린 재앙이 이처럼 심하구나	降割此甚
망망한 이 세상에	茫茫寰宇
살아남은 이만 비통하네	後死獨憯[77]

성호의 제자 정산 역시 가족의 죽음을 겪고 비통해한다. 1764년에 며느리 상을 당한 이후 얼마 되지 않아 이광휴의 둘째 아들인 조카 이정환을 잃는다.

저는 남은 재앙이 연이어 겹쳐 며느리 상을 마치고 나자 뜻밖에 둘째 조카가 병에서 일어나지 못하게 되었습니다. 둘 다 세상을 떠날 나이가 아니며 또한 반드시 죽어야 할 질병도 없었지만 순식간에 이런 일을 당하게 되었습니다. 가운이 그렇게 되었으니 비통하고 쓰라려 마음을 가눌 수 없었는데, 어르신께서 위문장을 보내 주시니 애통하고 감사한 마음을 감당하기 어렵습니다.[78]

---

77 『星湖先生全集』 권57 「祭四兄文」.

78 『近畿實學淵源諸賢集』 권3 『貞山集』 「上尹丈書」. "秉休餘禍荐沓, 子婦喪旣出, 意外仲姪又不起疾. 俱非可死之年, 亦無必死之祟, 而奄忽至此. 家運致然, 悲痛酸苦, 無以爲懷, 伏蒙尊慈卽賜唁狀, 哀感難勝."

다산 역시 유배 온 지 얼마 되지 않아 두고 온 막내아들을 잃는다.

> 우리 농農이 죽었다니, 슬프고 슬프구나. 그의 인생이 가련하다. 나의 노쇠함이 더욱 심한데, 이러한 비통을 만나니, 진실로 조금도 마음을 위로할 수가 없구나. 너희들 아래로 아들 넷과 딸 하나를 잃었는데 (…중략…) 내가 천애일각天涯一角에 있어 작별한 지가 이미 오래인데 이 아이를 잃었으니 다른 아이의 죽음보다 한층 더 슬프다.[79]

자식 잃은 부모의 심정이 절절하다. 그러나 다산의 고난은 여기서 그치지 않는다. 다산은 1816년에 연이어 두 번의 상을 당한다.

> 저는 가운이 점차 기울어 오월에는 숙부상을 당했고 유월에는 중형(정약전)의 상을 당했습니다. 정리情理상 애통하여 살고 싶지 않으나 미련하기가 목석과 같아 구차하게 지금까지 살아 있습니다. 현주의 상선이 일간 육지에 당도한다는데 역시 가서 곡할 방법이 없으니 제 심정을 더욱 억누를 수가 없습니다.[80]

다음해(1817년)에는 종질宗姪의 상까지 당하자 가운이 참혹하다며 삶의 의욕을 잃고 만다.[81] 1882년에 형 약현을 잃고는 그리움으로 '간폐

79 『茶山詩文集』「答兩兒」, 壬戌十二月, 453d. "吾農云逝, 慘怛慘怛, 渠生可憐, 吾衰益甚, 而所值如此, 誠無以寬得一分也. 自汝輩而下, 凡失四男一女, (…중략…) 吾坐此涯角, 別之既久而失之, 其別有層次."

80 "家運頓圮 五月遭叔父喪, 六月遭仲兄喪, 情理哀慟, 無以爲生 頑如木石 苟存至今 而玄州喪船 日間當到陸地 亦無由往哭 私懷尤無以自抑也." 다산학술문화재단, 『다산 간찰집』, 사암, 2012, 174쪽. 번역은 수정하였다.

가 이미 썩어버렸다肝肺盡已腐傷'고 말한다. 유배지에 갇혀 있던 다산에게 자식과 형을 잃은 슬픔은 무엇으로도 형용하기 어려운 절실한 고통 그 자체였을 것이다. 그러나 이들은 그 고통에 오래 묶여 삶을 허비하는 이들이 아니었다. 다음 차례인 자신의 죽음을 준비하는 것 역시 이들의 몫이었다.

전통적으로 유학자들은 자기의 죽음을 준비하고 정리했다. 이들이 삶을 정리하고 죽음을 준비하는 행위는 사실상 삶을 마감하는 행위라기보다는 연장하는 행위에 가깝다. 그것은 영원히 죽지 않는 가치의 삶을 위한 작업이면서 동시에 죽음을 겪는 이들에 대한 부탁과 당부라고 할 수 있다. 유학자들은 자찬묘지명自撰墓誌銘, 자제문自祭文, 분재기分財記, 유서遺書, 유훈遺訓, 유계遺戒 등 다양한 방식으로 삶을 정리했고 그리하여 스스로의 삶을 연장했다.

순암은 유서를 통해 자기 죽음을 준비한다. 순암은 '삶이란 이 세상에 잠깐 들른 것이요, 죽음이란 원래의 고향으로 돌아가는 것이니 사실 슬퍼할 것은 없다'[82]며 담담히 자신의 죽음에 거리를 둔다. 그는 동생과 아들에게 남기는 유서에서 초년부터의 삶을 회고한 뒤 아직 완성하지 못한 『동사강목』을 윤동규와 권철신, 이원양 등에게 맡겨달라고 부탁한다.[83]

연보에 따르면 순암은 평생 세 번의 유서를 썼다. 기묘년1759에 아들 안경증에게 유계를 쓰게 했고 병술년1766에 심하게 종기를 앓았을 때

---

81 "가운이 참혹하여 또 종질의 부음을 들으니 기가 꺼지고 마음이 재가 되었으니 사람의 도리가 아닙니다家運孔酷 又聞宗姪之訃 氣死心灰 無復人理"(위의 책, 183쪽). 번역은 수정하였다.

82 『順菴先生文集』「示弟鼎祿子景曾遺書 己卯」, 083b. "生寄死歸, 實無所悲."

83 『順菴先生文集』 권24 「示弟鼎祿子景曾遺書 己卯」, 085b. "少友輩中李元陽, 權旣明, 儘有前道, 可以相托, 丈席亦以爲此書東方之未始有也. 期許不淺, 則沒之可惜, 二友豈不爲之動心哉. 中間刪潤, 都付大匠之手耳."

도 유계를 썼다. 마지막으로 73세였던 갑진년1784에 노년이라 언제 죽을지 몰라 다시 장례 위주로 수정한다.[84] 그가 유서를 세 번이나 썼던 것은 평생 병을 앓았던 사람으로서 미래를 기약할 수 없었기 때문일 것이다. 그는 떠난 뒤에 끝내지 못한 일들의 마무리를 가족과 동료에게 부탁한다. 그의 유서는 초연하고 건조하지만 사실 그만큼 모종의 애착이 느껴진다. 이는 물리적인 생명이나 생존에 대한 애착이 아니라 일의 완성과 자신이 평생 지킨 삶의 가치에 대한 애착일 것이다.

유서는 죽음을 앞두고 가족과 친구, 사제 등 가까운 관계의 사람들에게 남기는 마지막 전언이다. 이는 죽음의 의미를 자신이 직접 구성하며 그 안에 어떤 가치를 더욱 강조할 것인가를 스스로 결정하고 구성하는 행위다. 그러나 성호는 이보다 한 단계 더 나간다. 죽음을 처리하는 과정의 의미와 가치를 구체적으로 지정하고 선언하는 것이다.

> 신후身後의 예를 정해서 기록하였으니 대렴포大斂布를 쓰지 않고, 구의柩衣를 쓰지 않으며, 결관結棺할 때에는 새끼줄稿索을 쓰고 장사 지낼 때에는 칡으로 만든 관끈葛茀을 쓰며, 또 이불과 명정銘旌 외에는 또한 종이를 쓰도록 하였다. 말씀하기를, "동한東漢 이전에는 종이가 없었기 때문에 예경에

---

84 "손철중孫喆重에게 명하여 유계遺戒와 송종록送終錄을 쓰게 하다. 선생은 갑술년1754에 상을 당한 이후로 피를 토하는 증세가 있어서 여러 번 위독할 때가 있었다. 기묘년1759에 아들 안경증에게 명해 유계를 쓰게 하였으며, 병술년1766에 심하게 종기를 앓을 때에도 유계를 썼었다. 이때에 이르러서 또 나이가 칠순이 넘어 언제 죽을지 몰라 걱정되었으므로 기묘년과 병술년에 말씀하신 데 의거하여 이를 다시 수정하게 한 것인데, 간략하게 장사 지내는 것을 위주로 하였다命孫喆重書遺戒送終錄. 先生自甲戌丁憂以後, 嘔血之症, 每多危篤之時. 己卯歲, 命子景曾書遺戒. 丙戌患大腫時, 又有遺戒. 至是又以年過七耋, 有朝暮之慮, 乃依二年所教, 更加增删, 以簡約爲主"(『順菴先生文集』「順菴先生年譜」, 391a).

는 보이지 않는 것이다. 사람들이 도리어 종이를 천하게 여기지만 실은 귀한 것이니, 염斂할 때 종이포 이불紙衾을 쓰는 것이 무슨 해가 되겠는가. 옛날 주周의 태조太祖가 세종世宗에게 명하기를, '염할 때 지금을 써라. 그렇지 않으면 내가 너에게 복을 내리지 않겠다' 하였다. 오늘날의 풍속은 살아 있을 때는 받들어 봉양하지 않으면서 죽으면 반드시 성대히 장사를 치르고자 하니 심히 가증스럽다" 하였다.[85]

순암 역시 자신의 죽음에 따른 절차들을 상세히 남겨 놓으면서 성호의 유지를 그대로 따른다. 순암은 성호가 그러했듯 「송종록送終錄」을 통해 자신의 죽음을 처리하는 방식을 정해둔다. 순암도 성호를 따라 격식에는 맞추되 최대한 절제하는 방식을 택하고자 한다.

호흡이 끊어지거든 부음을 통고하지 말고, 오직 용호龍湖・원양元陽・양근楊根 및 시호詩湖・단성丹城에게만 알린다. 목욕을 시키지 말고, 다만 손과 발만 씻긴다. 반함飯含은 설치하되 시행은 말고, 옷은 시복時服을 쓰되 전에 입던 옷을 빨아서 쓰고, 이불은 대렴금大斂衾을 쓰되, 비록 성호星湖 선생과 같이 지금紙衾을 쓰지는 못하더라도 단금單衾이면 족하다. (…중략…) 그 나머지는 모두 「상위일록喪威日錄」[86]을 따르고 또한 재량에 따라 줄이면 될 것이다.[87]

---

85 『星湖先生全集』 附錄 권2 「家狀」, 從子秉休, 184a. "其記身後定禮則不用大斂布, 不用柩衣, 綳用稿索, 窆用葛茀. 又衾旌之外, 亦多以紙爲之. 曰東京以前無紙, 故禮無所見. 人卻賤之, 其實可貴, 斂以紙衾何害. 昔周太祖命世宗曰斂以紙被, 不然吾不福汝矣. 今俗生不崇養, 而死必飾葬, 甚可惡也."

86 「상위일록」은 성호가 1746년 무렵에 부인상을 치르면서 상례와 제례에 관한 자신의 견해를 정리하여 편찬한 별저別著이나 현재는 전해지지 않는다고 한다.

상례喪禮는 한 개인의 죽음을 정식화하는 방식을 통해 그 죽음의 의미를 구체적으로 현시하는 과정이라고 할 수 있다. 조선에서는 『주자가례朱子家禮』를 통해 상례의 형식이 전승되었지만 이 체계가 완전히 닫혀있거나 굳어있던 것은 아니다.[88] 학자들은 고례의 틀을 넘지 않는 선에서 당대의 현실에 맞게 다양한 변용이 가능하다고 믿었다. 성호 역시 '선왕의 법은 따르지 않을 수 없지만 때에 따라 바꾸지 않을 수 없다. 비록 성인이라도 때에 따라 덜고 더하지 않을 수 없다'[89]고 봄으로써 상황에 따른 변용을 강조했다. 이런 입장은 사실 일반론에 가까웠지만 중요한 것은 무엇을 지향하며 어떤 방향으로 고치는가의 문제일 것이다.

성호는 절검의 가치를 지향하며 최대한 절제하고 간소화하라고 명한다. 사실 상례에서의 절검은 일반적인 논조였다. 예를 들어 퇴계가 사망하기 전후의 기록을 담은 「고종기考終記」에 따르면 퇴계 역시 검소하고 예에 맞는 처리해줄 것을 유계로 남겼다. 퇴계는 예장禮葬을 하지 말 것과 당시 사치품이었던 유밀과油蜜果를 사용하지 말 것, 비석을 세우지 말 것 등을 당부하고 있다.[90] 사치스럽거나 거창한 장례가 되지 않도록 강조한 것이다. 그러나 퇴계에 비해 성호나 순암은 보다 상세하고 구체적으로 상례의 처리 방식을 지정한다. 이들은 지나칠 정도로 불필요한

---

87 『順菴集』 권14 「送終錄」, 086a. "氣絶之後,不通告訃書. 惟告于龍湖, 元陽, 楊根及詩湖, 丹城. 不沐浴. 只洗其手足. 飯含則設而不擧, 衣用時服, 而澣濯舊衣. 衾用大斂衾, 雖不能如星翁之用紙衾, 單衾足矣. (…중략…) 其餘皆遵喪威日錄, 而又加裁減可也."

88 성호가 『주자가례』의 성립 과정에 의문을 가지며 이를 미완의 결과물로 보았음은 잘 알려진 사실이다.

89 『星湖全書』 권4 『孟子疾書』 「離婁首章」. "先王之法, 固不可不遵, 有時乎不可不革矣. 故雖聖人, 不免因時損益."

90 『退溪集』, 『言行錄』 권5 「考終記」.

비용을 줄여 최대한 간소하면서도 낭비가 없는 예식을 원했다.

그런데 사람들은 성호의 지나치게 검박한 상례에 대해 비꼬기도 했던 모양이다. 정산은 「가장家狀」에서 성호의 상례에 대한 세간의 평을 전한다.

> 이러한 모든 가르침에 대해 모르는 자는 혹 지나치게 검박儉薄하여 행하기 어렵다고 의심할 수도 있으나 이는 세속의 견해일 뿐이다.[91]

성호나 순암은 모두 사士라는 자신의 위치와 경제적 상황에 맞추어 최대한 절제하고 검약하게 신후를 처리하고자 했다. 사실 유학자들에게 죽음은 언제나 자연적 생명의 종결이 아니라 제도와 의식의 문제 즉 '예禮'의 현실화였다는 점에 극적 차이나 변화를 기대하기 어려운 이념 차원의 문제였다. 그러나 성호학파가 보여주는 죽음의 처리 방식은 한 집안이 따를 효율적이고 올바른 준칙을 만드는 선에 머물지 않는다. 이들에게 검소한 장례는 예의 진정한 의미를 선취하고 있다는 자긍에서 나오는 일종의 '공公'의 실현 다시 말해 사적 사건이자 사적 영역에서 드러나는 공의 문제라고 할 수 있기 때문이다.

> 아, 선생께서 이렇게 하신 것이 어찌 한 집안만을 위한 말씀이겠는가. 오늘날 세속의 사치와 참람함이 날로 심해져 지위 없는 평민들도 권세있는 자를 본받고자 하여 형식과 절차를 번거롭고 성대하게 하면서 혹 남에게

---

91 『星湖先生全集』 附錄 권2 「家狀」, 從子秉休, 184a. "凡此訓辭, 不知者或疑其過儉難行, 然此習俗之見也."

미치지 못하면 수치스럽게 여긴다.[92]

성호에게 자신의 상례는 한 집안의 비용을 줄이는 문제가 아니라 사치를 일삼고 형식과 절차를 부풀리는 퇴락한 세상에 대한 준엄한 경고였을 것이다. 앞에서 살펴보았듯 한 개인, 한 집안의 검약이 사회 전체에 어떻게 연결되는지, 누군가 이를 이탈하여 사치할 때 사회 경제적으로 어떤 결과가 벌어지는지에 대한 성호 학파의 경계와 비판을 생각한다면 이들에게 신후의 준비는 예의 차원을 넘어서 공의 실현 문제라고 할 수 있다. 세상을 바꿀 길이 막혀 있는 이들이었기에 더욱 더 이념에 대한 신뢰와 자긍을 생활 영역에서 실천함으로써 공의 이념을 사적 영역에서 실현하고자 했던 것이다.

4. 맺음말

가난과 병, 죽음을 어쩔 수 없는 명으로 받아들이는 태도를 현대인들이 쉽게 이해하기는 어려울 수도 있다. 그러나 올바른 삶의 원리가 있고 그 원리를 따를 때 상승과 완성이 가능하다고 믿는 신념의 소유자들에게 삶의 매 순간의 고비는 시련이 아니라 겪고 넘으며 지나쳐야 할 단계에 불과했을 것이다. 이들은 가난과 병과 죽음에 대해 끊임없이 말하며 숨기거나 줄여 말하지 않는다. 이들이 남긴 고통에 대한 표

---

92 『星湖先生全集』 附錄 권2 「家狀」, 從子秉休, 184a. “噫, 先生之爲此, 豈但爲一家發也. 今俗之奢僭日甚, 無位匹庶, 慕效貴勢, 繁文縟儀, 恥或不及.”

현들은 절실하고 절절하다. 절망적인 상황과 고난 앞에서 그 고통을 말함으로써 그들은 공감하고 연대한다. 이 공감과 연대가 이들을 하나로 묶고 유지시켰던 것이다.

이들에게 삶의 난관과 고난은 일종의 자기 서사를 거쳐 공동의 문제가 되고, 이를 견디고 이겨내는 과정은 공감되고 공유된다. 현실의 부정적 상황을 공유하면서 자신의 심정을 토로하고 다른 이의 어려움도 돌아보는 일종의 공감이자 소통의 방식이라고 할 수 있다. 그러나 실질적인 고통이나 고난에 흔들리지 않을 수 있었던 것은 이들이 올바른 세계에 대한 치열한 학문적 신념과 함께 소박한 생의 감각과 자기 몸을 움직이는 건실한 노동을 믿는 실천적 사상가들이었기 때문일 것이다. 이들은 오직 방안에만 앉아 우주를 통찰하고자 했던 관념적 사상가들이 아니다. 실천 없는 사유, 행사行事로 이어지지 않는 이념을 경계하며 학문과 삶을 하나로 관통하고자 했던 실천적 인물들이었다. 성호가 꿈꾸었던 세상에서 이를 확인할 수 있을 듯하다.

밝은 시대에 몸을 낮춰 하인과 함께하니	明時身賤混輿臺
늙은 농부라고 불려도 역시 즐거울 뿐	老圃爲名亦樂哉
뜰에 난 풀을 베니 오늘도 피곤해라	斲草庭中今日病
눈 아래 옮겨 심은 꽃은 언제 피려나	移花眼底幾時開
재배는 손에 달렸으니 의당 힘을 다해야 하고	栽培在手宜輸力
경영의 계획을 마음에 두고 또한 재주를 시험하네	經畫留心且試才
농사꾼은 항상 농업이 참된 본업이라	農子恒農眞永業
집터 하나 가진 삶을 누가 시기하랴	一廛生理孰嫌猜[93]

다산이 꿈꾸었던 생활은 더욱 구체적이고, 그래서 더욱 안타깝게 느껴진다.

> 가령 내가 몇 년 안에 유배에서 풀려나 돌아갈 수 있다면 너희들로 하여금 몸과 행실을 연마하여 효제를 숭상하고 화목을 돈독히 일으키게 하고, 경사經史를 연구하고 시詩와 예禮를 담론하며, 서가에는 3~4천 권의 책이 꽂혀있고 곡식은 1년을 지탱할 만하며, 원포園圃에 뽕나무, 삼麻, 채소, 과일, 꽃, 약초들이 반듯하게 심어져 있어 그 그늘을 즐길 만하며, 마루에 올라 방에 들어가면 거문고 한 대와 투호投壺 한 구, 붓과 벼루 및 책상에 볼 만한 책이 있어 그 청아하고 깨끗함이 기뻐할 만하며, 때때로 손님이 찾아오면 닭을 잡고 회膾를 잘라 탁주와 좋은 나물 안주에 흔연히 한번 배불리 먹고 서로 더불어 고금의 대략을 평론할 수 있다면, 비록 폐족이라 할지라도 장차 안목 있는 사람들이 흠모할 것이니, 이렇게 세월이 점점 흘러간다면 중흥中興하지 못할 리가 있겠느냐.[94]

---

93 『星湖先生全集』 권2 「偶成」, 079a.

94 『茶山詩文集』 권21 「寄兩兒」 癸亥元日(281-455a). "使我而得數年間赦還, 使汝輩而能飭躬礪行, 崇孝弟風敦睦, 硏窮經史, 談論詩禮, 揷架書三四千卷, 粟可支一年, 園圃桑麻蔬果花卉藥草之植, 位置井井, 蔭翳可悅, 上其堂入其室, 有琴一張, 投壺一口, 筆硯几案圖書之觀, 雅潔可喜, 而時有客至, 能殺雞切膾, 濁酒嘉蔬, 欣然一飽, 相與揚扢古今, 則雖曰廢族, 亦將爲具眼人所豔慕, 一年二年, 水雲漸邈, 有如是而不中興者乎."

참고문헌

원전류 및 번역본

『論語』

『孟子』

『論語集註』

『孟子集註』

李 瀷, 『星湖僿說』

______, 『星湖先生全集』

李 珥, 『栗谷先生全書』

李 滉, 『退溪先生文集』

安鼎福, 『順菴先生文集』

丁若鏞, 『與猶堂全書』

『조선왕조실록』

다산학술문화재단, 『다산 간찰집』, 사암, 2012.

대동문화연구원, 『近畿實學淵源諸賢集』, 성균관대 출판부, 2002.

안산시, 『성호기념관 소장유물 명품선』, 안산시, 2013.

연구논저

강경원, 『이익-인간 소외의 극복의 실학자』, 성균관대 출판부, 2002.

강세구, 『성호학통 연구』, 혜안, 1999.

김용걸, 『이익사상의 구조와 사회 개혁론』, 서울대 출판부, 2004.

원재린, 『조선 후기 星湖學派의 학풍 연구』, 혜안, 2003.

유탁일, 『星湖學脈의 文集刊行硏究』, 부산대 출판부, 2000.

이수건, 『영남학파의 형성과 전개』, 일조각, 1995.

최석기 외, 『성호 이익 연구』, 사람의무늬, 2012.

한우근, 『星湖 李瀷硏究-人間 星湖와 그의 政治思想』, 서울대 출판부, 1980.

함영대, 『성호학파의 맹자학』, 태학사, 2011.

권연웅, 「조선 전기 경연의 절검론」, 『경북사학』 24집, 2001.

김기현, 「퇴계의 소유와 존재 의식－청빈의 인간학」, 『퇴계학보』 110집, 2004.
김석희, 「성호이익의 입검설과 생활문학의 관련양상」, 『국어교육』 97집, 1998.
김준형, 「조선 후기 사치의 문학적 형상화 양상」, 『국문학연구』 20집, 2009.
박도식, 「『율곡선생남매분재기』 연구」, 『율곡사상연구』 10집, 2005.
송갑준, 「星湖 李瀷 哲學 硏究」, 고려대 철학과 박사논문, 1991.
송주영, 「성호 이익의 경제사상」, 『아세아연구』 12집, 1969.
신항수, 「李瀷(1681～1763)의 經·史解釋과 現實認識」, 고려대 사학과 박사논문, 2002.
안영상, 「星湖 李瀷의 性理設 硏究」, 고려대 철학과 박사논문, 1998.
유인희, 「성호사설의 철학사상」, 『진단학보』 59집, 1985.
원유한, 「星湖 李瀷의 否定的 貨幣論－李朝社會 解體科程의 一側面的 考察로서」, 『역사학』 48집, 1970.
이남영, 「성호 이익의 퇴계관과 그의 실학론」, 『퇴계학보』 36집, 2000.
이봉규, 「유교적 질서의 재생산으로서의 실학－반계와 성호의 경우」, 『철학』 65집, 2000.
이정수, 「16세기 금주령과 검약령」, 『한국중세사연구』 14권, 2003.
이헌창, 「초정의 이용후생사상과 부국론」, 『초정 박제가 연구』, 사람의무늬, 2012.
정　민, 「다산여황상서간첩의 내용과 자료가치」, 『다산학』 13호, 2008.
정은진, 「성호 이익의 삼두회 소고」, 『한국어문학연구』 55집, 2010.
조희선, 「조선조 검약 생활의 규범과 실제」, 『생활과학』 2집, 1999.
한예원, 「성호 이익의 경제 사상에 관한 일고」, 『민족문화문고』 40호, 2004.

조선 후기 가모嫁母 · 출모出母 담론과 어머니의 예학적 위상

김윤정

1. 머리말

17세기는 '예학의 시대'로 불릴 만큼 조선사회 전반에 걸쳐 예학이 중요한 영향을 미쳤다. 조선은 임진왜란과 인조반정 그리고 두 차례의 호란으로 인한 사회적 혼란을 바로잡기 위해 예질서의 회복을 강조하였다. 그 과정에서 예송이라는 극단적인 정치 대립이 진행되기도 했지만 행례行禮에서 발생하는 문제들을 해결하는 생활례로서의 예학의 발전 역시 두드러졌다. 예의 실천을 둘러싼 예학자들의 담론이 활발히 이루어졌고, '고증' · '행례' · '문답'류의 다양한 예서들이 편찬되고 있었다.[1]

---

1 장동우, 「『家禮』 註釋書를 통해 본 朝鮮 禮學의 進展過程」, 『東洋哲學』 39, 2010, 242쪽.

예의 실천에서 여성과 관련된 의례의 문제는 복잡한 양상을 띠고 전개되었다. 종법적 예제에서 남성은 혈연과 종통을 기반으로 확실한 위상을 갖는 반면, 여성은 남성과의 관계에 의해 지위가 결정되는 경우가 많았다. 그 과정에서 은혜와 의리의 문제가 착종되면서 예의 실천에 여러 가지 혼란을 불러일으켰던 것이다. 특히 조선시대 어머니의 지위는 자식과의 혈연보다 남편과의 의리가 중시되었다. 가무이존家無二尊의 원칙에 따라 아버지가 집안의 유일한 존자가 되었고, 어머니의 지위는 아버지와의 의리관계에 따라 결정되었다. 아버지의 생존 여부에 따라 어머니의 상복은 강복降服되었고, 아버지와의 의리에 따라 여러 등급의 어머니가 존재하기도 하였다. 이러한 차등의 원리는 부재위모父在爲母나 팔모八母의 상복제도를 통해 드러났고, 이를 중심으로 종법질서의 강화를 설명하려는 연구들이 이루어졌다.[2]

이 글에서는 팔모 중 가모嫁母와 출모出母에 관한 담론을 통해 조선 후기 예의 실천과 조선 예학의 성격을 살펴보고자 한다. 가모는 아버지 사망 후 재가한 어머니, 출모는 아버지에게 내쫓긴 어머니를 의미한다. 가모와 출모에 대한 행례의 규정은 은혜와 의리의 측면이 극도로 상충되는 문제였다. 가모와 출모는 낳아준 어머니로서, 혈연적 은혜가 무겁지만 아버지와 의리가 끊겼다는 점에서 온전한 어머니일 수 없는 존재들이었다. 이러한 갈등은 가모와 출모에 대한 여러 담론을

---

2 이순구, 「朝鮮初期 宗法의 수용과 女性地位의 변화」, 한국정신문화연구원 박사논문, 1994; 마르티나 도이힐러, 이훈상 역, 『한국사회의 유교적 변환』, 아카넷, 2003; 이혜순, 「18세기 '父在爲母' 담론과 모성 인식」, 『대동문화연구』 59, 성균관대 대동문화연구원, 2007; 이은영, 「한문 산문에 투영된 어머니－18세기 八母 服制 담론과 어머니 관련 글들을 중심으로」, 『한국고전여성문학연구』 14, 한국고전여성문학회, 2007.

생산했고 그 과정에서 조선의 사회문화적 특징에 기반한 독특한 예학적 해석이 등장하고 있었다.

가모와 출모의 문제가 조선시대 예의 실천과 담론에서 의미 있는 부분을 차지함에도 불구하고 이에 대한 연구는 거의 이루어지지 않았다. 조선시대 혼인제도와 관련하여 이혼과 재혼의 문제가 지속적으로 다루어졌지만, 그로 인해 발생하는 출모와 가모에 대한 관심으로 확장되지는 못했다.[3] 재가금지 규정에 따라 가모라는 존재가 인정될 수 없었으므로 소홀히 취급되고 있었다고 보거나,[4] '가부장권의 강화'로 인한 '부적격한 어머니의 배제'라는 측면에서 간단히 논의되었다.[5] 이러한 연구 경향은 조선시대 이혼과 재혼이 억제되면서 출모와 가모의 사례가 사료에 많이 등장하지 않기 때문일 것이다. 그러나 17세기 이후 예의 실천을 둘러싸고 가모와 출모에 대한 담론이 확대되고 있었다는 점은 당시 이 문제에 대한 예학적 입론이 요구되었음을 의미한다. 따라서 어떠한 형태의 담론이 진행되었으며, 그러한 담론의 역사적 배경은 무엇인지 살펴볼 필요가 있다.

---

3 이상백, 「再嫁禁止習俗의 유래에 대한 연구」, 『朝鮮文化史研究論叢』, 을유문화사, 1948; 김두헌, 『韓國家族制度史研究』, 서울대 출판부, 1969; 조은, 「모성 · 성 · 신분제－『조선왕조실록』 '재가 금지' 담론의 재조명」, 『사회와역사』 51, 한국사회사학회, 1997; 장병인, 「조선시대 이혼에 대한 규제와 그 실상」, 『민속학연구』 6, 한국민속박물관, 1999; 정지영, 「朝鮮後期 寡婦의 守節과 再婚」, 『고문서연구』 18, 고문서학회, 2000; 박주, 「병자호란과 이혼」, 『조선사연구』 10, 조선사연구회, 2001; 이숙인, 「15세기 조선의 改嫁논쟁」, 『東洋哲學』 32, 한국동양철학회, 2009; 박경, 「조선 전기 棄妻규제 정책의 영향과 한계」, 『사학연구』 98, 한국사학회, 2010; 정해은, 「조선 후기 이혼의 실상과 『대명률』의 적용」, 『역사와현실』 75, 한국역사연구회, 2010.

4 이순구, 「朝鮮初期 宗法의 수용과 女性地位의 변화」, 한국정신문화연구원 박사논문, 1994, 148쪽.

5 이은영, 「한문 산문에 투영된 어머니－18세기 八母 服制 담론과 어머니 관련 글들을 중심으로」, 『한국고전여성문학연구』 14, 한국고전여성문학회, 2007, 128~129쪽.

이에 먼저 조선 전기 가모·출모에 대한 인식의 측면을 정리하고, 17세기 병자호란 이후 피로부녀被擄婦女를 둘러싸고 확대된 가모·출모에 대한 담론을 구체적으로 고찰하고자 한다. 이를 통해 조선 후기 예학자들이 가모·출모 관련 예제를 정비하고 조선의 독특한 예학적 해석을 만들어가는 과정을 살펴볼 수 있다. 그들은 누구보다 종법과 가부장 원칙에 철저하고자 하였으나, 당시의 역사적·사회적 틀 속에서 예를 인식하고 실천할 수밖에 없었다. 그 과정에서 다양하게 전개되는 담론들은 조선 예학의 특성을 한층 부각시켜 준다. 또한 조선의 예학이 학파적 갈등을 넘어 더욱 통합적이고 축적된 모습으로 발전하고 있었음을 보여주고 있다.

2. 조선 전기의 가모·출모 인식

조선 초기 유교적인 예제의 정비가 시도되면서, 상복제도에 관한 논의들이 진행되었다. 세종 14년에 가모와 출모의 상복은 자최장기齊衰杖期를 하고 심상心喪으로 3년을 마치는 것으로 정해졌고,[6] 『경국대전』에서 법제화되었다.[7] 가모·출모는 친어머니지만 개가하거나 쫓겨났다는 점에서 삼년복이 아닌 기년복의 대상이 되었는데, 이러한 규정은 『주자가례朱子家禮』와 동일하였다.[8] 그러나 『경국대전』에는 "자

---

6 『世宗實錄』 卷56, 世宗 14年 4月 18日(丙午).

7 『經國大典』 卷3 「禮典·五服」. "嫁母,【親母, 父死再嫁他人者.】 齊衰杖期.【心喪三年.】 出母,【親母, 被父出者.】 齊衰杖期.【心喪三年.】"【 】는 세주를 의미한다. 이하 동일.

8 『家禮』 卷4 「喪禮·成服」. "杖朞. (…중략…) 其降服, 則爲嫁母·出母也. (…중략…) 子

식이 아버지의 후사가 되었으면 출모와 가모를 위해 복이 없다"는 『주자가례』의 조항이 빠져있는 반면, 마음으로 슬픔을 다하는 심상 3년에 대한 규정이 추가되었다.[9]

조선 전기 가모의 존재는 개가한 사족 부녀들의 사례를 통해 살펴볼 수 있다. 태종대 박분朴賁의 어머니와 조명초趙明初의 어머니 김씨, 문종대 김한金澣의 어머니, 세조대 김개金漑의 어머니 왕씨 등이 개가하였다.[10] 또한 "지금 사대부의 정처 가운데 남편이 죽은 자나 남편에게 버림을 받은 자는 두세 번씩 남편을 얻는 데 이르고 있다"는 지적이 나오고 있었다. 개가는 삼종지도三從之道에 어긋나고 실절失節에 해당한다는 비판이 제기되었지만, 자녀안恣女案에 기록하여 자손의 관직을 규제하는 것은 삼가녀三嫁女에 한하여 논의되었다.[11] 사족 부녀가 3번 혼인하는 것은 비난받았지만, 재가再嫁까지는 허용되었으므로 다수의 가모가 존재했을 것으로 보인다. 그러나 유교적 예제가 비로소 정비되는 과정이었으므로 가모의 지위와 의례를 둘러싼 구체적인 논의는 아직 이루어지지 않았다.

성종 8년 재가녀를 자녀안에 수록하여 자손의 관직진출에 제한을 가하는 규정이 정해지고,[12] 『경국대전』에 법제화되면서[13] 사족 부녀

爲父後, 則爲出母・嫁母無服."

9 이순구는 중국 예경禮經에서 가모・출모 상복에 관한 규정이 가부장제 약화의 방향으로 변화하였고, 『경국대전』의 규정은 『가례』보다도 가부장적인 이데올로기가 약화된 것이라고 파악하였다. 이것은 고려의 관습을 반영한 것으로서, 재가금지법에 따라 가모・출모가 소홀히 취급되었기 때문에 융통성 있는 형태를 띠고 있다고 설명하였다(이순구, 「朝鮮初期 宗法의 수용과 女性地位의 변화」, 한국정신문화연구원 박사논문, 1994, 139~142쪽 참조).

10 『太宗實錄』 卷11, 太宗 6年 3月 19日(己酉); 『太宗實錄』 卷30, 太宗 15年 11月 1日(甲午); 『文宗實錄』 卷1, 文宗 卽位年 4月 13日(丙戌); 『世祖實錄』 卷43, 世祖 13年 8月 5日(戊戌).

11 『太宗實錄』 卷11, 太宗 6年 6月 9日(丁卯).

의 재가 사례는 급속히 감소하였을 것으로 보인다. 성종은 이전의 어느 왕보다 성리학적 원칙에 철저한 인물이었다. 여성의 재가를 규제하는 것은 성종의 이러한 입장을 강하게 반영한 것이었다. 당시의 논의에서 대부분의 관료들이 삼가녀에 대한 제재만을 언급했음에도 불구하고 성종은 재가 역시 규제해야한다고 주장하였다. 이렇게 재가녀 자손의 문과 응시를 제한하는 것은 실질적으로 사족 부녀들의 재혼을 금지하는 결과를 낳았다. 또한 기존의 관리들 역시 어머니와 할머니의 재가 여부를 검증받았다는 점에서, 재가는 자손들의 신분을 규정하는 결정적인 조건이 되었다.[14] 재가녀는 자신의 도덕성에 대해 비난받을 뿐만 아니라 자손과 가문에 치명적인 오점을 남기는 존재로 각인되었다. 재가에 대한 부정적인 인식이 강해지면서 사족층에게 가모는 그 존재 자체가 받아들여질 수 없었다.

명종대에 이르면 "성인들이 출모와 가모의 법을 세워 놓았음에도 불구하고 우리나라는 재가의 금법禁法 때문에 종신토록 수절한다"는 지적이 나오고 있다. 따라서 개가하지 않고 수절하는 과부를 대우하는 차원에서 죽은 장자의 처인 총부冢婦가 제사를 주관하고 재산을 관리하는 권한을 인정해야한다는 주장이 제기되고 있었다.[15] 사족 부녀의 개가 여부는 가문 전체의 신분적 특권 유지와 관련된 만큼, 개가를 막기 위해 개인의 도덕성 강조뿐만 아니라 사회경제적 안전장치를 보

---

12 『成宗實錄』 卷82, 成宗 8年 7月 17日(壬午).

13 『經國大典』 卷3 「禮典·諸科」. "再嫁失行婦女之子及孫·庶孼子孫, 勿許赴文科·生員進士試."

14 이숙인, 「15세기 조선의 改嫁논쟁」, 『東洋哲學』 32, 한국동양철학회, 2009, 233~234쪽 참조.

15 『明宗實錄』 卷17, 明宗 9年 9月 27日(乙丑).

장해 줄 필요가 있었을 것이다. 또한 국가 차원에서 이혼을 억제하는 것도 개가의 사례를 줄이는데 중요한 역할을 했다. 이에 "우리나라는 사족 여성이 개가하지 못하게 되어 있고 사대부가 정처를 버리는 행위는 용납되지 않는다"거나 "국법에 이혼이 없다"는 인식이 조선 후기까지 지속되었다.[16]

한편, 조선 전기 출모에 대한 논의는 왕실의 폐비廢妃와 관련하여 이루어졌는데, 연산군의 어머니인 폐비 윤씨를 둘러싸고 본격적으로 진행되었다. 폐비 윤씨는 아버지인 성종에게 쫓겨났으므로 연산군에게는 의리가 끊어진 출모에 해당되었다. 연산군은 즉위 후에야 비로소 친어머니인 폐비 윤씨의 존재를 알게 되었고 이후 적극적으로 추숭사업을 진행하였다.[17] 먼저 훼손된 윤씨의 묘를 천장遷葬하고 사당과 신주를 세웠는데, 그 과정에서부터 '아버지와의 의리'와 '낳아준 은혜'의 갈등이 첨예하게 드러나고 있었다. 추숭을 반대하는 입장에서는 은혜의 차원에서 추보하는 마음은 끝이 없지만, 정情을 누르고 예禮를 따라야 한다는 점을 강조하였고, "아버지의 후사가 된 자는 출모를 위하여 복이 없다"는 고례와 『주자가례』의 규정을 적극적으로 인용하였다. 또한 성종이 "폐비의 묘를 윤씨지묘尹氏之墓라 하고 묘지기 두 사람을 정하며, 수령으로 하여금 속절俗節 제사를 지내게 하면서 영원히 고치지 말 것"을 유교로 남겼던 만큼 아버지의 명령과 의리를 지켜야 한다는 비판이 강하게 제기되었다.[18] 연산군은 갑자사화를 일으키면서까

---

16 정해은, 「조선 후기 이혼의 실상과 『대명률』의 적용」, 『역사와현실』 75, 한국역사연구회, 2010, 115~116쪽.

17 폐비 윤씨의 추숭과정은 한희숙, 「연산군대 廢妃尹氏 追封尊崇 과정과 甲子士禍」, 『韓國人物史硏究』 10, 한국인물사연구소, 2008 참조.

지 출모인 폐비 윤씨의 추숭을 완수하였지만, 연산군의 폐위와 더불어 윤씨의 추숭은 취소되었다. 또한 아버지의 명을 어기고 출모를 추숭한 것은 연산군의 폐륜행위에 추가되었다.[19]

또한 중종반정 이후 반정공신들에 의해 폐위당한 중종비 신씨가 출모로 인식되기도 하였다. 명종대 신씨가 사망한 후 예우를 논의하는 과정에서 대사간 윤인서尹仁恕 등이 신씨를 출모로 칭하였다. 이후 승정원에서 출모는 친어머니에만 해당된다는 점을 들어 비판하였고 대사간은 '버림받은 아내를 통틀어 출모라 한 것'이라고 설명하였다.[20] 신씨가 쫓겨날 죄가 없었고 중종의 뜻이 아니었다는 점이 공공연하게 인정되면서 이후 복위를 둘러싼 논의가 계속 진행되었다. 그 과정에서 신씨는 죄 없이 쫓겨난 '무죄출모'로 인식되었다.

조선 전기에는 사족 부녀의 재가가 금지되고 국가의 정책상 이혼이 억제되면서 가모·출모에 대한 논의 역시 제한적이었다. 성종대 재가녀 자손의 관직진출을 규제하면서, 사족 부녀의 개가는 그 가문의 신분 유지와 관련되는 중요한 문제가 되었다. 사족층을 중심으로 개가가 부정적으로 인식되면서 가모는 그 존재 자체가 거부되었다. 반면 출모의 논의는 왕실의 폐비를 중심으로 이루어졌는데, 폐비 신씨를 통해 '무죄출모'의 개념이 부각되었다. 이렇게 조선사회에서는 출모보다 가모에 대한 부정적인 인식이 강화되고 있었다고 할 수 있다.

---

18 『燕山君日記』 卷15, 燕山君 2年 6月 5日(庚辰).
19 『中宗實錄』 卷1, 中宗 1年 9月 2日(戊寅).
20 『明宗實錄』 卷23, 明宗 12年 12月 15日(甲午).

3. 조선 후기 가모·출모 담론의 전개

1) 17세기 피로부녀被擄婦女와 가모·출모

왜란과 호란을 겪은 17세기 조선에서는 피로부녀를 중심으로 가모와 출모에 대한 논의가 확대되고 있었다. 전쟁이라는 급박한 상황은 사회적 약자인 여성들에게 더 많은 피해와 희생을 강요했다. 특히 병자호란 중 포로로 잡혀간 수많은 여성들은 외국 땅에서 노예 생활을 해야 했고, 다행히 속환贖還되어 돌아오더라도 실절했다는 오명을 안고 살아가게 되었다. 피로부녀는 종실과 사족에서부터 천인에 이르기까지 모든 계층의 여성들을 포함했던 만큼 조선사회에 심각한 문제로 부각되었다.[21] 특히 사족 여성들은 실절에 따른 도덕성의 훼손과 관련하여 더 많은 비난을 받을 수밖에 없었다.

속환된 사족 여성들의 가족 내에서의 지위는 논란의 대상이 되었다. 그녀들을 다시 처로 받아들이고 종부宗婦로 인정할 것인지, 아니면 실절을 문제 삼아 이혼할 것인지에 대한 문제가 끊임없이 제기되었다. 인조는 속환된 여성들과의 이혼을 공식적으로 허가하지 않았으나, 이들 여성들의 지위는 위태로울 수밖에 없었다. 피로부녀들이 죽지 않고 돌아온 것은 실절한 것으로 남편과는 의리가 이미 끊어졌다고 간주되었기 때문이다.[22] 동춘당同春堂 송준길宋浚吉, 1606~1672은 정자程子의

21 박주, 「병자호란과 이혼」, 『조선사연구』 10, 조선사연구회, 2001, 274~276쪽; 한명기, 『정묘 병자호란과 동아시아』, 푸른역사, 2009, 433쪽.

22 『仁祖實錄』 卷36, 仁祖 16年 3月 11日(甲戌).

말을 인용하여 “실절한 자로 배필을 삼는 것은 이미 실절한 것”이 되므로, 변란 중 실행한 사족 부녀들과 이혼해야 한다고 주장하였다.[23] 이러한 견해는 속환된 여성들과의 이혼을 정당화하는 명분이 되었다. 효종대 피로부녀와의 이혼이 공식적으로 인정되면서,[24] 그녀들은 실절을 이유로 남편에게 쫓겨나고 자식들에게는 출모로 간주되었다.

또한 피로부녀는 실절했다는 점에서 개가한 것으로 인식되면서, 그 자손의 관직진출을 규제하는 문제가 제기되었다. 성종대 이래 재가한 여성의 자손은 관직 등용에 제한을 받았으므로, 피로부녀를 개가한 것으로 간주할 경우 그 자손들 역시 규제의 대상이 되었다. 당시 포로로 잡혀간 사족 부녀들이 많았다는 점에서 이것은 곧 사족 사회 전체의 문제가 되었다.

현종 8년 7월 6일 정언正言 이선李選은 장선징張善徵의 아들인 장선張檀의 관직 임용을 반대하고 나섰다.[25] 장선징의 처는 속환된 여성으로서, 시아버지인 장유張維가 실절을 이유로 이혼을 제기하였다가 받아들여지지 않자, 시어머니 김씨가 칠거지악의 하나인 불효를 이유로 이혼을 신청하여 결국 허가를 받았다.[26] 장선은 9품 말단인 돈령참봉敦寧參奉에 제수되었음에도 피로부녀의 아들이라는 점이 문제시되었다.

---

23 宋浚吉, 『同春堂集』 卷8 「啓辭・請罷變亂時失行婦女還畜之法許其家長改娶啓」. “變亂時士族婦女失行者, 其時相臣建議, 令其家長還畜, 勿許改娶, 傷風敗俗, 莫此爲甚. 程子之言曰, 凡娶以配身也. 若娶失節者以配身, 是已失節也, 此實亘萬世不易之論也. 今日此法, 豈不大乖於程子之訓, 而悖禮悖義之甚也? 我國雖甚文弱, 禮義名敎粲然, 無媿於中華.”

24 『孝宗實錄』 卷2, 孝宗 卽位年, 11月 21日(丙子).

25 『顯宗實錄』 卷14, 顯宗 8年 7月 6日(戊申).

26 장선징의 이혼 과정은 장병인, 「조선시대 이혼에 대한 규제와 그 실상」, 『민속학연구』 6, 한국민속박물관, 1999, 25쪽에 자세하나, 장선징의 아들인 장선의 관직 임용과 관련된 논의는 다루지 않았다.

우의정 정치화鄭致和, 1609~1677는 "실행한 자의 자손은 모두 사람 축에 끼이지 못하는 것이 이미 풍속으로 굳어졌고 병자호란 때 포로로 잡혀 갔던 여인들의 자손은 사로仕路에 허통하지 않고 있다"는 점을 강조하면서 임용을 반대하였다. 그런데 장선의 경우에는 이미 그 어머니를 내쫓았으므로, "장선은 계모의 자식이 되었고, 계모의 아버지를 외할아버지로 삼았으니 생모의 허물이 그에게 미치지 않는다"는 주장이 제기되고 있었다.[27]

또한 최계창崔繼昌의 아들인 최선崔宣의 관직 임용 역시 논의의 대상이 되었다.[28] 최선의 어머니 권씨는 석주石洲 권필權韠, 1569~1612의 딸로서 최계창의 계실繼室이 되어 최선, 최헌崔憲 두 아들을 두었다. 병자호란 때 강화도에서 포로가 되어 끌려가다가 개성부에서 박황朴潢과 홍정洪霆의 도움으로 속환되어 돌아왔다. 이후 권씨는 20여 년간 어머니이자 맏며느리로서의 역할을 다했지만, 실절했다는 비난 속에서 아들의 관직임용에도 장애물이 되었다. 또한 선실 자식인 장남 최관崔寬이 조부와 조모의 뜻이라 하여 권씨의 신주를 가묘에 들이지 않으면서, 이복동생 최선과 갈등을 빚었다. 최선은 최관을 원망하여, 형이 어미를 폐하였다고 격쟁하다가 도리어 자신이 유배를 당하였다.[29] 이에 처음

27 이 기사는 『현종실록顯宗實錄』과 『현종개수실록顯宗改修實錄』의 내용이 차이가 있다. 『현종실록』에서 사관史官은 포로로 잡힌 것과 개가한 것은 차이가 있다고 보면서, 장선이 계모의 자식이 되어 생모의 허물이 미치지 않는다는 주장은 윤리에 어긋난다고 비판하였다. 반면, 『현종개수실록』에는 해당 사평史評이 빠져있다는 점에서 각각의 실록 편찬을 주도한 남인과 서인의 인식의 차이를 살펴볼 수 있다(『顯宗實錄』 卷14, 顯宗 8年 7月 15日(丁巳); 『顯宗改修實錄』 卷17, 顯宗8年 7月 15日(丁巳)).

28 『顯宗實錄』 卷14, 顯宗 8年 7月 24日(丙寅).

29 『肅宗實錄』 卷6, 肅宗 3年 12月 14日(丙辰).

부터 권씨를 내치지 않고 받아들인 것이 잘못으로 지적되었고, 최선의 집안은 '난가亂家'로 간주되었다.[30] 이처럼 피로부녀는 집안 전체를 위태롭게 하는 존재로 인식되면서, 출처出妻의 당위성이 강조되고 있었다.

현종은 이러한 논란을 계기로 대신들에게 피로부녀 자손의 관직임용에 대하여 의논하게 하였다.

> 정원政院이 아뢰기를, "『대전』에 실린 '개가한 자의 자손은 동서반의 정직正職에 서용하지 않는다'는 것은 대개 예의로 풍속을 교화하는 뜻에서 나온 것입니다. 포로로 잡혀 간 것은 개가한 것과 똑같이 커다란 허물인데, 자손을 벼슬길에 허통시킴에 있어 하나는 허락하고 하나는 허락하지 않는 것은 이치에 맞지 않습니다." (…중략…) 영중추부사 이경석李景奭은 아뢰기를, "포로로 잡혀간 것은 개가한 것과 차이가 있으므로, 임진년과 병자년 난리 뒤에 별도로 법을 세워 금고시킨 일이 없었습니다. 대간이 논한 바는 지나치게 과격한 듯합니다" 하고, 판중추부사 정태화는 아뢰기를, "다만 이미 출처하여 그 자식이 계모를 어미로 삼고 있는 경우에는 허물이 미치는 경중이 혹 차이가 있을 듯합니다. 그러나 이것은 근거로 삼을 만한 예율禮律에 나타나 있는 것이 아니어서 신이 감히 억측하여 단정할 수가 없습니다" 하였다.[31]

이경석1595~1671은 포로로 잡혀간 것과 개가한 것은 차이가 있으므로, 자손의 등용을 규제하는 것은 지나치다고 주장하였다. 그러나 승

---

30 『顯宗實錄』 卷14, 顯宗 8年 9月 20日(辛酉).
31 『顯宗改修實錄』 卷17, 顯宗 8年 8月 7日(己卯).

정원을 비롯한 대간과 다른 3명의 대신들 판중추 정태화鄭太和, 1602~1673, 영의정 홍명하洪命夏, 1608~1668, 우의정 정치화는 모두 포로로 잡혀간 것을 개가한 것과 동일하게 간주하였다. 단, 일종의 예외 규정으로 실절한 여성을 출처하여 그 자식이 계모를 어머니로 삼고 있는 경우는 논외로 한다는 주장이 제기되었다. 이때의 의논은 이경석의 주장대로 결정되었으나, 다수의 견해는 피로부녀를 개가한 것으로 인식하고 있었다. 결국 피로부녀를 출처하는 것만이 그 자손에게 드리워진 '실절'이라는 멍에에서 벗어나는 유일한 방법이 되었다.

이처럼 피로부녀는 실절하고 개가한 여성으로 인식되면서, 사족의 신분적 권한 유지를 위태롭게 하는 존재였다. 사족층에서는 자체적으로 피로부녀를 출처하는 과정을 통해 특권 집단의 도덕과 의리를 재확인하고자 했다. 실절하여 가모로 간주되는 여성을 내쫓아 출모로 삼음으로써, 가모의 자손이 받게 되는 불이익을 피하는 방식이 활용되었다. 따라서 사족층에게 출모는 있을지언정 가모는 용인되지 않았고, 가모라는 용어 자체가 기피되고 있었음을 알 수 있다.

2) 가모 · 출모 관련 예학 담론의 전개

병자호란으로 인해 발생한 수많은 피로부녀들은 실절로 인해 남편과 의리가 끊어진 가모 · 출모로 간주되었다. 전쟁 이후 의리명분이 한층 강조되는 17세기의 조선에서 예제의 재정비는 중요한 사회적 과제가 되었다. 이 과정에서 가모 · 출모와 관련된 행례行禮의 문제는 더욱 복잡한 양상을 띠면서, 다양한 논의를 불러 일으켰다. 이러한 담론의 양상을 조선 후기 예학의 전개와 관련하여 살펴보기로 하겠다.

첫째, 의리가 끊어진 가모·출모에 대한 차별적 예제가 더욱 구체화되었다. 가모·출모복은 자최장기에 심상 3년을 다하는 것으로 부재위모父在爲母의 상복과 동일하였다. 부재위모복은 아버지가 생존해 있을 때 어머니가 돌아가신 경우, 아버지에게 압굴壓屈되어 자최 3년이 아닌 상장喪杖을 짚는 기년복杖期으로 강복降服하고 심상으로 삼년을 마치는 것이다.[32] 아버지의 생존으로 인하여 은의恩義가 온전한 어머니의 상복이 가모·출모와 같아지는 문제가 제기되면서, 담제禫祭를 통해 양자를 구별하기 위한 논의가 진행되었다.

사계沙溪 김장생金長生, 1548~1631은 출모의 담제 여부를 답하면서 상반되는 두 가지 견해를 인용하였다. 『통전通典』에서 하순賀循, 260~319은 "아버지 생존 시 어머니를 위한 상복은 압존壓尊으로 인해 기년복으로 낮추는데, 출모를 위한 상복은 낮추지 않는 것은 본래 이미 강복했으므로 두 번 압굴하는 의리가 없기 때문"이고, 출모복이 장조杖條에 있으므로 당연히 상장을 짚고, 여막廬幕에 거처하며, 담제를 지내야 한다고 주장했다. 이러한 견해는 출모와 부재위모의 상복을 동일시하면서 출모에 대한 담제를 인정하는 것이다. 반면, 『예기』「단궁」의 주註에는 "출모에게 담제가 없다"고 서술되어 있었다. 김장생은 두 견해가 상충된다는 점을 지적하면서 자세히 살펴보아야 한다는 입장을 취했다.[33]

---

32 부재위모상복父在爲母喪服에 대한 구체적인 논의는 이혜순, 「18세기 '父在爲母' 담론과 모성 인식」, 『대동문화연구』 59, 성균관대 대동문화연구원, 2007 참조.

33 金長生, 『沙溪全書』 卷39 「疑禮問解·喪禮·杖期」. "父在爲出母服周. 問, 出母之服, 父在與父歿無異否?【李惟泰】(답) 通典已論之, 晉賀循云, 父在爲母厭尊, 故屈而從周, 出母服不

성호星湖 이익李瀷, 1681~1763은 김장생의 애매한 답변을 비판하면서, 출모를 위한 상복도 장기杖期라는 점에서, 당연히 담제를 지내야한다고 주장했다.[34] 『의례』「상복」의 '아버지가 죽고 계모가 개가할 때 자기가 따라간 경우의 상복'에 대한 소疏에서 "아들은 그를 위하여 기년복을 입고 담제를 하고 상장도 짚을 수 있다"고 한 것을 근거로 내세웠다. 반면, 식산息山 이만부李萬敷, 1664~1732는 하순의 설보다는 『예기』「단궁」과 「잡기」의 주에 따라 출모에게 담제가 없다고 보았다.[35] 다산茶山 정약용丁若鏞, 1762~1836 또한 "출모에게 담제가 없다는 경문經文은 없지만 출처의 아들이 그 어머니를 위한 의례는 대부분 서자庶子가 그 생모를 위한 그것과 같으므로 상장을 짚어도 담제는 지내지 않는 것이 오히려 마땅하다"고 보았다. 만약 담제와 상장을 함께 한다면 쫓겨나지 않은 어머니와 차이가 거의 없으므로 이치에 맞지 않는다는 점을 강조하였다.[36] 매산梅山 홍직필洪直弼, 1776~1852 역시 "부재위모 상복은 비록 강복하여 기년이지만 반드시 '삼년지체三年之體'[37]를 갖추어야

減者, 以本旣降, 義無再厭故也. 父在爲母旣已杖, 若父在母出宜重降者, 則宜在不杖條, 今在杖條, 明不再降, 杖者必居廬, 居廬者必禫. ○檀弓, 出母無禫.【與賀循不同, 更祥之.】"

34 李瀷, 『星湖全集』 卷40「雜著·金沙溪疑禮問解辨疑下」. "禫祭有無. 喪服經父卒繼母嫁, 從爲之服報. 疏云爲之一期, 得伸禫杖. (…중략…) 據喪服出妻之子爲母亦在禫杖章, 疏說十分明白. 沙溪引檀弓註汎云出母無禫, 未知何攷. 若適子父卒, 則於出母無服, 其無禫不須言矣. 又小記疏賀循云杖者必廬, 廬者必禫, 其杖而不禫者. 只有二條, 外此則杖無不禫矣. 沙溪所採頗有不備, 故錄之."

35 李萬敷, 『息山先生續集』 卷5「書·答李生問目」. "(문) 喪服小記曰, (…중략…) 且檀弓·雜記註, 皆曰出母無禫, 賀循曰, 出母杖期禫, 何說可從乎? (답) (…중략…) 至於出母服禫與否, 恐當以檀弓·雜記爲主耳."

36 丁若鏞, 『與猶堂全書』 卷3-10「喪禮四箋·喪期別二·出母二」. "鏞案, 出母無禫, 在經無文, (…중략…) 出妻之子, 爲其母, 多與庶子之爲其母同例, 如爲父後而無服之類, 則杖而不禫, 抑其宜也. 若禫杖竝伸, 仍與不出之母, 毫無差等, 恐無是理."

37 '삼년지체三年之體'는 강복降服에 의해 기년복을 하더라도 3년복에 해당하는 연練·장杖·상祥·담禫의 절차를 모두 갖추는 것을 의미하며 부재위모父在爲母와 부재위처父在爲

하고, 가모·출모의 상복은 '삼년지체'를 갖추지 않으므로 담제 역시 지내지 않는다"고 보면서 차이점을 강조하였다.[38] 이러한 논의는 출모의 기년복에 담제를 지내지 않음으로써 부재위모와 구분하려는 의도를 보여준다.

또한 출모에게는 상복을 입지만, 출모의 친족에 대한 상복은 인정되지 않았다. 출모를 위한 상복은 낳아준 은혜에 보답하기 위한 것일 뿐, 출모의 친족은 외친外親이 아니라는 점이 강조되었다. 출모의 자식은 계모의 친족을 자신의 외친으로 삼아 출모의 친족을 배제함으로써, 외친에서도 통統이 두 개가 되지 않게無二統 하였다. 김장생은『예기』「복문服問」을 인용하면서 "어머니가 쫓겨났으면, 계모의 부모와 형제를 외가로 삼으므로 계모의 생존 여부와 상관없이 모두 복을 입는다"고 밝혔다. 그러나 "어머니가 쫓겨나지 않았을 경우에는 계모가 비록 생존해 있더라도 계모의 친족을 위해서는 복을 입지 않는다"고 하여 출모의 지위를 명확히 구분하였다.[39]

둘째, 조선 후기 입후立後가 확대되면서 소후所後의 가모·출모에 대한 심상의 여부가 논의되고 있었다. 소후자는 당연히 소후부의 후사

妻 상복에서 주로 논의되었다(김윤정,「18세기 禮學 연구－洛論의 禮學을 중심으로」, 한양대 박사논문, 2011, 126~129쪽).

38 洪直弼,『梅山集』卷10「書·答李子岡」. "雖與父在母喪, 同是杖期, 而父在則不敢伸私, 故爲母降期, 具三年之體, 而被髮·練·禫, 宜也. 嫁·出兩母, 不計父在與否, 而爲之杖期, 非降服也. 特以子無絶母之理而服之而已, 初無三年具體之義, 旣不具體矣. 不被髮無練·禫, 恐爲一串事, 變制亦不必待中月, 期而除服, 伸心喪三年, 壹遵本生喪禮, 恐爲得正."

39 金長生,『沙溪全書』卷39「疑禮問解·喪禮·小功」. "繼母黨服. 問, 家禮母出爲繼母之父母兄弟小功, 若母亡而有繼母, 則其父母兄弟之服, 亦遵是禮否? 雖繼母死後, 亦服否?【宋浚吉】母出則以繼母之父母兄弟爲外家, 故不論繼母之存亡, 皆有服. 若母不出, 則繼母雖生存, 不爲繼母之黨服也. 若妾子, 則爲嫡母黨服, 嫡母死則不服也. (…중략…) ○鄭氏曰, 雖外親, 無二統."

가 되었으므로 소후 가모・출모를 위해 상복을 입지 않지만, 심상 3년은 지내야 하는가의 문제였다. 이에 대해 『통전』의 허맹許猛과 범중예范仲藝의 견해가 달랐고, "소후자는 친아들과 같다"고 하더라도 의리로 맺어진 관계인만큼 은혜에 보답하는 절차인 심상의 적용이 가능한가에 대한 논의가 진행되었다.

김장생은 『통전』에서 허맹이 "'후사가 된 자는 자식과 같게 한다爲人後者若子'고 하고 '계모에 대해서는 친모와 같게 한다繼母如母'고 하였는데, 여기에서 '약若'자와 '여如'자를 쓴 것은, 제복制服하는 것은 친모와 같으나 그 정情은 다름을 밝힌 것이다"라고 주장한 것을 인용하였다.[40] '위인후자'는 친자와는 다르기 때문에 소후출모所後出母에 대한 예에도 차이가 있음을 인정하였다. 따라서 친자가 출모에게 심상을 하는 것과는 달리, 소후자는 소후출모에게 심상을 할 필요가 없다는 입장이었다. 반면, 이익은 김장생을 비판하면서 '약자若子'는 아들과 똑같다는 의미로 후사가 되면 친아들과 차이가 없으므로 소후출모에게도 마땅히 심상해야 한다고 주장하였다.[41]

또한 송준길과 초려草廬 이유태李惟泰, 1607~1684는 남두화南斗華의 소후가모所後嫁母에 대한 심상 문제를 가지고 문답을 주고받았다. 이유태는

---

40 金長生, 『沙溪全書』 卷39 「疑禮問解・喪禮・杖期」. "爲所後母及祖母見出者不服. 問, 所後母及祖母見出, 則當何服? (…중략…) 許猛答曰, 禮爲人後者, 爲所後者若子, 則不能復服親母出, 以廢所後者之祭也. 爲人後者若子, 繼母如母, 夫言若言如者, 明其制如親, 其情則異也. 繼母如母, 則異親母, 爲人後者若子, 母出亦當異於親子矣."

41 李瀷, 『星湖全集』 卷40 「雜著・金沙溪疑禮問解辨疑下」. "爲所後母及祖母見出者不服. (…중략…) 此說不可不辨, 夫言若子者, 謂與親子無異也. 不言若則無以爲說, 豈復有異於親子之意? (…중략…) 本生・所後之間, 其義至嚴, 今使父子之間而容有外之之心, 豈不害教之大者耶? 然爲人後則爲父後, 爲父後則不服出母禮也. 爲所後母無服者, 爲父後故也, 非以異於親子也. 愚故曰不服而服心喪當矣."

『통전』에서 범중예가 소후가모를 위해 심상한 것에 대하여, 주자가 "권도權道를 잃지 않았다"라고 하였으므로 소후가모에게도 심상 3년을 해야 한다고 대답했다. 이어서 미촌美村 윤선거尹宣擧, 1610~1669의 질문에 대해서 소후모가 가모인 것은 친모가 가모인 경우와 같으므로 소후부가 재취하지 않았다면 가모의 부를 외조로 삼아야 하며, 송시열의 견해도 이와 같다고 주장하였다.[42] 입후하면 친아들이 된다는 원칙에 따라, 소후 가모・출모는 친모가 가모・출모인 경우와 동일하게 인식되었다.

반면, 소생所生 가모・출모에 대한 심상은 '나를 낳아준 은정生我恩情'에 보답하는 것인데, 소후 가모・출모는 낳아준 은정이 없고 개가하거나 쫓겨남으로 인해 어머니가 되는 명분이 끊어졌으므로 심상할 필요가 없다는 비판이 제기되고 있었다.[43] 가모와 출모에 대한 심상은 낳고 길러준 은혜에 보답하는 것으로, 의리를 통해 어머니가 된 소후모에게는 해당되지 않는다고 보았다. 입후가 갖는 의리중심의 존존尊尊과 심상으로 표현되는 친친親親의 원리가 충돌하는 이러한 논쟁은 결론을 내리기 어려운 문제였다.

셋째, 조선 후기 '실절한 어머니'의 의미가 강조되는 가모의 개념은

---

42 李惟泰, 『草廬集』 卷8 「疑禮問答【諸公問先生答】」. "同春問, 昔年南燕岐斗華有所後母見絕於其父者, 其喪也不去官自如常人. (…중략…) 答, 見朱子大全范母墓表, 則以仲芸之心喪三年爲不失其權, 後之遭此變者, 恐當以是爲正. 美村問, 兄答同春所問南事, 仲芸之論, 初聞而疑之, 及考朱子說, 高明之論得矣. 不得愧屈, 然則外祖亦當以嫁母之父爲主耶? 如有往復于尤翁者, 幷乞示破. 答, 當一如己母之嫁者耳. 其所後父若不繼娶, 則嫁母之父當爲外祖矣. 尤意亦如此云."

43 李世弼, 『龜川遺稿』 卷16 「禮說・喪禮・出母・答權汝柔」. "愚按, 明齋所謂所後嫁・出之心喪, 當與所生嫁・出之心喪無異者. (…중략…) 家禮爲人後者爲所後父條, 名以義服, 豈不以骨血與非骨血有殊故耶? 生母嫁・出, 雖得罪於父, 生我恩情, 報答無階, 故爲父後者心喪, 諸子皆杖期, 此禮意之當然也. 至於所後子於所後母, 豈與生母有一毫間隔哉? 然據初則元無生我之恩, 嫁・出則又絕爲母之名, 當如嫁・出繼母無服無心喪."

주로 서얼의 의례 실천에 활용되었다. 조선 전기 처첩제가 확립되면서 남성들은 첩을 통해 성적인 자유를 누렸고, 그 결과 서얼층이 대규모로 양산되었다. 서얼의 어머니인 첩의 일부는 양반가의 서녀로서 복첩卜妾의 과정을 거쳐 맞이했고, 자식을 낳으면 서모庶母의 지위가 인정되었다. 서모의 아들은 아버지의 후사가 되지 않는 한 생모를 위해 자최 3년복을 입을 수 있었다.[44] 그러나 집에 들이지 않은 여종이나 기생들이 자식을 낳은 경우, 그녀들은 가모로 간주되었고 상복 역시 기년으로 강복되었다.

조선 후기 가례의 실천이 사회 전반에 걸쳐 강조되면서 서얼층의 행례와 관련된 논의들도 확대되고 있었다. 비첩婢妾이나 기첩妓妾의 자식들은 서얼 중에서도 천첩자에 해당되지만, 자신의 생모에 대한 상복을 의식하게 되었다는 점에 주목할 필요가 있다. 집에 들이지 않은 첩모妾母의 상복에 대해서는 예경에 규정이 없어 명확한 근거는 없지만, 변례變禮이 차원에서 가모복을 입도록 하였던 것이다.[45]

물론 가모는 아버지 사후에 개가한 어머니라는 점에서 집에 들이지 않은 비첩이나 기첩과는 분명한 차이가 있었다. 그럼에도 불구하고 이러한 첩들은 가모로 논할 수밖에 없다는 입장이 일반적이었다.

---

44 李縡, 『陶菴集』 卷21 「書・答或人問目」. “(문) 妾子爲其母, 古禮則期, 而家禮則三年, 開元禮則無嫡母得申. 今有一庶人遭母喪, 而嫡母生存, 疑其服, 願賜明教. (답) 雖有古禮及開元禮, 而朱子於家禮, 旣係之齊衰三年條, 其下仍言爲父後則降, 而不言嫡母在則降, 愚意以爲當以家禮爲正.”

45 金元行, 『渼湖集』 卷10 「書・答李奎緯」. “妓妾子之服母, 當行期服, 申心喪三年, 如爲嫁母之服, 恐亦無疑, 如何如何?”; 宋明欽 『櫟泉集』 卷10 「書・答人【失名】」. “(문) 妓妾之不率畜者, 其子當服何服耶? (답) 旣無明據, 恐當依嫁母服.”

(문) 출가한 서녀가 소생모所生母 상을 당했는데, 그 모는 처음부터 집에 들이지 않았고 또 다른 데로 시집을 갔습니다. 그 딸이 상복을 입을 때 과연 무엇으로 해야 합니까?

(답) 예에 이른바 가모는 부가 사망한 후 시집간 것이고 또한 부의 정실正室이네. 지금 들은 바는 진실로 이와 같지 않으나, 장차 무엇으로 이를 할 수 있겠는가. 가모라고 해야 할 뿐이네.[46]

삼산재三山齋 김이안金履安, 1722~1791은 가모의 개념을 명확히 지적하면서도, 집에 들이지 않은 첩을 가모로 간주하여 상복을 입도록 하였다. 근재近齋 박윤원朴胤源, 1734~1799 역시 집에 들이지 않은 첩을 가모로 간주하였다.[47] 또한 박윤원의 예설을 편집한 『근재예설近齋禮說』의 목록에도 '첩자가 본생친을 위한 상복妾子爲本生親服'의 소목에 '가모를 위한 상복爲嫁母'이 차소목으로 분류되어 있다.[48] 이것은 가모복이 주로 서얼의 어머니를 대상으로 하는 상복으로 간주되고 있었음을 보여준다고 하겠다. 연경재硏經齋 성해응成海應, 1760~1839 역시 근래 서얼의 상복으로 가모복이 사용되고 있음을 지적하였다.[49]

---

46 金履安, 『三山齋集』 卷3 「書・答洪伯能」. "(문) 人家出嫁庶女, 遭其所生母喪, 而其母則初非家畜, 又是改適者, 其女服喪, 果何爲之耶? (답) 禮所謂嫁母, 定指父卒而後嫁者, 又是父之正室也. 今所問者, 固與此不同, 然將何所名而可也? 不過曰嫁母而已."

47 朴胤源, 『近齋集』 卷16 「書・答洪伯應」. "父之不率畜, 雖與出母不同, 旣不畜于己家而爲他人妻妾, 則與嫁母何異耶?"; 朴胤源, 『近齋集』 卷11 「書・答趙而得」. "(문) 庶族有遭其母喪者, 其母卽妓妾而適他者也. (…중략…) (답) 其母旣適他, 則父死後雖歸于其家, 只當依儀禮嫁母服而服杖期, 謂非爲父後者, 似不可加服三年."

48 朴胤源, 『近齋禮說』 卷2 「喪禮・五服・妾子爲本生親服・爲嫁母」.

49 成海應, 『硏經齋全集』 卷24 「禮論三・出母嫁母服說」. "然則嫁母雖無服, 其生我之恩不可絶也. 爲之心喪以卒三年, 亦不得禁也. 今之士大夫之庶子, 其母賤而不主一夫者, 卽可行是制矣."

이처럼 가모는 아버지 사후 재가한 어머니가 아닌, 실절하여 통간通姦한 어머니를 지칭하는 개념으로 사용되었다. 이러한 인식은 성종대 재가금지에 따른 재가에 대한 부정적인 시각과 병자호란 이후 실절과 개가를 동일시하는 관념에서 기인하였다. 또한 비첩과 기첩을 양반의 서녀인 양첩과 구별하여 서얼을 서열화하려는 의도와도 관련되어 있다. 결국 가모에 대한 조선사회의 인식은 비첩과 기첩을 가모로 간주하는 예학적 해석을 가능하게 했다. 이러한 가모의 개념은 서얼의 의례 실천 과정에서 적극적으로 활용되었다.

4. 조선 후기 가모·출모 담론의 성격

가모를 '실절'이라는 도덕적 기준에서 판단하는 조선사회의 인식은 출모와 가모의 경중에 관한 논의에 중요한 영향을 미쳤다. 유교의 음양론陰陽論에 입각하여 여성의 지위는 전적으로 남성에 의해 결정되었다. 중국 측 예서는 아버지와의 의리를 기준으로 가모와 출모의 지위를 결정하는 경향이 강하였다. 따라서 아버지가 직접 의리를 끊은 출모의 경우가 자식과의 관계에서 가모보다 더 가벼운 취급을 받게 되었다.

이유태가 김장생에게 가모와 출모의 경중輕重에 대해 질문했을 때 김장생은 주자의 견해를 인용하여 대답하였다. 주자는 "예에서 가모의 경우 친모는 말하지 않고 유독 계모는 말하였고, 또 출모를 위한 상복을 드러낸 것은 가벼운 것을 들어서 무거운 것을 밝혀 놓은 것"이라고 파악하였다. 또한 "아버지의 후사가 된 자의 경우 출모에게는 복이 없음을 말해 놓고 가모에 대해서는 언급해 놓지 않은 것은 가벼운 것을 들어서 무거운 것을 구별한 것으로 가모에게는 응당 복이 있음을 알 수 있다"고 하였다. 이것은 가모의 지위가 출모보다 더 무겁고 중요하게 인식되었음을 밝힌 것이다. 또한 『통전』에서 오상吳商이 "가모에 대해서는 아버지가 나가라고 명하지 않았으니, 어떻게 출모와 같이 대할 수 있겠는가"라고 설명한 부분을 인용하였다.[50] 아버지의 명에 의해 의리가 끊긴 출모의 지위를 가모보다 더 가볍게 인식하고 있었음을 알 수 있다.

다른 한편으로 김장생은 『가례』에 "아버지의 후사가 되었을 경우에는 가모를 위하여 복을 입지 않는다"는 조항이 있으므로, 주자의 설이 서로 상충되고 있는 문제를 지적하였다.[51] 따라서 가모와 출모의 경중에 대한 논의는 계속될 수밖에 없었다. 이러한 논란 속에서 조선 학자들의 독창적인 해석이 자리 잡아가는 과정을 살펴볼 수 있다.

먼저 가모와 출모는 경중의 차이가 없다는 주장이 제기되었다.

> 출모와 가모의 같고 다름을 가만히 생각하건대, 무릇 아내는 남편이 쫓아내면 남편이 끊은 것夫絶이요. 아내가 개가하면 아내가 스스로 끊은 것自

---

50 金長生, 『沙溪全書』 卷39 「疑禮問解・喪禮・杖期」. "出母・嫁母輕重. 問, 出母與嫁母, 無輕重之差歟?【李惟泰】(답) 朱子說可考. 朱子曰, (…중략…) 禮於嫁母, 雖不言親而獨言繼, 又著出母之服焉, 皆擧輕以明重, 而見親母之嫁者, 尤不可以無服. 又於爲父後者, 但言出母之無服, 而不及嫁, 是亦擧輕以別重, 而見嫁母之猶應有服也. (…중략…) 吳商曰, 此由尊父之命 嫁母, 父不命出, 何得同出母乎? 且妾之無子, 又出母之黨無服, 嫁母之黨自應服之, 豈可復同乎?"

51 金長生, 『沙溪全書』 卷39 「疑禮問解・喪禮・杖期」. "出母・嫁母輕重. (…중략…) 按, 據此朱子說, 輕重之義可見. 又按家禮 爲父後, 則爲嫁母無服, 如此不同."

絶이다. 출모・가모는 아버지와 끊어졌다는 점에서 동일하다. 그러므로 옛사람들이 아버지가 내쫓은 어머니를 출모라 하고 아버지가 죽고 개가한 어머니를 또한 출모라 하여 분별한 바가 없었다. 그래서 예경에 단지 출모라고만 한 것은 내가 생각건대 이와 같아서인 듯하다.[52]

탄옹炭翁 권시權諰, 1604~1672는 '부절夫絶'이든 '자절自絶'이든 끊어졌다는 점에서는 동일하다고 보았고, 『의례』와 『예기』에 가모의 용례가 없는 것은 가모가 출모에 포함되기 때문이라고 생각하였다. 이러한 인식은 구천龜川 이세필李世弼, 1642~1718에게도 동일하게 나타나고 있다.[53]

18세기에도 가모와 출모의 경중을 따지지 않고 모두 절족絶族임이 강조되었다. 도암陶庵 이재李縡, 1680~1746는 가모와 출모를 구분하여 가모의 친족에게 복을 입도록 한 『통전』의 규정을 비판하였다. 가모는 아버지가 나가라고 명한 것은 아니지만, 아버지와 의리가 끊겼다는 점에서 출모와 동일하다고 보았던 것이다.[54] 녹문鹿門 임성주任聖周, 1711~1788는 "가모는 아버지 사후에 개가한 것이므로 아버지가 의리를 끊은 것이 아닌데, 자식이 가모에게 강복하는 것은 자식이 스스로 어

---

52 權諰, 『炭翁集』 卷10 「雜著・別錄」. "出母・嫁母同異, 竊謂凡妻, 夫出之則夫絶之也, 妻嫁則妻自絶也. 出母・嫁母, 與父絶一也. 故古人謂父出之之母曰出母, 父死母嫁之母, 亦曰出母, 無所分別, 故禮經只云出母, 愚惑如此."

53 李世弼, 『龜川遺稿』 卷16 「禮說・喪禮・嫁母・答權汝柔」. "出母・嫁母, 通典雖分輕重, 出母則得罪於父, 爲父所絶, 嫁母則改適他人, 自絶於父也. 父絶・自絶, 雖或有殊, 其絶於父, 則本無輕重之可分也. 是以喪服經文杖章, 只言出母嫁繼母而不言嫁母者, 似是包在出母條故耳, 初非遺漏而然也."

54 李縡, 『四禮便覽』 卷4 「喪禮二・成服」. "四曰小功五月. (…중략…) 按, 通典云出母之黨無服, 嫁母父不命出, 何得同出母乎? 嫁母之黨, 自應服之. 愚意則嫁母雖無父命出之節, 旣與父絶, 則同於出母矣."

머니와의 의리를 끊는 것"이라는 비판에 대해서, "남편 사후에 개가하는 것은 부인이 스스로 남편과의 의리를 끊은 것"임을 강조하였다.[55]

이러한 입장은 정약용에게도 그대로 나타나고 있다. 정약용은 「상례사전喪禮四箋」에서 출모에 관해 20조항을 서술하였다. 정약용의 논지는 먼저 출모와 가모를 구분할 필요가 없다는 것이었다.[56] 어머니가 쫓겨났다면 아버지와의 관계가 이미 끊어진 것이고, 차후 개가 여부를 고려할 필요가 없기 때문에 고경古經에 출모에 대한 복만 나오고 가모에 대한 복이 나오지 않는다고 해석하였다.[57]

더 나아가 정약용은 중국의 예가禮家들이 아버지가 쫓아낸 출모 보다 아버지 사후 개가한 가모를 더 긍정적으로 파악하는 것에 대해 강하게 비판하였다.

> 내가 살펴보건대, 중국의 선유先儒들이 모두 "가모가 출모보다 낫다"고 여긴 것에 대해 나는 의심하지 않을 수 없다. (…중략…) 부인의 죄는 음행이 가장 무겁다. 처를 내치는 것이 반드시 모두 음행을 범해서가 아닌데,

55 任聖周, 『鹿門集』 卷8 「書 · 答或人」. "(문) 父卒母嫁則非父所絶, 韋玄成曰父卒則母無出義, 若服周則是子貶母也. (…중략…) 又若爲父後則至於無服, 是豈非自貶其母? 自絶其母乎? 可疑. (답) 嫁母雖若與出母有間, 然夫死而嫁, 自絶於夫, 其爲絶族則一也. 子安得服三年? 爲父後者, 又安得廢祭而爲之服乎? 韋 · 庾諸說, 畔經悖義甚矣."

56 정약용의 이러한 입장은 "출모복과 가모복에 차이를 둠으로써 그녀의 삶에 개입하여 수절을 강요하려던 것에 대해, 다산은 한마디로 그녀의 삶에 개입할 '권리가 없다'고 주장한" 것으로 해석되기도 하였다(張東宇, 「茶山 禮學의 硏究－『儀禮』「喪服」과 『喪禮四箋』「喪期別」의 比較를 中心으로」, 연세대 박사논문, 1998, 113쪽). 그러나 가모와 출모를 구분하지 않는 인식은 다른 학자들에게서도 나타나는 만큼 18세기 조선의 예 담론이라는 틀 속에서 살펴볼 필요가 있다.

57 丁若鏞, 『與猶堂全書』 卷3-10 「喪禮四箋 · 喪期別二 · 出母一」. "出母 · 嫁母分而二之, 其在古經, 有出母服, 無嫁母服, 學者疑焉. 余嘗反覆而思之, 知後世分而二之者, 不必然也. 何者? 母之旣出, 與父絶也. 斷而送之, 旣路人矣. 其嫁與不嫁, 又可追問耶?"

어찌 남편이 죽어서 개가한 자와 함께 논할 수 있겠는가. 선유가 매번 부명父命의 유무로서 경중을 정하는데, 효자의 뜻은 죽은 이를 섬기기를 생시와 같이 하니 죽은 자가 알고 있다면 그 처가 개가한 것을 용서하여 출처보다 낫게 보겠는가? 사람들이 출처하는 것은 혹 부모가 핍박하거나 혹 국법의 이혼에 인한 것으로, 마음속에서는 측은하여 종신토록 사모하는 이가 더욱 많으니 이러한 것은 진실로 비할 바가 못 된다. 비록 도둑질을 하거나 악창에 걸리거나 모든 흠이 다 있더라도 그 죄는 개가에 미치지 못하니 선유의 설을 감히 믿을 수 없다.[58]

정약용은 여성의 죄는 음행이 가장 무거운데, 개가하는 것이 바로 음행에 해당된다고 여겼다. 따라서 가모는 음행을 저지른 어머니로서 다른 이유로 쫓겨난 출모보다 그 죄가 더 크다는 점을 강조하였다. 아버지의 명령으로 쫓겨났다는 것에 무게를 두는 중국학자들의 견해에 강한 이문을 제기하고 있었다. 이러한 정약용의 주장은 개가를 실행으로 간주하고 가모를 부정적으로 인식하는 조선 학자들의 일반적인 견해와 차이가 없었음을 알 수 있다.

조선에서 가모는 스스로 남편과의 의리를 끊고 실절했다는 점에서 비난받는 반면, 출모는 죄 없이 쫓겨난 경우를 들어 동정하는 경향이 강했다. 무죄출모는 중종대 폐비 신씨가 대표적이었고, 그 외 아버지

58 丁若鏞,『與猶堂全書』卷3-12「喪禮四箋・喪期別六・出母七」. "鏞案, 中國先儒, 皆以嫁母愈於出母, 愚於是不能無惑. (…중략…) 婦人之罪, 淫爲上也. 出妻未必皆犯淫, 豈可與夫死改嫁者, 同日而論哉? 先儒每以父命有無定其輕重, 然孝子之義, 事死如生, 死若有知, 其將恕其妻之改嫁, 而視之有愈於出妻乎? 人之出妻者, 或緣父母逼迫, 或因國法離異, 中心惻愴, 終身憶戀者甚多, 若是者, 固非倫比. 雖竊盜惡瘡, 衆釁畢擧, 其罪猶未至於改嫁, 先儒之說, 未敢信也."

가 첩에 빠져 무고한 어머니를 쫓아내는 사례가 있음을 인식하고 있었다. 죄 없이 쫓겨난 폐비 신씨는 의리명분상 복위되는 것이 당연하지만, 중종이 이미 사망하여 아버지의 명령 없이 임의로 어머니의 지위를 결정할 수 없다는 데 난점이 있었다. 숙종대 인현왕후의 경우는 숙종이 다시 받아들일 것을 명령했음으로 아무런 문제가 없었지만, 폐비 신씨의 경우는 결정이 쉽지 않았다.[59]

숙종대 폐비 신씨의 복위가 논의되었을 때 수암遂菴 권상하權尙夏, 1641~1721는 신씨가 죄 없이 폐출되었음을 인정하면서도 "자손이나 신하의 도리 상 선왕의 폐비를 태묘太廟에 추배追配하는 것은 아마도 자사子思가 훈계한 떳떳한 예법에 어긋나는 듯하다"는 입장을 취했다.[60] 약천藥泉 남구만南九萬, 1629~1711도 "신비愼妃는 비록 중종의 본의가 아니었다 하더라도 중종의 명으로 폐위된 분"이므로 후대에 감히 다시 의논할 수 없다고 보았다.[61] 이재는 "죄 없는 출모가 있어도 아버지의 명을 받지 못하면 그 자손 된 자가 감히 자기 뜻에 따라 억지로 사당에 모실 수 없는 것은 그 이치가 명확하다"는 입장에서 신씨의 복위에 부정적이었다.[62]

59 숙종대 신씨의 복위를 둘러싼 논의는 그 신주를 별묘에 모시는 것으로 절충되었다가 이후 영조의 적극적인 추진으로 복위가 이루어졌다(한희숙, 「中宗妃 廢妃 愼氏의 처지와 그 復位論議」, 『韓國人物史研究』 7, 한국인물사연구소, 2007 참조). 영조대 신씨의 복위는 예학적 측면보다는 영조대의 정치 지형과 관련하여 고찰할 필요가 있을 듯하다.

60 權尙夏, 『寒水齋集』 卷3 「收議・魯山愼妃復位議」. "至於愼妃, 以中宗大王潛邸時元妃, 無罪見廢, (…중략…) 其在子孫黎民之道, 以先王廢妃, 追配於太廟, 恐或有違於子思所訓之常禮耶."

61 南九萬, 『藥泉集』 卷34 「書・寄兒【戊寅十月三日】」. "至於愼妃, 雖非中廟本意, 乃以中廟命廢者也. 中廟時金淨・朴祥等請復可也. 今至後代, 安敢更議."

62 李縡, 『陶庵集』 卷16 「書・答閔士衛」. "訥齋冲菴之論固正矣, 而在中廟之世則可, 在中廟之後則不可, 人家有非罪出母, 而旣無所受命, 則爲子孫者不敢以己見, 强爲躋祔於其廟, 此其理甚明."

이에 정약용은 무죄출모를 위한 상복으로 3년복을 입을 수 있다는 주장과 출모복인 기년복을 입어야 한다는 주장이 있음을 소개하였다. 전자는 아버지의 명이 중요해도 올바른 것을 따라야 한다는 입장인 반면, 후자는 아버지가 광패狂悖해도 자식의 하늘로서 그 명이 중요하다는 입장이었다. 그는 후자의 견해에 따라, 정리상으로는 안타깝지만, 의리상 굽히는 바가 있음을 지적하였다. 또 아무리 어머니가 죄 없이 쫓겨났어도 아버지가 재취하여 계모가 계실 경우를 생각한다면 죄 없이 쫓겨난 어머니라도 3년복을 입을 수 없다는 점을 강조했다.[63]

이러한 무죄출모에 대한 논의는 조선 후기 예학자들이 부명父命이라는 의리의 문제를 중시했음을 보여주는 것이다. 무죄출모에 대해 정리상으로는 동정하고 안타깝게 여기지만, 아버지와의 의리가 유교적인 의례 실천에서 핵심일 수밖에 없었다. 따라서 아버지가 출처한 경우 국법의 허가 여부와 상관없이 출모로 대우해야한다는 주장 역시 가능해진다.

> 아버지가 이미 죄를 성토하여 사당에 고하고서 그 처를 내쳤다면 자식이 어찌 감히 그를 어머니로 섬기겠는가. 예를 살펴보건대 쫓겨난 생모를 위해 강복하여 기년복을 입는 것은 사사로운 은혜 때문이네. (…중략…) 대개 국법에서 허락하고 허락하지 않는 것에 대해서는 예에 보이지 않네. 조

63 丁若鏞, 『與猶堂全書』 卷3-10 「喪禮四箋 · 喪期別三 · 出母十五」. "今補. 乙問曰, 母本無罪, 其父惑於嬖妾, 遣母還家, 終身不復, 若是者奈何? ◯甲答曰, 父命雖重, 從其治, 不從其亂, 禮也. 若父生時, 母出而亡, 自若杖期, 與不出者無別, 若父卒之後, 厥母乃亡, 制服三年, 未爲失也. ◯乙曰, 父雖狂悖, 子之所天, 父所不命, 不得還之. 旣不得還, 何以三年? (…중략…) ◯鏞案, 母雖無罪而出, 若父再娶, 有繼母在堂, 子不得爲其母三年, 仍以出母事之, 不得如甲說也. 情雖可悲, 義有所屈."

> 정에서 허락하지 않으면 남편 된 자는 감히 재취할 수 없으니 형세가 진실로 그런 것이나 아버지가 이미 의절했다면 자식이 감히 아버지의 명을 버리고 삼년복을 입을 수 있겠는가? 대저 만고의 강상은 한 때의 국제國制와는 경중이 있는 듯하니 나는 아버지 명의 무거움이 국법보다 낮지 않다고 생각하네. 그러므로 대답할 바를 모르겠네.[64]

국법에서 허락하지 않는 한 재취가 불가능하다는 것은 쫓겨난 생모가 공식적으로 적처의 지위를 유지하고 있음을 의미한다. 하지만 아버지가 내치도록 명령하여 의리가 끊어지면, 자식에게는 출모가 되는 것으로 판단하였다. 이렇게 아버지의 명령은 국법을 능가하는 권위를 갖는 것이었다.

그럼에도 불구하고 가모와 출모의 경중에 대해 부명父命의 여부보다 실절이라는 여성의 도덕성을 더욱 강조하는 주장은 어떻게 해석될 수 있을까? 이러한 논리는 아버지의 결정을 최우선으로 하는 종법원리에는 오히려 어긋나는 측면이 있다. 그럼에도 여성을 도덕적 주체로 파악하고 그 행위에 대해 적극적으로 가치를 부여하는 것은 조선사회의 중요한 특성이라고 생각된다. 조선 후기에 양산되는 열녀 역시 이러한 인식을 보여준다. 여성이 삼종三從의 원칙에서 벗어나 스스로 남편을 쫓아 죽음을 택하는 것은 매우 능동적인 도덕의 실천으로 평가될 수 있다.[65] 물론 실절과 열녀라는 이름으로 그 행위를 규제하는 것

---

64 權尙夏, 『寒水齋集』 卷16 「書 · 答尹聖照【癸巳三月】」. "父旣聲罪告祠而出其妻, 則子何敢以母事之? 按禮所生母被出 降服朞, 爲私恩也. (…중략…) 若夫國法之許不許, 不見於禮, 朝家不許, 則爲夫者不敢再娶, 勢固然也. 父旣絶之, 則其子何敢棄父命而服三年乎? 大抵萬古綱常, 與一時國制, 似有輕重, 愚意父命之重, 不下於國法, 不知所以爲對也."

은 여성을 더욱 억압하는 기제가 되었지만, 도덕 실천의 주체로서 여성을 인식했다는 측면은 주목할 필요가 있을 것이다.

이러한 인식은 조선의 양측적 친족관행과 일정한 연관을 갖는다고 볼 수 있다. 사족의 사회적 신분을 결정하는 데 부계뿐 아니라 모계의 지위까지 고려하는 것은 조선사회의 특성이라 할 수 있다. 유교적 예제의 확대는 모계를 배제하는 방향으로 진행되었지만, 사족의 우월한 지위의 유지라는 측면에서 모계는 여전히 중요한 고려의 대상이 되었다. 도덕적인 결함이 있는 가모나 신분적인 결격이 있는 첩모의 자손에게 명백한 차별의 원리를 적용하면서 자신들의 사회적 특권을 유지하고자 했기 때문이다.

이상 출모와 가모에 대한 담론은 조선시대 예설이 기본적으로 조선의 현실에 기반하고 있다는 점을 명확하게 보여준다. 조선사회에 뿌리내린 개가에 대한 부정적인 인식은 가모에 대한 지나친 비난으로 이어졌다. 이러한 인식틀 속에서 병자호란 이후의 피로부녀와 기첩 등 이른바 실절한 여성들은 모두 가모로 규정되었다. 가모의 실절은 아버지와의 의리를 '스스로 끊은 것'으로 간주되어 도덕적인 비난의 대상이 되었다. 유교 원리에 입각하면 어머니와의 의리는 아버지에 의해 결정되는 것이 합당한 것이다. 부명父命에 따라 어머니의 지위를 결정하지 않고 어머니의 도덕적 행위를 우선하는 주장은 아버지를 최우선으로 하는 종법의 원칙과는 어긋나는 측면이 있었다. 조선의 종법화 과정은 조선사회의 특성을 반영하는 형태로 진행되었음을 고려할 필요가 있다.

---

65 이순구, 「조선시대 가족제도의 변화와 여성」, 『한국고전여성문학연구』 10, 한국고전여성문학회, 2005, 137쪽.

5. 맺음말

조선 후기 가모·출모에 대한 논의는 조선의 사회문화적 배경 속에서 독특한 예학 담론으로 전개되었다. 가모·출모는 아버지와의 의리가 끊어진 어머니라는 점에서 은혜와 의리가 상충되는 대상이었고 그만큼 예의 실천을 둘러싸고 많은 논쟁이 진행되었다. 조선 전기에는 유교적인 예제의 정비가 시도되면서 가모·출모의 상복이 법제화되었다. 성종대 재가녀 자손의 관직 진출이 규제되면서 사족층에게 재가는 매우 부정적으로 받아들여졌다. 조선의 양측적 친족관행으로 인해 사족의 사회적 신분을 결정하는 데는 부계 뿐 아니라 모계의 지위도 고려 대상이 되었다. 따라서 사족 여성의 재가는 해당 가문의 사회적 특권과 완전무결한 지위의 유지에 치명적인 오점이 되었다. 출모 논의는 왕실의 폐비를 중심으로 이루어졌는데, 폐비 신씨를 통해 죄없이 쫓겨나는 출모에 대한 인식이 나타나고 있었다. 사족 여성의 개가가 금지되고 이혼이 억제되는 상황에서 가모·출모에 대한 논의는 제한적으로 이루어졌지만, 가모에 대한 부정적인 인식은 이미 확립되기 시작했다.

조선에서 가모·출모에 대한 담론은 17세기 이후 확대되었다. 병자호란 때 포로로 잡혀갔다 돌아온 피로부녀들은 실절했다는 점에서 가모로 간주되었고, 이혼의 과정을 거쳐서 출모가 되었다. 이에 피로부녀와의 이혼문제나 그 자손들의 관직 진출 규제를 두고 많은 논의들이 진행되었다. 사족층의 경우 가모는 집안 전체를 위태롭게 하는 존재였으므로, 출처出妻의 당위성이 강조되었다. 피로부녀를 출처함으로써 특권 집단의 도덕과 의리를 재확인하고, 자신들의 신분적 지위를 유지할 필요가 있었던 것이다.

전례 없이 많은 가모·출모가 조선사회에 등장하면서 이들에 대한 예의 실천은 더욱 복잡하게 진행되었다. 가모·출모를 둘러싸고 전개된 예학 담론을 정리해보면, 첫째, 의리가 끊어진 가모·출모에 대한 차별적 예제가 더욱 구체화 되었다. 가모·출모를 위한 자최장기복에 담제를 지내지 않음으로써 부재위모의 상복과 철저히 구분하였고, 출모의 자식은 계모의 친족을 외친으로 삼도록 하였다. 둘째, 입후의 확대에 따라 소후 가모·출모에 대한 심상이 논의 되었다. 의리로 맺어진 입후와 은혜를 중시하는 심상의 문제가 상충하면서 서로 다른 예설이 제시되고 있었다. 셋째, 가모가 실절한 어머니로 개념화되면서 집에 들이지 않은 비첩이나 기첩을 가모로 간주하였다. 이러한 해석은 예경에 근거가 없는 변례로서, 서얼의 의례 실천에 적극적으로 활용되었다.

조선사회에 뿌리내린 개가에 대한 부정적인 인식은 가모와 출모의 경중에 관한 논의에 중요한 영향을 미쳤다. 중국에서는 가모와 출모의 경중을 '부명父命'의 유무로 구분하는 반면, 조선에서는 가모가 아버지와의 의리를 '스스로 끊은 것'이므로 의절이라는 점에서 가모와 출모를 동일시하였다. 오히려 출모는 죄 없이 쫓겨난 경우를 들면서 동정하는 반면, 가모는 스스로 남편과의 의리를 끊고 실절했다는 점에서 도덕적으로 더욱 비난받았다. 이렇게 어머니의 도덕적 행위를 우선하는 주장은 아버지의 권위를 최우선으로 하는 종법의 원칙과는 어긋나는 측면이 있었다. 출모와 가모에 대한 담론은 조선의 예학이 조선사회의 특성과 역사를 반영하는 형태로 진행되었음을 보여주고 있다.

참고문헌

원전류 및 번역본

『經國大典』

『朝鮮王朝實錄』

『朱子家禮』

權尙夏, 『寒水齋集』

權　諰, 『炭翁集』

金履安, 『三山齋集』

金元行, 『渼湖集』

金長生, 『沙溪全書』

南九萬, 『藥泉集』

李萬敷, 『息山集』

李世弼, 『龜川遺稿』

朴胤源, 『近齋禮說』

______, 『近齋集』

宋明欽, 『櫟泉集』

宋時烈, 『宋子大全』

宋浚吉, 『同春堂集』

李惟泰, 『草廬集』

李　瀷, 『星湖全集』

李　縡, 『陶菴集』

______, 『四禮便覽』

任聖周, 『鹿門集』

丁若鏞, 『與猶堂全書』

洪直弼, 『梅山集』

연구논저

김두헌, 『韓國家族制度史研究』, 서울대 출판부, 1969.

마르티나 도이힐러, 이훈상 역, 『한국사회의 유교적 변환』, 아카넷, 2003.

김윤정, 「18세기 禮學 연구-洛論의 禮學을 중심으로」, 한양대 박사논문, 2011.
박 경, 「조선 전기 棄妻규제 정책의 영향과 한계」, 『사학연구』 98호, 한국사학회, 2010.
박 주, 「병자호란과 이혼」, 『조선사연구』 10집, 조선사연구회, 2001.
이상백, 「再嫁禁止習俗의 유래에 대한 연구」, 『朝鮮文化史研究論叢』, 을유문화사, 1948.
이숙인, 「15세기 조선의 改嫁논쟁」, 『東洋哲學』 32, 한국동양철학회, 2009.
이순구, 「조선시대 가족제도의 변화와 여성」, 『한국고전여성문학연구』 10, 한국고전여성문학회, 2005.
이순구, 「朝鮮初期 宗法의 수용과 女性地位의 변화」, 한국정신문화연구원 박사논문, 1994.
이은영, 「한문 산문에 투영된 어머니-18세기 八母 服制 담론과 어머니 관련 글들을 중심으로」, 『한국고전여성문학연구』 14, 한국고전여성문학회, 2007.
이혜순, 「18세기 '父在爲母' 담론과 모성 인식」, 『대동문화연구』 59, 성균관대 대동문화연구원, 2007.
장동우, 「茶山 禮學의 研究-『儀禮』「喪服」과 『喪禮四箋』「喪期別」의 比較를 中心으로」, 연세대 박사논문, 1998.
______, 「『家禮』 註釋書를 통해 본 朝鮮 禮學의 進展過程」, 『東洋哲學』 39, 한국동양철학회, 2010.
장병인, 「조선시대 이혼에 대한 규제와 그 실상」, 『민속학연구』 6, 한국민속박물관, 1999.
정지영, 「朝鮮後期 寡婦의 守節과 再婚」, 『고문서연구』 18, 고문서학회, 2000.
정해은, 「조선 후기 이혼의 실상과 『대명률』의 적용」, 『역사와현실』 75, 한국역사연구회, 2010.
조 은, 「모성 · 성 · 신분제-『조선왕조실록』 '재가 금지' 담론의 재조명」, 『사회와역사』 51집, 한국사회사학회, 1997.
한명기, 『정묘 병자호란과 동아시아』, 푸른역사, 2009.
한희숙, 「中宗妃 廢妃 愼氏의 처지와 그 復位論議」, 『韓國人物史研究』 7, 한국인물사연구소, 2007.
______, 「연산군대 廢妃尹氏 追封尊崇 과정과 甲子士禍」, 『韓國人物史研究』 10, 한국인물사연구소, 2008.

| 가家의 확장과 내부의 타자들 |

성호학파의 여성 인식

김선희

1. 머리말

> 내가 집안을 다스리고 생계를 꾸려가는 데 서툰 것에 대해서는 조금도 한스러워 한 적이 없었고, 당신 혼자 고생하며 부지런히 생계를 꾸려나가 빈객을 맞고 제사를 지내는 일부터 자잘한 일들에 이르기까지 노심초사하며 온 힘을 다해 집안을 돌보았소. 곤궁한 가운데서도 조금도 원망하지 않았고, 험난하고 쪼들려도 조금도 신세를 한탄하지 않았소.[1]

18세기 문인인 신경申暻, 1696~1766이 죽은 아내를 위한 쓴 「제내자숙인윤씨문祭內子淑人尹氏文」의 일부이다. 글의 주인공은 아내에 대한

1 송시열 외, 유미림 외역, 『빈방에 달빛 들면』, 학고재, 2005, 257쪽.

제문을 통해 생계에 무력한 자신을 대신해서 생계를 꾸리며 접빈객 봉제사에 성심을 다한 아내를 그리움 마음으로 회고하고 있다. 조선 유학자들이 아내를 위해 쓴 제문들을 살펴보면 어려운 형편 속에서 생계를 꾸려가면서도 불평하지 않았던 아내를 그리워하는 내용들을 쉽게 발견할 수 있다.[2]

아내를 잃은 남편들은 공통적으로 경제적인 자신의 무능과 가난을 밝히고, 생계를 꾸릴 뿐 아니라 사士로서의 토대이자 삶의 형식인 봉제사奉祭祀, 접빈객接賓客의 의례를 묵묵히 감당해준 아내의 어려움을 헤아리고 있다. 사실 조선 중후기의 일부 사士 계층은 사실상 이러한 아내들의 과잉 노동 없이는 제사와 같이 비용이 드는 의례는 물론 기본적인 생활조차 유지하기 어려울 것이다. 이런 이들에게 아내는 단순한 생활의 조력자가 아니라 생계와 제사 즉 생존의 토대이며 가치의 의례적 실현禮에서 중심을 차지하는 존재였다. 그러나 남편들은 아마 아내가 살아있었을 때 어떤 방식으로건 이를 인정하거나 표면화할 수 없었을 것이다. 고통이 한쪽에 전가되는 왜곡된 구조에 대한 반성은 커녕 평생의 수고를 인정하거나 평가해 줄 어떤 제도도, 어떤 관습도, 심지어 의례적 규약도 없었기 때문이다. 그나마 죽은 후에 이 제문 한

---

2 『빈방에 달빛 들면』은 번역자들이 『한국문집총간』에서 아내에 대한 제문을 찾아 번역한 책이다. 이 글들 가운데는 주인공이 누구인지 관계없이 일종의 전형적 방식으로 이런 내용이 표출된다. 예를 들어 "내가 오래 전부터 세상사에 관심을 끊은 것을 알고는 생계를 위해 벼슬하라고 다그치지 않았소. 새 집을 마련하느라 살림이 아는데도 쌀궤가 비었다는 말로 나를 심란하게 하지 않았고 무능하다고 나무라지 않았소. 이는 모두 여자들이 싫어하고 잔소리할 일인데도 당신은 무슨 좋은 데나 가는 사람처럼 꺼리는 기색이 없었다오"(위의 책, 80쪽)라거나 "나는 글공부나 할 줄 알았지 생계를 꾸리는 재주는 없어, 내 한 몸 건사하는 것은 물론 열 식구 책임지는 것까지 모두 당신에게만 떠넘겼소. 당신은 아무 것도 없는 데서 살림을 꾸려나가느라 여간 고생스러운 게 아니었을 거요"(같은 책, 198쪽).

장의 언어적 위로라도 얻는 여성이 많지는 않을 것이다.

이를 통해 우리가 확인하고자 하는 것은 가부장적이고 남성 중심적인 유가 질서 안에서 여성이 차별받았다는 사실 자체가 아니다. 감정과 욕구를 가지고 삶의 성취를 지향하는 각각의 개인들을 조선사회가 '가족'이라는 공동체 내부의 구조 안에 어떻게 편재하여 통제했는지는 여러 연구를 통해 규명되었다. 조선 중후기, 가족 질서 내에서의 여성의 위상과 그 의미는 조선 후기의 보편적 구조였던 친족 구조와 질서, 상속과 입후 같은 의례적 제도와 같은 거시적 담론 차원에서 연구되거나 혹은 구체적인 인물의 삶을 추적하는 방식으로 분석되어 왔다.[3]

이 글은 앞선 연구들의 목표와 달리, 실학적 태도와 실천으로 삶과 학문 세계를 구축했던 성호학파의 삶과 학문을 가족이라는 관점에서 살펴보기 위해 가족 구성원 중 '여성'을 주제에 접근하는 통로로 삼고자 한다. '여성관'을 살펴보고자 하는 유사한 관점의 연구들이 있었지만 이 연구들은 성호나 순암, 다산의 글에 나타난 여성 관련 글들을 분석하고 평가하는 방식으로 진행되었다.[4] 이 글에서는 단선적으로 성

---

3 마르티나 도이힐러, 이훈상 역, 『한국의 유교화 과정』, 너머북스, 2010; 마크 피터슨, 김혜정 역, 『유교 사회의 창출-조선 중기 입양제와 상속제의 변화』, 일조각, 2000; 이효재, 『조선조 사회와 가족』, 한울, 2003; 최홍기 외, 『조선 전기 가부장제와 여성』, 아카넷, 2004; 박미해, 『유교가부장제와 가족, 가산』, 아카넷, 2010; 정해은, 『조선의 여성, 역사가 다시 말하다』, 너머북스, 2011. 특히 정해은의 논문 「조선시대 여성사 연구, 어디로 가고 있는가?」, 『역사와 현실』 91호, 한국역사연구회, 2014와 「조선시대 여성사 연구 동향과 전망, 2007~2013」, 『여성과 역사』 19집, 한국여성사학회, 2013은 선행 연구의 경향과 핵심을 정리하고 있어 관련 연구에 참고가 된다.

4 조성을, 「실학의 여성관-이익, 정약용을 중심으로」, 『한국사상사학』 20권, 2003; 김보경, 「순암順菴 안정복安鼎福의 여성 인식-18세기 여성 인식사의 한 극단적인 얼굴」, 『한국고전여성문학연구』 8권, 2004; 강명관, 「순암順菴 안정복安鼎福의 여성관」, 『한국실학연구』 8권, 2004; 김지은 「성호星湖 이익李瀷, 1681~1763의 여성관女性觀」, 『역사교육연구』 39집, 2007 등이 대표적이다.

호나 순암의 여성 인식을 분석하는 것이 아니라 여성이나 가족에 관한 성호학파의 이념과 실천을 친족 질서와 유가적 이념의 확립이라는 구조적인 차원에서 파악함과 동시에 일반론에 흡수될 수 없는 성호학파의 문제의식과 내부적 실천의 의미를 규명하려는 것이다.

2. 강화되는 가家, 배제되는 여인女人

관련 주제의 선행 연구들은 조선사회에서의 여성의 지위와 역할 및 그에 따른 책무, 여성에 대한 평가와 규제가 사실상 유학의 보편적 구조에서 비롯된 초역사적 결과라기보다는 조선의 정치적 상황과 경제적 분화에 따른 역사적 결과라는 사실을 규명해주었다.[5] 조선 중기 이후 유교 이데올로기가 강화되면서 가족-친족 제도가 부계 중심으로 개편되었음은 선행 연구를 통해 충분히 입증된 바이다. 남자가 결혼 후 처가에 머물며 분가할 때 재산을 상속받는 남귀여가혼제 및 균분 상속이나 윤회 봉사, 외손 봉사처럼 여성의 지위와 직접적 연관이 있는 의례적 행위들이 존재했었지만 이는 점차 친영제로의 전환, 장자 우선 상속제의 강화 등으로 나타났다.[6] 17세기 이후 토지나 경제 규모가 균분 상속을 지탱할 수 없는 상태에서 제사의 의무를 적장자에게 두고 적장자에게

5 마르티나 도이힐러, 이훈상 역, 『한국의 유교화 과정』, 너머북스, 2010; 마크 피터슨, 김혜정 역, 『유교 사회의 창출－조선 중기 입양제와 상속제의 변화』, 일조각, 2000과 같은 연구가 대표적이다.

6 도이힐러는 경제적 상황의 변화에 따른 장자 상속의 정착과 제사 형태의 변화가 여성의 지위 변화에 어떤 영향을 가져왔는지 분석한 바 있다. 마르티나 도이힐러, 위의 책, 305~313쪽.

재산을 우선 상속하는 방식이 정착됨에 따라 적장자를 중심으로 문중이 형성되고 확대되는 과정이 강화되었다는 것이다. 영세화된 재산으로 인해 적장자 우대 상속이 아니면 가문-문중을 지킬 수 없었던 재지사족이나 향유들이 증가하면서 상속-결혼-제사 등의 일련의 의례적 제도들이 연쇄적으로 상호작용을 일으킬 수밖에 없었을 것이다.

문중門中은 조선사회가 중기 이후에 전시대보다 부계혈연 중심의 가부장제의 구성과 구현에 국가 사회적 역량을 쏟고 개인의 미시적 삶과 실천에까지 집요할 정도로 유가적 이념을 규제하게 된 중요한 배경이다. 경화 사족은 물론 향촌의 재지 사족에게 정치 권력의 기반으로서의 '문중'이라는 물적, 이념적 기반이 필요했다. 정치권력에 근접해 있는 문벌들은 물론, 중앙 정계에서는 소외되었으나 여전히 향촌에 대한 지배력을 유지하고자 했던 지방의 재지사족들은 강력한 가부장적 문벌집단을 구성해 스스로를 정치세력화하고 정치적 영향력을 유지하고자 했던 것이다. 문중이 아니면 사의 신분을 유지할 수 없었던 지방사족들은 적장자 중심의 부계 친족 집단을 이루게 살게 되었고 이에 따라 보다 강력하고 수직적인 장자 중심의 위계적이고 가부장적인 문중 집단을 강화해나갔다. 이는 정치권력은 물론 경제력조차 없었던 성호학파와 같은 향유들에게도 마찬가지였다.

가족의 영역 이외에 공적 삶이 허용되지 않았던 여성의 삶도 친족질서의 변화에 따라 달라졌다. 상속제도의 변화를 통해 딸의 상속권이 제한되자[7] 남편이 아내의 집 근처에 정착하면서 처가의 토지를 상속

7 피터슨은 임진왜란 이후 경작지가 줄어들자 딸을 상속에서 배제한 것으로 해석한다.

받는 남귀여가혼이 점차 아내가 시댁으로 들어가는 친영례로 바뀌었다. 결혼 후 처가, 외가 주변에 정착하던 관행이 사라지고 여성이 완전히 낯선 집안에 낯선 가풍 속에 홀로 들어가는 방식이 정착됨으로써[8] 18세기 이후에는 남존여비, 여필종부라는 불평등한 관념이 확고하게 자리 잡게 되었다. 이처럼 17세기까지 유지되던 균분상속이 장자 우대 상속으로 바뀌고 봉제사, 접빈객의 의무와 기능이 종가를 중심으로 재편되면서 '문중'을 중심으로 한 집성촌이 성립되는 과정은 제사와 혼례, 입후 등의 다양한 의례적 실천의 변화로 연결되었고 이 과정에서 여성들의 삶은 일상과 의례 사이의 대단히 좁거나(의례가 일상사라는 점에서) 혹은 대단히 넓은(의례가 추상적이고 보편적인 유가적 이념에서 비롯된다는 점에서) 간격 안에서 새롭게 "구성"되어갔다.

이런 관점에서 볼 때 조선 중후기 여성의 사회적 지위는 유학의 보편적 구조의 산물이거나 혹은 유학의 이념화에 따른 직접적 결과라기보다는 사회경제사적 차원과 연동된 문제 즉 가문-문중의 성립과 유지를 위한 제도와 의례 차원에서 살펴야 하는 역사적이며 계기적인 문제라고 할 수 있다. 가족 내의 여성의 위상과 역할, 이를 규정하려는 다양한 개입과 실천은 조선 후기 사회의 경제와 제도, 사회구조와 이념이 복합적

8 다음과 같은 해석이 설득력 있다. "부계 가족은 혼입한 며느리에게 가족 내에서 최저의 지위를 줄 뿐 아니라 그녀의 과거를 백지화하여 버리고 그녀가 시가에서 얼마나 공헌하느냐에 따라 지위가 확고해지고 상승하는 이른바 성취지위achieved status를 준다. 며느리는 최저의 지위를 점유하기 때문에 권리보다 의무가 더 많고, 성취지위는 시가에 얼마나 순종하였느냐, 얼마나 경제적으로 공헌하였느냐, 그리고 가계를 계승할 아들을 출산하였느냐 등을 중요 내용으로 한다. 말하자면 부계 가족에 혼입한 여자는 새로운 가족에서 주어진 지위를 유지 확보하여야 한다는 구조적 요구 이외에 새로운 가족에 적응하여야 된다는 심리적 어려움을 겪어야 한다." 이광규, 『한국 친족의 사회인류학』, 집문당, 1997.

으로 연결된 중층적 문제라고 할 수 있다. 아내와 며느리, 딸의 위상과 역할은 과잉적으로 의식된 문벌, 가문, 집안의 관념을 떠받치는 '내부'의 '타자들'이었다. 가문-문중을 형성하기 위해 의례적 실천을 집행하는 존재들은 남성이었지만 그 의례적 실천을 실질적으로 가능하게 하는 것은 생활을 이끌고 제사를 받드는 여성들의 노동이었기 때문이다. 여성들은 새로운 친족질서에 몸과 마음을 맞추도록 교화되어야 할 존재였다.

정부 차원에서 그리고 민간에서 등장한 여성 교화서들이 이러한 사정을 잘 보여준다. 이념이 현실을 압도하는 상황에서 이념의 타자들에게 '교화'라는 이름으로 타율적 강제 작업이 이루어졌던 것이다. 『내훈』을 비롯하여, 「삼강행실도」, 『여사서』 등이 조정을 통해 간행 보급되고 송시열의 「계녀서」 등 민간에서 내훈서들이 양산되었다는 점이 이를 잘 보여준다.[9] 이 내훈서의 언어들이 담고 있는 이념은 여성을 유가적 질서 내부로 편재하는 역할을 했다. 이념에 따르는 모범적인 여성상이 제안되고 하나의 전형으로 유통되며 생명력을 얻었다. 이념의 언어들이 생명력을 얻는 대신 현실에 살아있는 여성들의 생명을 잃는 지경에 이르렀다. 이른바 '종사從死', '열녀烈女'의 담론이 살아있는 여성들의 생명마저 위협했기 때문이다. 국가의 포상을 노리거나 몰락한 가문을 일으키기 위해 여성들의 죽음은 종용되었다.[10]

---

9 김진명, 「가부장 담론과 여성 억압—내훈서 및 의례서의 분석을 중심으로」, 『아세아여성연구』 33집, 1994; 김언순, 「조선 여성의 유교적 여성상 내면화 연구—여훈서女訓書와 규방가사閨房歌詞를 중심으로」, 『페미니즘 연구』 8권, 2008 등을 참고할 수 있다.

10 지방의 재지 사족들을 비롯한 문중들이 '열녀 만들기'에 몰두했음은 선행 연구들이 밝힌 바이다. 조선 시대 열녀 담론이 어떻게 구성되고 어떤 효과로 나타났으며 어떻게 가문의 유지와 재생에 활용되었는지는 다음의 연구를 참조할 수 있다. 한국고전여성문학회 편, 『조선시대의 열녀담론』, 월인, 2002; 박주, 『조선시대 여성과 유교문화』, 국학자료원,

결과적으로 내훈서를 통한 여성의 삶과 실천에 대한 유가적 구성의 과정은 사실상 조선이 완전히 유교적 질서와 이데올로기 안에서 운용되기 시작했음을 보여준다. 그리고 구성의 토대가 국가 전체를 범위로 하는 질서이자 이데올로기였다는 점에서 여성의 삶과 실천의 제도화는 특정 지역, 집단, 혹은 경제적 차이를 뛰어넘는 보편적 양상을 띠게 된다. 사회경제사적 관점에서 볼 때 여성에 대한 평가와 규제, 이념적 계도는 역사적으로 등장한 계기적이고 시대적인 문제지만 공시적인 관점에서 볼 때는 정치적 지위나 경제적 위상, 지역이나 학맥의 분기에 따른 차이를 확인하기 어려운 보편적이고도 일반적인 문제인 것이다. 상속 제도, 결혼 제도 등 유가적 이데올로기를 정착시키기 위한 제도적 의례적 실천들이 확고히 자리 잡은 17세기 중반 이후의 조선에서의 여성에 대한 관념과 그에 따른 사회적 규제는 평가하고 규제하려는 이들의 신분이나 경제적 능력 혹은 학문적 차이에 관계없이 거의 모든 개인과 공동체가 공유하던 일반적인 인식과 실천이었다고 할 수 있다. 성적으로 대상화된 존재들 이외에 그 어떤 경우에도 여성들에게 집 밖의 삶이 허용되지 않았기 때문이다.[11]

2008; 강명관, 『열녀의 탄생』, 돌베개, 2009 등이 대표적이다.

11 '실학實學'을 어떻게 규정하는지에 따라 문제가 달라질 수 있으며 주자학과 실학을 대척적인 학문으로 파악한다는 혐의가 있음을 인정한다고 해도 적어도 여성에 관한 문제에 있어서는 이른바 '주자학자'나 '실학자'나 거의 차이를 발견할 수 없다. 「계녀서」에 나타나는 송시열의 입장과 「사소절」에 나타나는 이덕무의 생각, 그리고 성호 이익과 순암 안정복의 입장에 결정적 차이를 발견하기는 어렵다. 경제적 차이도 큰 구별점이 되기 어렵다. 정치 권력과 사회적 영향력을 가진 경화세족이건, 향촌에 대한 문화적 지배력과 경제력을 갖춘 재지사족이건 성호학파처럼 출사가 막혀 있어 정치권력에서도 멀고 경제력조차 갖지 못한 사인-향유건 제사를 통해 문중을 유지하려는 한에서 여성에 관한 입장과 태도, 이념적 제한에 대해서는 공통된 토대 위에 놓여 있었다. 이념을 담은 언어는 언제나 선언적이며 교조적이기 때문에 일종의 전형성을 띠게 된다. 이념이 일치하면 언어적 표현도 일치하기 때문이다.

그렇다면 성호학파는 어떠한가?[12] 약자들의 처지에 공감하고 눈물 흘리며 시대의 모순을 통렬히 비판하던 성호와 그의 제자들은 과연 여성에 대해 어떻게 생각하고 어떻게 실천했는가? 이 글은 이러한 질문으로부터 출발한다.

3. 사나운 아내와 요란한 여성 – 성호가 바라본 여성의 삶

1) 고통스런 이를 돌아보라

경기 남인으로써 성호星湖 이익李瀷, 1681~1763은 경신환국庚申換局으로 권력에서 밀려난 아버지 이하진李夏鎭, 1628~1682의 유배지에서 태

12 순암의 여성관은 두 선행 연구에 의해 분석된 바 있다. 김보경, 앞의 글; 강명관, 앞의 글. 이 두 연구는 순암의 글들을 분석하여 여성에 대한 순암의 차별적 인식을 드러내는 내용이 주를 이루며 여성에 대한 순암의 인식이 형성된 배경이나 사회경제적 조건 등을 종합적으로 다루고 있지는 않다. 성호 이익의 여성관에 관한 논문도 있지만 선행 연구를 정리한 것으로, 단편적인 내용을 확대해석하여 성호가 개가를 인정했다는 식의 실제와 다른 결론을 내리는 등 본격적인 연구논문으로 보기는 어렵다. 김지은, 앞의 글. 그밖에 부부관이나 친족 질서의 차원에서 성호나 순암의 입장에 접근한 연구들도 있지만 본격적인 분석이나 비판으로 나아가지 않는 경우가 많다. 예를 들어 결혼 후 3개월 안에 신부를 돌려보낼 수 있다고 본 점을 바탕으로 성호가 개가를 일부 인정했으므로 다른 이들에 비해 진보적이었다거나 순암이 딸에게도 교육을 시키고자 했으므로 남녀 평등적 시각을 보인다거나 하는 식의 해석은 주의가 필요하다. 전체적인 맥락을 살피지 못하고 부분적인 언설을 확대해석하는 경향이 있기 때문이다. 전자의 경우는 혼인의 성립 요건에 관한 것으로 결혼 후 3개월 안에는 남자 쪽에서 혼인을 무효화할 수 있다는 것이지 여성이 재가할 수 있다는 의미는 아니다. 실제로 3개월 안에 출처되었다고 해서 전자의 혼인을 없던 것으로 하고 이 여성을 신부로 맞을 집안을 없을 것이다. 순암의 경우 역시 아들에게 딸의 교육을 맡긴 것은 오직 여성으로서의 도리를 익히도록 가르치라는 의미이지 실질적인 '교육'의 가능성을 열어둔 것이 아니다. 딸을 무식하게 놓아둘 수 없다는 순암의 말에서 '무식'은 여성으로서의 할 일에 대한 무지를 의미하는 것이지 일반적인 지적 이해 능력이나 학습을 말하는 것이 아니기 때문이다.

어나 이듬해 아버지를 잃고 안산의 첨성리로 내려왔고, 평생을 그곳에서 보냈다. 부친의 유배와 둘째 형 이잠李潛, 1660~1706이 장살된 후 성호의 운명은 아마도 재야의 향유鄕儒 독서인으로 결정되었다. 특히 스물여섯 살에 이잠의 장살사건을 목도한 뒤 성호는 완전히 과거를 폐한 후에 두문불출하며 집에서 학문에 정진하였다. 그는 사회적 실천의 경로가 막힌 재야의 독서인 신분이었지만, 올바른 가치와 도덕성이 구현되는 유가적 세계를 구상하며 각종 제도의 구상을 내놓음으로써 조선 후기의 실용적 학풍의 중요한 축을 형성한 큰 유학자였다. 성호는 퇴계로부터 이어진 경학에 토대를 두면서도 놀라운 열정과 개방성으로 서양의 학술을 접했고 사단칠정론 같은 중요한 철학적 문제를 새롭게 사유했으며 당시 조선의 사회적 문제에 대해 실질적인 제도 개혁안을 제안했다.

그런데 성호의 이런 학문적 지향과 실천에는 다른 학자들과 다른 토대가 있다. 그것은 소외된 존재들에 대한 깊은 공감과 관심이다. 『성호사설』에서 성호는 참으로 다양한 존재들을 연민한다. 예를 들면 제대로 먹지 못해 추위에 벌벌 떠는 병아리의 처지를 안타까워하며 굶주리거나 추위에 떨지 않게 할 방법을 생각하기도 하고[13] 고양이가 도둑질을 하게 된 것은 필시 먹을 것이 없었기 때문이라며 고양이의 상황을 헤아려주기도 한다.[14] 닭이나 개를 보며 입맛을 다시며 요리법을 생각하는 행태를 비판하며 '힘닿는 데까지 모두 짐승을 잡아먹을 생각을 한다면 이른바 약육강식이니 짐승의 도凡力所及者, 皆思殺喫, 所謂弱之肉

13 『성호사설』 권6 『萬物門』 「鷄雛」.
14 『성호사설』 권5 『萬物門』 「偸猫」.

强之呑, 禽獸之道也'[15]라며 신랄하게 비판하기도 한다. 그는 노비의 제문을 지어주기도 하고, 고향을 떠나 떠도는 유민을 안타까워하기도 하며, 서얼의 차별에 공분하고 노비의 처지를 불쌍히 여긴다. 그가 연민하고 안타까워하며 공분하는 대상은 당시 조선사회의 모순을 감당해야 했던 약자들이라는 점에서 특별한 의미를 가진다. 고통받고 소외된 이들에 대한 성호의 연민과 공감은 단순한 정감적 표현이 아니라 사회 제도 개선을 위한 비판의 단초이기 때문이다. 그의 연민은 항상 사회적 '모순'과 그리고 이를 극복하기 위한 제도적 대안과 연결되어 있다.

그렇다면 '여성'에 대해서는 어떠했을까. 자기 목소리를 낼 수 없으면서도 존재 자체만으로도 성적 타락의 혐의를 받으며, 생계의 노동과 의례를 위한 과잉 노동을 견디다가, 남편에 대한 성적 종속성을 증명하기 위해 스스로 목숨까지 끊어야 하는 이 타자들에 대해서는 어떠했을까? 약자를 통해 모순을 보고 대안을 찾고자 했던 성호에게 여성은 어떤 존재였을까? 결론부터 말하자면 다른 이들과 조금도 다르지 않다. 노비와 유랑민, 추위에 떠는 병아리까지 안타까워하는 성호지만, 유독 여성의 고통에 대해서만은 공감하지 않았다. 공감하지 않은 정도를 넘어 대단히 공격적인 표현을 하기도 한다. 왜 성호에게 여성의 고통만은 보이지 않았던 것일까?

15 『성호사설』 권7 『人事門』 「對生思食」.

2) 사나운 아내를 쫓아내라

『성호사설』이나 『성호전집』을 살펴보면 의외로 여성에 대한 언급이 많다는 점에 놀라게 된다. 주제별로 분류해보면 다음과 같다.

① 여성이 따라야 할 규범과 모범을 다른 경우

「규곤지계閨壼之戒」, 「부인무외사婦人無外事」, 「수기시지誰其尸之」, 「퇴계 재취退溪再娶」, 「잡찬雜纂」, 「동국미속東國美俗」, 「부녀지교婦女之教」, 「내훈內訓」, 「비은費隱」 등

② 여성 인물을 제재로 삼은 경우

「추존 이 부인追尊李夫人」, 「진 황후陳皇后」, 「소령 부인昭靈夫人」, 「이 부인李夫人」, 「한무가사漢武歌詞」, 「호광녀胡廣女」, 「열부 조씨烈婦趙氏」, 「독행 정공 묘지명 병서篤行鄭公墓誌銘 幷序」, 「우씨쌍절정려기禹氏雙節旌閭記」, 「이여송모李如松母」, 「독행 정공 묘지명 병서篤行鄭公墓誌銘 幷序」, 「익위사익찬조공숙인리씨합폄묘지명 병서翊衛司翊贊趙公淑人李氏合窆墓誌銘 幷序」, 「파경사破鏡詞」 등

③ 절과 호칭, 결혼 등 여성에 관한 예법과 여성이 행해야 할 예에 관한 글들

「부인배婦人拜」, 「사배四拜」, 「백배帛拜」, 「협배俠拜」, 「여제칭형처女弟稱兄妻」, 「부부夫婦」, 「첩모妾母」, 「중자지궁仲子之宮」, 「도고悼考」, 「동뢰同牢」, 「혼례婚禮」, 「불괴옥루不愧屋漏」, 「반합牉合」, 「가녀의嫁女儀」, 「취부의娶婦儀」, 「혼서식昏書式」 등

④ 여성의 정절을 문제시하면서 성적 타락과 방종을 경계하는 글,

「여색함인女色陷人」, 「색욕色欲」, 「음송淫訟」, 「강간强姦」, 「부녀위니婦女爲尼」, 「음란위찬淫亂爲纂」, 「표매사균摽梅死麕」, 「후촉後燭」, 「실녀과부室女寡婦」 등

⑤ 재가와 이혼, 처첩제 등 결혼제도나 풍속에 대해 언급한 경우

「과부자寡婦子」, 「가모嫁母」, 「민모民母」 「출부出婦」, 「출처出妻」, 「부기부婦棄夫」, 「여국女國」, 「이혼離昏」, 「여다남소女多男小」 등

⑥ 여성의 복장과 머리장식, 화장 등 치장을 문제 삼는 경우

「계장髻粧」, 「발개髮髻」, 「여모女帽」, 「연지胭脂」, 「단주지환비환丹注指環臂環」, 「피견披肩」, 「부인복婦人服」, 「부녀의복婦女衣服」, 「홍의紅衣」, 「나속羅俗」 등

글의 제목과 양을 보면 생각보다 분야도 다양하고 편수도 상당하다는 것을 알 수 있다. ①과 ②는 표리 관계를 이루는 유학자들의 일반적 접근 방식이고 ③은 예의 차원에서 다루어지는 문제이기 때문에 주제만으로 보았을 때는 특기할 만한 것이 없다. ④의 경우는 학자마다 다르지만 역사적으로 늘 등장하던 주제였다는 점에서 일종의 일반론이라고 할 수 있다. 흥미로운 것은 ⑤와 ⑥이다. 재가와 이혼 등에 관한 내용이 여러 차례 다루어지고 있다는 점과 여성의 머리 장식과 화장, 복장에 대해 언급한 내용 역시 상당히 많다는 점이 두드러진다.

⑤를 통해 확인할 수 있는 성호의 기본 입장은 일부다처제를 용인하는 바탕에서 여성들에게는 재가 허용되어서는 안 되지만 남자들은 아내들을 내쫓을 수 있어야 한다는 것이다. 일단 성호는 '남자는 첩을 많이 두

어도 금하지 아니하였으니 거의 사리에 맞는 듯하다男子不禁多畜妾媵, 庶幾得之'(「女國」)며 일부다처제를 당연한 것으로 받아들인다.[16] 남편은 여러 아내를 둘 수 있지만 여성들에게는 개가할 권리가 없다. 성호는 극단적으로 여성의 개가를 반대한다. 성호는 남편의 무능력을 이유로 딸을 이혼시키려는 부모의 소송이 받아들여져 이혼의 판결이 나오자 부부의 의리상 가난을 이유로 헤어지게 해서는 안 된다며 판결을 내린 관청을 비판하는 제자에게 주희의 답변을 문제 삼는다. 주희는 다음과 같이 말한다.

---

16 그런데 흥미로운 점은 성호가 일부다처제를 주장한 고려 충렬왕 때 박유의 상소를 거론하면서 『고려사절요』의 구절을 왜곡하고 있다는 점이다. 『고려사절요』의 원문은 "2월에 태부경 박유朴褕가 상소하기를, "우리나라에는 남자가 적고 여자가 많은데 높은 이나 낮은 이가 한 아내만 둘 수 있어서, 아들이 없는 사람도 감히 첩을 두지 못합니다. 그러나 다른 나라 사람이 와서 아내를 얻는 데는 제한이 없으니, 신臣은 인물이 모두 장차 북쪽으로 흘러나갈까 두렵습니다. 가령 신하들에게 첩 두는 것을 허락하되 관품에 따라 그 수효를 감하여 서인庶人에 이르러서는 일처일첩一妻一妾을 얻을 수 있도록 하며, 그 서처庶妻 소생의 아들도 조정에서 벼슬하는 것을 모두 적자와 같이 하게 한다면, 짝이 없어 원망하는 남녀가 없어지고 인물이 밖으로 흘러나가지 않아 인구가 점점 증가하게 될 것입니다" 하였다. (…중략…) 마침내 이런 상소를 하니, **부녀자들이 듣고 모두 원망하며 두려워하였다.** 이때 재상 가운데 아내를 무서워하는 자가 있어 그 의논을 중지시켜 실행하지 못하였다大府卿朴褕, 上疏曰, 我國男少女多, 而尊卑止於一妻, 其無子者, 亦不敢畜妾, 異國人來, 娶妻無定限, 臣恐人物皆將北流. 令臣僚, 許娵庶妻, 隨品降殺其數, 至於庶人, 得娵一妻一妾, 其庶妻所生之子, 得仕于朝, 皆比適子, 怨曠以消, 人物不流, 戶口日增矣. (…중략…) 遂上此疏, **婦女聞者, 咸怨且懼**, 時宰相, 有畏其妻者, 寢其議不行"로 되어 있다. 그러나 성호는 이를 다음과 같이 옮기고 있다. "고려 충렬왕 때 대부경大府卿 박유朴褕가 상소하기를, "우리나라는 남자가 적고 여자가 많은데 계급이 높고 낮은 구별이 없이 아내를 한 명으로 제한하였고 아들이 없는 사람도 감히 첩을 두지 못하는데, 외국인으로서 입국하여 사는 자들에게는 제한 없이 아내를 얻게 하므로 신臣은 인물이 모두 북쪽으로 넘어갈까 염려되니, 관리들에게는 첩을 두도록 하되 그 계급에 따라서 그 수를 조정하여 일반 사람에게도 아내와 첩을 한 명씩 두게 하고 첩들이 낳은 자식도 나라에 벼슬할 수 있기를 적자嫡子와 다름없이 한다면 배우자를 잃는 사람도 없어질 것이요, 사람도 흘러나가지 아니하여 인구가 날로 늘어날 것이다"고 하자, **여자들이 이 말을 듣고 감격하여 눈물을 흘렸다.** 그러나 당시에 한 대신이 그 아내가 무서워 그 건의를 무시해 버렸다고 한다高麗忠烈王朝, 朴褕上疏曰, 我國男少女多, 而尊卑止於一妻, 其無子者, 亦不敢畜妾, 異國人來, 娶妻無定限, 臣恐人物皆將北流, 令臣僚, 許娶庶妻, 隨品降其數, 至於庶人, 得娶一妻一妾, 其庶妻所生之子, 得仕于朝, 皆比適子, 怨曠以消, 人物不流, 戶口日增矣. (…중략…) **婦女聞之感泣**, 時相, 有畏其妻者, 寢其議云." 문장이 거의 일치하는 것으로 보아 성호가 의도적으로 바꾼 구절로 보인다.

이런 일은 어느 한편만 보아서는 그 내막을 알 수가 없다. 남편은 능력이 없어서 자기 아내를 부양하지 못하고 아내는 또 자신이 생활을 영위할 수 없으니 어떻게 하겠는가? 이런 경우는 대의大義만으로 구속할 수는 없을 듯하다. 다만 아내가 자기 남편과 이혼하려는 것은 혹시 다른 이유가 있을지도 모르니 깊이 따져보지 않을 수 없다.[17]

이 대목에 대해 성호는 의심을 표하면서 다음과 같이 말한다.

이 조목이 매우 의심스럽다. 정자程子가 말하기를 "굶어 죽는 일은 극히 작고 절개를 잃는 일은 극히 크다" 하였으니, 아무리 빈궁貧窮하고 외로운 청상과부라도 마땅히 개가改嫁를 해서는 안 될 것인데, 하물며 남편이 살아 있는 아내가 집을 떠나서야 되겠는가? 만일 스스로 생활을 영위할 수 없다는 이유로만 다른 남자를 구한다면 이는 돈 있는 남편만을 찾을 것이고 제 자신의 명분은 돌아보지 않는 것이니, 이런 무리는 관청에서 엄중하게 처단하여 다시는 이런 간사한 행위가 싹트지 않도록 해야 할 것인데 오히려 그런 청을 들어주니, 장차 그를 본받아 방종하는 악습을 어떻게 억제할 것인가?[18]

이 대목만으로 보면 성호는 8백 여 년 전의 주희보다 더욱 후퇴한 것으로 보인다. 주희가 남편이 무능해서 생활이 어려웠다면 대의만으로 여성의 선택을 구속할 수 없다며 현실적인 판단을 하는데 비해, 성호

---

17 『성호사설』「부기부婦棄夫」 이후로 『성호사설』의 원문과 번역은 원문을 부기하지 않은 경우, 한국고전번역원의 국역 『성호사설』을 따르며, 번역은 문맥에 따라 수정하였다.

18 『성호사설』「婦棄夫」. "雖孤孀貧窮, 不宜改適. 況生妻去室耶. 若但以不自給而他求, 是見金夫, 不有其躬. 如此者, 官司宜嚴斷, 以折奸萌. 從而許之, 其觀效縱惡, 何可禁抑."

는 어떤 경우라도 예외를 둘 수 없다는 강경한 입장을 취한다. 성호는 과부의 경우라도 개가를 인정할 수 없으며 특히 경제적 이유로 살아있는 남편을 떠나는 행위를 강력하게 비판한다. 물론 주희와 성호의 입장을 두 학자가 살았던 시대적 상황이나 변화에 대한 고려 없이 그대로 비교할 수는 없을 것이다. 그러나 적어도 성호가 그 누구보다도 대의大義에 입각해서 어떤 극단적인 경우도 예외를 허용하지 않으며 이를 일관되게 관철시키고자 했음은 분명하다.

성호가 생각한 대의에는 아내를 내쫓을 수 있는 권리가 포함되어 있다. 이런 생각에서 성호는 '출처법出妻法'이 없는 현실과 그로 인한 세태의 변화를 강력하게 비판한다.

> 국법에 개가한 여자의 자손은 청직을 허락하지 않는다. 때문에 사족은 개가를 수치로 안다. 그러한 폐단은 아내가 아무리 패악스러운 짓을 해도 번번이 아내를 내쫓는 법이 없다는 핑계로 이혼을 허락하지 않는 것이다. 이 때문에 여자의 권리가 너무 무거워 가정의 도리가 무너진다.[19]

성호는 남편이 아내를 내쫓을 수 없어서 여자의 권리가 지나치게 보호된다고 주장한다. 성호가 출처를 허용해야 한다고 주장하는 결정적인 이유는 불효나 음행 같은 부도덕한 행위들 때문이다. 가정을 파괴하고 효라는 궁극적인 가치와 실천을 부정하는 여자라면 법적으로 쫓아낼 수 있어야 한다는 것이다.

---

19 『성호사설』「出妻」. "國法, 改嫁子孫, 不許淸路, 故士族恥之, 其流之弊, 雖絶悖之行, 輒諉諸無出妻法, 不許離絶於是, 女權太重, 家道不成."

출처하는 것이 진실로 폐단은 있으나, 부모에게 불효하고 음란한 행실이 있어 도저히 그대로 둘 수 없는 여자는 끝내 국법에 의하여 축출해야 하지 않겠는가 생각한다.[20]

성호가 출처법의 시행을 강력하게 요구하는 것은 대의가 무너져 세상이 잘못 돌아가고 있다는 인식 때문이다. 성호는 '내가 지금 다른 이의 집안을 관찰해 보면 모두 그 권세가 모두 안방에 있으므로, 남편이 강하고 아내가 부드러워 안과 밖이 그 올바름을 얻은 집은 열에 한 둘도 없을 정도이다余觀人家, 箇箇是權在閨閤, 其夫剛婦柔, 外內得其正者, 十無一二' (『성호사설』「女多男小」)라고 말한다. 한마디로 드세고 사나운 아내들 때문에 가정의 도리가 무너진다는 것이다.

나는 사나운 아내를 둔 자를 많이 보았는데 일마다 억눌려 감히 기를 펴지 못하는 자는 그 사람됨을 족히 볼 것이 없으나 끝내 집안을 보전하는 주인이 된다. 혹 천성이 천박하여 서로 싸우며 반목하는 책망이 있는 자는 종신토록 혼인이 제대로 통하지 않음을 고뇌하여 괴란을 숨기기 어려우니 그 이로움과 해로움이 이와 같다.[21]

성호는 아내들이 무능한 남편을 핍박하는 지경에 이르렀다며 '지금 풍속이 (악독한 아내 앞에서) 숨을 죽이고 눈을 감기를 마치 (중국의 유명한

---

20 『성호사설』「離昏」.

21 『성호사설』「出妻」. "余多見有悍婦者, 事事屈抑無敢出氣者, 其於爲人無足觀, 然終爲保家之主. 或性不低下相與鬪鬨有反目之誚者, 終身苦惱, 婚姻不通, 乖亂難諱, 其利與害如此."

악독한 아내의) 하동 사자후河東獅子吼와 같이 하는 것은 무슨 까닭인가?今之俗, 蓋屏息合眼, 無如河東獅子吼何也'(「離婚」)라고 힐난한다. 성호의 이런 언급은 당시 조선사회의 경제적 분화가 어떤 방식으로 이루어지고 있으며 그 가운데 여성들이 어떻게 살았는지를 단편적으로 확인할 수 있게 해준다. 성호가 비판하고 경계하는 사납고 악독한 아내들은 아마도 조선사회의 경제적 분화에 따른 자연스러운 결과였을 것이다. 정치적 무대도 없고 재산도 없는, 무기력한 선비들이 늘고, 그들이 자기 삶을 유지할 수 없게 되었기 때문이다. 성호 역시 이를 지적한다.

> 내가 지금 세상의 훌륭한 선비들을 보니 어떤 이는 한결같이 학문에만 뜻을 두고, 집안일을 내팽개쳐 수습할 수 없는 지경에까지 이르기도 한다. 그래서 조상을 받들지도 부모를 봉양하지도 못하고 아내와 자식들이 헐벗고 굶주리게 되면 뜻마저 그에 따라 변하니, 비록 후회한다 해도 미칠 수가 없다.[22]

선비가 글 읽기에만 몰두하고 집안일을 돌보지 않으면 가정이 파탄나는 지경에 이르게 된다는 것이다.[23] 그 결과 친구들은 떠나고 아내들은 사나워진다.

---

22 『성호사설』「爲學治生」. "余見今世善士, 或一意文學, 荒棄家務, 至無可收拾, 不能奉先養親, 妻子凍餒, 志隨而遷變, 雖悔無及也."

23 물론 그렇다고 선비의 신분으로 생계에 투신하라는 말은 아니다. 성호는 다음과 같이 말한다. "학문을 하는 것은 십분 의리義理에 맞는 일이요, 살림살이를 하는 것은 이해에 관계되는 일이니, 이해란 사람마다 제각기 스스로 얻으려 하기 때문에 굳이 권장할 필요가 없으며, 학문을 하는 것은 비록 살림에 의뢰하지만 만일 살림으로써 급선무를 삼는다면 옳지 않다. 성인의 널리 포용하는 국량이 대개 이와 같았으며, 또 일찍이 생활 대책을 세우는 것이 불가不可하다고 단정지어 말하지는 않았다." 『성호사설』「爲學治生」.

> 가난하면 친구들에게 소외될 뿐 아니라 부첩婦妾이 먼저 책망하며, 남들이 천하게 여길 뿐 아니라 자기 마음부터 먼저 비천해진다.[24]

성호는 사나운 아내, 악독한 아내 즉 남편을 억누르고 부모에게 불효하며 자신의 욕망을 위해 음란한 행실을 하는 아내들을 내쫓을 권리가 있어야 한다고 강력하게 주장한다. 그래서 '여자가 죄 없이 쫓겨나는 것을 고려한 때문이었다'[25]라는 일면 합리적인 주장도 거부하며 '죄가 있어도 쫓아내지 못하면 무한한 폐단이 있다는 것은 어찌 고려하지 않는가?'[26]라며 무고한 피해자가 발생하더라도 법을 시행해야 한다고 주장한다.

예를 들어 성호는 아내를 구타한 무관을 목민관에 임용하려는 판서에게 참의參議가 이런 사람을 목민관으로 삼을 수 있겠냐고 의문을 표하자 판서가 아내가 첩이 없는데도 있다 하며 요란을 피우니 남자로써 때리고 싶기도 했을 것이라며 무관의 편을 들어준 대목을 거론하며 시중의 병통을 적시한 것이라고 평가한다. 성호는 뒤이어 '나라에서 악을 징계함에 가르쳐도 따르지 않으면 법으로 다스리고, 법으로 다스려도 따르지 않으면 죽여 버리는 것은 위엄이 행해지게 하려는 것이다. 저 여자들은 천성이 불량한 데다 또 내쫓는 법이 없으니, 성인의 지혜라도 어찌할 수 없다國之懲惡, 教之不從治之, 治之不從殺之, 所以威行. 彼女性無良, 又無出法, 雖聖智無奈何也'(「出妻」)며 유가적 기준, 남성적 기준을 벗어난 여

---

24 『성호사설』「貧者士常」. "貧則不惟朋友疎棄, 婦妾先加誚讓, 不惟他人之賤惡, 己心先自猥瑣."

25 『성호사설』「離昏」.

26 『성호사설』「離昏」.

성들에 대해 공격적인 입장을 보여준다.

성호는 또한 출처법을 만들면 죄 없이 내쫓기는 여자들이 많아질 것女將無罪而彼出者多이라는 주장에 대해서도 이는 여자를 편들어 하는 말일 뿐此爲婦女右袒之說也이라며 일축한다. '한 사람이 구석을 향해 눈물을 흘리면, 온 집안이 그로 인해 즐겁지 못하다一人向隅而泣 滿堂爲之不樂'(「五不均」)고 말한 바 있는 성호지만, 오직 온갖 책무와 노동에 시달리고 남편의 무능을 감담하며, 성적 방종까지 감내해야 하는 여성들의 고통만은 보이지 않았던 것으로 보인다. 그러나 성호가 이토록 강고하게 여성들의 현실에 대해 눈을 막고 경계하는 것은 이유가 있다.

> (아내를 내쫓을 수 있게 되면) 법에 폐단이 되는 바가 없지 않다. 하지만 불효 불순하고 예교를 망치고 집안을 어지럽히는 것이 더욱 해가 되는 것은 생각하지 않는단 말인가.[27]

성호가 아내를 내쫓을 수 있어야 한다고 강력하게 주장하는 이유는 사나운 아내들이 '불효하고 불순하며 예교를 망치고 집안을 어지럽히기' 때문이다. 성호가 그토록 여성에 대해 혹독하고 강고했던 것은 그가 목표로 했던 유가적 이상적 세계에 여성의 태도와 실천이 모종의 변수가 될 수 있기 때문이다. '예법에 따르며 효와 순이 이루어지는 집안家' 만이 그의 유일한 학문의 목표였고 지향이었고 가치였으며 삶 자체였다. 정치적 권력도, 경제적 능력도 없는 향촌의 독서인이 꿈꿀 수

27 『성호사설』「出妻」. "法未有無弊, 獨不見不孝不順, 敗教亂家之爲, 尤害乎."

있는 가장 완벽한 유가적 세계, 학문에서 익힌 정치의 능력과 가치를 발휘하고 실현할 수 있는 유일한 세계가 바로 가家였던 것이다. 이런 맥락에서 성호는 '여성이 강하면 도리어 남편이 나약해도 집안을 보존할 수 있다고其婦健夫孱, 猶足以保家持門也'(『성호사설』「女多男小」) 말하기도 한다. 성호에게는 전통적인 남편과 아내의 정위보다 현실적으로 가문을 지키는 것이 더 중요한 문제였을지 모른다.

3) 가발을 금지하라

성호는 정치적으로 제한되고 경제적으로도 한정된 사인들의 처지가 가족 내에서 어떤 문제를 만들고 사회적으로 어떤 영향을 끼치는지를 보여주고자 한다. 성호가 보지 못하는 것은 남편을 책망하고 사납게 구는 아내가 문제의 원인이 아니라 결과라는 점뿐이다. 그러나 성호의 이 강렬한 비판과 공격성은 특정한 사회 계층이나 여성적 존재 전체에 대한 공격이 아니라 결국 가家를 위협하는 행위에 대한 경계이자 비판이라고 할 수 있다. 18세기 조선의 경제적 분화와 정치적 구도가 만든 사 계층의 '차이'들은 여성들의 삶에도 영향을 미쳤다. 같은 양반이라도 노동에서 벗어나 장식과 치장에 신경을 쓰거나 혹은 남성적 학문 세계에 근접할 수 있는 여성이 있었던 반면, 이름만 양반으로 가난한 살림에 모든 노동을 떠맡아야 하는 하층의 사족 여성들도 존재했던 것이다. 특히 정치적 기반이나 물적 토대가 없는 집안에서는 여성의 노동이 생계와 제사에 결정적 역할을 담당하기 때문에 여성들의 태도와 실천은 이들이 세운 이념적 세계로서의 가를 유지할 수 있는가 아닌가의 중요한 기준이 되었다.

여성들은 가家를 유지할 가장 중요한 물적 토대이자 도구적 존재였기 때문에 성호는 더욱 강박적으로 집안에서의 여성의 삶과 실천을 통제하고 이를 뛰어넘으려는 어떤 행위도 용납할 수 없었던 것으로 보인다. '따르지 않는 여자들은 때려도 좋고 심지어 죽여도 좋다'는 성호의 발언에서 노비와 서얼, 유랑민을 연민하며 사회적으로 해결하고자 한 성호의 모습을 찾을 수 없다. 가난과 축첩 등 아내들이 사나워지게 된 원인과 배경은 살피지 않고, 오직 가家를 위협하는 행위로만 판단하며 따르지 않으면 죽일 수 있다고不從殺之고까지 말하는 것이다.

이처럼 성호는 가족의 이념을 벗어나는 행위를 극단적으로 경계한다. 예와 효의 공간이라는 가정의 대의를 넘어서는 그 어떤 행위나 실천도 부정하며 철저히 이념적 차원의 규범으로 개인의 선택과 실천까지도 강고하게 규제하고자 한다. 이런 맥락에서 서울의 경화세족이 보여주는 사치와 노동 경시, 특히 여성들의 장식과 복장은 성호에게 심중한 사회적 문제였다. 드세고 사나운 아내가 가정을 무너뜨릴 수 있는 위험 인자라면 사치하는 여성들은 사회 질서와 예법을 무너뜨릴 수 있는 위험 인자다. 성호의 눈에 서울은 이런 위험이 팽배한 곳이었다.

> 경사京師는 곧 몸이 귀하고 집이 부유한 자가 모인 곳으로서, 경사의 풍속은 빈천한 자도 또한 모두 이것을 보고 본뜬다. 그렇기 때문에 선비가 농사에 힘쓰지 않고, 부녀자가 길쌈하기를 부끄럽게 여기고 복식을 화려하게 꾸미며, 혼인과 상장喪葬에 막대한 비용을 쓴다. 그렇지 않은 것을 사람

들은 치욕으로 여긴다. 분수를 지켜서 마음이 흔들리지 않는 자가 아니고는 여기에서 벗어날 수 없다.[28]

성호의 글 가운데는 사치를 문제 삼는 글이 백여 편 이상 있다.[29] 성호가 사치를 얼마나 심중한 사회적 문제로 생각했는지 알 수 있다. 성호에게 사치하는 풍토는 고단한 백성들의 노동을 착취하는 결과일 뿐 아니라 경제적 능력을 부러워하고 노동을 경시하는 잘못된 사회 풍조를 만든다는 점에서도 비난받아 마땅한 세태다.[30] 성호는 이런 맥락에서 점점 화려해지는 여성들의 머리 장식을 비판한다.

우리나라의 발개髮髻라는 풍속은 날로 더욱 사치하게 되는바, 변혁시키지 않을 수 없다는 의론이 분분하나 그 실제에 알맞도록 할 방법은 아직도 구상해 내지 못하고 있다.[31]

특히 여자들의 머리 장식을 문제 삼는 이유는 머리 장식 때문에 예법에 맞는 절이 행해지지 않기 때문이다.

---

28 『성호사설』「嶺南俗」.

29 자세한 것은 다음의 글을 참고할 수 있다. 김선희, 「가난, 병, 죽음―삶의 난관 앞에 선 실학자들」, 『한국실학연구』 26권, 한국실학학회, 2013.

30 이런 맥락에서 성호는 영남의 풍속을 동경한다. "영남은 경사와 멀리 떨어져서 풍속이 완연히 다르다. 누에를 치고 삼으로 길쌈하며 겸해서 무명을 생산하여 부녀자가 밤에 잠을 덜 자고서 사철 옷을 장만한다. 상장과 혼인에 '필요한 물자가' 집안에서 마련되지 않음이 없으며, 또 서로 구휼救恤하는 일에 독실하여, 그 가세가 빈곤해서 의식을 갖출 수 없는 자는 친척과 벗이 함께 도와서 파산을 면하게 한다. 빈한한 선비의 낙토樂土라고 이를 만하다." 『성호사설』「嶺南俗」.

31 『성호사설』「髮髻」.

> 낭자髻가 점점 높아져서 한 자나 되기에 이르렀으니 비록 구부리려고 하나 되겠는가? 구부리지 않는 것은 반드시 수식首飾을 높게 함으로부터 시작되었다. (…중략…) 다만 사치하는 풍속이 날로 자라서 낭자를 높이 하지 않을 수 없게 되니, 그 형세도 그렇게 하지 않을 수 없다. 이것으로 풍속의 변해 온 것을 알 수 있다.[32]

복장 역시 마찬가지다.

> 말세가 되니, 부인의 의복이 소매는 좁아지고 옷자락은 짧아지니 요사스런 복장에 가깝다. 나는 비록 이런 일이 싫지만 온 나라의 풍속이 되었으니 또한 어찌할 도리가 없다.[33]

성호는 여러 글에서 여성들의 머리치장과 화장, 복장 등을 집요할 정도로 문제 삼으며 여성들의 사지와 유행에 따르는 성정을 비판한다. 소매가 좁다거나 상의가 너무 짧다거나 화장이 너무 진하며 이것들이 원래 중국에 있던 예법인가 따지고 또 따진다.[34] 이런 문제에 대한 언급을 동시대의 다른 학자들에게서 찾아보기 어려운 성호만의 독특한 점이다. 성호는 왜 이토록 여성들의 복장과 화장이라는 미시적인 차원에까지 개입하고자 했던 것일까.

---

32 『성호사설』「婦人拜」.

33 『성호사설』「婦人服」. "末俗婦女之服, 窄袖短裾, 近於服妖, 余雖惡之, 大同之風, 亦無奈何也."

34 비슷한 문제의식이 순암에게도 있었던 듯 순암의 연보에는 성호에게 여성들의 머리 장식에 대해 문의했다는 기록이 나오며 성호 역시 순암에게 보낸 편지에 이를 언급하기도 한다.

성호의 눈에 여성들의 화장과 머리장식, 복장은 단순히 시대의 흐름이 아니라 '예' 또는 절검의 반대 축에 자리한 사회적 악으로서의 '사치'와 연결된 도덕적 문제였을 것이다. 여성들의 머리장식과 화장법에까지 개입하고자 하는 과잉적인 규제의 의지는 분수의 맞는 생활과 절검으로 가족의 생계와 집안의 제사를 꾸려 나가야 한다는 사士로서의 자각에서 비롯된 이념적 실천이었을 것이다.

사실 여성들이 화장을 하고 머리를 높일 수 있었던 것은 이를 막강한 친정 또는 남편의 경제력과 탄력적인 허용이 있었기 때문이다. 국가적 차원에서 여러 번 금지령이 내렸다는 것은 실제로 금지령이 실효를 거두지 못했음을 의미한다. 이는 자기 욕망을 발산하는 사가私家의 여성들 특히 경제력이나 정치력이 있던 경화 사족의 여성들을 이념이나 국법이 다 통제하지 못했다는 의미이다. 그러나 성호는 정치권력이나 경제력이 있는 가문에서 표출되기 시작하는 여성적 삶의 유동성과 탄력성을 불의와 비례로 즉 부도덕의 차원에서 파악하고 도덕적 우위에 서서 이를 평가하고 비판하고자 하는 것이다. 성호가 여성들의 사치에 대해 신랄하게 비판했던 것은 그가 절검이라는 생활 방식을 통해 가족과 가문을 유지하는 것을 가장 가치 있는 삶으로 여겼기 때문이다.

4. 가家의 확장과 내부의 실천

1) 가家, 확장된 이념 세계

성호는 여러 번 자신이 가난한 선비임을 밝히고, 가난한 선비로서의 삶의 태도와 방식이 어떠해야 하는지를 선언적으로 말한 바 있다.

> 나는 빈천하게 사는 데 능숙한 자이다. 빈곤貧困은 선비의 상도常道이고, 빈곤이 지극하면 반드시 굶주리고 춥고 병들어서 죽는 데에 이른다. 농사에 힘쓰고 비용을 절약해서 생활이 궁색한 지경에 이르지 않도록 하는 것이 또한 사람의 일로 당연한 것이니, 어찌 이를 소홀히 할 수 있겠는가? 그렇지만 이利만 따르고 의義를 잊어서는 안 된다. 열 식구나 되는 집도 전지에서 거두어들이는 것이 약간만 있다면 입에 풀칠은 할 수 있지만, 몸은 가릴 수가 없다. 그렇기 때문에 겨울의 깃옷과 여름의 삼베옷이 곡식에서 마련됨을 기다리지 않는 것이 없으니, 생활이 어찌 넉넉할 수 있겠는가?[35]

정치 세계로부터 멀어진데다 경제력마저 없는 가난한 사인으로서 성호가 식구들의 생계와 집안의 제사를 이끌어나갈 수 있는 유일한 방법은 가난을 인정한 바탕에서 절검하는 것 뿐이었다. 특히 이들에게는 삶의 근거이자 미래의 토대인 제사가 중요했다. 성호가 『주자가례』에 대해 거리를 두고자 했던 이유 중 하나는 가례를 따를 경우 비용

35 『성호사설』「嶺南俗」.

을 감당할 수 없었기 때문이다. 성호는 『주자가례』가 주희가 대부였을 때 작성된 것으로, 완성을 보지 못한 책이라고 주장한다. 만일 그렇다면 대부의 예를 따를 수 있을 것이다.

> 무릇 지위가 낮으면 재물도 부족하고 재물이 부족하면 비용도 간소해야 한다. 천자로부터 서인에 이르기까지 신분의 위의가 나누어 있는데 어찌 감히 참람되이 (상위의 예에) 근접하게 할 수 있겠는가. 지금은 관직이 없는 서인들도 상례와 제례의 절목은 반드시 위로 공경과 나란히 하려한다. 제후의 대부는 천자의 중사 하사와 같은 지위인데 하물며 서인에 있어서랴.[36]

이런 인식을 바탕으로 성호는 '『상위일록』을 지어 서인을 위한 가례로 삼고 오직 검약을 추구하여 자손들을 위한 장구지책으로 삼고자近草喪威日錄, 爲庶人家禮, 惟儉是趨, 爲子孫長久計' 한다. 성호는 예의 정신과 이념을 포기하지 않기 위해 예의 실질적 내용을 고치는 방법을 택한다.

> 비록 한결같이 고례古禮를 회복하지는 못하더라도 대략 군더더기를 버리고 절제를 법도로 삼는다면, 또한 고례에 크게 어긋나지는 않을 것이다. 그러므로 『가례』에서 제정해 놓은 예법을 한결같이 따르되, 다시 옛 제도를 살피고 시속時俗을 참고하여 조금 증감하였으니, 오직 간명하여 시행하기 쉽도록 한 것이다.[37]

---

36 『한국문집총간』, 『성호선생전집』 권25 「答安百順 丙子」, 198-513b. "位卑則財乏, 財乏則用簡, 自天子至於庶人, 等威截然, 其何敢僭以逼之耶. 今無官匹庶, 喪祭節目, 必上與公卿比倣, 諸侯之大夫, 與天子之中下士同, 況庶人哉." 이후 권호만 표기한다.

37 『성호전집』 권48 「祭式」.

여기서 중요한 것은 제수祭需의 수준을 남과 비교하지 않는 것이다.

> 비록 지위가 없는 사람이라도 공경과 동등하게 제사를 지내서 옛날에 비해 여러 곱절일 뿐만이 아니며, 그릇의 수와 음식의 종류가 서로 남보다 못한 것을 부끄러워하므로 분수를 넘게 되고 재력財力은 달리게 된다. 나는 가난하다. 가난한 사람의 처지에서 가난에 잘 대처하였으니, 예禮에 유감이 없다.[38]

비교의 마음이 사치를 발생시키고 분수에 넘는 소비를 일으키기 때문이다. 성호는 유가적 이념의 현실화로서의 예를 경제적 능력에 연동시켜 예와 예의 운영축인 집안을 모두 유지하고자 한다. 예가 운용되는 장場이자 세계로서의 가家가 벼슬도 재산도 없는 사士의 진정한 세계였기 때문이다.

> 지위가 없는 사람이 자신의 힘을 쓸 데는 집안이다. 집안이 다스려지지 않는 것이 자기의 책임이니, 또 천하의 일에 대하여 어찌할 수 있겠는가. 한 집안 내에 엄한 아버지와 형, 처자식과 신첩臣妾이 있는 것은 백성이 각자 자신의 직분에 종사하는 것과 같다. 그러므로 '이것도 정치를 하는 것이다'라고 하는 것이다.[39]

---

38 『성호전집』 권48 「祭式」.

39 『성호전집』 권49 「宗契帖序」 199-408b. "無位之人, 所得以自力者家也. 家之不治, 責之己. 抑又柰何乎天下哉. 閨門之內, 嚴父嚴兄妻子臣妾, 猶百姓徒役, 故曰是亦爲政也."

실제의 정치 세계에 참여할 수 없었던 성호에게 가家는 생활 공동체나 혈연적 공동체, 혹은 의례적 공동체의 의미도 넘어서 그 자체로 정치 세계이자 한 국가와 같다. 다시 말해 성호에게 가家가 확장된 유가적 이념의 세계 전체였던 것이다. 이러한 인식은 순암에게도 유사하게 나타난다.

> 시골에서 스스로 명예를 지키는 선비가 집에 들어오면 효도하고 밖에 나가면 공경하며 농사에 힘쓰고 재물을 절약하여 행실이 집에서 이루어지고 이름이 고을에 드러나면, 이것은 한 집안의 왕정王政이 행해지는 것이다. 이 한 사람의 하는 일을 미루어 천하 사람이 행한다면 이것은 천하의 왕정이 행해지는 것이다.[40]

성호와 순암은 집안의 경영을 국가의 운영과 동일시한다. 이들에게 가家는 이념적으로 확장된 보편적 가치의 세계였다. 이들은 가를 이념적 공간으로 추상화하는 방법을 통해 수기치인과 왕정이라는 유가적 세계관에서 소외되지 않을 수 있었던 것이다. 문제는 가를 이념적으로 확대하고 추상화하기 위해 무엇보다 구체적인 실천이 필요했다는 것이다. 그리고 그 구체적 실천의 상당 부분은 여성으로부터 시작된다.

---

40 『순암집』 권11 「經書疑義」, 230-010c. "鄕曲自好之士, 入孝出弟, 務農節嗇, 行成于家而名彰州里, 是一家之王政行也. 推此一人之爲, 而天下人行之, 則是天下之王政行也."

2) 가의 확장을 위한 내부의 실천

무위無位의 사인士人으로 성호와 순암은 가家를 확장하고 그 내부를 의례적 실천으로 구조화하고 그 실천에 참여함으로써 이념과 실제를 하나로 합치하고자 한다. 가家를 정치적 세계로 보는 이들의 입장은 왜 이들이 다른 이들보다 더욱 강고하고 좁은 기준 안에 여성들의 삶을 정초하고자 했는지를 설명해준다. 여성들은 이들이 이념적으로 확장한 가家의 경계에 놓인 이들이기 때문이다. 기본적으로 여성들은 의례 내부에 들어올 수 없고 의례적 실천에 참여할 수 없는 타자들이다. 그러나 여성들의 노동과 실천이 아니면 의례는커녕 생계 유지도 어렵다는 점에서 이들이 상상하는 가의 이념은 철저히 여성들의 노동에 종속적이고 의존적이다. 타자로 배제하는 존재에게 의존하는 이 이중성과 긴장이 가家 내부에서 작동하는 여성에 대한 내부적 문법의 작성을 추동했을 것이다. 현실을 지나치게 초과하는 이념 세계를 떠받치기 위해 내부의 규제적 언어와 문법을 개발해 여성의 삶을 가家 내부에 편집해 넣고자 했던 것이다. 여성들에게 가해지는 가장 토대적인 문법은 여성의 위상과 역할의 제한에 관한 것이다.

> 여자는 안에서 위치를 바르게 하고 남자는 밖에서 위치를 바르게 해야 하니, 남녀가 제 위치를 바르게 하는 것은 천지의 대의이다. 사가私家의 도道는 국정國政에도 통하는 것이기 때문에 부인은 바깥일을 간섭해서는 안 된다는 것이다. 부인이 바깥일에 참여하면 집이 반드시 망하는데, 하물며 나라의 일이겠는가?[41]

성호는 여성 전체가 남성에 비해 열등하다고 생각했던 것은 아닌 듯하다. 성호는 현명해서 국정에 참여할 수 있는 여성도 있음을 인정한다.

> 현명한 여자 가운데 진실로 나라와 집안을 다스릴 수 있는 이가 있으나 이러한 길이 한번 열리면 권력이 중곤(중전)에 귀속되어 마침내 화란에 이를 것이니 그러므로 여자로 하여금 정치에 참예하거나 국정을 맡을 수 없게 하는 것이다.[42]

사실 여성의 사회 참여, 국정 참여를 경계하는 이런 발언은 역으로 생각하면 실제로 이런 일이 일어나고 있음에 대한 경계라고 볼 수 있다. 어차피 사회 참여가 구조적으로 불가능한 상황임에도 이런 식의 이념적 선언을 반복하는 것은 선언적으로 통제해야 할 현실이 존재했기 때문일 것이다. 성호가 살았던 시기에 여성들의 사회적 지위는 조금도 확보되지 않았지만 가족이나 가문 내에서 여성의 발언권이나 실질적인 주도권은 어느 정도 확보되어 있었음을 유추할 수 있다. 이런 맥락에서 보면 성호가 제시하는 내부의 문법을 하나 더 읽을 수 있다. 여성들의 교육을 제한하고 오직 살림만을 가르치는 것이다.

> '부인이 시를 해득하면 물의를 범하게 된다'고 하였다. 무릇 부인의 직책이란 음식 만들고 누에 치고 길쌈하는 사이를 벗어나지 않아, 행실은 유순柔

41 『성호사설』「婦人無外事」. "女正位乎內, 男正位乎外. 男女正, 天地之大義也. 家人之道, 通乎邦政. 故曰婦人無外事也. 婦人而外事 則家必亡. 況國事乎."

42 『성호사설』「小學疾書」. "女子之賢者, 固有能治國家者, 然此路一開, 權歸中壼終致禍亂, 故不可使預政幹蠱."

順함을 귀히 여길 따름이니, 이것이 반은 넘어선 것이다. 『내훈內訓』·『여계女戒』의 등속은 비록 만에 하나의 도움이 될 수 있는 것이지만 한결같이 탐독만 하면 역시 해로운데, 하물며 무익한 시율詩律의 공부에랴? 이와 같이 하는 자는 여홍女紅만 갖추지 못할 뿐 아니라 필시 장차 내면의 행실이 불순하다는 나무람까지 듣게 된다. 그러므로 중이 술을 마시면 계율戒律을 범하고, 용렬한 종이 글을 알면 허물을 짓는다는 것과 한 예例로 되었으니, 마땅히 규문閨門에서 명심할 바다.[43]

성호는 반복해서 여성들이 책을 보아서는 안 된다고 강조한다. 심지어 여성들을 교화하기 위해 만들어놓은 책조차 금했다. 성호는 무엇이 두려웠던 것일까.

글을 읽고 의리를 강론하는 것은 남자가 할 일이요, 부녀자는 절서에 따라 조석으로 의복·음식을 공양하는 일과 제사와 빈객을 받드는 절차가 있으니, 어느 사이에 서적을 읽을 수 있겠는가? 부녀자로서 고금의 역사를 통달하고 예의를 논설하는 자가 있으나 반드시 몸소 실천하지 못하고 폐단만 많은 것을 흔히 볼 수 있다. 우리나라 풍속은 중국과 달라서 무릇 문자의 공부란 힘을 쓰지 않으면 되지 않으니, 부녀자는 처음부터 유의할 것이 아니다. 『소학』과 『내훈內訓』의 등속도 모두 남자가 익힐 일이니, 부녀자로서는 묵묵히 연구하여 그 논설만을 알고 일에 따라 훈계할 따름이다. 부녀자가 만약 누에치고 길쌈하는 일을 소홀히 하고 먼저 시서에 힘쓴다면 어찌 옳겠는가?[44]

---

43 『성호사설』「雜纂」.

44 『성호사설』「婦女之敎」. "讀書講義, 是丈夫事. 婦人有朝夕寒暑之供, 鬼神賓客之奉, 奚暇

순암은 적어도 딸에게 글을 배울 수 있도록 허용한다.

> 여아女兒도 무식하게 놔둘 수 없다. 너의 누이동생에게 날마다 「내범內範」 한두 줄씩 조용히 가르치되, 올 겨울 안에 많이 가르쳐 반드시 글 뜻과 글자 쓰기를 알도록 해야 할 것이다. 그리고 언해諺解도 아울러 가르쳐야 할 것이다.[45]

물론 이 말은 딸도 평등하게 가르쳐야 한다는 말이 아니다. 인과 예로서의 유순과 정렬을 모르게 두어서는 안 되므로 이를 가르쳐서 몸에 익히도록 해야 한다는 것이다. 딸아이의 '유식'의 내용은 철저히 가부장적 이념에 따라 구성된 덕이었고, 더욱 철저히 내면화하고 복종하도록 가르치겠다는 의미일 뿐이므로 순암이 딸을 가르쳤다 해서 성호에 비해 진보된 여성관을 가진 학자로 평가할 수는 없다. 순암이 부녀자들을 가르치고자 하는 것은 부녀자들이 의리를 배우지 못해 올바른 실천이 어렵다고 보기 때문이다.

> 부부간에는 의리가 중하다. 그런데 지금 세상의 부녀자들이 대다수 배우지 못하여 아는 것이 없으니 어찌 의리가 중하다는 것을 알겠는가. 모든 것이 남편된 자가 잘 이끌어서 선도하는 데 달려있을 뿐이다. (…중략…) 고금

對卷諷誦哉. 多見婦女通古今說禮義者, 未必躬行而弊害無窮, 東俗與中士不侔. 凡文字之功, 非致力不能, 初非可責也. 其小學內訓之屬 都是丈夫之任 宜嘿究而知其說, 隨事做誨而已. 若令閨人緩於蠶織而先務執卷, 則奚可哉."

45 『순암선생문집』 권9 「寄壆書 壬申」, 229-543a. "女兒亦不可使矇然無識, 汝妹課授內範日一二行, 從容教諭, 今冬內多教之, 而必使知其文義及書字爲可, 亦可兼諺解教之也."

에 복록을 누린 집안들을 두루 살펴보면 언제나 전세前世의 내행內行이 순후淳厚하게 갖추어졌던 가문에서 나왔으니, 유념하지 않을 수 있겠는가.[46]

순암은 복록을 누린 집안의 조건으로 내행이 갖추어진 것을 꼽는다. '가문'의 복록은 부녀자들을 어떻게 통제하고 관리하는가에 달려 있다는 입장이다. 이 때문 순암은 특별히 「내범」을 지어 딸을 가르치고자 했던 것이다. 특히 순암이 여성들에게 가르치고자 했던 것은 자신의 목숨까지 희생할 수 있어야 한다는 정렬이었다.

여자의 행실은 비록 유순한 데 있지만 그 지극한 경지를 말하자면 결국 정렬貞烈로 돌아가는데, 유순은 인仁에 속하고 정렬은 의義에 속한다. 인의仁義의 도리는 진실로 사람이 품수稟受한 바로서 본디 경중이 없다. 그러나 유순은 순경順境이요 정렬은 역경逆境이니, 순경에 처하기는 쉽고 역경에 처하기는 어렵다. 그러므로 역대 사전史傳에 사필史筆을 들어 편찬한 부덕婦德이 하나둘이 아니지만 모두가 정렬을 더욱 귀중하게 여겼던 것이다.[47]

정렬 가운데서도 '유독 부부의 의리를 중시하여 차마 혼자 살아남아 후의 즐거움을 누리지 못하는 경우而獨以伉儷義重, 不忍獨生而享後樂者'가 가

---

46 『순암선생문집』 권14 「示弟鼎祿 子景曾遺書」 己卯, 230-083b. "夫婦義重, 而今世婦女, 多不學無識, 安知義理之爲重乎. 皆在於爲夫者導以爲善而已. (…중략…) 歷觀古今人家多福祿者, 恒由於前世內行淳備之家, 可不念哉."

47 『순암선생문집』 권19 「題烈女驪興李氏行錄後」 辛丑, 230-182b. "女子之行, 雖在於柔順, 而言其至致, 率歸于貞烈, 柔順屬乎仁, 貞烈屬乎義, 仁義之道, 固人所禀, 實無輕重, 然而柔順順境也. 貞烈逆境也, 處順境易, 處逆境難, 是以歷代史傳彤管所編婦德非一, 而皆以貞烈爲尤貴也."

장 어려우며 따라서 가장 귀한 일이 된다. 순암의 입장은 더욱 원론적이며, 더욱 좁은 입지 위에 여성을 세워둔다. 남편이 죽으면 오직 남편 없이 후의 즐거움을 누릴 수 없어 죽음으로 남편을 따르는 것이 가장 훌륭하다는 것이다. 부모에 대한 효나 자식에 대한 도리보다 남편에 대한 종속성을 여성을 결정짓는 가장 중요한 기준으로 세워두는 것이다. 이는 극단적인 입장으로, 더욱 강고하게 여성을 종속적인 존재로 규정하는 입장이다. 순암처럼 자녀를 양육하거나 부모를 봉양해야 하는 의무보다 남편에 대한 종속성을 죽음으로 표현하는 것이 더 가치 있다고 볼 경우 실제로 한 집안이 붕괴될 수 있고 이는 일종의 사회적 문제가 될 수도 있다.[48] 역시 여성에게 주어진 가장 중요한 책무는 생계 유지를 위한 노동과 제사의 준비였기 때문이다.

무엇보다 중요한 것은 생계를 유지하기 위한 노동이다. 경화세족이나 재지사족과 달리 정치권력이나 경제력이 없는 성호같은 향유들에게 여성의 노동은 집안을 유지하는 가장 중요한 축이다. 다음 구절을 보면 성호가 어떤 아내를 최고로 꼽았는지 알 수 있다.

> 익찬공은 평소에 살림살이를 잘 다스리지 않았는데, 숙인이 부지런히 노력하여 빈객을 접대하고 제사를 모시는 데 부족함이 없게 했으므로 익찬공은 가난한 것을 잊고 살았다.[49]

48 연암의 「열녀함양박씨전」이나 다산의 「열부론」같은 글에서 보이는 '열부'의 죽음에 대한 경계는 사실 여성의 인권에 대한 자각이라기보다는 義가 남발되는 풍토나, 여성의 죽음에 따른 사회적 문제에 대한 비판이라고 할 수 있다.

49 『성호전집』 권63 「翊衛司翊贊趙公淑人李氏合窆墓誌銘」 幷序, 200-086d. "翊贊公素不善治產業, 淑人勤力供賓與祭無欠, 翊贊公以之忘其貧."

남편이 살림에 신경쓰지 않아도 현숙한 아내가 접빈객·봉제사를 받들어 남편이 가난을 잊을 정도가 되는 것이 최상의 부덕이다.[50] 만약 끝없는 노동으로 생계를 유지하려 노력하는 이런 아내가 없다면 저 집은 어떻게 되었을까. 성호의 경우도 마찬가지였을 것이다. 여성의 노동이 아니면 집안을 지탱할 수 없음을 다음과 같이 밝힌다.

> 가령 가난한 선비의 집안이라면 칡신으로 서리를 밟고 처첩妻妾이 바지를 꿰매는 것은 바로 그의 본분本分인데 뭐 나무랄 것이 있겠는가? 지금 영남嶺南 풍속에도 선비로서 미투리와 짚신을 많이 신는다. 부인도 대개 힘껏 일하면서 밤에 편안히 자지 않기 때문에 가문家門을 지탱할 수 있는 것이다.[51]

남편은 가난을 견디는 것을 큰 일로 여기지만 사실 미투리나 짚신이라도 신고, 꿰맨 바지라도 입을 수 있는 것은 온 몸의 노동으로 가난의

---

50 이덕무는 가난한 집 아내가 어떻게 생계를 유지할 수 있는지를 소상하고 구체적으로 밝힌 바 있다. '선비의 아내가 집안의 생계가 곤궁하면 약간 살아갈 도리를 마련하여 경영하는 것도 불가한 일이 아니다. 길쌈하고 누에를 치는 일은 진실로 그 근본이 되는 일이요, 닭과 오리를 치는 일이며 장과 초와 술과 기름을 사고팔고, 또 대추 밤 감 귤 석류 등을 잘 간수하였다가 때를 기다려 내다 팔며 또 홍화·자초·단목·황유·녹초록·천청·아청·작두자·은색·옥색 등 여러 가지 물들이는 법을 배워 알면 이는 생계에 도움이 될 뿐만 아니라 역시 부녀자의 수공의 한가지이다. 그러나 이욕에 고질이 되어 각박한 일을 많이 행하여 인정에 멀게 한다면, 이 또한 현숙한 행실이겠는가.' 『사소절』 이 구절은 남편의 무능을 대신해 아내가 어느 정도로 만능 살림꾼이 되어야 하는지, 다시 말해 가난한 선비의 아내의 삶이 얼마나 초과적인 노동과 부담에 시달려야 하는지를 보여준다. 어쩌면 경제적 무능이나 생활에 대한 무관심을 견뎌주고 지탱해주는 여성들의 존재가 없었다면 유가적 세계는커녕 생존 조차 불가능했을 것이다. 제사와 의례를 바탕으로 하는 친족 질서와 예교질서는 끝없이 소외된 노동으로 이 세계를 떠받친 여성들의 참여 없이는 오직 책 속의 언어에 그쳤을 것이다.

51 『성호사설』「葛屨」. "如貧士家, 葛屨履霜, 妻妾縫裳, 卽分也. 何譏之有. 今嶺南之俗士. 多麻屨草履. 婦女力作. 夜無安眠. 所以撑拄門楣."

틈을 메워주는 아내의 노동이 있기 때문이다. 이념을 떠받치기 위해 편집된 여성의 세 번째 덕목은 밤에도 자지 않고 남편의 가난을 잊게 해주는 끝없는 과잉 노동이다. 그리고 어쩌면 이 노동을 위해 앞의 언어들이 그토록 반복적으로 발화되었는지도 모른다.

그러나 이 부분에서 우리가 '실학자'로서 성호에게 기대하는 모습을 보여준다. 성호가 모든 노동과 생계를 아내에게 떠넘기지 않기 때문이다.

> 부부夫婦가 한집에 거처하매 씨족氏族이 다르고 습속도 같지 않으나 살림을 하는 데는 마음의 간격이 없는 것은 또한 이해가 같기 때문이다.[52]

성호는 집안을 꾸리고 생계를 유지하는 데는 부부가 이해를 같이 하는 존재라고 말한다. 남편 역시 생계를 유지하고 가계를 경영해야 하는 분명한 책무가 있는 것이다. 더 중요한 것은 성호 자신이 노동을 경시하거나 멀리하지 않았다는 것이다.

성호는 생활에 무능력하고 무관심해서는 안 되며 적어도 스스로 숙맥을 구분할 줄 알아야菽麥吾能別 열 식구 생계를 잘 꾸릴 수 있다須全十口計고 생각한다. 물론 여기에는 직접 술빚는 아내의 노동家釀細君憑도 한 몫 한다.[53] 성호는 배를 채울 수 있는 수북한 보리밥 사발에 만족하면서麥飯盈盂量我腹 정치 권력에 대한 미련과 기대를 스스로 내려놓은 뒤營爲到手直須揮 검약을 바탕으로 학문과 생활을 함께 운영해 나갔다.

---

52 『성호사설』「蕩平」.
53 『성호전집』권2「打麥 四首」, 198-071c.

집안에서 하는 것만도 일이 넉넉하니　門內施爲事有餘
한 조각 뜬구름처럼 세상 인연 공허해라　浮雲一片世緣虛
관혼상제는 『가례』를 존중하고　冠昏喪祭尊家禮
춘하추동은 역서에서 점검한다　春夏秋冬撿曆書
참된 아취 마음에 맞으면 되레 득득하고　眞趣會心還得得
게으른 잠 깨움이 없어 혹 거거하도다　懶眠無攪或蘧蘧
몸 헤아리고 식구를 세어 생계를 꾸리나니　度身計口全生術
아내는 실을 잣고 종은 호미를 잡는다　妻執盆繅僕把鉏[54]

성호는 직접 농사를 짓지는 않았지만 실질적인 원리를 파악하고자 노력했고 채소밭을 직접 가꾸는 등 생계에 필요한 작은 노동을 피하지 않았다.

밝은 시대에 몸을 낮춰 하인과 함께하니　明時身賤混輿臺
늙은 농부라고 불려도 역시 즐거울 뿐　老圃爲名亦樂哉
뜰에 난 풀을 베니 오늘도 피곤해라　斲草庭中今日病
눈 아래 옮겨 심은 꽃은 언제 피려나　移花眼底幾時開
재배는 손에 달렸으니 의당 힘을 다해야 하고　栽培在手宜輸力
경영의 계획을 마음에 두고 또한 재주를 시험하네　經畫留心且試才
농사꾼은 항상 농업이 참된 본업이라　農子恒農眞永業
집터 하나 가진 삶을 누가 시기하랴　一廛生理孰嫌猜[55]

54 『성호전집』 권2 「偶成 四首」, 198-071a.
55 『성호전집』 권2 「偶成 四首」, 198-079a.

이렇게 스스로 실천했기 때문에 부부가 서로 이해하고 노력하는 것이 중요하다고 말할 수 있었던 것이다.

> 부부夫婦는 집을 공유하며 이해利害를 같이한다. 그러나 곡식은 남자로부터 생산되기 때문에 남자는 곡식이 아까운 것임을 가장 잘 알지만 부인은 이에 미치지 못하며, 포백은 여자로부터 생산되기 때문에 부인은 포백이 아까운 것임을 가장 잘 알지만 남자는 이에 미치지 못한다. 『서』에 "농사짓는 어려움을 알라" 하였듯이 반드시 농민이 되어 본 뒤에 (그 귀함을) 알 수 있으며, 『시』에 "옷에 싫어함을 두지 말라"고 했듯이, 반드시 몸소 길쌈을 해 본 뒤에야 (그 귀함을) 알 수 있는 것이다.[56]

실학자로서 성호의 입장과 선언에 대해 평가할 수 있다면 그가 단순히 이념의 선취자로서 자신을 높이는 관념적 유희에 머물지 않았다는 점이다. 성호가 보여주는 진정성은 유가적 세계에 대한 신념을 바탕으로 이념과 실천을 하나로 맞추려는 삶의 모든 노력들에 있다. 그는 가난한 선비로서의 삶을 부끄러워하지 않았으며 최소한의 재산으로 가문을 유지하기 위한 최대의 노력을 기울였고 그 과정에서 노동에 관심과 책임을 느끼며 직접 실천했던 실학자였다. 이념만을 설파한 고루한 도학자가 아니라 이념과 현실을 일치시키기 위한 삶의 태도와 실천의 방법을 모색한 현실의 학자였던 것이다.

---

56 『성호사설』「稼穡絺綌」. "夫婦共室, 利害與同. 然穀粟從男子出, 故男子最知其可惜, 而婦人猶不及也. 布帛從婦人出, 故婦人最知其可惜, 而男子猶不及也. 書曰, 先知稼穡之艱難, 必須舊爲小人, 然後方可庶幾也. 詩曰, 服之無斁 必須窮親絺綌, 然後方可庶幾也."

가족에서의 여성의 위상과 역할, 태도와 실천에 대한 그의 결연한 의지와 준엄한 비판 역시 이념을 현실에서 실현하고자 하는 실학의 의지를 통해서 판단해야 할 것이다. 이들은 결국 이념과 실제 사이의 간격을 조정하고 통제하기 위한 내부의 실천 문법을 만들어내고자 했던 것이다. 정치적 장에서 이탈한 열외자이면서도 올바른 정치와 사회에 대한 이념을 한 번도 포기한 적 없는 유학자로서, 이들은 집안의 운영을 왕정에 해당하는 정치 행위로 파악했고 이에 준하는 규준과 범례를 만들어 내부의 실천을 하나의 문법 구조로 정착시키고자 했다고 할 수 있다.

5. 맺음말

성호는 평생 재야에서 학문에만 몰두한 향유鄕儒로서의 독서인이었다. 그의 제자들 역시 벼슬에 큰 뜻을 두지 않았고 개인차가 있지만 정치적 실권에 근접한 인물은 없었다. 이들은 누구보다 당대 현실에 대해 비판적이었고 올바른 사회의 방향에 대해 고민했지만 누구에게도 세상을 바꿀 기회는 주어지지 않았다. 성호는 다양한 사회적 문제에 대해 다각적으로 접근하며 개혁의 제안들을 산출했지만 그것이 당대에 현실화시킬 수 없음을 스스로도 알았을 것이다. 현실의 장과 수단을 갖지 못한 이들이 택할 수 있는 방향은 제한적이다. 현실에 대한 새로운 제안들을 구상하는 한편 더욱 더 이념에 대해 자각하고 신뢰하며 자긍하는 것뿐일지도 모른다.

그에게는 집안이 곧 다스릴 세계의 전부이며 경제적 수준에 맞는 의례를 집행하고 이를 위해 아내와 노비의 노동력을 활용해 생계를 꾸리는 생활이면 만족했던 것이다. 여성에 관한 도덕적 담론들은 수많은 개혁의 청사진을 마음에 품고도 이를 실현할 기회를 얻지 못했던 한 소외된 지식인이 가문의 유지와 경영을 통해 삶의 지배권과 도덕적 정당성을 확보하고자 한 이념적 전쟁의 한 부분이었다고 할 수 있다. 이들은 이념을 제안하고 그것을 자신들의 입장에서 준엄하게 꾸짖을 수 있을 뿐, 실제로 현실적으로 벌어지는 일들에 개입할 능력도 현실적 공간도 확보하지 못하였다. 오직 언어로만 이들은 자신의 이념을 강고하게 세운 것이고 그 언어로 이루어진 세계에 그 언어에 의해 실제로 통제될 수 있었던 존재들은 오직 자신들의 아내와 딸, 며느리뿐이었을지 모른다.

이들이 현실에 만족하거나 현실의 변화를 '따라가는' 존재가 아니라 언제나 현실을 뛰어넘고 초과하는 이념의 생산자들이라는 사실을 간과해서는 안 된다. 이들에게 가, 가문은 유가적 이상 세계의 현실적 재현이어야 했고, 가족 구성원들은 각자에게 적절한 몫과 의무를 부여받는다. 물론 이 몫과 의무는 가족 내의 위계에 따라 결코 동등하거나 평등하지 않다. 이들에게 이 차별성은 여성 등 가족 내 구성원에 대한 직접적 차별이 아니라 그 자체로 온당한 질서였을 뿐이었을 것이다. 누군가에게 온당한 이 질서가 현실에서 어떤 힘의 위계를 만들었는지, 그 위계가 어떤 고통을 누구에게 부가했는지를 객관적으로 바라보기란 어려웠을 것이다. 가家를 유가적 이상 세계의 구현으로 이념화하는 순간, 그 이념만을 순정한 세계의 기준으로 세우는 이들이 자신들의 생각과 실천을 객관화하고 타자의 입장에서 바라볼 수 있는 가능성은 매우 낮다. 조선 유학자들이 경쟁하는 이념 가운데 하나를 선택한 것이 아니라 유일한 이념을 온 삶의 영역에서 실천하고자 한 순수한 정통주의자들이기 때문이다.

정통주의자로서 비판의 강도가 셀수록, 개입의 정도가 많을수록 정치적 실천의 장을 잃고 적은 삶의 자원만으로 이념의 공동체를 꾸려야 하는 가장이자 학자로서의 현실적 고뇌와 극복의 의지도 분명하게 확인할 수 있다. '올바른 세계'에 대한 이들의 고뇌와 의지를 과소평가할 수는 없을 것이다. 그럼에도 현실이 아니라 순정한 이념의 신뢰에서 온 고뇌와 의지로 인해 타자화되고 수동화된 조선 여성들의 삶 역시 성찰되고 반성되어야 한다. 그 성찰과 반성이 과거의 학문이 아니라 미래의 학문으로, 지식의 고고학이 아니라 현재의 윤리학, 인간학으로서 조선 유학을 현대에 입안해야 할 우리의 몫이다.

참고문헌

원전류 및 번역본

『論語』

『孟子』

『論語集註』

『孟子集註』

李　瀷, 『星湖僿說』

______, 『星湖先生全集』

安鼎福, 『順菴先生文集』

연구논저

강경원, 『이익－인간 소외의 극복의 실학자』, 성균관대 출판부, 2002.

강명관, 『열녀의 탄생』, 돌베개, 2009.

강세구, 『성호학통 연구』, 혜안, 1999.

김용걸, 『星湖 李瀷의 哲學思想硏究』, 성균관대 출판부, 1989.

______, 『이익사상의 구조와 사회 개혁론』, 서울대 출판부, 2004.

박미해, 『유교가부장제와 가족, 가산』, 아카넷, 2010.

박　주, 『조선시대 여성과 유교문화』, 국학자료원, 2008.

원재린, 『조선 후기 星湖學派의 학풍 연구』, 혜안, 2003.

유탁일, 『星湖學脈의 文集刊行硏究』, 부산대 출판부, 2000.

이광규, 『한국 친족의 사회인류학』, 집문당, 1997.

이수건, 『영남학파의 형성과 전개』, 일조각, 1995.

이효재, 『조선조 사회와 가족』, 한울, 2003.

최석기 외, 『성호 이익 연구』, 사람의무늬, 2012.

최홍기 외, 『조선 전기 가부장제와 여성』, 아카넷, 2004.

정해은, 『조선의 여성, 역사가 다시 말하다』, 너머북스, 2011.

한국고전여성문학회 편, 『조선시대의 열녀담론』, 월인, 2002.

마르티나 도이힐러, 이훈상 역, 『한국의 유교화 과정』, 너머북스, 2013.

마크 피터슨, 김혜정 역, 『유교 사회의 창출 : 조선 중기 입양제와 상속제의 변화』, 일조각, 2000.
송시열 외, 유미림 외역, 『빈방에 달빛 들면』, 학고재, 2005.

강명관, 「순암順菴 안정복安鼎福의 여성관」, 『한국실학연구』 8권, 한국실학학회, 2004.
김보경, 「順菴 安鼎福의 여성 인식－18세기 여성 인식사의 한 극단적인 얼굴」, 『한국고전여성문학연구』 8권, 한국고전여성문학회, 2004.
김선희, 「가난, 병, 죽음－삶의 난관 앞에 선 실학자들」, 『한국실학연구』 26권, 한국실학학회, 2013.
김언순, 「조선 여성의 유교적 여성상 내면화 연구－여훈서女訓書와 규방가사閨房歌詞를 중심으로」, 『페미니즘 연구』 8권, 한국여성연구소, 2008.
김지은, 「성호星湖 이익李瀷, 1681～1763의 여성관女性觀」, 『역사교육연구』 39집, 한국역사교육학회, 2007.
김진명, 「가부장 담론과 여성 억압－내훈서 및 의례서의 분석을 중심으로」, 『아시아여성연구』 33집, 숙명여대 아시아여성연구소, 1994.
송갑준, 「星湖 李瀷 哲學 硏究」, 고려대 철학과 박사논문, 1991.
안영상, 「星湖 李瀷의 性理說 硏究」, 고려대 철학과 박사논문, 1998.
정해은, 「조선시대 여성사 연구 동향과 전망, 2007～2013」, 『여성과 역사』 19집, 한국여성사학회, 2013.
______, 「조선시대 여성사 연구, 어디로 가고 있는가?」, 『역사와 현실』 91호, 한국역사연구회, 2014.
조성을, 「실학의 여성관－이익, 정약용을 중심으로」, 『한국사상사학』 20권, 학국사상사학회, 2003.

2부

향촌사회의 예교질서와 사족공동체의 변화

임진왜란 직후 대구사림의 지역사회 재건 노력과 분화*

김형수

1. 머리말

14세기 말 조선왕조가 건국된 이래 조선의 왕권은 15세기를 거치면서 안정되어 갔다. 그러나 조선은 『경국대전』 반포를 전후하여 훈구세력이 정권을 장악하면서 흔들리기 시작하였다. 훈구세력은 세조대 이후 몇 번에 걸친 정치적 사건에서 승리하여 공신으로 책봉되었고, 이들은 국가의 요직을 독점하는 한편, 농장을 광점廣占하는 방식으로 사적 경제기반을 확대하는데 주력함으로써 국가경제를 위태롭게 하였다.

이러한 문제에 대하여 새로이 등장하던 신진관료 즉 사림들은 도덕적 정치를 주장하면서 훈구세력의 권력에 도전하였고, 훈구세력은 몇

* 이 글은 「17세기 초 대구사림의 형성과 분화–『모당일기』를 중심으로」(초출일람 참조)를 임란 이후 대구지역 재지질서의 재편이라는 관점에서 재구성한 것이다.

차례에 걸친 사화를 통하여 사림들의 도전을 좌절시켰다.

몇 번에 걸친 사화에서 패퇴한 사림들은 중앙정치에서의 실패를 거울삼아 향약의 시행·유향소복립운동 등을 통하여 향촌에서의 주도권을 장악하고, 16세기 후반 선조대에 이르면 중앙정계에서 주도권을 장악하게 되었다. 그러나 지방에서는 안동 등 일부 지역을 제외하고는 사림들의 지방 지배력은 그다지 강고한 것은 아니었다. 사림들은 중종·명종대를 거치면서 향약의 시행, 사마소의 설립 등 그들이 지향하는 지방질서를 다각도로 모색하고 있었으나, 실제로 이러한 시도가 성공한 곳은 거의 없었다. 비록 김안국 등에 의해 관으로부터의 향약 시행이 모색된 이래, 지속적으로 예안향약·해주향약·서원향약 등이 시도되었으나 그다지 성공적이지는 못하였다.

본고에서 대상으로 하고 있는 대구지역은 16세기 사림세력이 거의 형성되지 못한 지역이었다. 대구는 세조 12년1466 도호부都護府로 승격되어 경상도 중앙부의 중요한 요지로 등장하였지만, 그다지 학문적인 성장은 크지 않았다. 오히려 경상도의 물산이 모이는 지역이라는 점에서 도시로서의 성장은 비약적이었지만, 대학자를 배출하지 못한 지역이어서 경상좌도의 퇴계학파와 경상우도의 남명학파 사이의 중간적인 입지에 놓여 있었다. 대구지역에 사림세력이 본격적으로 등장할 수 있었던 배경은 임진왜란이 큰 역할을 하였다. 임진왜란 당시 대구 사림들에 의해 의병이 조직되고 이들의 의병활동에 의하여 임란 이후 이들의 활동은 영향력을 가지게 되었던 것이다. 그러므로 대구지역에서의 사림들의 성립은 비록 김굉필 등의 선구적인 인물들이 있기는 하였으나 임진왜란 이후라고 보는 것이 타당하다.

본고에서는 대구사림들의 임진왜란 활동과 이후 결집과정을 살펴봄으로써 이들이 사림으로 형성되는 계기를 살펴보고, 임진왜란 이후 대표적인 대구사림 중 한명이었던 손처눌孫處訥의 『모당일기慕堂日記』를 통하여 이들이 정치적으로 분화하는 과정을 살펴보고자 한다.[1] 대구사림들은 임진왜란 직후 한강학맥이 주도권을 장악하면서 이들을 중심으로 재지적 질서의 재편을 도모하였다. 이들은 임진왜란이 종식된 이후 향교의 재건과 선사암에서의 강학활동 및 향약의 시행을 통하여 사림 중심의 대구사회 재건을 도모하였다. 이들은 주로 남명학맥의 영향을 강하게 받으면서 퇴계학맥을 수용하고 있었다. 그러나 이들은 박이립朴而立의 무고사건과 내암來庵 정인홍鄭仁弘의 회퇴변척晦退辨斥을 계기로 반反 내암來庵적인 입장을 표방하였던 손처눌 등의 입장과 미온적이었던 곽재겸郭再謙·서사원徐思遠 등의 입장으로 분화되었다. 인조반정 이후 대구지역은 손처눌 등 남인입장을 표방하였던 세력이 주류를 형성하는 가운데 집권서인세력과 연결하는 새로운 움직임이 등장하였던 것이다.

1 손처눌(1553명종 8~1634인조 12)의 본관은 일직, 자는 기도幾道, 호는 모당慕堂이다. 정구의 문인으로 임진왜란 당시 의병을 일으켜 왜군과 싸웠고, 임진왜란이 끝난 뒤 대구향교의 재건을 주도하였으며, 후진양성에 힘썼다. 정인홍의 회퇴변척晦退辨斥에 대하여 「부정척사문扶正斥邪文」을 써서 反대북의 입장을 대구에서 처음으로 표방한 인물이다. 장현광, 서사원 등과 친밀하게 교유하였으며, 대구 청호서원青湖書院에 제향되었다. 저서로 『모당집慕堂集』『모당일기慕堂日記』가 있다. 본고에서 중요한 분석 대상으로 삼은 『모당일기』는 임란 직후인 1600년선조 33~1629년인조 7 동안 쓴 일기로 30년간 대구지역 사림의 동향을 이해하는데 중요한 자료이다.

2. 15세기 대구사림의 동향과 김굉필의 학문적 경향

성리학의 이념에 바탕한 유교적 양반관료체제를 확립한 조선의 양반들은 관로에 나가는 것이 그들의 정치·사회적 지위를 유지하는 길로 보고 최고의 목표로 삼았다. 그러므로 조선왕조는 성리학의 이념을 보급하는데 중점을 두고 적극적인 숭유정책崇儒政策을 채택하였다. 따라서 관학官學을 장려하기 위하여 한성에는 성균관과 사학四學을, 지방에는 향교를 세우도록 하였다. 그러나 조선 초기까지 대구지역의 학문적인 분위기는 성숙하지 못하였다.

고려 말 빈우광賓于光이 원元 제과制科에 급제하고, 서균형徐鈞衡이 과거에 급제하여 정당문학政堂文學에 오르는 등[2] 어느 정도 학문적 활동은 있었으나, 학문적 성숙의 분위기는 그다지 있지 않았다. 대구는 서거정이 등장하면서 어느 정도 사장詞章을 중심으로 한 유학의 진흥이 이루어졌다. 서거정은 당시 대구의 학문적 분위기를 "나의 고향 대구는 경상도의 거읍巨邑이다. 그 산천의 수려한 기상이 마땅히 영재를 산출할 것이지만 어찌 수십 년 이래로 문헌이 조사凋謝하고 그 습속이 투수偸隋하여 한 사람의 문인 재사도 나오지 않는가! 저으기 한탄해 마지않는다. 내 고향 대구는 한 도를 관할하는 지역에 위치하고 또 주민과 물산이 번성하여 다른 황원荒遠한 지방과는 비교가 되지 않는다. 그러나 이같은 현상은 대구의 사풍士風이 그렇다기 보다는 그중에 특출한 인물이 나와 제생諸生을 계도해 주는 사람이 없었기 때문이다."[3]라고

---

2 『新增東國輿地勝覽』卷26, 大丘都護府 人物 賓于光, 徐鈞衡.

3 『四佳集』권12「送都壯元夏還鄕詩序」.

하여 당시 대구의 학문적 분위기가 침체되어 있음을 토로하였다. 그러나 서거정이 출현하면서 대구는 사장詞章적 경향이 농후해졌다. 서거정은 당시 장원급제한 도하都夏에게 "그대가 고향에 내려가서 제생諸生을 고무하는 동시에 고향의 모범이 되라"[4]고 권유하였고, 도하都夏의 뒤를 이어 양희지楊熙止가 대구에 우거寓居하면서 후생들을 지도하였다.

한편 대구지방에는 김숙자-김종직으로 이어지는 사림계열의 학문적 분위기도 존재하였다. 김종직의 제자인 김굉필은 현풍玄風에 세거世居하면서 처가인 합천의 야로와 성주의 가천 등지를 왕래하고 사류들과 사귀면서 학문을 연마했다. 그러던 중 21세 되던 해 함양군수로 있던 김종직을 찾아가 제자가 되었다. 김굉필은 김종직으로부터 『소학小學』을 받고 『소학』 연구에 몰두하였다.[5] 김굉필은 『소학』의 중요성을 강조하여 모든 학문의 입문이며 기초인 동시에 인간교육의 절대적인 원리가 됨을 역설하였다. 그 자신도 일생동안 『소학』을 손에 놓지 않고 스스로 '소학동자'를 자칭하였다. 김굉필은 학문적으로는 정몽주-길재-김숙자-김종직으로 이어지는 사림의 연원을 계승하였다. 그러나 당시 스승이었던 김종직을 위시하여 사림들 중 사장詞章에 치중한 인물이 많았던 것에 비해, 그는 경학經學을 강조하였다. 『소학』에 입각한 김굉필의 처신과 자세는 학문적 방법으로는 수기修己를 강조하는 것이었으며, 성학聖學을 추구하였다.[6] 김굉필은 41세 때 경상도 관찰사 이극균李克均에 의해 성리학에 밝고 지조가 굳다는 명목으로

4 『四佳集』 권13 「送楊修撰詩序」.

5 『景賢續錄』 「行狀」(奇大升 撰).

6 이병휴, 「조선 전기 사림파의 추이 속에서 본 김굉필의 역사적 좌표」, 『역사교육논집』 34, 2005, 211~214쪽.

천거되어 남부 참봉에 제수되면서 관직생활을 시작했다. 그러나 1498년연산군 4 45세 때 무오사화가 일어나자, 김종직의 문도로 붕당을 만들었다는 죄로 장杖 80과 원방부처의 형을 받고 평안도 희천으로 유배되었다가 2년 뒤 전라도 순천에 이배移配되었다. 김굉필은 유배지에서도 학문 연구와 후진 교육에 힘써 희천에서는 조광조에게 학문을 전수하였다. 그러나 1504년연산군 10 갑자사화가 일어나자, 김굉필은 순천의 유배지에서 무오년의 당인黨人이라는 죄목으로 참형에 처해졌다.

김굉필의 학문적 성향은 '치인治人' 보다는 '수기修己'에 치우쳐 있어 현실상황에 있어서 능동적으로 대응하려는 자세는 상대적으로 약하였다고 할 수 있다. 그러나 이로 인하여 20여 인에 달하는 그의 문인들은 두 차례 사회의 소용돌이 속에서도 목숨을 보전할 수 있었고, 후일 중종대 개혁정치를 주도할 기호계 사림파의 주축을 형성하게 되었다.[7] 이러한 김굉필의 '성학聖學'을 지향하였던 입장은 후에 이황이 동방 4현의 하나로 김종직과 조광조를 잇는 도통의 전수자로 추앙하게 되는 이유가 되었다.

대구지방에는 김종직의 문인門人으로 김굉필 이외에도 현풍의 곽승화郭承華와 대구의 박한주朴漢柱가 활동하였다. 이들도 모두 무오사화戊午士禍에 연루되어 피화被禍됨으로써 선초초반까지 대구지역은 사림의 존재가 미약하였다. 그러나 이러한 사림파적 전통은 후에 임란 이후 대구에 한강학맥寒岡學脈이 뿌리내릴 수 있는 토양이 되었다.[8]

---

7 조선사연구회 편, 『조선시대 대구사람들의 삶』, 계명대 출판부, 2002, 165~174쪽.

8 정구는 김굉필의 외증손으로 대구지역의 문인인 서사원·손처눌 등으로 하여금 도동서원을 재건하도록 권유하기도 하였고, 만년에는 이 대구 인근의 칠곡 사빈泗濱에 거주하다가 사망하였다.

3. 임진왜란壬辰倭亂 당시 대구사림의 활동

1) 임진왜란의 발발勃發과 대구의 동향

1592년 4월 발발한 임진왜란은 7년 동안 동북아시아를 전쟁의 소용돌이 속으로 몰아넣었다. 전쟁의 기미는 이미 1587년선조 20경부터 있어왔다. 풍신수길豊臣秀吉는 이미 1587년 국내통일의 마지막 단계에 이르러 구주정벌九州征伐을 마치고 대마도주對馬島主 종의주부자宗義調父子에게 조선침공의 뜻을 표명하였다. 그러나 조선사정에 밝은 대마도주對馬島主는 이 계획의 무모성을 인식하고 조선이 통신사를 파견하도록 교섭할 것을 건의하였다. 이에 따라 대마도주는 귤강광橘康廣를 일본국왕사日本國王使로 1587년 파견하여 일본국내사정을 설명하고 통신사의 파견을 요청하였다. 이로 인해 조선은 일본국내 정세를 비로소 알게 되었으나 그 내책에는 의견이 구구하여 귀결을 짓지 못하였다. 결국 조선은 통신의 가부를 논의 끝에 황윤길黃允吉·김성일金誠一·허성許筬을 통신사로 일본에 파견하였다. 통신사 일행은 1591년선조 24 3월 서울로 귀환하였으나, 논의가 일치되지 못하여 의론議論이 분분하였다. 그러나 시간이 갈수록 심상치 않은 보고가 들어옴에 따라 조정에서는 김수金睟를 경상감사慶尙監司에, 이광李洸을 전라감사全羅監司로, 윤국형尹國馨을 충청감사忠淸監司에 임명하여 무기武器를 정비하고 성지城池를 수축修築하기 시작했으며 요충지인 경상도에는 부산·동래·밀양·김해·다대포 등의 제성諸城을 증축하고 종래 성벽이 없던 대구大丘를 비롯하여 청도·성주·영천·경산·안동·상주 등의 읍성邑城을 신축하였다.[9] 대구의 읍성은 이때 처음 축조되었던 것으로 당시 대구부사로 있던 윤현尹晛이 부근의 선산·군위·인동의 민民을 징발하여 축성하였지만 임진왜란으로 파괴되었다.[10]

소서행장小西行長이 이끄는 일본군 1대는 4월 14일 부산포에 상륙하여 16일에는 기장機張과 좌수영을 점령하고, 17일에는 양산梁山, 18일에는 밀양, 21일에는 대구성大丘城을 점령하였다. 왜군이 북상하자 경상도 방어사 김수는 20일 금호琴湖에 병력을 집결시켜 결전을 시도했으나, 피난민을 왜군으로 오인하고 병사들이 도주함에 따라 전투를 포기하고 조선군은 칠곡 석전으로 퇴각하였다.[11]

일본군의 대구 점령으로 대구부사 윤현尹晛은 관내군민管內軍民 2,000여 인을 거느리고 공산성公山城에 퇴수退守하였다. 대구읍성이 함락될 때 대부분의 군민軍民들은 부사의 인솔하에 공산성으로 퇴수退守하였고, 주민住民들은 산곡山谷에 숨었으며, 미처 피신하지 못한 민인民人들 가운데는 피살된 자도 많았다. 대구를 점령한 1번대는 인동仁同·선산도善山道를 돌파하여 상주를 치고, 가등청정加藤淸正이 이끄는 2번대는 언양彦陽·경주慶州를 거쳐 영천永川·신녕新寧·군위軍威·비안比安·용궁龍宮·풍진도豊津道를 지나 문경聞慶에서 1번대의 뒤를 따라 충주에 들어갔다가 다시 좌우종대左右縱隊로 나누어 1번대는 여주驪州·양근도楊根道를 따라 한성漢城 동쪽으로 나오고 2번대는 죽산竹山·용인龍仁을 거쳐 한강漢江 남쪽으로 나왔다. 한편 흑전장정黑田長政가 이끄는 3번대

9 최영희, 「왜란전의 정세」, 『한국사 29－조선 중기 외침과 그 대응』, 국사편찬위원회, 1995, 25쪽.

10 『대구읍지』, 邑先生 尹晛.

11 『黔澗壬亂日記』, 선조 25년 4월 20·23일.

는 김해金海·창녕도昌寧道를 따라 좌우로 분진分進하여 그 우종대右縱隊는 무계茂溪·성주도星州道를 그 좌종대左縱隊는 초계草溪·거창居昌·지례도知禮道를 북상하여 금산金山에서 합치고 영동永同·회덕懷德·청주도淸州道를 따라 한성漢城으로 돌진하였다.[12] 대구는 왜군의 북상로 가운데 중로中路의 요지에 해당되었으므로 왜의倭 대군이 속속 대구大丘를 거쳐 북상하였고, 읍성邑城은 평지인데다가 또한 견고하지 못하였으므로 부사府使 윤현尹晛은 왜군을 맞아 싸우지 못하고 적의 예봉을 피해 공산성에 퇴수退守하였으므로 읍성은 적에게 맡겨져 있었고 그들 후속부대의 통과로通過路로 또는 후방 경비부대의 주둔지 역할을 하였다.

2) 대구의병의 조직과 활동

대구의 의병은 재지사족을 중심으로 조직되었다. 이들 재지사족들은 상호 중첩적인 혼인관계를 형성하고 있었으며, 동시에 퇴계와 남명을 연원으로 한 학문적인 관계를 맺고 있어서 상호간의 결집과 동질성을 강하게 유지하고 있었다. 향안의 조직이 군현 내부 사족 상호간 또는 사족의 하층민에 대한 지배를 확보하는 것이라면, 통혼권과 학문적인 사우연원師友淵源관계는 군현의 범위를 벗어나 인근지역 사족과의 연결을 자연스럽게 매개하는 것이었다.

사족의 부유한 가산家產은 또한 전란으로 유리流離하였던 농민과 수

12 이수건, 「월곡 우배선의 임진왜란 의병활동-그의 『창의유록』을 중심으로」, 『민족문화논총』 13, 1992, 71쪽.

령의 도망과 더불어 흩어졌던 관군을 의병의 대오로 끌어 들였고, 격문과 효유를 통한 충의심의 함양과 왜적에 대한 적개심 등이 의병활동에 필요한 인적 자원을 공급받을 수 있었던 것이다. 그러나 전쟁이 장기화되면서 의병활동에 절대적으로 필요한 군량미의 확보는 의병장 또는 여기에 참여하고 있던 사족들의 개인적 힘만으로는 감당하기 어려운 것이었다. 경우에 따라서는 관의 조처를 통해 해결하기도 했지만 의병에 참여하고 있던 사족의 향촌지배조직을 통한 모량募粮으로 충당하였다. 즉 그들은 향회鄕會를 통해 모량할 뿐만 아니라 감사・수령 등으로부터 획급된 군량의 확보・병사의 징발・산성의 축조 등 각종 부역 등의 문제도 담당하고 있었다.[13]

대구의 의병은 대구출신을 위시하여 부근 사족士族이 중심이 된 것이었다. 실제 활동에서는 구체적인 접근이 어려우나, 대구가 일본군의 주둔지가 되면서 타 지역에 비해 창의倡義가 늦었던 것은 사실이다. 대구지방 최초의 의병장이라 할 수 있는 서사원의 경우 임진년壬辰年 7월 그가 의병장이 되어 「초집향병문招集鄕兵文」을 발표하였다.[14] 당시 대구의병은 서사원徐思遠을 중심으로 한 대구출신의 사족으로, 공산성에 피난중인 자 또는 인근 군현의 사림으로서 그 곳에 모인 자가 중심이 되었다. 서사원 부대는 정사철鄭師哲・손처눌孫處訥・최계崔誡 등이 중심이 되어 팔조령八助嶺에 매복하여 왜군倭軍을 공격하는 등 활발한 활동을 했으나, 의병장이 자주 갈리는 등 문제점을 노출하기도 하였다.[15] 대구지역의 의병창의과정과 그 배경은 서사원의 「초집향병문招

---

13 위의 글, 74~75쪽.

14 『樂齋先生文集』 권6 「招集鄕兵文」(이하 『낙재집』으로 표기).

集鄕兵文」과 서사원·손처눌의 연보를 통하여 살펴볼 수 있다.

대구의병의 봉기 배경은 첫째 선조의 「죄기교서罪己敎書」가 독서지사讀書之士로 하여금 충의를 분발하게 하였고, 둘째 같은 경상도이면서 우도右道는 곽재우·김면·정인홍 등의 의병활동이 현저하여 이 소식을 듣고 분발한 것이며, 셋째 대구이북의 안동·예안 등에서 사족들이 기병하자 더욱 자극을 받은 것이다.[16] 넷째 임진년 7·8월경 접어들면서 조정에서 파견한 관리가 직무를 수행하는가 하면 중앙정부와의 연락이 소통疏通되고 대구부사 윤현은 관군을 인솔하고 인접 수령 등과 합세하여 유격전을 벌리고 있었던 것이다. 이에 자극받은 대구 사림은 정사철을 의병장으로 추대하고 서사원이 「향병입약鄕兵立約」을 제시하여 각 면리面里별로 의병을 차출하고, 향교鄕校와 서원書院의 하인下人까지도 향병으로 차출하였다.[17] 그러나 얼마 안 있어 정사철이 병으로 의병장을 물러나고, 서사원이 대신하였으나 서사원도 승중상承重喪을 당하여 군무에서 이탈하자 손처눌이 의병장겸소모사義兵將兼召募使로 대구의병을 이끌게 되었다. 서사원부대는 우배선부대와는 달리 좌감사인 김성일의 휘하에서 주로 활동하였던 것으로 보인다. 그러나 관군과의 협조가 제대로 이루어지지 않아 병사 박진朴晉은 오히려 의병활동을 억제하려 하였으며, 서사원 부대는 이에 좌감사로 와 있던 김성일의 휘하에서 관민연합작전을 구상하였다. 하지만 의병을 먹일 군량軍糧이 제대로 보급되지 않은데다가[18] 손처눌까지도 상을 당함에

15 『慕堂集』 권6 부록 「年譜」, 선조 20년 壬辰·丁酉.
16 『낙재집』 권6 「招集鄕兵文」.
17 『낙재집』 권6 「鄕兵立約」.
18 『모당집』 권6 부록 「연보」, 선조 20년 壬辰.

따라[19] 대구의병은 해산되었던 것 같다.

한편 대구인근의 화원에서는 우배선 부대가 독자적인 활동을 하였다.[20] 우배선은 화원현 출신으로 한미한 가계로 임진왜란 이전에는 대구사림과 그다지 연결되지는 못하였다. 그러나 전후戰後의 국가적인 논공행상에서는 곽재우·김면·정인홍 등과 함께 선무원종공신 1등에 책록되었는가 하면, 선조는 그를 '용감선전勇敢善戰' 하였다[21]고 하고 정경운鄭慶雲의 『고대일록孤臺日錄』에서도 그의 의병활동을 높이 평가하였다.[22] 이를 바탕으로 임진왜란이 종식된 이후 우배선은 대구사림들과 교유하고,[23] 그의 아들인 우달하禹達河를 손처눌의 문인으로,[24] 우달해禹達海를 서사원의 문인으로[25] 출입시키면서 대구지역 사림들과의 연결을 강화할 수 있었다.

우배선 의병에 대해서는 그의 의병활동 자료인 『창의유록倡義遺錄』을 통해 그의 의병부대 조직과 전투·전과를 구체적으로 고찰할 수 있다.[26] 우배선의 근거지였던 화원현은 신라이래 임진왜란 때까지 인근

---

19 『모당집』 권6 부록 「연보」, 선조 21년 癸巳.

20 우배선의 의병활동에 대해서는 다음의 글이 참조된다. 이수건, 「월곡 우배선의 임진왜란 의병활동－그의 『창의유록』을 중심으로」, 『민족문화논총』 13, 1992; 장동익, 「월곡 우배선의 임진의병활동」, 『역사교육논집』 18, 1993; 김현영 편, 『대구월촌단양우씨문서』(연구·정서·해제 편), 한국고문서학회, 1994.

21 『선조실록』 권55, 선조 27년 9월 己亥.

22 김현영 편, 『대구월촌단양우씨문서』, 한국고문서학회, 1994, 22쪽.

23 『낙재집』 부록 「연보」, 선조 36년.

24 『영모당통강제자록』, 禹達河.

25 『낙재집』 부록 「연보」, 광해군 원년 11월.

26 우배선에 관한 자료는 『창의유록』 외에도 『월곡실기月谷實記』, 고문서류(교지·간찰 등), 『선조실록』 『읍지』 등이 있다. 『창의유록』은 임진왜란 때 그의 창의·기병起兵과 함께 상하관원사이에 왕래한 첩帖·소지所志·전령傳令·전황전공보고서, 『성주화원의 병군공책』 서찰 등 고문서의 형태로 종가宗家에 유전되고 있던 것을 18세기 화재로 인해 소실될 때 그 일부를 수습하여 19세기 초에 첩장帖裝한 것이다(김현영 편, 『대구월촌단양

의 수창군壽昌郡·성주목星州牧·대구부大丘府의 속현으로 존속된 바 있다. 조선 전기에는 줄곧 성주목의 속현으로 존재했기 때문에 그 현내 출신인 우배선은 임란 때 기병하면서 화원현의병장·복병장·가장假將으로 자칭하거나 초유사·순찰사로부터 그러한 호칭을 가차假差받기도 하였다. 우배선의 세거지는 대구·현풍·청도를 면하고 있는 비슬산 기슭에 있는데다가 앞으로는 낙동강과 금호강 연변에 전개된 평야를 면하고 있었다. 그는 이곳을 근거지로 월배·조암·감물천·성평 및 가창곡에 걸쳐 왜적을 치는 작전을 전개하여 많은 전과를 거두었다. 우배선부대의 전투지역은 대구·화원 등이었고, 주로 설복設伏·야작夜斫·접전接戰·대접전大接戰·추격追擊 등의 활동을 벌였다. 즉 우배선 부대는 대구에 포진하거나 대구주변을 왕래하는 적을 공격하는 것이 주요 활동이었다.

대구의 의병활동은 위에서 언급한 바와 같이 서사원·손처눌·우배선 등 사족을 중심으로 한 것이었다. 그러나 대구는 임란 초기부터 왜군의 북진요충지였기 때문에 의병 창의 시기도 늦었고, 그 활동도 공산公山과 대구주변의 화원·월배 등지에서 간헐적인 유격전으로 적을 교란시키는 정도였다. 특히 식량부족으로 의병의 계속 유지가 곤란해지자 그 존재는 미약해졌다. 그러나 임란 이후 대구사회를 재건하는 과정에서 이들 의병창의義兵倡義 인물들은 지역의 여론을 향도하는 위치에 있었고, 이들은 이를 바탕으로 대구지역의 대표적인 사족으로 부상하게 되었다.

우씨문서』, 한국고문서학회, 1994).

4. 임란 이후 대구 한강학단의 정립과 흥학興學 활동

1) 정구鄭逑의 대구大邱 이거移居와 대구 한강학단의 정립

대구지역 사림의 결집에 있어서 중요한 역할을 한 것은 한강寒岡 정구鄭逑였다. 정구는 주로 성주星州에 거주했지만 김굉필金宏弼의 외증손外曾孫으로 대구지역에 일정한 연고를 가지고 왕래했다. 정구는 70세 되던 해인 1612년광해군 4 팔거현八莒縣 노곡蘆谷에 이거移居하였으며,[27] 1614년 정월正月 노곡蘆谷의 정사가 불타자 사빈泗濱으로 이거移居하였다.[28] 정구는 칠곡에 거주하면서 주로 대구의 연경서원을 중심으로 제자들을 양성했으며, 1619년 사빈泗濱에서 사망하였다.[29] 따라서 대구지역에는 정구의 문인들이 많이 거주하고 있었다.[30] 또한 대구지역에는 정구 이외에도 이황의 문인門人인 전경창全慶昌·이숙량李叔樑 등이 거주하면서 퇴계학맥을 표방하는 인물들이 많이 출현하였다.

한강의 문인 중 대구지역 출신은 342인 중 32인으로 약 10% 정도였다.[31] 또한 장현광은 널리 알려져 있다시피 한강의 질서姪壻로서 인동·선산 권역을 대표하는 학자였다. 특히 장현광은 성주권[32]의 한강

---

27 『寒岡年譜』 권1, 광해군 4년.

28 『한강연보』 권1, 광해군 6년.

29 『한강연보』 권2 「行狀」.

30 대구지역의 정구 문인들에 대한 인물 연구는 장윤수·임종진, 「한강 정구와 조선 중기 대구권 성리학의 연계성에 관한 연구」, 『동양사회사상』 8, 2003이 참조된다.

31 칠곡漆谷인물의 경우 대구인물로 포함시켰다. 칠곡의 이윤우李潤雨·송원기宋遠器 등은 칠곡 출신이지만 대구지역의 행사에 적극적으로 참여하고 있었고, 특히 연경서원을 중심으로 활동을 전개한 것이 확인되기 때문에 대구지역 한강학파로 간주하였다.

32 당시 대구는 넓은 의미에서 성주권으로 이해되었다. 광해군 2년 정구변무소鄭逑卞誣疏를 올린

의 학맥을 선산·인동권역으로 연결하는 위치에 있었다. 대구지역에는 한강 정구의 영향력이 절대적이기는 하였지만 여헌旅軒 장현광도 꾸준히 대구지역을 왕래하면서 대구지역 사족들과 긴밀한 관계를 맺고 있었다.[33] 따라서 정구·장현광의 학문적 성취와 더불어 정치적으로도 대구지역은 임진왜란이 종식된 후 이들의 영향을 받게 되었다.

이들 중 대구지역 한강학맥을 주도한 인물은 서사원徐思遠과 손처눌孫處訥이었다. 대구지역 한강문인들 중 연배가 많이 올라가는 곽재겸이나 서사원·손처눌은 전경창全慶昌이나 김우옹金宇顒·정사철鄭師哲 등에게 수학하다 정구鄭逑의 문하에 배움을 청한 경우이다. 특히 서사원의 경우 한강에 비해서 7년 연하임에도 불구하고 제자의 열列에 서기를 자처한 경우이며, 손처눌의 경우도 10년 연하에 불과했다. 이들은 한강 정구가 정인홍과의 갈등으로 말미암아 주 거주지였던 성주를 떠나 노곡蘆谷에 정착하였을 때[34] 대구지역 사림들을 규합하여 대구지역 한강학파를 형성하였다. 이러한 한강의 노곡蘆谷 이거移居는 서사원의 노력이 주효한 것이었다. 서사원은 이미 1609년광해군 1 정구를 연경서원으로 초빙하고자 시도하였다. 손처눌도 서사원의 입장에 적극 동조하였으나[35] 정구는 아직 성주를 떠나고자 하지 않아 손처눌은 한강寒崗으로 정구를 찾아가 한강 옆의 마거산馬巨山으로 가 신기新基를 보기도 하였다.

송원기宋遠器는 거주지가 칠곡임에도 불구하고(『칠곡지』 권1 방리 文朱坊, 권3 인물 宋遠器) 『광해군일기』에는 성주인星州人으로 기록되었다(『광해군일기』 권33, 광해군 2년 9월 庚申).

33 여헌 장현광은 손처눌·서사원과의 교분이 두터웠다. 손처눌은 장현광과 외가 쪽으로 인척이 되며, 한강문하에 손처눌·서사원이 출입하면서 장현광과 긴밀하게 연락을 주고받은 것은 『모당일기』에도 자주 보이며 『낙재집』에서도 드러난다.

34 『한강연보』 권1, 광해군 4년 정월.

35 『慕堂日記』, 己酉 2월 21일.

〈표 1〉 대구지역 한강학단[36]

	성명	자	호	본관	거주지	관직	생년	몰년	비고
1	郭再謙	益甫	槐軒	玄風	(현풍)		1547	1615	享 柳湖祠
2	宋遠器	學懋	啞軒	冶城		司馬 / 文 / 學諭	1548	1617	
3	徐思遠	行甫	樂齋	達城	(대구)	縣監	1550	1615	享 伊江祠
4	孫處訥	幾道	慕堂	一直	(대구)	司馬	1553	1634	享 靑湖祠 / 扶正斥邪文 / (日記)
5	鄭光天	子晦	洛涯	東萊			1553	1594	林下 鄭師哲 子
6	孫處約	希魯	五梅亭	一直	(경산)	司馬 / 參奉	1556		손처눌 弟
7	蔡夢硯	靜應	投巖	仁川	(대구)	贈吏議	1561	1638	
8	孫遴	季進	聞灘	一直		司馬 / 文 / 判官	1566	1628	
9	蔡先修	敬仲	達西齋	仁川			1568	1634	
10	李潤雨	茂伯	石潭	廣州	(칠곡)	司馬 / 文 / 參議	1569	1634	配享檜淵祠
11	蔡先吉	仲吉	琴灘	仁川	(대구)	佐郎	1569	1646	松潭 子
12	郭澍	景林	蘇溪	玄風	(현풍)		1569	1617	(현풍곽씨언간)
13	柳時藩	衛仲	沙月堂	文化	(대구)		1569	1616	蓮亭 子 / 享靑湖祠 / (문집)
14	都聖俞	廷彦	養眞堂	八莒			1571	1649	享龍湖祠
15	李文雨	茂甫	迂翁	廣州			1572	1631	石潭 李潤雨 제
16	朴壽春	景老	菊潭	密陽		贈戶議	1572	1652	丙子倡義 / 享南岡祠
17	都應俞	諧甫	翠厓	八莒	(대구)	司馬	1574	1639	享屛巖祠
18	都汝俞	諧仲	鋤齋	八莒	(대구)		1574	1640	享龍湖祠
19	蔡先見	明甫	兩傳軒	仁川		薦 / 參奉	1574	1644	松潭 子 / 請斬李爾瞻疏
20	鄭錡	靖甫	琴齋	東萊	(대구)		1574	1642	洛厓 子
21	蔡先謹	擇仲	大谷	仁川			1576	1615	松潭 蔡應麟 子
22	都彦俞	康甫	逸庵	八莒	(대구)		1579	1623	
23	徐思選	精甫	東皐	達城	(경산)	司馬 / 薦 / 遺逸 / 參奉	1579	1651	南澗 徐浞 長子 樂齋 從弟 / 李适亂 倡義 / 享玉川祠
24	崔東崔	鎭伯	茶川	慶州	(대구)	司馬	1585	1622	
25	崔東山集	鎭仲	臺巖	慶州	(대구)	司馬 / 大君師傅	1586	1660	
26	朴宗祐	君錫	釣巖 / 陶谷	順天	(대구)		1587		翠琴軒 后
27	蔡楙	子後	栢浦	仁川	(대구 / 인동)	文 / 佐郎 / 贈吏參	1588		投巖 子
28	李道昌	泰叔	寒竹亭	廣州	(칠곡)	薦 / 都事	1595	1659	石潭 長子

36 『한강전서』 소재 「회연급문록」에 의함. 대구인물 중 생몰연대를 확인하지 못한 배경가裵褧可, 최흥국崔興國, 서시립徐時立 3인은 제외하였다. 이들 3인이 포함되면 35명이 된다.

	성명	자	호	본관	거주지	관직	생년	몰년	비고
29	都慶兪	來甫	洛陰	八莒	(대구)	蔭 / 庶尹 / 贈左承旨	1596	1637	翠厓 季弟 / 享屛巖祠
30	都愼修	永叔	止巖	八莒		文 / 府使	1598		享龍湖祠
31	都愼徽	美五	西湖	八莒		宣教郎	1598	1648	翠厓 子 / 請斬李爾瞻疏
32	李道長	泰始	洛村	廣州	(칠곡)	文 / 司諫	1603	1644	石潭 次子

정구가 성주를 떠나 대구로 이거한 것은 1610년광해군 2 발생한 박이립朴而立의 고변告變과 밀접한 관련이 있었다.[37] 당시 박이립은 정구가 '부도지언不道之言'을 했다고 공격하였다.[38] 대구지역의 한강문인들은 이 소식을 들은 즉시 성주로 가서 그 내용을 살펴보고 그에 대한 반박 상소를 올리고자 하였다. 손처눌은 이 소식을 5월 11일 접하고 직접 상황을 알아보기 위하여 직접 성주로 찾아 갔다. 이미 10일 의금부 도사가 성주에 왔으나, 상세한 사정을 알지 못하는 상황이었다. 소식을 접한 서사원・도경유都慶兪는 성주로 먼저 갔고 손처눌孫處訥・손처약孫處約・손린孫遴은 뒤를 이어 성주로 향했다.[39] 이때 박이립朴而立을 중심으로 한 성주의 사자士子 5・6인이 주동이 되어 정구에 대한 비판에 열을 올리고 있었고, 정구는 성저城底에서 대죄待罪하고 있었다.[40] 이로 인하여 정구는 궁지에 몰리게 되었고, 대구지역의 한강학파는 이 문제를 해결하기 위하여 관찰사觀察使가 머무르고 있는 용궁에 손처약孫處約을 보내어 정서呈書하게 하였다.[41]

---

37 『한강연보』 권1, 광해군 2년.

38 『광해군일기』 권31, 광해군 2년 7월 辛未.

39 『모당일기』, 庚戌 5월 11일. "希魯自查齋 冒曉馳來 鄭先生被人告變 昨日 有禁都來臨之奇 卽與希魯及從叔正字 馳向星州 行甫曉發云 都翼卿三父子從此 (…중략…) 仍來人問其奇 亦未詳實."

40 『모당일기』, 庚戌 5월 11일. "亦其黨士子五六人會 處極爲唱說 先生亦待命于城底云."

41 『모당일기』, 庚戌 6월 24일. "希魯來 傳以先生事向龍宮 時巡使留龍宮 星州人移推云 故

이 문제는 경상도관찰사의 손에 의해 처리되면서 정구는 무혐의無嫌疑로 풀려나게 되었다. 이때 정인홍도 정구의 일은 법으로 처리할 문제가 아니라는 뜻을 담은 서신을 감사에게 보내어 사면하도록 청하기도 하였다.[42] 그러나 다시 8월에 이 문제는 재연再燃되었다. 손처눌은 그의 일기에서 박이립이 정인홍의 뜻에 따라 추방하자고 한 것이라고 주장하였다.[43] 대구지역 사림들은 정구를 신원하기 위한 상소를 올리기 위해 통문通文을 돌리고자 하였다.[44] 당시 경상좌우도慶尙左右道의 사림은 분열되어 서로 다른 입장을 표방하고 있었다. 우도右道가 정인홍 지지라면 좌도左道는 정구 지지의 입장을 표방하였다.[45] 이는 남명학파의 분열을 선명하게 하였다. 정구를 신원하기 위한 소회는 상주에서 열렸으며, 100여 명이 참여하였다.[46] 이 소회에서 김익정의 소疏가 채택되었다.[47] 이 소회는 9월 4일 배소拜疏하였고, 대구부의 인원으로 9명이 참여하였다. 이름이 확인되는 경우는 손처약과 채몽연, 도응유 3인이다. 소두는 선산출신의 김녕金寧이 맡았고, 장의掌議로는 정삼계鄭三戒·권응생權應生이, 유사로는 도응유都應兪·이시청李時淸이 차정되었다. 이렇게 보았을 때 대구지역에서는 손처약·처눌 형제와 채몽연 일가, 도응유일가가 정구의 편에 섰던 것이 확인된다. 한편 칠곡의 송원기도 상소를 올려 정구를 신원하기 위해 노력하였다.[48]

府儒呈書巡使之計."

42 『모당일기』, 庚戌 7월 4일.
43 『모당일기』, 庚戌 8월 2일.
44 『모당일기』, 庚戌 8월 1일.
45 『모당일기』, 庚戌 8월 3일.
46 『모당일기』, 庚戌 8월 26·29·30일.
47 『모당일기』, 庚戌 9월 2일.

그러나 대구지역 사림의 동향은 단순한 것은 아니었다. 같은 해 11월 16일 손처눌은 서사원을 방문하여 정구의 일로 논의를 한 바 의견은 일치되지 않았다.[49] 손처눌은 친親 정구鄭逑의 입장을 분명히 한 반면 서사원은 유보적인 입장을 취하였던 것 같다. 결국 박이립朴而立의 고변사건이 마무리되면서 정구는 성주를 떠나게 되었다. 당시 정구의 대구이거大丘移居는 정인홍鄭仁弘과의 갈등관계로 인해 성주를 떠나게 되었던 것으로[50] 당시 성주星州도 대북大北의 영향력이 매우 강했음을 알 수 있다.

2) 임란 이후 대구의 흥학운동興學運動과 대구사림의 활동

1598년 임진왜란이 종전된 후 대구지역 사림은 지역사회의 재건을 위해 다각도로 노력하였다. 특히 대구지역은 임진왜란 당시 일본군의 주요 통과점이였기 때문에 피해가 더욱 컸다.

당시 사림들이 주목한 지역사회의 재건방향은 향교의 재건 등 교육의 진흥이었다. 그들이 생각하기에는 임란 후의 혼란상을 극복하기 위해서 예교禮敎의 진흥이 더욱 중요한 과제였다. 당시 예론禮論이 주목되고 많은 예서禮書가 나온 것도 이와 관련 있는 것이었다.

당시 대구향교 재건에 있어서 주도적인 입장에 있었던 인물은 임란 당시 의병으로 활동하였던 손처눌·서사원 등이었다. 이들은 1598년

---

48 『광해군일기』 권33, 광해군 2년 9월 庚申.

49 『모당일기』 경술 11월 15일. "樂齋衰憊太甚 朋友之憂爲如何哉 夜議及先生事 相與咨嗟者不一."

50 『한강연보』 권1, 광해군 4년 정월.

선조 31 10월부터 전란으로 붕괴한 대구향교를 재건하기 위하여 논의한 끝에 당시 경상도 관찰사였던 한준겸韓浚謙과 대구부사 김구정金九鼎의 도움으로 임시로 대구향교를 달성達城 내에 옮기고[51] 이듬해 서사원·곽재겸·손처눌·이주李輈·류요신柳堯臣 등이 중심이 되어 학교 규범을 처음으로 강학하였다.[52] 당시 대구향교의 재건에 참여한 인물들은 대구의 대표적인 재지사족들로 류요신柳堯臣[53]을 제외하면 모두 정구의 문인들이었다.[54] 그러나 이제 겨우 향교의 외형이 완성되었을 뿐 제기 등 기물들은 아직 준비되지 못한 상황이었다. 때문에 향교의 재건은 1608년까지 계속되어 1608년 2월에야 신묘新廟를 완공하고 이안제移安祭를 지낼 수 있었다.[55]

한편 대구사림들은 전란으로 소실된 연경서원을 중수하여 강학講學의 장소를 마련하게 되었다.[56] 대구사림들은 임란 직후 손처눌·서사원을 중심으로 선사재仙査齋에서 흥학을 결의하고 강회를 여는[57] 등 활발한 활동을 펼쳤으나, 연경서원은 광해군 즉위년까지 아직 원규를 마련하지 못하였으므로 아직 서원을 완전히 재건하지 못한 상황이었다.

---

51 『모당집』 권6, 부록 「연보」, 선조 31년 己亥 10월.

52 『모당집』 권6, 부록 「연보」, 만력 28년 2월. 당시 사용하였던 「학교규범」은 서사원의 『낙재집』 권6에 실려 있다. 그러나 이는 서사원이 새로 만든 것은 아니고 李珥가 1582년 왕명으로 지은 것을 이용한 것이었다(송희준, 「모당 손처눌의 강학활동에 대한 연구」, 『모당 손처눌 선생의 생애와 학문』(모당 손처눌선생 탄생 450주년 기념논문집), 청호서원, 2003, 94쪽). 이는 당시까지 대구지역 사림들의 정치적 성향이 분명히 분화되지 않았음을 보여주는 것이라 하겠다.

53 류요신은 손처눌의 문인門人 류시번柳時藩의 아버지父이다.

54 이들은 대부분 임진왜란 당시 의병에 참여하였던 인물들이었다(영남대 민족문화연구소, 『壬辰嶺南義兵史』, 임란호국영남충의단보존회, 2001).

55 『모당일기』, 戊申 2월 8일.

56 『모당집』 권6, 부록 「연보」, 선조 35년 7월.

57 『낙재집』 권6 「仙査精舍學規」 「精舍約束」.

때문에 서사원은 손처눌・손처약 형제와 상의하여 원규院規를 마련하고 연경서원을 대구사림의 강학의 장소로 삼았다.[58] 당시 연경서원이 중건되자 정구는 연경서원에 이황을 봉안하는 봉안문을 짓고[59] 연경서원의 중수가 완료되었음을 알리는 고유문을 저술하였다.[60] 이는 당시 대구지역의 학교재건 등 흥학운동에 정구가 직・간접적으로 많은 영향을 미치고 있었음을 보여주는 것이라고 할 수 있다. 선사재에서의 강학과[61] 연경서원의 중건으로 인해 정구는 자주 대구를 왕래하면서 대구사림들과 긴밀한 교유를 하게 되었다.

5. 대구 한강학단의 분열과 지역질서의 재편

1) 손처눌의 정인홍 비판과 대구지역 한강학맥의 분열

임란 이후 정구의 학문적 영향력을 대구에 강화하는 데 있어서 서사원과 손처눌의 역할은 매우 중요하였다. 또한 이들보다 조금 연배가 아래인 채선견・채선근 형제도 중요한 역할을 담당하였다. 특히 손처눌은 당시 현실을 보여주는 『일기』를 통해서 그를 중심으로 한 대구지역 사림의 결집과 분화를 잘 보여주고 있다. 이들 중 서사원과 손처눌

58 『낙재집』, 부록「연보」, 광해군 원년.
59 『한강집』 권11「研經書院奉安退溪李先生文」.
60 『한강집』 권11「研經書院告由文」.
61 『모당집』 권6, 부록「연보」, 선조 38년 3월. "陪鄭先生 講學于仙査 因船遊於洛江 時會員七十餘人."

은 학문적 위치로 보나 임진왜란 당시 활동으로 보나 대구사림의 중심적인 인물이었다. 장현광의 대구왕래도 정구와의 관련성이 중요한 이유였다. 손처눌·서사원은 한강문하의 선배그룹을 형성하는 인물이었으며, 이러한 연장선상 위에 장현광의 대구왕래를 주목해야 할 것이다.

그러나 손처눌은 서사원과 더불어 대구지역 한강학맥의 중심인물이면서도, 서사원과는 자못 상이한 정치적 행보를 보여주고 있었다. 서사원이 남명 조식의 학문적 영향을 강하게 받고 정인홍의 정치적 입장에 우호적인 입장을 지닌 것에 비해 손처눌은 정인홍의 활동에 매우 비판적인 시각을 표방하고 있었다. 이러한 입장을 대표적으로 보여주는 것이 손처눌의 「부정척사문扶正斥邪文」이다.

정인홍은 광해군 3년 이언적·이황의 문묘종사를 놓고 격렬한 비판을 가하였다.[62] 이에 정구는 정인홍의 처사에 대하여 불만을 표시하였으며, 더욱이 임해군·영창대군의 옥사들에 대하여 전은설을 주장하면서 정인홍과 대립하였다.[63] 당시 정인홍의 이언적·이황에 대한 비판은 대북정권의 사회적 기반을 약화시키는 계기가 되었다. 관학 및 전국의 유생들이 그를 공격하고 경상우도의 유생들까지도 그를 공격함으로써 경상우도의 지기기반이 급격하게 와해되고 있었다.[64]

이러한 상황에서 대구지역 한강학파의 중심인물인 손처눌이 정인홍을 한탁주韓侂胄·왕안석王安石에 비유하면서 격렬히 비판하자, 광해군대 대북정권하에서 정구와 손처눌은 궁지에 몰리게 되었다. 특히

62 『광해군일기』 권39, 광해군 3년 3월 丙寅.

63 『광해군일기』 권148, 광해군 12년 정월 甲申 鄭逑卒記; 『인조실록』 권2, 인조 원년 5월 乙未.

64 설석규, 『남명학파 정치철학연구』, 남명학연구원, 2001, 204~205쪽.

대북파는 손처눌의 「부정척사문」을 정구의 사주로 인해 비롯된 것으로 간주하면서 정구를 비윤리적인 인물로 공박하고, 후에 손처눌을 중학中學에서 제명하였다.[65] 손처눌은 광해군 3년 4월 13일 자 일기에서 정인홍을 '합천래소陜川來小'라고 표현하면서[66] 극심한 비판을 가하고 있는데 정인홍의 죄로 ① 안률按律을 주장하여 임해군 처형을 동조했고, ② 선정先正을 모독하는 말을 했으며 ③ 타협이 없이 심사心事에 혈기만 가득차서 책정공策定功을 자부하였으며 ④ 박이립朴而立을 시켜 정구를 모해했으며 ⑤ 오현五賢만 들어가고 남명南冥이 빠진 것에 대하여 불만을 토로했다는 등 많은 문제를 지목하였다. 그런 한편 정구와 정인홍이 사이가 벌어지게 된 원인에 대해서도 정구가 김우옹金宇顒을 추모하는 만사輓詞에서 김우옹을 퇴계의 정맥正脈이라고 추켜세운 것에 비롯한 불만이 임해군 옥사를 둘러싸고 정구가 전은설全恩說을 주장한 것에서 크게 벌어졌다고 인식하였다.[67] 따라서 정인홍의 회퇴변척을 "정인正人을 지목하여 사인邪人이라고" 하는 것이라고 하면서 "80년 동안 독서讀書한 소견이 한탁주韓侂胄에 그쳤다고"[68] 정인홍을 극렬히 비난하는 「부정척사문」을 써서 다음 날 인근 읍에 돌려보게 하였던 것이다.[69]

이와 관련하여 손처눌은 안동에서 정인홍을 공격하기 위한 소회가 열리자 직접 참여를 결심하고 안동으로 가기 위해 대구에서 동지를 규합하였다. 이때 최계崔誡는 병으로 인해 참여하기가 곤란하다고 하면

65 『모당집』 권7, 부록 「行狀」(李羲發 撰).
66 『모당일기』, 辛亥 4월 14일. "聞陜川來小(名仁弘 號來嵓)毒正之說云云."
67 『모당일기』, 辛亥 4월 13일.
68 『모당집』 권3, 「雜著・扶正斥邪文」.
69 『모당일기』, 辛亥 4월 14일.

서 아들 최동율崔東嵂을 대신 참석시키기로 하였다. 이들이 칠곡으로 가서 안동 소회에 대한 동의를 구하자 채정蔡楨·최동립崔東岦·배진국裵鎭國 등이 참여하기로 하였다.[70] 당시 정인홍비판 안동유소에 참여한 대구사림은 총 10인이었다.[71] 5월 14일 열린 안동의 소회에서 성균관의 관유館儒들이 올린 소疏가 비답을 받지 못하였던 사실을 확인하고, 손처눌은 조정에서는 제생諸生들이 군부君父를 협박하고자 한다고 하면서 함부로 마음을 움직이지 말라고 하는 등 상당한 정도 갈등을 노정하였으나 임금이 들을 생각이 없으니 간언諫言하는 것이 어렵다고 탄식하였다.[72] 그러나 남명 또는 정인홍을 옹호하는 세력들도 대구·성주지역에서 상당한 세력을 가지고 있었다. 16일 택소擇疏하고[73] 17일 개제改製하였으나 성산星山의 김지원金智源과 이천봉李天封 등이 와서 남명까지 공격하는 말이 들었으니 이는 채택할 수 없다고 주장하였다.[74] 대구지역의 사림들도 남명에 대한 비판까지 확산되는 것은 부정적이었다. 18일 다시 상소를 고쳤음에도 불구하고 19일에도 이사강李士剛이 소의 내용에 대하여 논란을 하고, 최동률崔東嵂은 소의 내용에 불만을 품고 소회에서 물러나고자 하였다.[75] 당시 손처눌은 참여한 대구·성주권 사림 중 연장자였으므로 허물이 자신에게 돌아올 것이라

70 『모당일기』, 辛亥 5월 11일.

71 『모당집』 권3 詩, 「辛亥五月向花山疏會朝憩屛巖下川邊有斷山層巖斗起爲吟一律一時 以晦退辨誣疏事 將赴安東會所 蔡楨·崔東岦·李景培·都聖兪·閔蓍國·李之華·崔東嵂·徐思選·孫處約 從」.

72 『모당일기』, 辛亥 5월 14일.

73 『모당일기』, 辛亥 5월 16일.

74 『모당일기』, 辛亥 5월 17일.

75 『모당일기』, 辛亥 5월 19일.

고 탄식하였다.[76] 당시 대구지역의 사림은 정인홍 비판에는 동조하였으나 조식까지 비판하는 것은 과하다는 입장에 있었음을 알 수 있다.

어쨌든 소는 20일 이루어져 소유疏儒의 명단을 정서하고 장의를 정하여 배소拜疏하고 상소할 준비를 마쳤다.[77] 이때 대구 사림으로는 손처약孫處約과 이경배李景培, 민충국閔忠國 등 대구지역 사림들도 동참하였다.[78] 소유들이 발행하는 것을 보고 손처눌은 대구로 향해 내려왔다.[79] 그러나 대구에 내려온 손처눌은 삼공三公들의 상소도 봉납捧納되지 못하는 상황에서 영유嶺儒들의 상소도 광해군에 의해 거절될 것이라는 소문을 듣고 우려하기도 하였다.[80] 6월 27일 소행에 참여하였던 아우 손처약이 내려와 결국 소疏가 각하되었다는 것을 전하자 손처눌은 주상(광해군)은 정인홍이 죄를 얻을까 걱정하기만 한다고 하고 하늘을 움직일 뜻이 없으니 인재가 없는 것이 이에 이르렀다고 하였다.[81] 정인홍의 회퇴변척 이후 전국에서 반박하는 상소가 올라갔으나 정인홍이 정치적 위상을 흔들지는 못하였다. 그러나 정인홍의 회퇴변척소는 그때까지 강직한 성품으로 조야의 중망을 받던 그의 입지를 흔든 것이었다. 정인홍은 이황을 공격함으로써 같은 동인계열 내의 퇴계문하를 적으로 돌리는 실책을 범하였던 것이다. 손처눌도 정인홍에 대한 인식은 그렇게 나쁜 편은 아니었다. 스승인 정구의 동문이라는 것과 함께 정인홍이 선조대 이후 쌓은 명망으로 인해 오히려 존경하는

---

76 『모당일기』, 辛亥 5월 19일.
77 『모당일기』, 辛亥 5월 20일.
78 『모당일기』, 辛亥 5월 21일.
79 『모당일기』, 辛亥 5월 21일.
80 『모당일기』, 辛亥 5월 25일.
81 『모당일기』, 辛亥 6월 27일.

입장이었다. 그러나 회퇴변척 이후 손처눌은 정인홍을 한탁주·왕안석에 비기는 등 소인小人으로 지목하였던 것이다.

몇 달 후 손처눌은 이 문제로 서사원·곽재겸과 충돌하게 되었다. 서사원徐思遠은 손처눌에게 찬성贊成; 정인홍은 현인賢人이므로 현인賢人; 이언적·이황을 논하는 것은 가可하지만 지금의 사인士人으로 현인賢人이 되지 못하면서 현인을 논하는 것은 잘못이라고 넌즈시 손처눌을 비판하였다.[82] 곽재겸도 서사원과 동일한 입장을 표방하였다.[83] 그러나 손처눌은 지금 정인홍은 옛날 정인홍이 아니라고 격렬히 비판하였다.[84] 그러나 손처눌은 퇴계가 남명을 비판한 "노장老莊에 물든 병통이 있다"는 입장에 동조하지는 않았다.[85] 서사원과 곽재겸은 정구와 정인홍이 같은 남명문인南冥門人으로 동문이라는 점을 강조한 것이므로 자신들의 학맥을 남명학맥으로 인식하고 있었다고 할 수 있다. 반면 손처눌은 그 자신이 초년에 계동溪東 전경창全慶昌의 문하에서 학문을 시작하였으므로 퇴계退溪학파의 입장에 서있었음을 은연중 내 비추었던 것이다.

손처눌 등이 인조반정 후 정치적으로 대부분 남인南人의 색목을 표방한 것은 내암來庵과 한강寒岡의 대립이 중요한 계기였다. 대구지역의 사림들은 남명학맥의 영향을 매우 크게 받았으므로 내암來庵 정인홍鄭仁弘에 대하여 매우 호의적인 입장을 취하고 있었다. 그러나 정인홍이 회퇴변척문을 발표하자, 정구는 정인홍의 이황·이언적 비판에 매우

---

82 『모당일기』, 辛亥 9월 6일.
83 『모당집』 권7, 부록 「연보」, 광해군 3년 9월.
84 『모당일기』, 辛亥 9월 6일.
85 『모당일기』, 辛亥 9월 6일.

반발하였고, 대구지역에서 한강학맥의 중심인물 중 하나인 손처눌은 정인홍을 비판하는 부정척사문을 발표하면서 대구지역의 정치적 입장은 당시 집권층이었던 대북세력에 대하여 부정적으로 돌아서게 되었다. 물론 비판의 강도에 있어서 서사원과 곽재겸 등은 상대적으로 온건하여 손처눌의 격렬한 비판을 우려하였지만, 인조반정 이후 대북정권이 몰락하자 손처눌의 행동은 정당성을 확인받게 되었다.

그러나 광해군대 대구지역의 정치적 동향은 손처눌 등에게 매우 부정적이었다. 비록 이욱李稶 — 정인홍의 7촌 질姪 — 이 "처음에는 유명儒名이 있었으나, 늙어서 실족했다"고 극론하였고, 문경호는 이이첨·정인홍 등의 북인들에 대하여 매우 부정적인 견해를 표명하였고 정인홍에 대하여서도 편지를 보내어 부정적인 입장을 드러내어 배사背師했다는 비난을 받는 등[86] 정인홍에 대하여 비판적인 시각이 곳곳에 나타나고 있었지만, 다른 지역의 논의였고 대구지역의 동향은 손처눌 등 반反 정인홍의 입장에 그다지 호의적인 것은 아니었다.[87]

광해군 7년 회퇴변무소를 올리기 위하여 영남유생들이 안동에 소회疏會를 마련하고 소유疏儒를 모으고 있었으나 대구에서 참여한 인원은 거의 없었다.[88] 서사원은 "우리 고을의 사자士子들은 남명南冥의 풍성風聲에 힘입었고 선생들寒岡·東岡도 남명으로부터 진기振起하였으니 종사從祀하는 상소에 참여하지 않을 수 없다"[89]고 하여 남명문묘종사소南冥文廟從祀疏에 참여하여야 한다고 주장하였다.[90] 당시 남명의 문묘종

86 『모당일기』, 乙卯 2월 6일.
87 『모당일기』, 乙酉 8월 6일.
88 『모당일기』, 乙卯 8월 29일.
89 『모당일기』, 乙酉 3월 29일.

사상소는 대북정권에서 주도한 것으로 남명학파의 정통성을 강조하기 위한 정치적 행위의 성격이 강했다.[91] 따라서 서사원은 남명을 높여야 한다는 정인홍 측의 입장에 어느 정도 동조하고 있었다.

당시 손처눌의 부정척사문 및 남명문묘종사소로 야기된 정치적 갈등은 대구지역에서도 일어나고 있었다. 손처눌이 작성한 부정척사문 중 '용군암주庸君暗主'라는 구절이 광해군을 비난한 글이라는 소문이 돌면서[92] 채몽연蔡夢硯 부자는 손처눌을 비판하는 강우江右의 입장으로 선회하였고,[93] 젊은 대구지역 사림의 동향은 손처눌에게 거리를 두고자 하는 분위기가 나타나는 등 대구지역의 분위기는 상당히 미묘하게 돌아가고 있었다. 최동율崔東律형제가 이러한 소문을 만든다는 소문이 돌기도 하였다.[94] 즉 손처눌과 함께 안동의 정인홍 비판 상소에 참여하였던 인사들은 대구지역에서 경원당하고 있었다. 이러한 분위기로 인하여 순검사巡檢使 권변權忭·순찰사巡察使 박경신朴慶新·경주부윤慶州府尹 윤효전尹孝全·신안쉬新安倅 김중청金仲淸·종사관從事官 이윤우李潤雨 등은 사수泗水에 모여 손처눌의 「부정척사문」이 가져올 파장을 논의하였다. 손처눌은 이 소식을 이우량李宇粱으로부터 듣고 내용을 알게 되었다.[95]

---

90 당시 손처눌은 남명종사운동에 대하여 비관적으로 보고 있었다. 당시 대구사림의 여론을 주도하던 인물 중 하나인 서사원이 적극적으로 나섰음에도 불구하고 손처눌은 이에 대한 평가는 없이 당시 소를 주동하던 인물 중 하나인 박건갑朴乾甲이 이전의 상소에서 퇴계를 욕하고 비방했다고 하면서 우리 읍유邑儒는 동조하지 않았다고만 기록하였다(『모당일기』, 乙卯 3월 29일).

91 설석규, 『남명학파 정치철학연구』, 남명학연구원, 2001, 273~287쪽.

92 『모당일기』, 乙酉 윤8월 23·25·28일.

93 『모당일기』, 戊午 12월 23일.

94 『모당일기』, 戊午 12월 23일. "巡使言 崔東律兄弟 作爲此說 可怪."

손처눌과 서사원은 「부정척사문」과 남명종사소문제로 인하여 사이가 소원해지게 되었다. 1615년광해군 7 서사원이 죽자[96] 손처눌이 서사원의 행록을 저술하였지만 이듬해 『낙재집』 초간본을 낼 때 손처눌이 지은 「행록」은 제외되었고 중간본을 낼 때 다시 편입되었다.[97] 이는 손처눌과 서사원이 같은 한강문인이기는 하였지만 광해군 당시 대북정권에 대한 인식의 차이에서 사이가 벌어졌기 때문이었다. 또 이는 손처눌과 서사원이 자신의 학문적 연원을 어디에 두는가의 차이에서 나타난 문제이기도 했다.

실제로 손처눌은 서사원 사후 서사원의 연경서원 배향을 놓고 서사원의 동생인 서사선 및 서사원의 문생 이강과 대립을 하기에 이르렀다. 특히 문제가 되었던 것은 전경창과 서사원의 연경서원 배향과 관련하여 서사원의 문도들이 서사원을 전경창의 위에 놓고자 한 것 때문이었다. 한강 정구를 연경서원에 배향하는 날 낙재樂齋 서사원徐思遠을 종사從祀하기 위하여 이상李剛이 밤에 찾아와 손처눌의 의사를 떠보았다. 이강은 서사원의 종사를 실시하기 위하여 간절히 부탁하였으나, 손처눌은 향현의 사우에 관한 일은 다른 날 논의하자고 하며 도덕이 비록 고르지 않다고 하나 서사원의 위차位次를 계동溪東 전경창全慶昌의 위에 두는 것은 합당하지 않다고 하였다.[98] 손처눌이 전경창과 서사원의

95 『모당일기』, 戊午 12월 23일.
96 『낙재집』, 부록 「연보」, 광해군 7년 9월.
97 『낙재집』, 부록 「翊衛司司御戶曹正郎樂齋先生行錄」.
98 『모당일기』, 辛酉 12월 1일. "이강李剛이 찾아왔다. 방문한 본 뜻은 선생을 배향하는 날 낙형樂兄(서사원–인용자 주)을 종사하고자 함이었다. 그 뜻이 간절하였고, 말은 노의老議를 엿보고자 함이었다. 내가 이르기를 '향현사우鄕賢祠宇는 다른 날 논정하자. 회재가 서악西岳에서 옥산玉山으로 옮겨간 것이 어찌 마땅하지 않겠는가? 또 향현사는 비록 도

위차位次문제에 개입한 것은 그 둘과 모두 연관을 가지고 있었기 때문이었다. 서사원은 벗이었고, 전경창은 스승이었다. 손처눌은 2인의 스승이 있는데 젊을 때의 스승은 전경창이고, 후에 정구를 스승으로 모셨다. 손처눌의 입장으로 보아서도 서사원을 전경창의 위에 두기는 곤란했을 것이다. 이후 이윤원李允元 등 서사원의 문인들은 손처눌의 승낙을 얻기 위하여 지속적으로 설득하였으나[99] 손처눌은 거부하였다.

손처눌은 전경창의 배향을 위하여 장현광의 권유를 받아들여 스스로 전경창의 행록을 집필하고[100] 연경서원에 배향시키는데 성공하였다. 그러나 이러한 과정은 매우 지난한 것이었다. 인조반정 이후 연경서원의 사액賜額을 위하여 손처눌은 대구지역의 사림들을 규합하기 위하여 몇 번에 걸친 노력을 하였으나, 대구지역 사림들은 이에 대하여 미온적인 태도를 취하였다.[101] 그 배후에는 서사원의 배향문제가 걸려 있었던 것이다. 결국 서사원은 연경서원이 아니라 인조 14년 문인인 도성유都聖兪·박종우朴宗祐가 주동이 되어 이강서원伊江書院에 배향하였다.[102]

인조반정 이후 손처눌은 주로 재지在地에서 강학활동에 종사하면서 스승인 정구를 모신 연경서원에 사액을 받기 위하여 노력하였다. 그러나 서사원의 연경서원 배향문제가 해결되지 않자 대구지역의 사림들 중 손처눌에 동조하는 사람은 거의 없었고 수령과 감사가 미온적인 태도를 취하게 되자 좌절되기도 하였다.[103]

덕이 가지런하지 않아도 일향一鄕에서 세우는 것인데 어찌 낙재樂齋를 계동溪東의 위에 놓는가' 하였다. 이때 약간의 원員이 모여 이강으로 하여금 내 뜻을 살피고자 한 것이다."

99 『모당일기』, 辛酉 12월 20일.

100 『모당일기』, 丙寅 12월 12일.

101 『모당일기』, 甲子 8월 10일; 乙丑 12월 7일; 丙寅 3월 6일.

102 『낙재집』 부록 「연보2」 「伊江書院廟宇上樑文」.

대구지역에서 사림들이 주도권을 장악하게 된 것은 정구와 손처눌·서사원·곽재겸 등 한강학단의 노력이 중요했다. 그러나 정인홍의 '회퇴변척'을 계기로 대구사림은 동일한 한강학단 안에서도 남명계와 퇴계계로 분열되었다. 인조반정으로 남명계가 몰락하자, 대구지역은 퇴계계 한강학단이 주도권을 장악하게 되었다. 당시 퇴계계를 대표했던 손처눌의 입장에 동조한 가문들은 인조반정 이후 대부분 정치적으로 남인으로 좌정하였다. 남인으로 좌정한 가문은 손처눌·손처약 형제를 중심으로 한 일직一直 손씨孫氏, 채몽연蔡夢硯·채응린蔡應麟의 인천채씨仁川蔡氏, 도경유都慶兪·도언유都彦兪를 중심으로 한 팔거도씨八莒都氏 및 최동률崔東嵂형제를 중심으로 한 경주최씨를 들 수 있고, 이윤우李潤雨를 중심으로 한 칠곡의 광주이씨廣州李氏 등도 이에 속했다.

2) 임란 이후 대구지역 향약시행 노력

향약은 기묘사림이 적극적으로 추진하였던 향촌정책이었으나, 대구에 본격적으로 도입된 것은 임진왜란 이후였다. 대구지역에서 최초로 시행된 향약은 지금까지 확인되는 바로는 임진왜란 직후 서사원과 하동의 도씨都氏들이 주도하여 실시한「하동이사계약河東里社契約」이었다.[104] 그러나 이 향약은 서사원이 작성한 서문만 남아 있고 그 구체적인 규약은 확인되지 않는다. 당시 대구지역은 한강계 사림들 내에서

103『모당일기』, 甲子 4월 28일.
104『낙재집』권7「河東里社契約」.

향안의 작성과 향약의 시행을 둘러싸고 상당한 갈등을 벌이고 있었다. 도응유는 향안의 편찬에 엄격한 기준을 요구하였고, 서사선은 폭을 넓혀 수록하자는 입장을 보였다. 서사선은 도응유가 반복·종횡한다고 주장하면서 도응유의 활동을 제어해 줄 것을 손처눌에게 부탁하기도 하였다.[105] 도응유는 바로 하동河東의 성주星州 도씨都氏였고, 서사선은 대구지역에서 남명계 한강학단의 대표적 인물이었던 서사원의 아우였다. 즉 같이 한강학단에 속한 사림이기는 했지만 인조반정후 향안의 작성 등 향촌질서의 재편 노력에 대하여 다른 입장이 있었던 것이다. 아마 도응유를 중심으로 하는 성주 도씨와 서사선을 중심으로 한 달성 서씨들이 대립하면서 이 하동 향약은 실효성을 잃어버린 것이 아닐까 한다.

결국 17세기 초 대구 인근의 향약시행은 재지사족의 주체적 결합이라는 측면보다는 관과의 결합을 통해 향약이 시행되는 모습을 보여준다. 이러한 향약의 시행은 예안 등 다른 지역에 비해 관의 개입이 두드러지게 나타나는 면모를 보여주고 있다. 임란 이후 대구지역에서 성공적으로 시행되었던 것은 바로 현풍향약이었다. 현풍현의 향약은 예안에서 실시되었던 김기金圻의 향약 조목을 대부분 따르고 있다.

현풍현 향약은 1632년인조 10 김세렴金世濂에 의해 시행된 것이다. 김세렴은 1616년광해군 8 문과에 장원하여 출사하였고, 그 후 예조좌랑, 세자시강원 사서, 홍문관 수찬, 사간원 정언 등을 역임하였고, 승정언 도승지를 거쳐 호조판서에 올랐다. 1617년 정언正言으로 폐모론자를

105 『모당일기』, 甲子 11월 24일.

탄핵하다가 곽산郭山에 유배되었다. 인조반정 후 수찬으로 관계에 복귀하였고, 그 후 병조좌랑, 부교리, 지평을 거쳐 1631년 지평持平이 되었을 때 반정공신인 이귀李貴를 탄핵하다가 왕의 노여움을 사서 현풍현감으로 좌천되었다. 김세렴이 현풍현감으로 재직할 때 '백성을 가르치고 풍속을 바르게 할' 방편으로 실시한 것이다. 이 현풍향약은 큰 성공을 거두어 향약과 함께 실시된 '학규學規'와 더불어 왕명으로 여러 고을에 반포될 정도였다.[106]

향약의 내용과 조직은 임란 직후 예안에서 실시된 김기金圻의 향약과 거의 같다.[107] 김기향약은 1602년 작성된 것으로 주자朱子의 사강목四綱目을 기초로 하여 퇴계의 벌조罰條와 고유의 상규常規인 길흉조경吉凶弔慶·환난상구患難相救·춘추강신春秋講信을 결합한 것이었다.[108] 현풍향약도 기본적으로 김기향약의 규정을 따르고 있다. 현풍향약도 향약의 4대 강목을 기본으로 하고 있으며, 조선 후기 향약의 특징인 과실상규過失相規는 상인약조上人約條와 하인약조下人約條로 구분되고 이를 다시 극·중·하벌로 나누고 있다. 상인 약조의 극벌조항에 불효不孝나 형제 간에 다투는 등 가정의 법도를 문란하게 하는 자, 관의 힘을 빌어 향풍鄕風을 어지럽히거나 백성을 침탈하는 자 등 윤리 도적문제를 규정한 9개 항목인데, 김기의 향약에 보이는 수절하는 과부를 유혹하거나 범하는 자에 대한 처벌 조항이 빠져 있다. 중벌 조항은 친척, 이

---

106 김세렴의 현풍향약이 대구부에서도 시행되었다는 증거는 없다. 그러나 대구부는 당시 감영이 있던 지역이었으므로 당시 향약과 학규가 왕명에 의해 시행되었다면 대구부가 제외될 수는 없었을 것이다.

107 김용덕, 「金圻鄕約 연구」, 향촌사회사연구회 편, 『조선 후기 향약 연구』, 민음사, 1990.

108 위의 글, 159쪽.

웃·친구 간의 불화와 향촌질서를 문란하게 하는 자 등 17개 항목이다. 여기에도 김기의 향약 조목 중 구관舊官을 전별하는 자리에 까닭 없이 불참하는 자에 대한 처벌 규정이 없다. 하벌 조항은 향회에 구성원들이 지켜야 할 기본자세 4개 조항인데 여기에도 김기의 조항 중 이유 없이 회의장을 먼저 나가는 자에 대한 처벌 조항이 빠져 있다. 하인 약조 중 극벌 조항은 부모를 잘 모시지 않고 행패를 부리거나 형제가 화목하지 않는 것, 양반을 능욕하거나 유부녀와 간통하는 것 등 7개 항목으로 상인 약조와 마찬가지로 윤리, 도덕을 중시하고 있으나 양반과의 관계를 중시하는 측면이 나타난다. 중벌은 노인을 능멸하거나 마을에 횡포를 부려 이웃 간에 불화를 일으키는 자, 양반행세를 하는 자 등 8개 항목, 하벌은 길흉사에 부조를 하지 않거나 술을 먹고 고함을 지르며 마을을 욕하는 자, 공사公事에 이유 없이 불참하는 자 등 4개 항목이다.

조직은 현에는 도약정 1인, 부약정 2인(이 중 1인은 향좌수를 겸兼), 직월直月 1인을 두었다. 면에는 약정(상유사) 1인, 하인 중에는 향약소, 리정里正 1인, 행수行首를 둔 복수 조직체이다. 도약정이 질병으로 교체될 때는 향좌수 회의에서 선출하고 반드시 관에 고하도록 했고, 부약정 중 한 사람이 향좌수를 겸하는 것은 관이 주도하는 향약에서 공통으로 나타나는 특징이다. 약정은 면내의 모든 일을 주관하되 풍속 교정에만 관여하도록 했고 리정里正은 하인 중에서 언행인 올바르고 글을 깨우친 사람 중에서 선택했으며, 10가에서 1인씩을 선출한 행수는 오직 동민을 직접 무마하고 처벌하는 일을 맡도록 했다.

현풍현 향약은 예안 향약과는 달리 관 주도로 시행된 향약이었다.

이러한 차이는 임진왜란 이전 사족들에 의해 일찍 사림 중심의 재지적 질서가 확립되었던 예안지역과는 달리 임진왜란을 계기로 본격적으로 사림체제가 형성되었던 대구 지역의 차이라고 볼 수도 있다. 특히 부약정 중 1인이 향좌수를 겸하게 한 것은 이 향약의 입안자인 김세렴이 당시 수령으로서 향약의 조직을 공적인 관의 조직과 연관지어 구성하고자 하였던 것이 아닌가 생각된다.[109]

6. 맺음말

16세기 후반 사림세력이 정권을 잡으면서 본격적으로 붕당정치가 개시되었다. 그러나 임진왜란 이전까지 대구지역의 사림들의 정치적 색채는 뚜렷하지 않았다. 이는 대구지역이 퇴계학파가 중심이 된 강좌학파와 남명학파가 중심이 된 강우학파의 중간적인 입지에 있었기 때문이었다.

대구지역의 사족들이 사림으로서 정립되게 된 계기는 임진왜란이었다. 서사원・손처눌 등 대구지역의 사족들은 임진왜란 당시 의병으

109 이 현풍향약은 1739년영조 15 최흥원(1705~1786)이 주도하여 시행한 '부인동동약'과도 상당한 차이가 있다. 물론 시기적 차이 및 군현단위인가 동 단위인가에 따라 차이가 있지만 최흥원은 관과의 지원을 배제하고 주자의 사창제에 의거하여 자체적인 재원 확보를 시도하였고 동약소를 중심으로 운영하였다. 또한 동약소의 존장인 동약존洞約尊을 정점으로 그 밑에 약직約直-이정里正-전곡典穀 등의 임원을 두었다. 이들은 다만 동약을 주관하고 동규洞規를 권장하여 상호 구휼하게 함으로써 마을의 풍속을 바르게 할 따름이고 관령官令에 관계되는 일은 따로 이임里任, 공사원公事員을 두어 거행하게 하였다(『夫仁洞誌』「講舍節目」(오세창・정진영・권대웅・조강희, 『영남향약자료집성』, 영남대 출판부, 1986 수록).

로 활동하면서 사림으로서의 위치를 자리매김할 수 있었다. 여기에 대구지역 사림들의 정치적 색채를 더욱 뚜렷이 하게 된 배경은 한강 정구의 대구이거大邱移居였다. 정구는 인근의 성주출신으로 손처눌·서사원 등은 정구가 성주에 있을 때부터 급문及門하여 대구지역에 한강학맥을 부식하는데 기여하였다. 이들은 정구의 학문적 영향력 아래 있으면서 대구 향교·연경서원의 중건 등 학교 재건을 우선적인 전후 과제로 놓고 흥학활동을 전개하였다.

광해군이 즉위하면서 정구는 남명문하의 동문인 정인홍과 임해군 문제 등을 놓고 대립하였다. 정구는 광해군 2년 성주인 박이립朴而立 무고사건으로 인하여 성주에서의 위상에 타격을 받자 서사원·손처눌 등의 권유를 받아들여 광해군 4년 노곡蘆谷으로 이거移居하였다가 다시 대구의 사빈泗濱으로 옮기게 되었다. 당시 대구지역의 사림들은 상당수가 정구의 문인으로 활동하고 있었기 때문에 정구의 대구 이거는 상당히 쉽게 이루어졌다.

그러나 정구와 정인홍의 대립은 정구가 대구로 이거한 이후에도 계속되었다. 이는 단순한 개인적인 감정에서 비롯된 것은 아니었고, 스승인 남명을 높이고자 회퇴변척晦退辨斥을 시도한 정인홍의 무리한 행보와 임해군사건·영창대군사건을 놓고 서로 다른 정치적 입장을 보이면서 나타난 차이였다. 박이립 무고사건 당시 대구지역의 사림인 손처눌·송원기 등은 정구를 구원하기 위한 변무소를 올리는 등 활발한 활동을 전개하였다.

또한 정인홍에 의해 회퇴변척이 시도되자 정인홍에 대하여 격렬한 비판을 가한 손처눌 등과 정인홍에 대하여 호의적인 입장을 가지고 있었던 서사원·곽재겸 등은 서로의 입장차이로 분리되게 되었다. 이들이 모두 한강 정구의 문인이기는 하였지만 손처눌이 자신의 학문적 계통을 전경창全慶昌·정구鄭逑를 계승한 것으로 파악하면서 퇴계학맥으로 정한 반면 서사원 등은 김우옹·정구를 계승한 것으로 파악하면서 남명학맥으로 정한 차이에서 나타난 것이었다. 이러한 상황에서 대북정권에 의해 남명종사운동이 시도되자 서사원은 이에 적극적으로 참여하였다. 그러나 손처눌 등은 이에 참여하지 않았다.

광해군 7년 서사원이 사망하자 서사원을 연경서원에 종사하기 위한 움직임이 서사원의 문인들을 중심으로 일어나게 되었다. 이에 대하여 손처눌은 전경창全慶昌의 위에 서사원을 두고자 하는 서사원 문인들의 움직임을 저지하고 전경창을 향현사에 먼저 배향하고자 하였다. 손처눌은 이를 위하여 장현광의 권유를 받아들여 전경창의 「행록行錄」을 짓는 등 전경창을 현창하기 위한 노력을 진행하였다. 이는 대구지역의 학맥을 이황-정구·전경창으로 성립하기 위한 노력의 일환이기도 했다. 결국 서사원의 문인들은 연경서원에 서사원을 배향하고자 하는 노력을 포기하고 인조 14년 이강서원에 서사원을 배향하는 것으로 입장을 정리하게 되었다.

이러한 제반 과정들은 대구지역에 정착한 한강학단이 분열하는 과정이기도 했다. 광해군정권 당시 서사원 등은 정인홍에 대하여 긍정적인 입장을 가지고 있었고, 손처눌은 정인홍에 대하여 극력 반대하는 입장에 있었다. 그러므로 인조반정이 일어나자 손처눌은 자신을 남인으로 위치지우면서 이윤우·도응유 등과 더불어 대구지역 한강학맥을 퇴계학맥으로 정립하게 되었다.

그런 한편 이들은 임란 직후 지역사회의 재건을 위하여 자체적으로 향약 시행을 시도하였다. 그러나 이러한 시도는 한강학단 내부의 갈등으로 말미암아 좌절되었다. 대구지역의 향약시행은 오히려 관과의 결합을 통하여 이루어졌다. 대구 인근의 현풍에서 당시 수령이었던 김세렴에 의해 실시된 향약은 크게 성공을 거두어 향약과 함께 실시된 '학규學規'와 함께 왕명으로 여러 고을에 반포될 정도였다.

참고문헌

원전류 및 번역본

『宣祖實錄』

『光海君日記』

『仁祖實錄』

『新增東國輿地勝覽』

『大邱邑誌』

『漆谷志』

『景賢錄』

『永慕堂通講諸子錄』

徐居正, 『四佳集』

鄭　逑, 『寒岡全書』

孫處訥, 『慕堂集』

______, 『慕堂日記』

徐思遠, 『樂齋先生文集』

趙　靖, 『黔澗壬亂日記』

연구논저

김현영 편, 『대구월촌단양우씨문서』, 한국고문서학회, 1994.

설석규, 『남명학파 정치철학연구』, 남명학연구원, 2001.

오세창 · 정진영 · 권대웅 · 조강희, 『영남향약자료집성』, 영남대 출판부, 1986.

조선사연구회 편, 『조선시대 대구사람들의 삶』, 계명대 출판부, 2002.

김용덕, 「金圻鄕約 연구」, 향촌사회사연구회 편, 『조선 후기 향약 연구』, 민음사, 1990.

이병휴, 「조선 전기 사림파의 추이 속에서 본 김굉필의 역사적 좌표」, 『역사교육논집』 34, 2005.

이수건, 「월곡 우배선의 임진왜란 의병활동-그의 『창의유록』을 중심으로」, 『민족문화논총』 13, 1992.

장동익,「월곡 우배선의 임진의병활동」,『역사교육논집』18, 1993.
장윤수・임종진,「한강 정구와 조선 중기 대구권 성리학의 연계성에 관한 연구」,『동양사회사상』8, 2003.
최영희,「왜란전의 정세」,『한국사 29-조선 중기 외침과 그 대응』, 국사편찬위원회, 1995.
한우근,「임진란 원인에 관한 검토-豊臣秀吉의 전쟁도발 원인에 대하여」,『역사학보』1, 1952.

임진왜란 이후 월천학맥과 예안지역사회의 재건

김형수

1. 머리말

조선시대는 사족들이 지배층을 이루던 사회였다. 사람의 신분은 최상층의 양반을 필두로, 중인, 양인, 천인으로 구분되었으며, 양반은 정치적 권력을 획득할 수 있었으며, 경제적으로는 토지소유자로서 노비들을 거느리고 있는 것이 일반적이었다. 그러나 양반 신분은 조선 초기부터 법제적 신분은 아니었다. 조선왕조가 건국되었을 때 신분은 양인과 천인으로만 구분되었으며, 양인 이상의 신분은 관직에 진출할 수 있는 자격이 있었으며, 양반은 그중 문무의 관직을 가진 사람이거나 넓은 의미로는 전현직 관리와 문무 관료로 진출할 수 있는 자격을 갖춘 자와 그 가족을 지칭하는 용어였다. 그러므로 양반은 '영속적인', '혈통에 따라 세습되는 법적인 권리·의무'를 가진 집단이 아니었으므로 양인 이상은 그 자신의 능력에 따라 관직에 진출할 수도 있었고, 경제적으로 부를 축적하여 지주계급으로 성장할 수도 있었다.

이러한 신분의 유동성이 경직되면서 양반이 하나의 신분으로 간주되기 시작한 것은 16세기 이후였다. 양반이 특권적 신분으로 확립되게 되는 것은 16세기 본격적으로 시작된 사림의 진출과 관련이 있다. 사림士林의 용례는 고려 후기부터 확인되고 있으나, 본격적으로 정치적·사회적 집단으로 인식되면서 등장하는 것은 조선 성종대成宗代 부터였다. 이들 사림들은 성리학을 이념적 무기로 훈구세력과 대립하면서 새로운 인간형인 성리학적인 '군자君子'를 이념적 모델로 삼으로면서 『소학』에 근거한 일상적인 도덕의 실천을 강조하였다. 그러므로 고위관료라 하더라도 도덕적인 기준에 어긋나면 사림으로 불릴 수 없었다. 이들 사림들은 선조대 이후 정치를 주도하면서 조선 중기 이후의 정치와 사회를 이끌어나갔다.

조선에서 사족들의 역할은 16세기를 거치면서 중요해졌고, 임진왜란을 거치면서 이들의 지배체제는 더욱 강고해졌다. 본고에서 대상으로 하고 있는 예안현禮安縣은 비록 소읍이지만 퇴계 이황의 고향이자 학적 본거지라는 측면에서 매우 중시되었고, 16세기 후반 이후에는 영남사회에서 중요한 지역으로 인식되었다. 그러므로 재지사족 연구에 있어서 지역 사례로 많은 연구가 진행되었다.[1] 이와는 별도로 학파의

1 이수건, 『영남사림파의 형성』, 영남대 민족문화연구소, 1979; 이수건, 「광산김씨 예안파의 세계와 그 사회경제적 기반」, 『역사교육논집』 1, 1980; 이수건, 「고문서를 통해 본 조선조 사회사의 일연구—경북지방 재지사족을 중심으로」, 『한국사학』 9, 1987; 이수건, 「퇴계 이황가문의 재산유래와 그 소유형태」, 『역사교육논집』 13·14합집, 1990; 이수건, 『영남학파의 형성과 전개』, 일조각, 1995; 정진영, 『조선시대 향촌사회사』, 한길사, 1988; 정진영, 「안동지역의 임란의병」, 『안동문화연구』 4, 1990; 박현순, 「16~17세기 예안현

분화라는 관점에서 서애학맥·월천학맥의 분화와 갈등이라는 측면을 주목하여 『퇴계집』편찬과 조목의 도산서원 종향이라는 사건을 다룬 연구도 있다.[2]

본 연구에서는 임진왜란을 겪은 예안현 지역이 재건·재편되는 과정을 월천학맥의 임란 전후 활동을 통하여 살펴보고자 한다. 예안현 지역은 퇴계 사후 월천을 학문적 종주로서, 지역의 장로로 받들면서 지역사회를 운영해 나갔다. 임란 이후 사족들은 지역사회의 재건을 위하여 많은 노력을 경주하였다. 상주와 대구지역의 경우 임란 이후 지역사회를 재건해 나가면서 임란 당시 창의인물들을 중심으로 지역사회를 재건하는 모습을 보이고 있는데[3] 이는 예안지역도 마찬가지였다. 이상현의 연구에서 언급되고 있는 안동·예안지역의 분쟁과 시비라는 측면도 월천학맥이 주도하고 있는 예안지역 사회와 서애·학봉계가 주도하는 안동지역 사회가 학통적인 시비가 더해지면서 갈등이 심화되는 모습을 보이고 있는 것이나.

학봉·서애계에 비해 월천계는 인조반정으로 인하여 큰 타격을 입고 몰락한 것으로 간주되고 있으나[4] 임란 이후 인조대까지는 예안지역 사회는 월천계가 주도하고 있었고, 실제로 임란 이후 예안지역 사

사족사회 연구」, 서울대 국사학과 박사논문, 2006.

2 서정문, 「『퇴계집』의 초간과 월천·서애 시비」, 『북악사론』 3, 1993; 이상현, 「월천 조목의 도산서원 종향논의–17세기 영남사족 동향의 일단」, 『북악사론』 8, 2001.

3 김형수, 「17·18세기 상주·선산권 지역사회와 서원·사우의 동향」, 『영남학』 7, 2005; 김형수, 「17세기 초 대구사림의 형성과 분화–손처눌의 『모당일기』를 중심으로」, 『역사교육논집』 36, 2006.

4 정만조, 「월천 조목과 예안지역의 퇴계학맥」, 『한국의 철학』 28, 경북대 퇴계연구소, 2000.

회의 재건에 있어서[5] 월천학맥은 그 중심적인 위치에 있었다. 월천계의 몰락이라는 관점은 월천의 문인들을 특정할 수 없다는 측면에서 소멸된 것으로 추정하였으나, 최근 필자가 조사한 『월천선생문인록月川先生門人錄』을[6] 바탕으로 확인하였을 때 최소한 월천문인들은 32명 정도 확인 가능하다. 임진왜란 당시 이들은 의병을 창의하여 활동하였다. 또한 이들은 임란 이후 의병활동을 통해 획득한 명망으로 인하여 확고한 재지적 기반을 확보하였으며, 임진왜란 이후에는 도산서원을 중심으로 활동하고 또 예안지역에서 향약을 시행하는 등 사족 중심 체제를 강화해 나갔다. 조목의 문인인 권시중權是中이 편찬한 『선성지』에서도 월천 조목과 월천문인들의 활동을 부각시키는 방향으로 서술하였으며, 이를 통하여 인조대까지 월천문인들이 예안지역의 주도권을 장악하고 있었음을 알 수 있다.

그러므로 본고에서는 서원과 향약의 재정립이라는 관점에서 예안지역 내에서 월천집단의 활동을 분석하고, 이를 통하여 임란 이후 예안 향촌사회의 재건과정을 살펴보고자 한다.

---

5 여기서 사용하는 '재건'이라는 개념은 전쟁으로 인한 물리적 파괴로부터의 '재건'은 아니다. 실제로 예안현 지역은 임진왜란 당시 일본군의 진격로상에 있지 않았으므로 물리적인 피해는 거의 없었다. 다만 예안지역의 사족들에 의해 의병이 조직되어 일본군과 함창, 경주 등지에서 전투를 벌였으므로 인적인 손실을 있었지만, 경제적으로 예안지역 자체가 파괴된 것은 아니었다. 예안에서는 토지 등 물적 손해는 거의 없었지만 상당수 사족들이 자신의 노비를 이끌고 의병에 참전하였으므로 인적 손실은 큰 편이었다. 그렇기 때문에 권시중의 『선성지』에서도 '문운은 소진하고, 사습士習은 예와 같지 않아 고을의 법도는 크게 어그러졌다'고 탄식하였다. 그러므로 여기서 말하는 '재건'은 임진왜란 이후 예안현의 지역질서 재편이라는 개념이 강하다.

6 『월천선생문인록』은 현재 광산김씨 후조당 종가에 소장되어 있다. 『유일재선생문도록』과 합본되어 있으며, 크기는 29.2×20.8cm(세로×가로)이다. 모두 14장으로 「월천선생문인록」 부분은 2장 4면, 「유일재문도록」은 8장 16면으로 구성되었다. 「유일재문도록」 부록으로 여강서원 안동부 정문 등 「유일재선생변무록」 부분이 첨부되어 있다.

2. 월천 조목의 예안지역에서의 위상

월천 조목1524~1606은 퇴계 이황의 고제高弟로 예안지역을 대표하는 문인이었다. 조목은 15세(1538)에 처음 퇴계의 문하에 들어 이황이 서거하는 1570년까지 한결같이 퇴계를 지근거리에서 모시면서 훈도를 받았다.[7] 이황은 을사사화(1545) 이후 정계에서 물러날 뜻을 품고, 예안으로 낙향을 결심하였다. 이황이 낙향을 결정하게 된 것은 1549년 형이었던 이해가 충주 이홍남 옥사에 연루되어 장폐杖斃된 것이 결정적인 계기가 되었다. 이황은 1550년 제자인 조목에게 보낸 편지에서 "온 세상이 비난하고 비웃어도 개의치 말고 힘써야" 하며 "뜻하지 않게 세로世路에 빠져 습속에 따라 골몰하여 수십 년을 허송하였다고" 하여[8] 관계에 나간 시절을 비판적으로 인식하고 있었다.

그로 인하여 이황은 낙향하여 예안지역의 제자들과 함께 학문 공동체를 결성하고, 주자학 연구에 침잠하게 되었다. 이러한 학문공동체의 결성과 성리학 탐구는 이황 집단만의 것은 아니었다. 16세기 후반 사림은 이기론에서 서로의 입장 차이는 있었지만 수양론에서 경敬을 중시하는 공통점이 있었다. 당시 사림들의 주요한 과제는 척신정치의 청산과 그에 대한 대책이었다. 이들은 중종·명종대의 혼란을 지배자들의 도덕적 해이에서 비롯된 것으로 보았으며, 이는 성리학 공부가 미진한 것에서 기인한 것으로 보았던 것이다. 당시 리기理氣논쟁과 도

---

7 김종석, 「도산서원 자료로 본 퇴계와 월천」, 정만조 외, 『도산서원과 지식의 탄생』, 글항아리, 2012.

8 『퇴계서집성』 1, 答趙士敬, 1550.

심인심道心人心論爭도 단순한 학문적 방법론의 문제가 아니라 이를 조선사회에 적응시키기 위하여 어떠한 방법을 적용하는가의 문제이기도 했다. 따라서 노수신 · 이항 등 나흠순의 사상을 받아들인 학자들도 경敬을 중시하는 것은 마찬가지였으며, 이황 · 조식 등 정통 성리학자들도 경敬을 수양의 방법으로 중시하였던 것이다.

당시 이황이 지도하는 학문 공동체는 이황을 중심으로 조목 · 김부필 · 황준량 · 김부륜 등 예안지역 인사들이 참여하였다.[9] 이들은 주로 이황이 주도하는 『주자서절요』 편찬에 편집 · 교열자로 적극적으로 참여하였으며, 이황이 중요시했던 『심경부주』에 대하여 비판적인 시각을 견지하면서 이황과 적극적인 토론을 전개하였다.

조목은 『주자서절요』 편찬 작업에 관여하면서 집중적으로 교열도 담당하였다. 황준량에게 보낸 편지에서는 조목 등에게 교열을 맡길 것을 천명하고, 이정에게 보낸 편지에서는 조목이 교열을 담당하였음을 구체적으로 언급하였다.[10] 1555년경에 시작된 『주자서절요』 편찬 작업은 주로 예안에 연고를 두고 있던 여러 제자들의 손을 빌려 정리되었다. 『주자서절요』는 기본적으로 이황이 절록하여 정리한 것을 다시 필사하는 작업이었지만 제자들은 이황이 절록節錄한 부분을 확인하고 수교讎校 · 교정校定하는 작업을 거쳐 정리하는 작업이었다. 그렇기 때문에 아마 『주자서절요』를 1차적으로 이황이 편집한 것은 1556년경이었다고 판단이 되지만, 이후에 대교작업을 겸한 필사작업은 1558년

---

9 김형수, 「퇴계학단의 형성과 예안 그룹의 결속」, 정시열 외, 『조선서원을 움직인 사람들』, 글항아리, 2013. 이하 퇴계와 예안문인들과의 관계는 이 글을 바탕으로 한 것이다.
10 『정본 퇴계전서』, 書-이정-54.

까지 제자들의 손을 거쳐 이황이 최종적으로 확인하는 과정을 거쳤던 것이다. 이렇게 본다면 『주자서절요』 편찬 작업은 1558년 이황이 밝혔듯이 17책 7권으로 약 2/3를 산삭刪削하고 약 5·6번의 교정을 거친 상황이었다.[11] 당시 조목과 더불어 필사와 초록抄錄작업에 참여하였던[12] 인사들은 김부필 형제,[13] 김부륜,[14] 정유일,[15] 금난수,[16] 오수영,[17] 이준,[18] 이완[19] 등이었고, 성주본 『주자서절요』의 간행을 주도한 황준량 또한 초기부터 『주자서절요』의 초록 작업에 같이 참여하였다.[20] 예안 사림들은 『주자서절요』의 편집·교정에 참여함으로써 주

---

11 『정본 퇴계전서』, 書-黃俊良-29, 答黃仲擧【戊午】 1558년 3월. 【 】는 편집본에서 삭제된 부분을 복원한 것을 표시한 것이다. 이하 동일.

12 『정본 퇴계전서』, 書-黃俊良-16, 答黃仲擧 1555년 10월. "『朱書』欲借手諸君寫出, 已蒙道谷僉許五七卷, 餘當徧求鄕友, 但諸人皆未免擧業之累, 恐不得如意耳."

13 『정본 퇴계전서』, 書-鄭惟一-4, 答鄭子中【見自省錄】1556년 4월 11일. "『朱子書』, 今幾寫畢. 【惟金彦遇兄弟所分三兩卷未寫【錄無惟以下十三字】】(錄無惟以下十三字 : 『초초본』에 없다—인용자 주) 每一人寫來, 隨將元本校正, 病中頗費心力(費 : 『상계본』에 '煩'으로 되어 있다—인용자 주). 然因此不無見到親切處, 眞覺聖賢不我欺也."

14 『정본 퇴계전서』, 書-金富倫 13, 與金伯榮可行惇敍【丙辰】 1556년 1월. "告生員, 『晦菴書』寫至幾許? 前見還之卷, 鄭子中許寫持去, 故其次卷則亦當送于子中處矣."

15 『정본 퇴계전서』, 書-鄭惟一-2, 與鄭子中【丙辰】1556년 2월 1일. " 使人懷懷『晦菴書』前去冊寫至幾許, 其次冊昨日金惇叙寄來, 故送去, 照領, 又其次則隨到隨送, 但恐君或有他行, 或別有課業, 與此事相掣礙, 則不須强也."

16 『정본 퇴계전서』, 書-趙穆-21, 答趙士敬 1556년 4월 9일. "且承書惠朱書, 兼琴君所寫, 謹嚴遒整, 令人寓目生敬, 殊非始望所及."

17 『정본 퇴계전서』, 書-金富倫-13, 與金伯榮可行惇敍【丙辰】. "今者吳謙仲已畢前寫兩卷, 而欲更寫他卷, 故吾意在君所五冊內, 自第三冊當量宜中分爲下卷之首, 爲計. 其第三冊付此僮送來, 則欲付謙仲作卷首, 始寫不多日, 畢寫卽當遣致几間, 又以次取其第四第五冊, 隨畢隨."

18 『정본 퇴계전서』, 書-李寯-163, 答子寯【丙辰】. "『晦菴書』, 不但寫之, 兼須尋究翫味, 有未曉處, 付標待問可也. 【完所受五冊, 今已寫來, 道谷亦幾畢寫云, 可喜可喜. 府尹令公遠惠過厚, 感怍之餘, 謝狀修上, 進呈致謝爲可.】"

19 『정본 퇴계전서』, 書-李完-14, 答完姪【丙辰】 1556년 1월.

20 『정본 퇴계전서』, 書-黃俊良-14, 1555년 6월 14~20일. "『朱書』十七冊來矣. 今往者自二十至三十七合十冊, 其間不無再往之冊, 而申請·辭免二冊, 又非所要見, 聊以充十冊之數耳. 山頹靡仰, 時事搶攘, 不知今是何年何運而至此耶? 惟冀珍重, 以圖後面. 謹草."

자학에 대한 이해를 높였고, 예안의 사족층이 학문적으로 결집해가는 과정이라고 할 수 있다. 특히 『주자서절요』 편찬 작업에 참여했던 제자들 중 과거에 힘을 기울이지 않고 이러한 작업에 몰두하면서 다른 사람들로부터 학업에 힘쓰지 않는다는 비난을 받기도 하였다.[21] 그러나 계속된 필사와 교정의 과정은 이황의 예안 집단이 이황을 중심으로 주자성리학에 대한 이해를 심화시켜 나가는 과정이기도 했다. 그러므로 비록 안동의 류성룡·김성일과 같이 문과에 급제하여 고위직에 오른 인물들은 없었지만 이황과의 학문공동체 형성을 통해 이황의 학문적 계승자로 자부하게 되는 계기가 되었다고 할 수 있다.[22]

한편 『심경부주心經附註』는 퇴계문하에서 가장 강력한 토론을 야기한 주제였다.[23] 이황은 『심경부주』를 중요시하여[24] 제자들에게 적극적으로 『심경』을 읽도록 권장하였다. 『심경부주』는 송대의 진덕수 1178~1235가 편찬한 『심경』에 명대의 황돈篁墩 정민정程敏政, 1445~1499이 부주附註한 것으로 1523년 광주에서 간행되면서 조선에서 광범하게 유통되었으나, 본격적으로 검토되고 논의 된 것은 퇴계문하의 토론

21 『정본 퇴계전서』 書-金富弼-1, 與烏川諸君【戊午】 1558년 11월 23~30일. "今榜後有人來云 "禮安士人, 今不力業, 或闕榜或小中." 悠悠之談, 雖不足介意, 其實吾鄕諸君自有以來此譏也. 何也? 此所謂業, 固非眞學業. 然諸君旣不篤於此業, 又不力於彼業, 泛泛於中間, 日月不居, 其末反有出於彼下者. 然則人言豈非惡石[1]之生我乎? 諸君其各勉旃."

22 박현순, 「16~17세기 예안현 사족사회 연구」, 서울대 국사학과 박사논문, 200662~64쪽.

23 특별한 언급이 없으면 신구현, 「퇴계이황의 심경부주 연구와 그의 심학의 특징」, 『민족문화논총』 8, 1987; 김종석, 「마음의 철학」, 『민족문화논총』 15, 1994; 김종석, 「심경부주와 퇴계의 심학」, 『한국의 철학』 21, 1993(모두 경북대 퇴계학연구소, 『퇴계학연구논총 2-철학사상(중)』, 1997 재수록)에서 인용한 것이다.

24 『정본 퇴계전서』, 詩-000-000. "'閒居, 次趙士敬·具景瑞·金舜擧·權景受諸人唱酬韻, 十四首.' 西山『心經』篁墩附註, 備述文公尊德性爲本, 兼修道問學之意, 且自序之曰 '可謂指南之車.' 云云."

을 거치면서부터였다. 이황은 금난수를 비롯한 제자들에게 『심경』을 읽을 것을 권하고,[25] 조목에게도 『심경』을 읽을 것을 권하였다.[26] 그러나 조목을 비롯한 제자들은 『심경』에 대하여 부정적인 인식을 내비치면서 회의적인 태도를 표명하였다. 특히 김부필은 "朱門은 황폐해지고 진서산眞西山; 진덕수은 아득한데 심경부주 마지막 편은 후생을 그르치네朱門蕪沒西山遠 附註終篇誤後生"[27]라고 하여 매우 부정적인 인식을 비추었다. 그러나 『심경부주』와 정민정에 대한 체계적인 비판은 가장 가까이서 시봉하였던 조목으로부터 나왔다. 조목은 정민정의 출처와 학문에 대하여 극열한 비판을 가하였다. 조목이 본격적으로 『심경』에 대하여 의문을 제기하고 개정을 요청한 것은 1565년이었다.[28] 조목이 제기한 논점은 3가지였다. 첫째 정민정이 시관으로 있으면서 돈을 받고 문제를 알려준 것, 둘째 세리勢利 두자를 털어버리지 못한 점 셋째, 정민정의 주륙조화론朱陸調和論의 학문적 오류에 대해 명의 진건陳建, 1497~1567의 비판이 제기한 문제점이었다.[29]

이에 대하여 이황은 정민정은 내가 이전부터 존앙하였으나 고시考示한 바에 따르면 낙심하여 스스로 해명할 길이 없다고 하면서 세리勢利 두 글

25 『정본 퇴계전서』, 書-琴蘭秀-2, 答琴聞遠【蘭秀◯癸丑】 1553년 10월.

26 『정본 퇴계전서』, 書-趙穆-24, 與趙士敬 1556년 6월 26일.

27 『후조당선생문집』 권2 「易東講心經後敬次退溪先生寄詩韻」.

28 『정본 퇴계전서』, 書-趙穆-97, 答趙士敬【乙丑】 1565년 6월 23일. 「附趙士敬原韻」. "水北山南謁大師, 羣朋一室析千疑 歸來十里江村路, 宿鳥趨林只自知【乙丑冬, 謁先生于退溪, 金彦純 明一・士純 誠一・禹景善 性傳, 在焉. 辨質『心經』・『大學』章句, 或有未契】"

29 『月川先生文集』 附 「月川先生言行草記」, 730쪽. "嘗怪篁墩於四書之說 不專用朱子本註 而附以他說 又疑末章之論 偏於尊德性 而以道問學爲不足事 先生且讀且疑 而未知其由 及讀皇明通紀 見篁墩賣題勢利之誚 著道一編之說 然後 始知其爲人爲學於名利上 未能擺奪得去 而陷溺於江西禪寂之弊 於是詢諮 反覆於李先生."

자에 의하자면 존경할 마음을 잊어버리게 되었다고 토로하였다. 다만 『도일편道一編』 및 『학부통변學蔀通辨』·『편년고정編年考訂』 등等의 책은 아직 보지 못하였고, 『심경』 이 책은 유학의 중요한 서언緖言을 발췌한 것이니 제기된 문제에 대하여 후일에 다시 논의할 것이라고 하였다.[30]

『심경부주』와 관련된 일련의 토론들은 퇴계의 예안제자들을 중심으로 적극적으로 전개되었으며, 조목뿐만 아니라 황준량,[31] 김부필[32]

---

30 『정본 퇴계전서』, 書-趙穆-113, 與趙士敬 1566년, 66세) 5월 21일. "惟是篁墩先生, 吾昔日尊仰, 不啻如山斗·如神明. 自見『考示』, 不勝悼心失圖, 且疑且怪, 無以自釋也. 朱先生晩悔向來浮泛之弊, 誠有之, 故門人述行狀, 亦公誦言之. 然遂以是爲與陸同道, 則誣之甚矣. "勢利脫不得" 之論, 未知虛實如何. 然所見之差旣如彼, 則其見於行者, 又安保其必無病耶? 以此知爲學之人到眞實得力處, 絶非易事, 可懼之甚也. 然其所謂『道一編』及『學蔀通辨·編年考訂』等書, 得見未易, 亦可恨耳. 頃讀『晦庵書』, 見其「與蔡季通書」, 論陳廷臣議論, 勁切不易得. 然見其詩頗跌宕, 想亦以此不爲人所敬耳. 今於篁墩, 以平生尊敬之心, 一見 "勢利" 二字, 便使人不覺失其慕仰之悃. 天理人欲之間, 才有毫釐之分, 而其驗於人, 如影響. 此古人所以兢業戒惕, 未嘗頃刻而可忽也. 雖然, 『心經』一部書, 所萃皆孔·孟·濂·洛·閩·湖羣哲之緖言, 又未可緣此而略萌慢易之心也. 此又吾輩之尤當切戒也. 『心經』中諸有商量處, 今不暇及, 當俟後日. 謹此草1白."

31 『정본퇴계전서』, 書-黃俊良-85, 答黃仲擧問目 1563년 1~2월. "來喩以『心經』所引諸書漫無統紀爲病, 竊恐其未然也. 彼『大學』·『中庸』等書, 固有綱條脈絡之齊1整分明, 此自作一書, 其體當然也. 若『論語』, 雖間有類記處, 而率多雜糅1, 『孟子』則尤多散漫, 隨手拈掇, 何嘗必以『庸』·『學』爲法耶? 況所引諸書, 略有時世之先後, 而聖賢之言, 亦自有寢闡寢明, 以至於大備而後已, 又何須類分然後爲得耶? 『大學』平天下章, 程子嘗以類分, 而朱子以爲類分則意味反淺, 不若從舊錯出者之爲得丁寧反覆之意也. 滉於此經, 亦謂如此. 來喩又謂 '篁墩見之不明, 擇焉不精.' 尤未敢聞命. 夫眞西山議論, 雖時有文章氣習, 然其人品甚高, 見理明而造詣深, 朱門以後, 一人而已. 范蘭溪有得於此學, 朱門所許, 蓋非獨一「心箴」也. 今乃以'華而不實'·'蔓而不切'誚二子, 愚所未安. 慈溪黃氏詆伊川之言, 未知見於何書? 若『心經』二條, 則非詆伊川, 實所以發明程·朱遺意, 其言意藹然, 忠厚懇惻, 捄世之藥石也. 篁墩以三子之言寘之大註, 程·朱之言或在小註, 非擇之不精, 只以言有賓主, 意有淺深而然耳. 至於竊附之說, 篁墩非欲於此自爲論道, 但略見其所以去取諸說, 以爲此註之意, 故輕輕地說過, 此正得其附說之體. 盛論乃以爲此書之一欠, 愚不知如何而作乃得此書之無欠耶? 大抵高明平日議論見識, 未免有務高喜事之弊, 故致此失當, 而又欲使滉有所刪改於其間, 此何異大匠造建章, 千門萬戶, 各已天成, 而一朝遽使血指汗顔者, 拆壞梁棟, 胡亂改作, 血指妄作者, 在所不言, 其使之爲是者, 人以爲何如人也耶?"

32 『후조당선생문집』 권4 「讀書箚錄 心經」. "慈溪臨川諸說 全廢學問 偏主德性 冗然無所講明 而欲如禪家之坐忘 篁墩取此於末 使天下學者 皆爲棄學問 而尊德性 其誤甚於慈溪臨川矣."

등 초기 제자들은 『심경』과 『심경부주』를 적극적으로 수용한 이황의 자세에 대하여 비판적인 논의를 전개하였다. 결국 이황은 「심경후론」을 저술하여『심경부주』는 존신할 필요가 있는 것으로 강조하고 허형이 『소학』을 신명과 같이 공경하고 부모와 같이 높인 바와 같이 자신에게 『심경』이 이러한 책이라고 하여 그 중요성을 새삼 강조하였다.[33] 그러면서 조목에게 정민정의 인간됨을 들어 『심경부주』를 부정할 수 없다고 강조하였다.[34]

『심경부주』에 대한 논란은 「심경후론」이 나온 후 어느 정도 정리되어, 이황은 문인들에게 적극적으로 전수하고 학습하도록 권하였다.[35] 이황의 적극적인 논의의 전개와 제자들과의 토론은 퇴계학단의 특징 중 하나로, 후에『심경부주』와 「심경후론」은 퇴계학단의 중요한 논의의 도구가 되었던 것이다.

조목은 이황과의 『심경부주』 토론에서 적극적인 문제 제기를 함으로써 예안지역 퇴계 문인들 사이에서 주목힐 만한 학자로 인식되었다. 조목 가문은 부친인 대춘大椿대에 처가를 따라 정착한, 예안지역에 재지적 기반이 미약했음에도 불구하고 퇴계의 문인인 김부인의 손자 김광찬을 사위로 맞는 등 예안지역의 사족과의 연대를 강화해 나갔다. 퇴계 사후에는 비슷한 연배인 김부필金富弼, 1516~1584 · 이숙량李叔樑, 1519~1592 · 금보琴輔, 1521~1585 · 김부의金富儀, 1525~1582 · 김부륜金富

---

33 『정본 퇴계전서』, 잡저-002, 심경후론 1566년 7월. " 許魯齋嘗曰 "吾於『小學』, 敬之如神明, 尊之如父母." 愚於『心經』亦云, 惟草廬公之說, 反復研究, 終有伊蒲塞氣味, 羅整菴之論得之. 學者當領其意而擇其言, 同者取之, 不同者去之, 其亦庶乎其可也."

34 『정본 퇴계전서』, 書-趙穆-148, 與趙士敬 1569년 윤6월 4일. "早晩, 講訂『心經』, 更知此書不易得也 向日, 妄論篁墩爲人及『心經』不可廢."

35 신귀현, 「퇴계이황의 심경부주 연구와 그의 심학의 특징」, 『민족문화논총』 8, 1987, 123~126쪽.

倫, 1531~1598 등이 잇달아 사망하게 되자 자연스럽게 예안의 퇴계 문인을 대표하는 인물로 부각되었다. 매제였던 금난수琴蘭秀, 1530~1604의 경우 조목 자신이 금난수를 퇴계의 문하로 인도하였던 경우였으므로 예안의 대표적 퇴계문인으로는 조목을 들게 되었던 것이다.

그러므로 이황 사후 이황의 문집을 정리하는 데 있어서 주도권을 잡은 것은 조목이었다. 이황의 유문을 정리하기 시작한 것은 이황이 사망한 해인 1571년부터였다. 이황의 제자들은 역동서원에서 이황의 유문遺文을 모으고, 초고본을 작성하기 시작하였다. 안동 출신의 류성룡,[36] 김성일[37] 또한 조목에게 이황의 문집 초고 정리를 재촉하는 등 조목의 편집 주도권을 인정하고 있었다. 이 과정에서 조목은 자신의 제자인 김해金垓를 초고 정리 및 편집에 참여시킴으로써[38] 편집의 주도권이 자신에게 있음을 명확히 하였다. 이황의 문집 초고가 정리된 후 류성룡은 이황의 문집을 간행하기 위해서는 산절刪節하여 정리본을 판각하여야 한다고 제의하였으나,[39] 조목은 류성룡의 제의를 거절하고 전고수록全稿收錄이라는 자신의 입장을 관철하였다.[40]

---

36 『서애집』 권10 「與趙士敬」.
37 『학봉집』 속집 권4 「與趙月川 甲申(1584)」.
38 『근시재집』 권3 「與趙月川」, 2書·4書.
39 『서애집』 권10 「與趙士敬 丙戌(1586)」.
40 서정문, 「『퇴계집』의 초간과 월천·서애 시비」, 『북악사론』 3, 1993.

3. 『월천선생문인록』과 월천문인의 활동

퇴계사후 예안지역 학단에서 조목의 지도력은 확고한 것이었다. 그렇기 때문에 『퇴계집』 편찬과정에서 산절刪節을 주장한 류성룡의 반발을 무릅쓰고 전고全稿 수록 원칙을 관철시켰으며, 도산서원에 이황을 봉안할 때 「봉안문奉安文」을 작성하는 등 퇴계학단에서 주도권을 장악하였다.[41] 그러므로 조목의 문하에는 퇴계의 문하에서 수학하던 인사들과 더불어 예안지역의 대표적인 사족 가문 인사들이 집결하게 되었다. 최근 확인된 『월천선생문인록』에 나타난 조목의 문인들을 정리하면 다음 〈표 1〉과 같다.

「월천선생문인록」 첫머리에 만귀당晩歸堂이라는 당호가 적혀 있는데 만귀당은 김응탁金應鐸, 1722~1805의 당호이다. 그러므로 이 문인록은 최소한 김응탁이 작성하였거나, 김응탁 가문의 어떤 인물에 의해서 작성된 것으로 보인다. 김응탁이 1722년생이므로, 문인록의 작성시기는 18세기 후반보다 앞설 수 없다. 김응탁은 조목의 문인이자 사위인 김광찬의 5대손이다. 김광찬은 또한 김택룡의 사위이기도 하므로 월천학맥 내에서 2중의 혼인관계를 맺고 있었다.

이 『월천선생문인록』에서는 수문首門으로 김택룡을 배치하였으며, 김택룡보다 연배가 위인 권춘란權春蘭과 박훈朴薰은 17·18번째 배치함으로써 의도적인 편집의 의도가 있는 것으로 보인다. 이는 문인서열의 기재순서가 연령순이 아니라는 점에서도 분명하다. 이 책이 소장된 오천 광산김

41 『月川先生文集』 권10(한국국학진흥원) 「陶山書院奉安文」.

〈표 1〉『월천선생문인록』소재 조목 문인

	성명	자	본관	거주	호	생년	몰년	과거	관직	저술
1	金澤龍	施普	禮安	禮安	操省堂	1547	1627	文	獻納	조성당집 / 일기
2	曺友仁	益昌 / (汝益)	昌寧	尙州	(梅湖 / 頤齋)	1561	1625	文	承旨	
3	金垓	達遠	光山	禮安	近始齋	1555	1593	文	翰林	근시재집 / 향병일기
4	任屹	卓爾	豊川	禮安	晩悔 / (龍潭)	1557	1620	(생원)	參奉	용담집
5	裵龍吉	明瑞	興海	安東	琴易堂	1556	1609	(진사) / 文	翰林	금역당집
6	柳宗介	季裕	豊山	禮安		1558	1592	文	學諭	
7	李光胤	克休	(경주)	醴泉	(瀼西)	1564	1637	(진사) / 文	교리	
8	金光纘	纘仲	光山	禮安	灣溪	1564	1613			
9	金中淸	而和	安東	奉化 / (禮安)	晩退 / 苟全	1566	1629	文	承旨	구전집 / 일기
10	琴憬	彦覺	奉化	禮安	(月潭)	1553	1634	사마	奉事	월담집
11	琴㦒	彦愼	奉化	禮安	(晩修齋)	1557	1638	(진사) / 文	府使	만수재집
12	琴愷	彦康	奉化	禮安	(望月軒)	1562	1629	(生員) / 文	牧使	망월헌유집
13	琴恪	彦恭	奉化	禮安	釣臺	1571	1588			조대집
14	金確	而實	光山	禮安	溪堂 / 定止齋	1583	1665	생원	참봉	
15	鄭經世	景任	晉陽	尙州	愚伏	1563	1633	(진사) / 文	참찬	우복집
16	李埈	平仲 / (叔平)	興陽	尙州	蒼石	1560	1635	(생원 / 文)	대사간	창석집
17	權春蘭	彦晦	安東	安東	晦谷	1539	1617	(진사) / 文	사간	회곡집
18	朴蕓	彦秀	咸陽	醴泉	病栢堂	1535	1596			
19	南興達	顯卿	英陽	安東	(慕菴)	1562	1610			모암유고

• ( )는 문인록에 없는 내용을 필자가 찾아 넣은 것임.

씨 가문의 인사들 중 김해金垓, 1555~1593는 연령이 밑인 조우인曺友仁, 1561~1625의 아래에 배치하였으며, 중요한 조목문인 중 권익창權益昌과 김기金圻가 배제되었다. 이 문인록에서 확인되는 조목의 문인들은 금난수의 아들이자 생질이었던 금경, 금업 형제를 비롯하여 사위 김광찬의 가문 인사들인 김해, 김확 등이 포함되어 있어 예안지역의 주요한 사족 가문의 인물들을 망라하고 있다. 또한 류성룡의 고제였던 정경세, 이준도 포함되어 있다. 반면 조목의 도산서원 종향시비에서 강력히 종향을 추진하였던 이시李蒔・이강李茳 등 이덕홍의 자제들은 배제되었다.[42]

이 『월천선생문인록』에는 포함되지 않았지만 다른 기록을 통해 확인되는 문인들도 확인되는데, 『선성지』의 찬자인 권시중權是中, 1572~1644,[43] 『퇴계집』 판각 당시 도산서원 상유사로 판각을 주도한 김기金圻, 1547~1603,[44] 그리고 김성일의 조카인 김용金涌, 1557~1620[45] 그리고 안동 지역의 인물로 권익창權益昌, 1562~1645[46]・권위權暐, 1552~1630[47] 등이 확인된다. 기존의 연구에서 조목의 문인으로 파악된 김평金坪, 1563~1617은[48] 조목의 직전제자가 아니라 조목의 문인인 김기金圻의 문인으로 확인된다.[49]

---

42 정만조는 이시李蒔 형제를 월천문인으로 인정하고(정만조, 「월천 조목과 예안지역의 퇴계학맥」, 『한국의 철학』 28, 2000, 8~9쪽), 김학수도 정만조의 논의를 그대로 인정하였다(김학수, 「17세기 영남학파연구」, 한국학중앙연구원 박사논문, 2007, 16쪽).

43 『선성읍지』 인물 權是中.

44 李世澤, 『북애집』, 부록 「行狀」.

45 『월천선생종향사적』 「金涌 輓詞」.

46 權益昌, 『湖陽集』 권2 「湖陽子自傳」.

47 權克載, 『옥봉집』 권4 「行錄」.

48 정만조, 「월천 조목과 예안지역의 퇴계학맥」, 『한국의 철학』 28, 2000.

49 『북애집』 부록 「祭文」(門人 金坪, 金坽, 金光夏, 黃有文, 禹處仁, 金光繼, 李褘, 金光實, 黃有章, 金光輔, 李愼承, 金坧 等).
김평의 경우 조목의 문인일 가능성을 배제할 수는 없다. 김평의 행장인 『극재선조행장克齋先祖行狀』에는 사승관계가 드러나지 않는데, 『월천선생문인록』에 「유일재문도록」이 한편 권시중權是中의 문집인 『역정일고櫟亭逸稿』 부록에 「동문록同門錄」이 수록되어 있는데 조수붕이 '선생자先生子'로 표기되어 있다. 그러므로 이 「동문록」도 또 다른 월천문인록이다.[50] 두 문인록과 다른 기록에서 확인되는 문인들을 재정리하여 도시하면 아래 〈표 2〉와 같다.

〈표 2〉 월천문인

	성명	자	본관	거주	호	생년	몰년	과거	관직	저술	비고
1	朴蕓	彦秀	咸陽	醴泉	病栢堂	1535	1596				퇴계문인
2	權春蘭	彦晦	安東	安東	晦谷	1539	1617	진 / 文	司諫	회곡집	퇴계문인
3	李山海	汝受	韓山	京	鵝溪	1539	1609	진 / 문	領議政	鵝溪遺稿	토정문인
4	金澤龍	施普	禮安	禮安	操省堂	1547	1627	文	獻納	조성당집 / 일기	임란의병 / 퇴계문인
5	金圻	止叔	光山	禮安	北厓	1547	1603		參奉	북애집	퇴계문인 / 임란의병
6	權暐	叔晦	安東	安東	玉峯	1552	1630	문	正郎	옥봉집	
7	琴憬	彦覺	奉化	禮安	月潭	1553	1634	司馬	奉事	월담집	생질
8	金垓	達遠	光山	禮安	近始齋	1555	1593	文	翰林	근시재집 / 향병일기	임란의병
9	裵龍吉	明瑞	興海	安東	琴易堂	1556	1609	진 / 文	翰林	금역당집	임란의병
10	琴忄業	彦愼	奉化	禮安	晩修齋	1557	1638	진 / 文	府使	만수재집	생질
11	任屹	卓爾	豊川	禮安	晩晦 / 龍潭	1557	1620	생원	參奉	용담집	임란의병
12	金涌	道源	義城	安東	雲川	1557	1620	文	參議	운천집 / 운천호종일기	학봉문인 / 월천선생종향 사적
13	琴胤古	繹汝	奉化	禮安	松坡	1558	1641		軍資監正		

같이 합본되어 있다는 것은 어느 정도 양자의 문인이 겹치는 것을 의미하지 않는가 한다. 「유일재문도록」에 대해서는 설석규의 분석이 있다(설석규, 「유일재 김언기의 학풍과 학맥」, 『한국의 철학』 30, 2001). 조목과 김언기 양자 모두 처사형 사림이라는 점과 향촌에서의 활동을 중시하였다는 공통점이 있다. 김평은 「유일재문도록」에는 김기와 더불어 문인으로 올라 있다.

50 「동문록」의 부기附記로 "이 동문록은 처음 옛 책 상자 속에서 나온 것으로 당시 도의의 성함을 전하지 않을 수 없어 정계첩서亭稧帖序와 아울러 권말에 붙인다"고 하였으므로 권시중 가에서 전해 내려온 「동문록」을 문집의 부록에 포함시킨 것이다(『櫟亭逸稿』 부록 「同門錄」).

	성명	자	본관	거주	호	생년	몰년	과거	관직	저술	비고
14	柳宗介	季裕	豊山	禮安		1558	1592	文	學諭		임란의병
15	李埈	平仲/叔平	興陽	尙州	蒼石	1560	1635	(생원/文)	大司諫	창석집	서애문인/임란의병
16	曺友仁	益昌/汝益	昌寧	尙州	梅湖/頤齋	1561	1625	文	承旨		
17	琴愷	彦康	奉化	禮安	望月軒	1562	1629	(生員)/文	牧使	망월헌유집	생질
18	權益昌	茂卿	安東	安東	湖陽	1562	1645			호양집	
19	南興達	顯卿	英陽	安東	慕菴	1562	1610			모암유고	유일재문인/김호의 사위, 배용길의 동서
20	鄭經世	景任	晉州	尙州	愚伏	1563	1633	진/文	參贊	우복집	서애문인/임란의병
21	李光胤	克休	경주	醴泉	瀼西	1564	1637	진/文	校理		임란의병
22	琴學古	翕汝	奉化	禮安		1564	1630		濟用監正		
23	金光纘	纘仲	光山	禮安	灣溪	1564	1613				사위
24	金中淸	而和	安東	奉化/禮安	晩退/苟全	1566	1629	文	承旨	구전집/일기	임란의병
25	琴恪	彦恭	奉化	禮安	釣臺	1571	1588			조대집	생질
26	權是中	時正	安東	禮安	櫟亭	1572	1644		參奉	櫟亭逸稿/선성지	
27	權宏	仁仲	安東	安東	震峯	1575	1652	사마	別提	진봉집	
28	申達道	(亨甫)	鵝洲	義城	晩悟	1576	1631	(생/문)	正言	만오집	
29	趙壽朋	子長	橫城	禮安	八友堂	1579	?	진사	察訪		아들
30	金確	而實	光山	禮安	溪堂/定止齋	1583	1665	생원	參奉		외손
31	趙錫朋	子百	橫城	禮安	寒沙	1585	1657	(진/문)	主簿		아들
32	申悅道	(晉甫)	鵝洲	義城	懶齋	1589	1659	(진/문)	牧使	懶齋集	

현재까지 조목의 문인들 중 확인 가능한 인물들은 모두 32명이 되는 셈이다.[51] 이들 중 조목의 도산서원 종향 문제에 적극적인 태도를 보

51 이산해李山海의 경우 직접 수학했다기 보다는 종유從遊의 개념이 더 가깝지 않은가 한다. 조목이 이산해와 친밀했다는 기록은 실록에서도 확인된다(『광해군일기』 권84, 광해군 6년 11월 25일, 史評). 정경세와 이준의 경우 서애학맥으로서의 정체성이 확고한 인물로 수학은 하였으나 학통상으로는 월천학맥에 넣기에는 힘들지 않은가 한다.

였던 인물은 김택룡과 김중청으로 모두 예안에 근거지를 가지고 있었다. 1660년대 조목 신도비 수립을 주도하면서 서애계와 분쟁을 야기한 김확은 조목의 외손자이다.[52]

이들은 대부분 임진왜란 당시 의병에 참여한 경력을 가지고 있었다. 류종개와 김중청은 봉화의병에 참가하여 활동하다 류종개의 경우 전사하였고, 김해는 예안의병의 대장으로 추대되어 활동하다 경주에서 진중에 병사하였다. 김기 또한 종제인 김강·김평 등과 더불어 예안의병에 참가하여 활동하였고, 배용길의 경우 김해와 더불어 안동열읍향병에 참가하여 우부장右副將으로 전투를 치렀다. 김택룡 또한 안동열읍향병에서 예안정제장의 직임을 맡았으며, 금경도 장서掌書로 종군하였다.[53] 상주지역의 문인들인 이준·정경세 또한 상주에서 김각金覺을 대장으로 하는 상주의병에서 각각 소모관召募官과 장서掌書로 종군하였다.[54] 조목 자신은 당시 노령(69세)으로 인하여 직접 의병에 참전

52 예안 중심의 월천 문인들과 안동중심의 서애문도의 반목은 1660년대 조목의 외손자 김확金確이 동계 정온에게 월천의 신도비를 부탁하면서 신도비 내에 '주화오국主和誤國' 문제가 수록되면서부터였다. 인조반정 이후 예안의 월천문인들은 향내에서 축출되거나 극도로 위축되었고, 반면 서애의 문인들은 광해군 정권 당시의 활동을 평가받아 속속 정계로 진출하였다. 이러한 상황에서 조목의 신도비에 조목이 류성룡을 비난한 문자가 실림으로써 두 계파사이의 갈등이 심해지면서 예안사림과 안동사림 특히 서애문인들 사이에 갈등이 고조되었던 것이다. 김응조는 직접 「서애유선생변무록西厓柳先生辨誣錄」을 지어 류성룡을 옹호하였다. 즉 '주화오국' 문제는 이이첨 등이 사림을 일망타진하기 위하여 이를 이용한 것인데 '월천의 문인 김택룡金澤龍이 『월천언행록』을 편찬하면서 정유년丁酉年의 편지를 장황하게 기록한 것이며, 참봉 김확이 『행록行錄』을 꾸며 동계 정온에게 신도비를 요청한 것으로 말미에 이 문제를 적어 놓아 사림의 논란이 분분해지게 되었다'고 하여 월천계가 공연한 소동을 일으킨 것이라고 이 삿건을 축소 하고자 하였다(김형수, 「조선 후기 오미동 풍산김씨 가문의 가학적 전통의 확립과정」, 『안동학』 8, 2009). 김확의 아들 김익중金益重은 김응조의 사위이므로 김확과 김응조는 사돈관계이기도 하다.

53 정진영, 「안동지역의 임진의병」, 『안동문화연구』 4, 1990.

54 『상주사료집』(상주문화원) 「萬曆壬辰五月日倡義錄」.

하지는 못하였으나, 동문인 김부륜과 더불어 병량을 모집하는 등 의병을 적극적으로 지원하였다.[55]

조목은 임진왜란이 종식되자 바로 『퇴계집』판각에 착수하여 1600년 문집을 출간하였고, 이는 퇴계의 적전으로서의 자리를 굳히는 것이기도 했다. 또한 향촌에서의 활동을 바탕으로 학문적 명성을 굳히게 되었고, 문인들의 임진왜란 당시 의병 활동은 전쟁 종식 후 월천문인들이 예안지역의 향촌 주도권을 장악하는데 중요한 계기가 되었다.

그런 한편 조목의 문인들은 서당 등을 통하여 자신의 제자들을 양성하는데 상당한 힘을 기울였다. 김중청은 83명의 문인들이 있었음을 확인할 수 있고,[56] 김기는 최소한 9인,[57] 그리고 김택룡은 그 수는 분명하지 않으나 김진성・홍회・권근오 등 제자들이 찾아와 수업을 하는 모습을 확인할 수 있다.[58]

4. 월천학단月川學團의 도산서원陶山書院 원생 입록入錄과 향촌공동체 지향

도산서원은 퇴계 이황을 독향獨享한다는 점에서 중요한 의미가 있었다. 그렇기 때문에 예안지역의 문인들이 이황을 배향하기 위하여 도산서당 자리에 서원을 건립하고자 하였을 때 일부 문인들 사이에 예안

55 『月川先生文集』(한국국학진흥원) 「월천선생연보」 壬辰 5월.
56 김중청, 김세현 역, 『구전선생 강원일록』, 구미당, 2007.
57 『북애집』 권4 부록 만사.
58 『조성당일기』, 1616년 6월 22일.

이 잔읍임을 들어 우려하는 목소리도 있었으나, 1572년 4월 조목을 비롯한 예안지역의 문인들이 주동이 되어 도산서당의 뒤에 서원을 세울 것을 결의하고, 1574년 전교당을 준공하는 등 서원의 체제를 갖추었고, 이듬해 8월 서원의 낙성과 더불어 '도산陶山'의 사액을 받았다. 1576년 2월 상덕사를 준공하고 퇴계의 위판을 봉안하였다. 위판을 봉안하기 이전에 사액을 받은 것은 매우 이례적인 경우로 당시 도산서원이 차지하는 위상을 보여주는 것이다.[59] 그렇기 때문에 자연스럽게 도산서원은 예안현 사족들의 결집처로서의 기능을 담당하였으며, 도산서원에 원생으로 입록入錄된다고 하는 것은 예안현에서 사족으로서의 지위를 보장하는 것이었다.

도산서원은 임진왜란이 종식되는 해인 1598년과 1599년 모두 14인의 원생을 받아들였는데 특히 1599년에는 폐모론에 가담하여 인조반정 이후 훼가출향毁家出鄕되었던 서긍徐兢·서신徐兟 형제와 이점李蔵이 입록되었고, 삭적된 오여강吳汝杠[60]도 이 해에 원생으로 입록하였다.[61] 1599년에는 모두 9명이 입록되었는데 그중 4명이 삭적 또는 훼가출향되었다. 입록 당시 서원의 원장은 김기金圻로 조목의 문인이었다. 1599년 입록된 인물 중 정득鄭得은 김택룡의 생질이었고, 이점李蔵은 김중청의 문인이었다.

도산서원의 원생은 1~3년마다 각 면에서 후보자를 추천한 후 원회院會에서 권점圈點하여 입록을 결정하였다. 대개 각 면에서 16세 이상

---

59 정만조, 「도산서원과 영남의 지식문화」, 『도산서원과 지식의 탄생』, 글항아리, 2012.
60 오윤吳奫의 아들이 아닌가 한다. 오윤은 인조반정 이후 훼가출향毁家出鄕 당했다.
61 도산서원, 『유원록』, 기해년1599.

의 후보자를 추천하여 참석인원 과반수 이상의 동의를 얻으면 입록되었던 것으로 보인다.[62] 1595년에서 1603년 사이 도산서원에 원생으로 입록된 인물들은 생원 진사를 제외하고 유학으로 입록된 인물 34명 중 김기의 문인으로 파악되는 인물이 김광하金光夏, 황유문黃有文, 우처인禹處仁, 김광계金光繼, 이률李嵂, 김광실金光實, 황유장黃有章, 김광보金光輔 등으로 8명이며, 김중청의 문인임이 분명한 인물이 이점李蒧 1명이다. 1598년 입록한 김시주金是柱와 김시정金是楨은 김용金涌의 아들이고,[63] 김택룡의 자질들로 김숙金琡, 정득鄭得 등이 확인되므로 총 13명이다.[64] 진사로 원생이 된 권태일[65] 또한 조목의 문인 권춘란의 아들이므로 조목의 재전제자 또는 자질들은 14명이다. 훼가출향 또는 정치적 이유로 그 학적 연원을 알 수 없는 서긍徐兢・서신徐兟과 오여강吳汝杠도 범월천계로 볼 수 있다면 34명 중 17명으로 동 시기 입록자의 50%에 달한다. 즉 임진왜란 이후에는 조목의 재전제자들이 속속 원생으로 입록하였던 것이다.

이들이 원회院會의 과반수 권점 이상을 얻을 수 있었던 것은 이미 조목계의 인물들이 일찍 도산서원의 원생으로 입록이 되어 활동을 하고 있었기 때문이다. 김택룡과 김기, 금경, 금업은 이미 처음 원생을 선발

---

62 박현순, 「16~17세기 예안현 사족사회 연구」, 서울대 국사학과 박사논문, 2006, 141쪽. 아마 당시 추천되는 인물들은 예안의 각 지역에서 서당・서재 등에서 교육을 받은 인사들이었던 것으로 보인다. 김기의 문인으로 확인되는 8인은 모두 서원의 원생으로 입록入錄되었고, 김중청의 문인들도 상당수 도산서원의 원생으로 입록된 것이 확인된다.

63 1598년 원생으로 입록한 김시제金是梯의 경우 김용의 아들 김시릉金是棱과 김시상金是相 둘 중의 하나로 개명한 것으로 보이는데 확실한 것은 알 수 없다.

64 도산서원, 『유원록』, 을미년・무술년・기해년・신축년・임인년・계묘년.

65 도산서원, 『유원록』, 기해년.

한 1576년 도산서원의 원생으로 입록되어 있었고, 임흘과 김광찬은 1580년, 배용길은 1581년, 김중청은 1582년 입록하였다. 임진왜란 바로 전 해인 1591년에는 이시李時, 이립李苙 형제가 입록되었다. 임진왜란이 소강상태에 접어드는 1595년부터 도산서원은 권점을 통하여 원생을 선발하고 있었고, 임진왜란이 끝나는 1598년부터는 거의 해마다 2명에서 8명까지의 원생을 선발하여 도산서원을 중심으로 사족들의 힘을 결집시키고자 한 것이었다.

실제로 1596년부터 1609년까지 약 14년 동안 도산서원의 상유사(원장)는 조목의 문인들이 독점하다시피 하였다. 1605~1607년 3년 동안은 금응훈이 상유사로 재임하였으나, 금응훈을 제외하고는 김기, 김택룡, 금경 3인이 번갈아 가면서 상유사를 담당하였던 것이다.[66]

이들은 도산서원을 기반으로 관권과도 충돌하면서 수령-향소-감관-향리로 이어지는 관정官政체계에 대하여 서원-향교-향약을 중심으로 결집하여 수령-향소를 견제하는 구조를 형성하였다.[67]

이황은 서원의 운영은 관에서 운영과정에 개입하는 것이 아닌 감독의 위치에 그치면서, 구속하지 않도록 하는 것이 타당하다고 보았다.[68] 그렇기 때문에 서원에서의 교육은 산장山長이나 동주洞主가 담당

---

66 우인수, 「조선 후기 도산서원 원장의 구성과 그 특징」, 『퇴계학과 한국문화』 53, 2013, 97쪽. 시기를 1650년까지 확대하여 보더라도 조목의 문인이자 외손자인 김확이 1650년 상유사에 취임하였던 것이 확인되므로 최소한 1650년까지는 월천학맥이 도산서원의 운영에 주도권을 잡았던 것으로 보인다.

67 박현순, 「16~17세기 예안현 사족사회 연구」, 서울대 국사학과 박사논문, 2006, 165쪽.

68 『정본퇴계전서』, 書-沈通源-1, 上沈方伯【通源◯己酉】 1549년 12월. "則欲請依宋朝故事, 頒降書籍, 宣賜扁額, 兼之給土田臧獲, 以贍其力, 又令監司·郡守, 但句檢其作養之方. 贍給之具, 而勿拘以苛令煩條."

하되 유일지사遺逸之士나 한산인閑散人으로서 재덕이 있으면서 일세의 사표가 될 수 있는 사람이 맡아야 한다고 주장하였다.[69] 이황은 역동서원을 건립할 때도 사마소司馬所의 인원이 서원의 건립에 간여하면 안 된다고 하면서 관의 개입을 극도로 꺼리고 있었다.[70]

이러한 이황의 주장은 이유가 있는 것이었다. 실제로 역동서원이 건립되고 난 다음 토론의 주제로 떠오른 것은 학문적인 문제만은 아니었다. 향약의 제정 등 향중의 공적인 문제도 같이 논의되고 있었다.[71] 서원에서의 강학활동이 단순히 학문적인 영역에만 머무르는 것이 아니었다. 실제로 이러한 활동은 향약의 보급, 그리고 『소학』의 강습을 통한 성리학적 인간형의 확립을 추구했던 기묘사림들의 입장을 계승한 것이기도 했다. 이황은 서원이 담당해야 할 임무를 학문의 창달뿐만 아니라 '향촌의 교화'라는[72] 사림들의 정치적 목적까지 담당해야 한다고 보았기 때문에, 서원은 강학과 더불어 당시 사림들이 꿈꾸었던 향촌

---

69 『정본퇴계전서』, 書-沈通源-1, 上沈方伯【通源○己酉】 1549년 12월. "凡書院必有洞主・或山長爲之師, 以掌其敎, 此一件大事, 尤當擧行. 但此須擇於遺逸之士, 或閒散之員, 而其人才德望實, 必有出類超羣之懿, 卓然爲一世師表者, 乃可爲之."

70 『정본퇴계전서』, 書-趙穆-109, 與趙士敬・琴聞遠【丙寅】 1566년 3~4월. "又不可使司馬所人都幹其事, 必別有一可信幹事者都付, 然後可議其他, 此恐難得其人, 奈何? 公等近當見城主云, 故告之如右."

71 『정본퇴계전서』, 書-趙穆-130, 與趙士敬 1568년 1월 14일. "示喩序齒之事, 院中則君未諾, 而烏川諸人已諾之, 鄕中則君與諸君, 皆不念聽於鄙說. 滉亦當與諸君辨論時, 有所未聞, 而其後乃知諸君所以然之故. 諸君但執"恥下賤"三字, 以遂欲上人之心, 亦不可謂全非. 然禮義由賢者出, 諸君皆以一時鄕賢, 當此等處變處, 當深求古義, 細考禮文, 必須洞見其所處之宜, 能不失先王設鄕法鄕禮之意如此其重處, 然後優而爲之. 顧乃逞氣爭勝, 只據一時一邊不便宜處, 求自便而已. 不復問古義如何. 鄕禮如何. 專不類賢人君子處事氣象. 是爲可歎耳."

72 『정본퇴계전서』, 跋-025, 書李大用硏經書院記後 1567년 10월 16일. "今之學校, 遍于中外, 士之遊居於此足矣. 何所取於書院, 而惓惓若是, 其不以無拘於學政, 而可專於吾學也耶? 然則彼中諸人所以合謀竝力, 大作此院者, 夫豈徒然哉? 倡起奮發, 實從事於爲己之學, 相觀而善, 相勗以成者, 必有其人也."

자치공동체의 중심적인 역할을 담당해야 한다고 보았던 것이다.[73]

한편 비록 서원의 원생으로 입록하지는 않았지만, 권시중權是中, 1572~1644은[74] 예안현을 대상으로 의미 있는 지방지인 『선성지宣城誌』를 편찬하였다. 『선성지』는 그 작성연대가 1619년경으로 짐작되는데[75] 그 자신이 편찬 이유에 대하여 말하고 있지 않으나, 재지사족이 자치적으로 운영하는 향촌공동체를 지향하는 면모를 보이고 있다. 그는 "예안현은 동서가 불과 60리요 남북이 30리 정도로 협소한 지역이지만 모두 아름다운 산수가 펼쳐진 고장"으로 '퇴계 선생이 이 고을에서 태어나 우리 유도를 천명하였고 또한 우리 유도를 흥기시켰다'고[76] 하여 퇴계학단에 의한 유향의 고장임을 강조하고 "후대에 이르러서는 문운이 소진하고 사습士習이 옛 같지 않으며 고을의 법도는 크게 어그러졌고 풍속은 점차 각박해"졌다고 하여[77] 이 『선성지』를 편찬함으로써 예안현 사족들의 활발한 학문 활동과 향촌교화를 촉구하고 있다. 그러므로 학교 도산서원조의 부록에 「종묘록」과 「향사당약조」를 수록하고 퇴계향약을 배치하였다.[78] 이러한 편집원칙은 『영가지』 등 다른 읍지와 달리, 앞부분은 산천 · 건치연혁 등을 서술하고, 뒷부분에 각

---

73 김형수, 「이황 서한을 통해본 명종대 서원의 창설과 운영」, 『퇴계학과 한국문화』 53, 2013, 44~45쪽.

74 권시중(1572~1644)은 예안의 예안의 부라촌에 세거한 안동 권씨로 권속權涑의 아들이다. 배삼근裵三近의 딸과 결혼하여 조목의 문인인 배용길裵龍吉과는 4촌 매제가 된다. 동문인 김택룡과는 매우 친밀하였던 것 같다. 김택룡의 『조성당일기』에는 권시중과 연락을 자주 주고받으면서 특히 조목의 도산서원 종향문제에 대하여 논의하고 있는 모습이 보이고 있다(『조성당일기』, 1612년 6월 14일 · 1616년 5월 13일 · 1616년 7월 29일).

75 국역선성지발간추진위원회, 「해제」, 『국역 선성지』, 성심, 1993.

76 『선성지』 서문.

77 『선성지』 예안실록.

78 『선성지』 학교 도산서원 부록 宗廟錄, 約條.

마을별로 현황을 상세히 적은 특징이 있다. 자신이 거주하던 부라촌의 경우 전체적으로 마을의 위치와 산천에 대해 서술하고, 인물조에서는 권간權簡 등 21인의 이력을 정리하고 특별히 금난수의 아들로 요절한 금각琴恪의 사실을 「금조대실록琴釣臺實錄」이라는 제목으로 정리하였다.[79] 월천조月川條에서는 조목의 행적을 정리한 「월천선생실록月川先生實錄」을 수록하였다.[80] 권시중은 또한 수령의 불선치不善治를 특기하여 1599년 부임한 현감 김취의부터 1625년 당시 현감 양시楊時에 이르기까지 15명의 수령 중 이계지李繼祉, 김정후金靜厚를 제외한 13인의 수령에 대하여 세주細註로 불미不美한 사실과 파직 이유를 직서하였던 것도[81] 재지사족 중심의 향촌지배질서를 수립하고자 한 것과 관련이 있는 것으로 보인다. 금난수의 「금단토호침점장인규禁斷土豪侵占匠人規 서송유향소書送留鄕所」를 이황의 향규 바로 뒤에 수록한 것도[82] 이러한 그의 지향과 관련 있는 것으로 생각된다.

그러므로 조목을 비롯한 예안현의 사족들은 도산서원을 중심으로 사족 특히 유자들의 결속을 다지는 동시에 재지사족들의 활동 공간으로 예안현을 설정하여 자치적인 향촌 공동체 운영을 꿈꾸었던 것으로 보인다.

---

79 『선성지』 「浮羅事蹟」琴釣臺實錄.

80 『선성지』 「月川」月川先生實錄.

81 『선성지』 현감조.

82 『선성지』 학교 도산서원 부록 宗廟錄, 約條. 「禁斷土豪侵占匠人規 書送留鄕所」(금난수, 1623) 『선성지』에는 만력 계해년으로 기록되어 있으나 오기이다. 금난수는 1604년 사망하였으므로 계해년이 될 수 없고, 계묘년인 1603년이거나 기해년인 1599년일 가능성이 있다. 그러나 계묘년의 『성재일기惺齋日記』에는 이와 관련된 사항을 찾을 수 없고 자신이 직접 써서 남긴 『鄕立約條』에는 庚子年(1600)으로 되어 있다. 그러므로 금난수의 「금단토호침점장인규 서송유향소」는 친필본에 따라 1600년 작성된 것으로 보는 것이 타당하다.

5. 예안지역 향약의 시행

예안지역에서 향약의 시행은 이황이 입안한 1556년의 「향립약조」에서 출발한다. 이황은 여기에서 사족공동체의 구성원들에 대한 규제를 강조했다. 이황은 여기에서 향약의 일반적인 성격인 하층민에 대한 직접적인 지배와 통제보다는 재지 사족 자신의 유교적 생활규범 확립과 관정官政에 대한 시비의 엄금, 그리고 하층민에 대한 무단적인 행위에 대한 규제 등을 주된 내용으로 하고 있다. 이 점에서 이황은 재지사족의 자기 규제를 통해 향촌사회의 안정을 꾀한 것이었다.[83] 예안향약은 사대부들 사이의 도덕 공동체를 지향하면서, 동시에 그것의 실현을 위한 강력한 규제조치를 강조한 것이라고 할 수 있다.[84]

그러나 이황의 예안향약은 이황 생전에는 실행되지 못하였다. 예안지역의 핵심 문인인 조목과 오천의 광산김씨 일문에서 좌차를 놓고 서치序齒에 반대하면서 이황이 강력히 권고하였음에도 불구하고,[85] 시행은 뒤로 미루어지고 말았다.

실제로 이황의「향립약조鄕立約條」가 예안지역에서 시행되었던 것은 전쟁이 종식되던 해인 1598년이었다. 당시 조목의 처남이자 이황의 문

---

83 정진영, 「안동지역의 임진의병」, 『안동문화연구』 4, 1990, 136쪽.

84 최연식, 「조선시대 사림의 정치참여와 향촌자치의 이념」, 『한국정치외교사논총』 27-1, 2005.

85 『정본퇴계전서』, 書-趙穆-130, (무진년(1568년, 68세) 1월 14일). "示喩序齒之事, 院中則君未諾, 而烏川諸人已諾之, 鄕中則君與諸君, 皆不念聽於鄙說. 滉亦當與諸君辨論時, 有所未聞, 而其後乃知諸君所以然之故. 諸君但執"恥下賤" 三字, 以遂欲上人之心, 亦不可謂全非. 然禮義由賢者出, 諸君皆以一時鄕賢, 當此等處變處, 當深求古義, 細考禮文, 必須洞見其所處之宜, 能不失先王設鄕法鄕禮之意如此其重處, 然後優而爲之. 顧乃逞氣爭勝, 只據一時一邊不便宜處, 求自便而已. 不復問古義如何. 鄕禮如何 專不類賢人君子處事氣象. 是爲可歎耳."

인이었던 금난수琴蘭秀는 이황의 「향립약조」를 향사당鄕射堂에 걸고 향약의 시행을 시도하였다.[86] 금난수가 제시한 이황의 「향립약조」는 예안현의 향약으로 시행되었던 것으로 보인다.[87] 권시중이 『선성지』에 퇴계향약을 수록하고, 금난수의 「금단토호침점장인규禁斷土豪侵占匠人規」를 수록한 것은 금난수의 향약이 실제로 시행되었음을 보여주는 것이다.[88] 이후 금난수의 향약을 계승하여 김기는 「예안향약」을 개정하여 새로이 「하인약조下人約條」를 신설하고, 하층민들도 '동약지인同約之人'으로 '호상규계互相規戒' 하도록 정하였다. 이는 하층민들도 지역사회 공동체의 일원으로 같은 도덕율을 적용하여 길흉에도 상부상조하여야 하며 그러기 위해서는 사족들의 솔선수범이 필요하다고 '이사약민以士約民'을 주장하였다.[89] 이러한 김기의 향약은 주자의 4 조목條目을 기초로 퇴계의 과벌過罰 조와 고유 동계의 길흉조경吉凶弔慶, 환난상구患難相求, 춘추강신春秋講信이 결합된 것이었다.[90] 이는 전쟁 이후 예안현 지역을 소복시키기 위해서 재지 유력자들인 사족들의 주체적인 활동을 요구하였던 것이다.

이러한 현 전체의 향약과는 별도로 촌락 단위의 동약洞約도 같이 시행되고 있었다. 금난수는 자신의 거주지역인 부포동夫浦洞에서 이황의 온계동약을 본받아 동약을 1599년부터 실시하고 있었다.[91] 금난수의

86 琴蘭秀, 『성재집』 권2 「雜著 · 退溪先生鄕立約條後識」. "退溪先生悶鄕風之渝薄 著成約條 送鄕射堂掛壁 而其時鄕人有議論不一者 先生還取而藏之 今於先生文集 傳寫揭于鄕射堂 以遂先生遺意云 萬曆戊戌秋 鄕人琴蘭秀書 約條凡三十一條 載在先生文集中 今不列錄."
87 정진영, 『조선시대 향촌사회사』, 한길사, 1988, 139쪽.
88 『선성지』 학교 도산서원 부록 宗廟錄, 約條 「禁斷土豪侵占匠人規 書送留鄕所」.
89 김용덕, 「金圻鄕約研究」, 향촌사회사연구회 편, 『조선 후기 향약 연구』, 민음사, 1988.
90 정진영 외, 「영남지방의 향약」, 『영남향약자료집성』, 영남대 민족문화연구소, 1986.

아들인 금경이 서술한 바에 따르면 동중의 하인들을 대상으로 '권계약조勸戒約條'를 설정하고, 처벌이 필요한 경우 동중洞中 인물들의 회의會議를 통하여 처벌을 결정한다고 하고 있으므로[92] 실제로 시행되었던 것으로 보인다.

한편 김기金圻의 거주지역인 오천烏川에서도 동약洞約이 시행되고 있었다. 김기金圻의 종제이자 문인門人인 김령金坽, 1577~1641의 『계암일록溪巖日錄』에는 동약의 시행 사례가 분명히 보인다. 1607년 4월 김령의 집 노비들과 누구집인지는 확인되지 않으나 근처에 사는 다른 집의 노비들과 사소한 문제로 말다툼이 있었던 모양이다. 그런데 다른 집의 노비가 집까지 찾아와서 "너희 상전이 양반이냐? 양반이면 이런 짓을 시켰겠는가?" 하고 대놓고 고함을 치며 대드는 장면이 나온다.[93] 김령은 방 안에서 이 말을 듣고 속으로 화를 삭였지만 직접 나가서 처벌을 하지는 않고 있다. 이 일의 발단은 풀베기에서 시작되었는데, 두 집안간의 싸움으로 번져 결국 '동규洞規'에 의해 처벌하는 것으로 결론이 났다. 양반을 욕한 노비는 회초리로 종아리 20대를 맞는 경미한 처벌에 그치고 있다.[94]

이후에도 이 집안의 노비들과 김령가의 노비들 사이에 갈등이 계속 일어나 몇 번에 걸쳐 마을 안에서 동규 모임을 갖고 일상적인 갈등을 처리하였다.[95] 김령의 집안은 당시 예안의 오천에 토착한 강력한 재지사족임에도 불구하고, 다른 지방에서 이주해온 집안과 동등한 입장에

91 『성재일기』, 己亥(1599) 3월 17일. "行洞中鄕約 上下皆會 糾撿風俗."
92 『鄕立約條』 附 洞約(惺齋宗家 소장).
93 『계암일록』, 1607년 4월 24일.
94 『계암일록』, 1607년 4월 29일.
95 『계암일록』, 1607년 6월 22일.

서 동내의 의견을 모아 처리하는 모습公事을 보여주고 있다. 이러한 모습은 임란이 끝난 후 사회가 어수선한 상황에서 향촌에서 일어난 일은 마을에서 자치적으로 해결하였으며, 이 과정에서 일방적으로 어느 한 쪽 편에서 일을 처리한 것이 아니라 동약洞約에 기반하여 공사公事의 형식을 빌어 해결을 도모하였음을 보여주는 예이다.

한편 김기金圻의 재종질인 김광계는 1636년 도약정都約正을 맡고, 조목의 외손자이자 문인인 김확金確은 부약정副約正에 선출되어[96] 향약의 운영을 주도하였는데 당시 김광계는 도산서원의 상유사였고, 김확은 이듬해인 1637년의 상유사였다.[97]

이러한 사례는 예안지역에서의 향약의 시행은 도산서원의 운영과 밀접하게 연관되어 이루어졌고, 군현郡縣 단위의 향약 시행과 아울러 촌락 단위의 동약洞約을 같이 시행하면서 향촌사회를 교화하고자 하였음을 알 수 있다.

6. 맺음말

임진왜란 이후 예안현 지역은 전쟁의 상처를 치유하고, 새로운 질서의 모색을 시도하였다. 이러한 예안지역 사회의 재건을 주도하였던 것은 월천 조목과 그의 문인집단이었다. 조목은 퇴계 이황의 고제高弟로 예안지역을 대표하는 문인이었다. 조목은 15세(1538년)에 처음 퇴계의

96 『계암일록』, 1636년 11월 27일.
97 우인수, 「조선 후기 도산서원 원장의 구성과 그 특징」, 『퇴계학과 한국문화』 53, 2013.

문하에 들어 이황이 서거하는 1570년까지 한결같이 퇴계를 지근거리에서 모시면서 훈도를 받았다. 뿐만 아니라 이황이 주도하는 『주자서절요』 편찬에 편집・교열자로 적극적으로 참여하였으며, 이황과의 『심경부주』 토론에서 적극적인 문제를 제기함으로써 예안지역 퇴계 문인들 사이에서 주목할 만한 학자로 인식되었다. 조목 가문은 부친인 대춘大椿 대에 처가를 따라 정착한, 예안지역에 재지적 기반이 미약했음에도 불구하고 퇴계의 문인인 김부인의 손자 김광찬을 사위로 맞는 등 예안지역의 사족과의 연대를 강화해 나갔다. 퇴계 사후에는 비슷한 연배인 김부필金富弼, 1516~1584・이숙량李叔樑, 1519~1592・금보琴輔, 1521~1585・김부의金富儀, 1525~1582・김부윤金富倫, 1531~1598 등이 잇달아 사망하게 되자 자연스럽게 예안의 퇴계 문인을 대표하는 인물로 부각되었다.

임진왜란이 발발하자 조목 자신은 당시 노령(69세)으로 인하여 직접 의병에 참전하지는 못하였으나, 동문 김부륜과 더불어 병량을 모집하는 등 의병을 적극적으로 지원하였다. 조목의 문인 중 류종개와 김중청은 봉화의병에 참가하여 활동하다 류종개의 경우 전사하였고, 김해는 예안의병의 대장으로 추대되어 활동하다 경주에서 진중에 병사하였다. 김기 또한 종제인 김강・김평 등과 더불어 예안의병에 참가하여 활동하였고, 배용길의 경우 김해와 더불어 안동열읍향병에 참가하여 우부장右副將으로 전투를 치렀다. 김택룡 또한 안동열읍향병에서 예안 정제장의 직임을 맡았으며, 금경도 장서掌書로 종군하였다. 또한 전후 조목은 임진왜란이 종식되자 바로 『퇴계집』 판각에 착수하여 1600년 문집을 출간하였고, 이는 퇴계의 적전으로서의 자리를 굳히는 것이기도 했다. 또한 향촌에서의 활동을 바탕으로 학문적 명성을 굳히게 되었고, 문인들의 임진왜란 당시 의병 활동은 전쟁 종식 후 월천문인들이 예안지역의 향촌 주도권을 장악하는 데 중요한 계기가 되었다.

이들은 전후 도산서원을 중심으로 사족의 결집을 도모하였다. 전후 도산서원의 상유사원장은 월천 문인들이 독점하다시피 하였고, 문인들의 제자 즉 재전제자들은 속속 도산서원의 원생으로 입록하였다. 이들은 이황이 주장한 것과 같이 서원이 담당해야 할 임무를 학문의 창달뿐만 아니라 '향촌의 교화'라는 사림들의 정치적 목적까지 담당해야 한다고 보았기 때문에, 서원은 강학과 더불어 당시 사림들이 꿈꾸었던 향촌 자치공동체의 중심적인 역할을 담당해야 한다고 생각하였다. 그러므로 이들은 도산서원을 중심으로 향촌 공동체의 형성을 지향하였으며, 향약의 시행도 동시에 추진하였다.

예안에서 향약의 시행은 동약洞約의 실시와 같이 추진되었다. 전쟁이 종식되는 해인 1598년 금난수는 이황의 「향립약조」를 향사당鄕射堂에 걸고 향약의 시행을 시도하였다. 그와 동시에 부포와 오천에서는 동약을 시행하였으며, 이는 전후 예안사회의 재건에 있어서 경제적 소복蘇復보다는 예교禮敎에 입각한 교화를 앞세우는 것이었다. 경상도의 다른 지역에서도 향교·서원의 중건 등과 아울러 향약의 시행이 임진왜란 이후 활발하였다는 것은 당시 경상도 지역의 공통적인 과제가 동일한 것이었음을 보여주는 것이다.

예안현에서는 이러한 작업을 주도한 세력들이 바로 조목의 문인집단을 중심으로 이루어졌다는 것은 예안지역 사회에서 이들의 주된 재건의 목표가 이황이 처음 제창하고, 조목이 수용한 예교에 입각한 지역 공동체의 재건이었다는 것을 의미한다고 하겠다.

참고문헌

원전류 및 번역본

權 暐, 『玉峯集』

權是中, 『櫟亭逸稿』

權是中, 『宣城誌』

權益昌, 『湖陽集』

琴蘭秀, 『惺齋日記』

金 圻, 『北厓集』

金 坽, 『溪巖日錄』

金富弼, 『後彫堂先生文集』

金誠一, 『鶴峯集』

金中淸, 김세현 역, 『苟全先生講院日錄』, 2007.

金澤龍, 『操省堂日記』

金 垓, 『近始齋集』

柳成龍, 『西厓集』

李 滉, 『定本 退溪全書』(www.toegye.org)

趙 穆, 『月川先生文集』, 한국국학진흥원, 2004.

『宣城邑誌』

『광해군일기』·『상주사료집』, 상주문화원, 1998.

『月川先生門人錄』(光山金氏 後彫堂 소장)

『克齋先祖行狀』(金炯秀 소장)

『鄕立約條』(奉化琴氏 惺齋宗家 소장, 2冊)

『遊院錄』(陶山書院)

『영남향약자료집성』, 영남대 민족문화연구소, 1988.

연구논저

김형수 외, 『조선서원을 움직인 사람들』, 글항아리, 2013.

이수건, 『영남사림파의 형성』, 영남대 민족문화연구소, 1979.

이수건, 『영남학파의 형성과 전개』, 일조각, 1995.

정만조 외, 『도산서원과 지식의 탄생』, 글항아리, 2012.
정진영, 『조선시대 향촌사회사』, 한길사, 1988.
향촌사회사연구회 편, 『조선 후기 향약 연구』, 민음사, 1988.

김종석, 「심경부주와 퇴계의 심학」, 『한국의 철학』 21, 1993.
______, 「마음의 철학」, 『민족문화논총』 15, 1994.
김형수, 「17세기 초 대구사림의 형성과 분화－손처눌의 『모당일기』를 중심으로」, 『역사교육논집』 36, 2006.
______, 「조선 후기 오미동 풍산김씨 가문의 가학적 전통의 확립과정」, 『안동학』 8, 2009.
______, 「이황 서한을 통해본 명종대 서원의 창설과 운영」, 『퇴계학과 한국문화』 53, 2013.
박현순, 「16～17세기 예안현 사족사회 연구」, 서울대 박사논문, 2006.
서정문, 「『퇴계집』의 초간과 월천 · 서애 시비」, 『북악사론』 3, 1993.
설석규, 「유일재 김언기의 학풍과 학맥」, 『한국의 철학』30, 2001.
신구현, 「퇴계이황의 심경부주 연구와 그의 심학의 특징」, 『민족문화논총』 8, 1987.
우인수, 「조선 후기 도산서원 원장의 구성과 그 특징」, 『퇴계학과 한국문화』 53, 2013.
이상현, 「월천 조목의 도산서원 종향논의－17세기 영남사족 동향의 일단」, 『북악사론』 8, 2001.
이수건, 「광산김씨 예안파의 세계와 그 사회경제적 기반」, 『역사교육논집』 1, 1980.
______, 「고문서를 통해 본 조선조 사회사의 일 연구－경북지방 재지사족을 중심으로」, 『한국사학』 9, 1987.
______, 「퇴계 이황가문의 재산유래와 그 소유형태」, 『역사교육논집』 13 · 14합집, 1990.
정만조, 「월천 조목과 예안지역의 퇴계학맥」, 『한국의 철학』 28, 2000.
정진영, 「안동지역의 임진의병」, 『안동문화연구』 4, 1990.
최연식, 「조선시대 사림의 정치참여와 향촌자치의 이념」, 『한국정치외교사논총』 27－1, 2005.

18세기 포은圃隱가문 계후繼後의 정치사회적 의미

김학수

1. 머리말

주자학朱子學을 지배 이념으로 내세운 조선왕조는 중국의 종법제宗法制에 바탕한 가족제도의 정립을 추구하여 가묘家廟의 건립 및 운영, 주자 『가례家禮』의 보급 등 종법제의 확립을 위해 각종 노력을 경주하였다. 물론 조선 전기에는 고려 이래의 남귀여가혼男歸女嫁婚에 바탕한 균분상속, 제사의 윤회, 양측적 친족질서 등으로 인해 종법의식이나 가계 계승의식이 일반화되지는 않았지만 점차 서자를 가계계승에서 제외시키고 종자宗子가 후사없이 사망했을 경우 동종의 지자支子를 입후하는 법이 마련됨으로써 계후의 원칙이 갖춰지게 되었다.

특히, 17세기 이후 주자학朱子學의 이론적 심화와 더불어 종법제宗法制가 사회 전반에 더욱 확고하게 뿌리를 내리게 되면서 계후는 하나의

보편적 사회 현상으로 자리하는 동시에 거기에 따른 부작용도 적지 않게 수반되었다.[1]

이 글은 영일정씨 정몽주가鄭夢周家의 계후 실상과 그 진통을 잘 보여주는 「건륭원년유월일례조입안乾隆元年六月日禮曺立案」(1736년 : 정하제계후입안鄭夏濟繼後立案)[2]의 분석을 통해 조선 후기 계후의 한 양태를 살펴보고, 그 의미를 짚어보는 데 주안점이 있다. 정몽주는 동방리학東方理學의 종조宗祖라는 도학적道學的 위상에 힘입어 사림들로부터 절대적인 추앙을 받았고, 특히 17세기 의리와 명분론名分論을 강조하던 송시열宋時烈 등 서인 기호학파 인사들에 의해 절의 차원에서도 일대 현양운동이 전개되었다.

이런 흐름 위에서 정몽주의 자손들은 극심한 정쟁 속에서도 당파를 초월하여 예우를 받았고, 적어도 직손에게는 비록 고관은 아니지만 누대에 걸쳐 환로가 보장되었다. 그러나 숙종연간에 접어들면서 상황은 크게 달라지게 되었다. 직계 자손, 즉 종손宗孫의 거듭된 단명 또는 무

---

1 조선시대의 계후에 대해서는 아래의 논저가 참조 된다. 최재석, 「朝鮮時代의 族譜와 同族組織」, 『역사학보』 81, 1979; 최재석, 「朝鮮時代의 養子制와 親族組織」, 『역사학보』 86, 1980; 최재석, 「朝鮮時代의 養子制와 親族組織(下)」, 『역사학보』 87, 1980; 최재석, 「17世紀 親族構造의 變化」, 『정신문화연구』 24, 한국정신문화연구원, 1985; 정긍식, 「朝鮮初期 祭祀承繼法制의 成立에 관한 연구」, 서울대 박사논문, 1996; 정긍식, 「조선 전기 朱子家禮의 수용과 祭祀承繼 관념」, 『역사민속학-장철수선생추모특집호 12』, 역사민속학회, 2001; 이순구, 「朝鮮中期 冢婦權과 立後의 강화」, 『고문서연구』 9·10, 한국고문서학회, 1996; 안승준, 「異姓養子의 繼後와 分財」, 『문헌과 해석』 12, 2000; 정긍식, 「16세기 첩자의 제사 승계권」, 『사회와 역사』 53, 1998; 박미해, 「17세기 養子의 제사상속과 재산상속」, 『한국사회학』 33, 1999; 박경, 「罷繼 행정을 통해 본 18세기의 입후법 운용-장서각 소장 『繼後謄錄』을 중심으로」, 『장서각』 25, 한국학중앙연구원, 2011; 박경, 『조선 전기의 입양과 가족제도』, 혜안, 2011.

2 이 입안의 원본은 현재 서울역사박물관에 소장되어 있으며, 필자는 한국학중앙연구원 藏書閣에 소장된 부본(천연색복사본)을 활용하였다(별첨 : 「乾隆元年六月日禮曺立案」(鄭夏濟繼後立案) 참조).

후無後[3]가 그 직접적인 원인이었다.

이에 가세가 크게 영락하는 가운데 숙종 후반기에 접어들면 가통宗統의 단절이 우려되는 상황이 반복되기에 이르는데, 11세손 정찬광鄭纘光, 1650~1676에서 14세손 정량채鄭亮采, 1734~1811까지 4대 동안 무려 3차례의 입후가 이루어진 점에서도 가계계승상의 어려움을 충분히 짐작할 수 있다.

원칙적으로 출계·입양은 생가와 양가 사이의 합의에 기초하므로 일가一家의 사적私的 영역에 속하고, 그 합의 사항을 법적 절차에 따라 검토한 뒤 인준하는 것이 입안立案이다. 그러나 이 글에서 살펴 볼 포은가의 사례는 계후 대상자의 물색과 선정, 대對 국왕 건의, 입안의 발급에 이르는 계후의 전과정에 송시열宋時烈·민정중閔鼎重·최석정崔錫鼎·오명항吳命恒·이재李縡·김재로金在魯·송인명宋寅明 등 서인西人(노론·소론계) 기호학파畿湖學派의 중진들이 깊이 개입하고 있다는 점에서 여느 계후와는 성격을 달리 한다. 이처럼 포은가의 계후가 가적家的 영역에서 하나의 정치사회적 현안으로 부각된 것은 정몽주의 도학상의 지위에서 비롯된 기형적 현상이기도 하지만 정몽주에 대한 계승의식을 강조함으로써 권력의 기반을 강화하려 했던 서인계, 특히 노론들의 정치적 입장이 강하게 반영된 결과였다. 포은가의 계후 문제를 18세기의 정치사회사적 관점에서 바라봐야 하는 이유도 여기에 있다.

---

3 『영일정씨족보迎日鄭氏族譜』에 따르면, 정몽주의 종통宗統에서는 11세손 정찬광鄭纘光에서 22세손 정의열鄭義烈 대까지 12대 동안 모두 6차례의 계후가 이루어졌다.

2. 포은가 계후의 정치사회적 배경

정몽주의 후광을 바탕으로 사환을 지속하며 문호를 유지해 오던 포은가는 1676년숙종 2 11세손 정찬광鄭纘光, 1650~1676이 27세로 단명하고, 또 그의 어린 두 아들 정호鄭鎬, 1669~1707와 정석鄭錫, 1672~1736이 어머니 안동권씨를 따라 외가에 의탁하게 되면서 포은가는 절사絶祀의 위기 상황을 맞게 되었다.

이에 송시열宋時烈은 '어찌 노선생老先生의 훌륭한 덕으로도 후손들에게 은택이 입혀지지 않는지 통탄스럽다'[4]고 하며 대책의 강구를 촉구하였다. 그러나 당시 집권세력이었던 남인들은 송시열의 이러한 태도를 철저히 견제했다. 종손이 유약하므로 지손에게 벼슬을 내려 종사를 권섭權攝하게 할 것을 주청하면서도 그 대상을 선정함에 있어 가장 근친이었던 정찬휘鄭纘輝(정찬광鄭纘光의 아우)를 의도적으로 배제시킨 것도 견제책의 일환이었다.[5] 왜냐하면 정찬휘는 송시열이 섭종攝宗의 적임자로 염두에 두고 있었던 인물이었고,[6] 더구나 그는 우암문인尤庵門人으로서 송시열과는 매우 밀접하게 연결되어 있었기 때문이었다.

포은가에 대한 송시열의 '보호론'은 1680년숙종 6 경신환국으로 서남

---

4 宋時烈, 『宋子大全』 卷101 「答鄭景由戊午九月二十二日」(1678). "第聞有悼夭之痛 是何老先生盛德 使後來不克蒙其澤耶 痛歎痛歎."

5 『肅宗實錄』 卷8, 肅宗 5年 12月 28日(己丑). "吳始壽以頃日所達鄭夢周支孫纘輝 本是病人 不合供仕 請官其叔星徵 上從之 纘輝本無病 而乃宋時烈門徒 故始壽沮之."

6 송시열과 정찬휘 사이의 학연은 혼맥으로 확대되어 송시열의 증손 宋會源은 정찬휘의 사위가 되었고, 종손 송경석은 정찬휘와 사돈을 맺었으며, 증손 宋漢源은 정호와 사돈을 맺는 등 연혼·중혼관계가 형성되었다. 당시의 양가의 가격을 고려할 때 영일정씨 포은가와 은진송씨 우암가는 혼반이 대등할 수 없었지만 정몽주에 대한 강한 추앙의식이 통혼을 가능케 했던 것으로 보인다.

간에 정권교체가 수반되어 그의 정치적 비중이 증대되면서 보다 구체화되었다. 그 단적인 예로 1681년숙종 7 송시열은 경연에서, 정몽주의 봉사손에 대한 보호책을 적극 주청하여 숙종의 재가를 얻기에 이른다.

> 우리나라는 기자箕子로부터 고려 말에 이르기까지 도학道學을 널리 열어 왔는데, 사문斯文에 공이 있는 사람으로서 정몽주鄭夢周만한 이가 없었으니, 그는 사람들로 하여금 군신·부자의 윤리와 안팎으로 중국과 오랑캐의 뜻을 알 수 있게 하였습니다. 이 때문에 열성께서 모두 존숭하여 보답하는 은전을 더하셨고, 제사를 받드는 자손은 대대로 관위官位와 봉록俸祿을 받아 왔습니다. 그런데 제사를 받들던 자손인 도사 정찬광鄭纘光은 이미 죽고, 그 아들이 향리에 유락하고 있는데, 나이가 13세입니다. 비록 벼슬을 제수할 수는 없다 하더라도 별료別料를 내리셔서 서울로 돌아올 수 있도록 하여 묘우廟宇를 지키도록 하소서.[7]

이보다 앞서 송시열은 정몽주鄭夢周의 시집詩集 서문(1659)과 신도비명神道碑銘(1675)을 찬한 바 있었거니와 경신환국 이후에는 포은후손 보호론에 더하여 포은영당圃隱影堂의 건립,[8] 『포은속집圃隱續集』의 간행을 통해[9] 포은가와의 유대를 강화함은 물론 정찬휘·정찬조를 비롯한 정

---

7 『肅宗實錄』 卷11, 肅宗 7年 正月 14日(戊辰). "時烈又言 吾東方自箕聖以後 至于麗季 闡開道學 有功斯文 無如鄭夢周 使人人得知君臣父子之倫 內夏外夷之義 以是 列聖皆加崇報之典 奉祀子孫世受官祿矣 奉祀孫都事纘光既死 其子流落鄉曲 年才十三 雖不可拜職 宜賜別料 使得還歸京裏 守視廟宇 侍讀官趙持謙亦以爲言 上許之."

8 宋時烈, 『宋子大全』 卷53 「答金起之丁卯二月三日」. "頃年 賤臣陳白榻前 乞造圃隱祠堂影堂."

9 정몽주의 『포은집』 간행에 대해서는 김학수, 「조선 후기 영천지역 사림과 임고서원」, 『포은학연구』 6, 2010, 148~152쪽 참조.

몽주의 자손들을 자신의 정치·학문적 영향권 속으로 흡수할 수 있었다.[10] 특히 『포은속집圃隱續集』은 송시열과 정찬휘의 치밀한 기획과 조율을 통해 이루어진 것이었다.

> 정몽주의 문집은 고 상신相臣 류성룡柳成龍이 전교를 받들어 교정校正하였고, 고 상신 노수신盧守愼이 서문을 썼으며, 속집續集은 고 익찬 정찬휘鄭纘輝가 문정공文正公 송시열宋時烈의 지시를 친히 받들어 편집한 것으로, 문강공文康公 정제두鄭齊斗의 채택을 따르고 문순공文純公 권상하權尙夏에게 대증對證하게 하였으며, 고故 상신相臣 원인손元仁孫이 감독하여 판각하였습니다. 옛 상신相臣 교감하고 선정先正이 대증한 것이어서 훌륭한 내용이 길이 백세에 증빙할 만하니, 이 어찌 후손들이 사사로이 할 수 있는 것이겠습니까.[11]

이후에도 송시열은 정몽주의 불천위不遷位 제사에 대한 자문에 성실히 대응하는가 하면[12] 1687년숙종 13 자신으로 인해 정찬휘가 곤경에 처하게 되자 아래와 같은 심경을 토로키도 했다. 이는 정몽주에 대한 강렬한 존경심의 우회적 표출이었다.

---

10 정찬휘는 원래 윤증尹拯과도 교유가 깊었고, 그의 종제 정찬조鄭纘祖는 윤증의 문인이기도 했다. 그러나 1682년을 전후하여 송시열과 윤증 사이에 회니시비懷尼是非가 본격화되자 이들은 윤증과 절교하게 된다(李宜顯, 『陶谷集』 卷15 「軍資監判官鄭公(纘輝)墓碣銘并序」; 尹鳳九, 『屛溪集』 卷54 「睡隱鄭公(纘祖)墓誌」).

11 『承政院日記』, 高宗 36년 4월 9일.

12 宋時烈, 『宋子大全』 卷101 「答鄭景由癸亥四月二日」(1683). "老先生神主旣爲不遷 則獨不祭妣忌 似甚無謂 從今行之 不亦可乎."

> 내가 차라리 조언造言에 대한 율律을 받을지언정 차마 포은의 제사가 끊기게 할 수는 없다.[13]

이렇듯 송시열이 주도했던 일련의 현양사업은 단순히 존현尊賢의 차원을 넘어 존주론尊周論에 바탕한 대의명분大義名分을 강조함으로써 자신을 비롯한 산당계山黨系의 입지를 강화하고자 했던 송시열의 정치적 의도와 맞물려 진행된 것이었고, 나아가 포은가 가사家事 또는 종사宗事가 조론朝論 차원에서 논의될 수 있는 단초를 마련했다는 점에서도 중요성이 크다. 1736년영조 12 김재로金在魯가 포은가의 계후를 공식 거론하고, 1746년영조 22 이재李縡의 주도하에 봉사손이 재결정될 수 있었던 근거도 여기에 찾을 수 있는 것이다.

3. 숙종~영조대 포은가의 계후양상과 그 진통

1) 1710년 정도제鄭道濟의 입후

정찬광鄭纘光, 1650~1676의 단명으로 인해 가계 계승상의 어려움에 처했던 포은가는 조정의 경제적 지원과 섭종 정성징鄭星徵의 역할에 힘입어 점차 안정을 회복하게 되었고[14], '대년제직待年除職'의 혜택이 주

---

13 宋時烈, 『宋子大全』 卷127 「寄疇錫丁卯七月」(1687). "且景由將不得保 此非細事 椝與李往復書錄去 彼二人同謀 終若歸之於景由 則吾寧受造言之律 決不忍殄圃老之享也."

14 李縡, 『陶菴集』 卷32 「參奉鄭公墓碣」. "圃隱先生宗孫纘光蚤死 其諸孤窮而靡依 公單心竭力 攝其宗事 方謀諸宗人移刱祠廟 會時相吳始壽白上 命有司造給 又以宗孫稚弱 特除公章

어진 정호는 후일 평시서령을 지내며 하급직이나마 사환을 이어갔다.

그러나 1707년숙종 33 정호鄭鎬, 1669~1707가 39세의 나이로 사망하면서 정찬광의 사망시와 매우 흡사한 상황이 재연되었다. 비록 정호에게는 아들 정태제鄭兌濟가 있었으나 유약했던 까닭에 소론 영수 최석정崔錫鼎이 건의하여 숙부 정석鄭錫으로 하여금 종사를 권섭하게 했고, 역시 소론계인 이정신李正臣, 1660~1727의 요청으로 태제에게는 전례에 따라 급료가 지급되었다. 그러나 이것도 잠시뿐 1710년숙종 36 정태제가 미혼 상태로 요절함으로써 이후 포은가는 계후와 파계, 재입후로 이어지는 가계 계승상의 소용돌이 속으로 빠져들게 된다.

포은가의 절손은 정몽주에게는 외후손이 되는 소론 관료 오명항吳命恒, 1673~1728을 통해 국왕에게 보고되었고,[15] 1710년숙종 36 숙종은 특명으로 정석의 장자 정도제鄭道濟, 1691~1718를 정호鄭鎬의 계후자로 삼아 포은의 가통을 잇게 했다.[16] 그러나 도제 역시 입양된 지 8년만인 1718년숙종 44 28세의 나이로 후사없이 사망함으로써 상황은 더욱 악화되어 갔다.

陵參奉 權奉先生祀 公黽勉應命."

15 오명항은 인조조 영의정을 지낸 오윤겸의 현손이다. 오윤겸의 아버지 오희문吳希文이 연안이씨 이정수李廷秀의 사위이고, 이정수의 고조 이석형李石亨이 정몽주의 손자 정보鄭保의 사위였으므로 연안이씨 이석형 가문과 해주오씨 오희문 가문은 정몽주의 외손이 된다. 앞서 정태제鄭兌濟에게 급료를 내릴 것을 요청한 이정신李正臣은 이석형의 후손이다(김학수, 「조선 후기 近畿少論 吳允謙家의 학문·정치적 성향과 문벌의식」, 『조선시대사학보』 63, 조선시대사학회, 2012).

16 『숙종실록』 권48, 숙종 36년 2월 30일(을축).

2) 1736년 정도제鄭道濟의 파계罷繼와 정하제鄭夏濟의 입후

정도제의 사망으로 정석鄭錫은 다시 섭종이 되어 무려 18년간 종사를 섭행하면서도 끝내 도제의 후사를 결정짓지 못한 채 1736년영조 12 사망하였다. 정석이 종가의 계후에 적극적이지 못했던 것은 당시의 가족 상황과 관계가 있어 보인다. 자신의 직계에 한정할 때, 도제를 계후할 수 있는 동종의 지자로는 도제의 본생제本生弟인 정하제鄭夏濟, 1724~1742의 아들이 그 대상이 될 수 있었으나, 1724년생이었던 하제는 1736년 당시 미혼이었다.

결국 정석은 1710년 당시만해도 독자였던 도제를 출계시켰던 것이고, 이로부터 14년만에 무려 53세의 나이로 가까스로 아들 하제를 얻음으로써 가계계승도 순조롭게 진행되는 듯 했다. 그러나 도제의 갑작스런 사망으로 인해 모든 국면은 다시 원점으로 돌아갔고, 설상가상으로 만득자晩得子 하제가 나이가 어려 혼례조차 올리지 못함으로써 별다른 변통의 여지가 없게 되었다. 추정컨대, 정석은 하제의 아들로서 도제를 계후하는 형식의 방안을 모색했던 것으로 생각되지만 이 계획 또한 그의 사망으로 물거품이 되고 말았다.

정석의 사망은 서인계 관료들이 포은가의 가계계승에 보다 적극적으로 개입하는 계기로 작용했다. 정석이 사망한 지 4개월이 경과한 1736년영조 12 6월 좌의정 김재로는 경연에서 대현의 종사宗嗣를 멸절滅絶시킬 수 없다는 명분에서 이 문제를 정식으로 거론하며 나름대로의 방안을 제시하였다.[17]

사율祀律에 비추어 볼 때, 지금 도제道濟의 후사를 세워 제사를 주관하고 노조모를 봉양케 하는 것이 마땅하나 동종에 두루 구해 보아도 소목상昭穆上 (도제를) 계후할만한 사람이 없습니다. 사세로 보건대 다시금 석錫의 아들로 호鎬를 입후하게 해야 하는데 석이 사망한 뒤에 하제夏濟라는 아들 하나가 있는데, 지금 고작 13세라고 합니다. 지금 마땅히 하제를 호의 계자로 삼아야 하지만 석의 무후함도 매우 안타까운 일인 바, 전계지前繼子 도제는 본가에 환귀시켜 석의 뒤를 잇게 하는 것이 정례情禮에 부합할 것 같습니다. 들으니, 좌찬성 정제두鄭齊斗 등 여러 종중 원로들의 논의 또한 모두 그러하다고 합니다.[18]

도제의 후사를 세우는 것이 원칙이지만 소목昭穆상 마땅한 사람이 없고, 또 정석의 후사를 고려하지 않을 수 없는바, 도제를 파계하여 본가에 돌려보내고, 하제를 새로이 정호의 계후자로 세우자는 것이 김재로의 주장의 골자였다. 김재로의 건의는 숭현崇賢·준선遵先의 차원에서 볼 때 불가피한 선택이었고, 또 이러한 조처가 정례에 모두 부합되고, 종중 원로들도 여기에 동의했음을 강조하고는 있지만 재차再度 입후를 용인하고, 무죄파계無罪罷繼를 인정했다는 점에서 이는 분명 변례적變禮的 조처였다.

이에 영조가 문장門長에게 사실관계를 사문查問할 것을 지시하자 이에 좌찬성 정제두鄭齊斗, 1649~1736가 정장呈狀하여 정상을 진술하고 계

17 이보다 앞서 1731년 김재로는 정몽주에게 치제할 것을 특청한 바 있다(『영조실록』 권30, 영조 7년 10월 19일).

18 「乾隆元年六月日禮曺立案」(鄭夏濟繼後立案).

후입안의 발급을 요청하였다. 정제두가 정장한 것은 사문 지시에 따른 것이기도 하지만 양가 부모가 모두 사망했을 경우 문장이 입안의 발급을 대신 청하는 관례에 따른 것이다.[19] 정제두는 정장에서 제갈량諸葛亮의 고사와 1554년명종 9의 수교受敎를 들어 그 타당성을 역설하였지만 적실한 논거로 보기는 어렵다.

> 『통전通典』에 따르면, 한나라 제갈량은 형 제갈근諸葛瑾의 아들 교喬를 취해 아들로 삼았는데, 근이 무후하자 교의 아들 거擧를 돌려보내 근의 제사를 잇게 했고, 아조의 가정嘉靖 갑인년1554; 명종 9 수교受敎에도 '다른 사람의 후사가 된 자라도 본생 부모가 절사絶嗣하게 되면 법에 따라 귀종歸宗하고, 소후가所後家에서 다시 입후하는 것을 허락한다'고 했으니, 지금 도제를 본종에 환귀시키는 것은 이 례例와 딱 들어맞으므로 변례變例 가운데에서도 편의함을 취한 것이라 할 것입니다.[20]

제갈량의 경우는 형의 아들 제갈교諸葛喬를 입양한 뒤에 친자인 제갈첨諸葛瞻을 낳았지만 교를 파계하지 않고 적자로 삼았고,[21] 그 후 제갈근諸葛瑾의 아들 제갈각諸葛恪이 복주되어 절사될 상황에 처하자 제갈교諸葛喬의 아들 제갈거諸葛擧를 돌려보내 제갈근諸葛瑾의 제사를 잇게 하였다. 따라서 이 고사는 주로 계후한 뒤에 친자를 얻어도 파계하지 못하는

---

19 최연숙, 「朝鮮時代 立案에 관한 硏究」, 한국학중앙연구원 박사논문, 2005, 133~134쪽 참조.

20 「乾隆元年六月日禮曺立案」(鄭夏濟繼後立案).

21 유사한 사례로, 호안국胡安國도 형의 아들 호인胡寅을 양자로 들였는데 뒤에 두 아들 호녕胡寧과 호굉胡宏을 낳았어도 인을 후사로 삼았다. 제갈량과 호안국의 사례는 17세기 이후 양자제도의 운용에 적잖게 영향을 미쳤다.

준거의 하나로 활용되었고[22], 또 제갈거를 본종으로 환귀시키는 것과 신사身死한 정도제를 파계하여 돌려보내는 것은 동일한 상황일 수 없다. 그리고 1554년명종 9의 수교는 생존한 상태에서의 '파계귀본종罷繼歸本宗'을 뜻하는 것이지[23] 정도제처럼 이미 사망하여 본종으로 돌아가도 입후해야만 생가의 후사를 이을 수 있을 경우를 말하는 것이 아니다.

이처럼 정도제의 파계와 정하제의 신규 입후에는 이론적인 문제점이 없지 않았지만 정리情理와 사세事勢가 크게 고려되었고, 무엇보다 영조가 이를 허락함으로써 동년 6월 예조판서 조현명趙顯命, 1690~752의 주관하에 정석鄭錫의 제2자 하제夏濟를 정호鄭鎬의 후사로 인정하는 입안이 발급되었다.[24]

3) 1743년 정하제鄭夏濟의 파계와 정도제의 재계종再繼宗

그러나 이로부터 6년 뒤인 1742년영조 18 정하제가 19세의 나이로 후사없이 사망함으로써 정찬광의 직계는 완전히 절사絶嗣되었고, 정호의

---

22 조선시대의 경우 1553년명종 8의 수교에 의해 후사後嗣를 세운 뒤에 친자를 낳았을 경우에는 친자로 봉사케 하고 계후자는 중자衆子로 대우하여 양자로 된 것을 파기시키지 못하게 하였다. 더욱이 17세기 이후 종법제가 강화되면서 한 걸음 더 나아가 친자를 얻은 뒤에도 계후자를 장자로 삼으려는 경향이 일반화되자 인조가 수교를 통해 이를 인정하였는데, 최명길崔鳴吉 집안의 사례가 바로 이 경우에 해당한다(『현종실록』 권6, 현종 3년 9월 17일). 이 점에 대해서는 조선 후기 유학자들의 다양한 논설이 전한다(宋浚吉, 『同春堂別集』 卷2 「上沙溪先生」; 李景奭, 『白軒集』 卷28 「繼後事議」).

23 『續大典』 「禮典」, 奉祀條. "爲人後者 本生父母絶嗣 則罷繼本宗 許其所後家改立後 「若所後父母已死 不得改立後 則從旁親班祔禮 權奉其神主 俾不絶祀」(최연숙, 「朝鮮時代 立案에 관한 硏究」, 한국학중앙연구원 박사논문, 2005, 134쪽, 각주 192에서 재인용).

24 「乾隆元年六月日禮曺立案」(鄭夏濟繼後立案) 참조.

부인 전주이씨가 포은영당을 수호하는 안타까운 상황이 벌어졌다. 이에 이듬해인 1743년 좌의정 송인명宋寅明, 1689~1746이 건의하여 입후는 종인이 장성한 뒤에 결정하기로 하고, 우선 정호鄭鎬의 종제 정집鄭鏶을 섭종으로 삼아 봉사케 하는 변통책이 마련되었다.[25]

이때부터 포은가에서는 정몽주의 봉사손 택정擇定 문제를 두고 의견이 분분해졌고, 심지어 이를 기화로 1736년 계후의 문제점을 전면적으로 바로잡아야 한다는 견해가 대두되었다. 그 기폭제가 된 것은 정도제鄭道濟의 차녀 영일정씨[26]의 상언上言이었다.

1743년 5월 정씨가 상언하여 정도제·하제 둘 다 계자로서 후사없이 사망했으므로 최초의 주사자主祀者, 즉 정도제의 후사를 세워 승중承重토록 할 것을 강력히 요청하는 한편 1736년 당시 도제를 파계하고, 하제를 입후한 것을 '경솔한 억단'으로 간주하여 맹비난하였다.[27]

이에 영조가 대신에게 품처할 것을 지시하자 김재로金在魯(영의정), 송인명宋寅明(좌의정), 이의현李宜顯(봉조하), 김흥경金興慶(판중추), 서명균徐命均(영중추), 유척기兪拓基(판중추), 조현명趙顯命(우의정) 등 대신들이 각기 헌의獻議하게 된다.[28]

정씨의 상언으로 가장 난감한 상황에 처하게 된 것은 1736년 정하

---

25 『영조실록』 권57, 영조 19년 2월 5일(기축).

26 도제道濟의 차녀 영일정씨는 유학 임시오任時五의 처로 혈통상 송시열의 외손이었다. 어머니 은진송씨가 송시열의 현손 송한원宋漢源의 딸이었으므로 외계로 한원漢源 → 은석殷錫 → 기태基泰 → 시열時烈로 연결된다. 영일정씨가 상언上言을 통해 전후의 계후 관계를 바로잡을 것을 주장할 수 있었던 것도 외가의 정치적 위상과 무관치 않아 보인다.

27 『別繼後謄錄』(奎 12903) 「乾隆癸丑五月二十七日」. "向前幼學任時五妻上言 (…중략…) 以立最初主祀者之後者 禮意當然 (…중략…) 道濟女鄭氏上言中 追咎往事 至謂之率爾臆斷."

28 서명균徐命均, 유척기兪拓基, 조현명趙顯命은 마침 재외在外하여 헌의하지 못했고, 이의현李宜顯과 금흥경金興慶은 예禮에 밝지 못하다 하여 특별한 의견을 내지 않았다.

제의 계후를 주청했던 김재로金在魯였다. 우선 그는 당시로서는 부득이한 조처였음을 피력하면서도 입장을 바꾸어 도제를 종자로 환존시켜 입후하는 방안을 제시하였다. 그러나 이 또한 변례이므로 조정의 특명이 전제되어야 하고, 예에 밝은 유신儒臣에게 자문할 것을 아울러 건의하였다.[29]

반면 송인명은 비록 정도제가 사망한 뒤에 파계한 것은 온당치 않지만 하제 역시 죽은 뒤에 파계하게 되면 동일한 실수를 반복하는 것이므로 또 다시 종사宗祀를 문란하게 할 수는 없는바, 하제를 종자로 인정하여 입후하자는 견해를 제시함으로써[30] 논의가 팽팽해졌다.

이런 상황에서 조야의 주목을 받은 인물은 이재李縡, 1680~1746였다. 용인 출신의 이재는 당시 노론의 대표적인 학자·관료로서 스승 김창협金昌協을 이어 낙론洛論을 영도하게 됨으로써 18세기 기호학계에서는 절대적인 위상을 점하고 있었다.[31]

또한 그는 예학禮學에 정통하여 『사례편람四禮便覽』을 남겼을 뿐만 아니라 군신간의 의리론義理論을 강조하는 정치적 입장을 견지함으로써 18세기 중반 노론의 영수로 추앙되었는데, 의리론의 강조는 숙종 초반 송시열의 정치론과 맥락을 같이하는 것이기도 했다.

그리고 송시열이 '포은신도비명圃隱神道碑銘', 『포은시집圃隱詩集』의 서문序文을 찬하며 정몽주를 크게 현창시키는 한편 그 자손들의 보호

29 『別繼後謄錄』「乾隆癸丑五月二十七日」. "毋寧還存道濟之繼宗 而爲道濟立後 以重宗法 稍爲經常之道 (…중략…) 此則爲非常之變禮 自朝家特命之外 非在下者 (…중략…) 博詢知禮儒臣而審處之云."

30 『別繼後謄錄』「乾隆癸丑五月二十七日」. "道濟之身後罷繼 固非禮意 而到今夏濟之身後罷繼 亦其合於禮意 旣曰身後罷繼爲非禮 則一之不可其可再乎."

31 조준호, 「조선 숙종~영조대 근기지역 老論學脈 연구」, 국민대 박사논문, 2003, 126~153쪽.

에도 적극성을 보였던 것과 마찬가지로 이재는 '포은묘지圃隱墓誌'를 비롯하여 손자 정보의 묘표, 정준鄭儁·정성징鄭星徵·정덕징鄭德徵의 묘갈 및 '흥현서원강당중수기興賢書院講堂重修記', '충렬서원강규忠烈書院講規' 등 포은과 그 자손들의 현양 및 묘도문자를 거의 전담하여 찬술하는[32] 등 포은가의 사정에도 매우 밝은 인물이었다.

정하제 사망 이후 계후문제가 집안은 물론 조정의 현안으로 대두되었을 때 이재에게 자문이 들어오는 것은 어쩌면 당연한 수순이었는지도 모른다.[33] 먼저 이재는 정도제와 정하제가 다 죽었고 후사가 없는 것도 같으므로 宗子를 세우려면 이번 기회를 이용하여 그 잘못을 바로잡아야 하는바, 정도제의 후사를 세워 조상의 제사를 주관하게 해야 한다는 입장을 분명히 하였는데, 당시 그의 인식은 '포은선생입종의圃隱先生立宗議'[34]를 통해 살펴 볼 수 있다.

우선 그는 정도제鄭道濟를 파계하고 정하제鄭夏濟를 입후시킨 1736년 영조 12의 조처를 유례謬例로 규정하고, 예禮의 대경大經을 지키기 위해서도 유례는 변정辨正되어야 한다고 보았다. 더욱이 당시의 사대부가에서 이를 따라하는 풍조가 발생하자 이른바 폐풍弊風의 정화 차원에서도 변정의 필요성이 촉구되었던 것이다.

논란의 핵심은 정도제鄭道濟와 정하제鄭夏濟의 정통성 여부였다. 일각에서는 1736년의 결정 사항을 수용하여 하제의 후사를 세워 종통을

---

32 이 외 포은 자손 관련 묘도문자로는 정규징鄭奎徵·찬헌纘憲·찬명纘明의 묘갈, 정주한鄭周翰·구징龜徵의 묘표, 정집의 묘지가 있다(李縡, 『陶菴集』 권31~권44 참조).

33 조정에서 이재李縡에게 이 문제를 공식 자문했다는 기록은 없으나 김재로가 예禮에 밝은 유신儒臣의 견해를 수렴할 것을 건의한 점을 고려할 때, 어떤 형태로든 이재에게 문의가 있었음은 쉽게 짐작할 수 있다.

34 李縡, 『陶菴集』 卷25 「圃隱先生立宗議」.

이어나갈 것을 주장했고, 조정 신료들은 대체로 이를 지지하는 분위기였다.[35] 그러나 이재는, 도제는 10년간 종사宗祀를 주관하고도 무죄파계無罪罷繼되었고, 하제를 '본의 아니게 지자로서 탈종奪宗한 인물'로 규정하며 도제의 정통성을 주장하였다. 그리고 '이미 사망한 도제가 본종으로 환귀還歸해도 봉사의 실질이 없다'고 하며 생가에 후사가 끊겼을 경우 파계한다는 규정을 우회적으로 비판하기도 했다.

또한 일각에서는 하제夏濟가 정석鄭錫을 위해 기년복을 입었고, 승중조모承重祖母(정호의 부인 안동권씨)의 복服을 입었음에 비해 도제는 10년을 주사主祀하면서도 이런 행력이 없으므로 하제를 종자로 보아야 한다는 견해를 제시하자 이재는, '본질적으로 하제는 입후하지 말아야 할 자를 입후한 경우이고不當立而立者, 도제는 폐하지 말아야 할 자를 폐한 경우不當廢而廢者'라는 논리로서 이를 일축하였다.

이처럼 이재는 도제의 정통성을 주장하면서도 하제의 처리에 대해서는 매우 독특한 견해를 제시하였다. 단순 논리로 볼 때, 도제의 정통성을 인정하면 하제는 파계되어 본가로 돌아가는 것이 마땅하지만 이재는 하제를 정호의 차자次子로 삼고, 본생부인 정석은 동종의 지자支子로 계후하는 것이 예법禮法과 정리情理 모두에 부합한다는 입론을 펼쳤다.[36]

즉, 이재는 정도제鄭道濟와 정하제鄭夏濟 모두 정호鄭澔의 아들로 보아야 하고, 특별한 허물이 없는 한 파계가 불가하다는 입장을 견지했던 것이다. 이럴 경우 두 아들을 두고서도 절사를 면치 못하는 정석의 처

---

35 李縡, 『陶菴集』 卷25 「圃隱先生立宗議」. "而朝議未必其如此 爲夏濟立後則易 爲道濟立後則難 奈何."

36 李縡, 『陶菴集』 卷25 「圃隱先生立宗議」. "宜仍以夏濟爲鎬之次子 錫則更求宗族中可繼者爲後 如此則揆以禮法與情理 似可兩得而無憾矣."

지가 우려되었으나 종법제의 확산과 더불어 이미 사회 전반에 보편화되어 있었던 '독자위인후獨子爲人後'의 관행을 거론하며 효자자손孝子慈孫의 입장에서 이를 수긍해야 한다고 주장했다.[37]

이에 반해 호론계湖論系의 윤봉구尹鳳九는[38] 당초 정도제가 사망했을 때 그의 부인 은진송씨가 생존해 있었음에도 불구하고 도제를 파계한 것은 잘못이지만 이미 하제를 입후했고, 또 하제의 아내가 소후모所後母, 즉 전주이씨(정호鄭澔의 계배繼配)에 대해 복상하고 있는바, 도제를 다시 입종시키는 것은 역리逆理라고 하며 반대하였다.[39] 그의 주장은, '이미 죽은 사람은 다른 사람의 계후자가 될 수 없다'는 논리에 바탕하는 것이고, 또 대현(정몽주)의 봉사가 비록 중하지만 정석으로 하여금 두 아들을 두고서도 무자의 처지로 전락시킨다는 것은 또 다른 인륜의 대변大變으로 치부하며 반대 입장을 분명히 하였다.[40]

집안과 조정朝廷 그리고 유신儒臣들의 견해까지 수렴한 영조는 정씨가 상언한 지 4개월만인 동년 9월 25일, 이전대로 정도제鄭道濟를 정호鄭澔의 아들로 삼아 그 후사를 세우게 하고, 왕자의 도는 계절繼絶을 우

---

37 李縡, 『陶菴集』 卷25 「圃隱先生立宗議」. "世之只有一子 而出後於大宗者亦多 以所重有在故也 今錫之二子雖盡歸大宗 此於孝子慈孫之心 焉有寃悶之理." 반면 이익李瀷은 독자가 출후出後할 경우 발생하는 각종 부작용을 들어 이를 비판한 바 있다(李瀷, 『星湖全集』 卷42 「獨子爲人後說」).

38 이재가 당시 노론 낙론洛論을 영도하는 학자였다면 윤봉구는 호론湖論의 영수였다. 호락의 분별은 인물성동이논쟁人物性同異論爭에서 기인하는 것이지만 예학에 대한 인식과 적용에 있어서도 양측은 차이를 보이고 있음이 이 사례를 통해서도 확인할 수 있다.

39 尹鳳九, 『屛溪集』 卷19 「答李原明 哲儒」(癸亥). "大賢奉祀雖重 父子大倫 亦不可不審也 鄭道濟之妻尙在 則其初徑罷道 濟之爲後者 大失禮律 然旣又取夏濟爲後 其妻方服所後姑之喪 則更立夏濟之後 以奉先祀 十分穩順 豈可更取已罷之道濟而立其後耶." 이 편지는 정호鄭澔의 셋째 사위 이철유李哲儒에게 보낸 답서이다.

40 尹鳳九, 『屛溪集』 卷19 「答李原明 哲儒」(癸亥). "況聞鄭尼城只有二子 而以此二子皆爲其兄之子 則是無子者反有二子 有二子者還無一子 此亦人倫之大變 豈有是理哉."

선시한다는 취지에서 하제를 본생가本生家로 돌려보내 정석의 계통을 잇게 할 것을 명함으로써 논란을 마무리짓게 된다.[41]

이제 누구를 정도제의 계후자로 세울 것인지가 새로운 관심사로 대두되었다. 그러나 이 문제 또한 용이한 것은 아니어서 집안의 의견이 갈려 3년 동안 합의를 보지 못하다가 1746년영조 22 7월 5일 영의정 김재로의 건의로 정도제의 15촌 조카인 정량채鄭亮采, 1734~1811가 계후자로 정해지게 된다.[42]

그러면 먼 촌수의 정양채가 계후자로 택정된 배경은 무엇일까? 이에 관한 정황을 알려주는 자료는 없지만 당시 포은가의 계파별 성쇠, 이재李縡와 정양채 가계와의 관계 속에서 추찰해 볼 필요가 있다.

포은가문은 15세기에 정보鄭保의 피화로 결정적인 타격을 입었고, 그 후 충신의 자손이라는 점이 고려되어 17세기까지 사환은 지속되었으나 문벌가문으로 성장하지는 못했다. 그러다 18세기 이후 포은가는 무려 40명의 무과급제자를 배출하며 무반가문으로 거듭나게 되는데, 정양채의 생가쪽 선대인 정종선鄭從善→정간鄭侃의 가계가 이러한 흐름을 주도하였다.[43]

특히, 정양채의 고조 정덕징鄭德徵은 비록 무장이었지만 이재로부터 '유장儒將의 풍도를 지낸 인물'[44]로 평가되었고, 증조 정찬술鄭纘述은 영

41 尹鳳九, 『屛溪集』 卷19 「答李原明 哲儒」(癸亥). "往者 更以夏濟立後者 非不知其序之到次也 盖爲大賢重立後之意 今則夏濟道濟俱無 雖曰顚倒 大賢承重体重 舍長繼次 於義反輕 以道濟仍前立後於鄭鎬 王者之道 繼絶爲先 以夏濟歸其生 其令立後 問于鎬家 特立道濟之後 以繼大賢之後."

42 『영조실록』 권64, 영조 22년 7월 5일(기해).

43 정만조, 「朝鮮時代 龍仁地域 士族의 動向」, 『韓國學論叢』 19, 국민대 한국학연구소, 1996, 98쪽.

44 李縡, 『陶菴集』 卷37 「節度使鄭公墓碣」(鄭德徵). "度使鄭公德徵 歸老于龍仁之楓溪 余自

조 때 어영대장御營大將과 수어사守禦使를 지낸 이름난 무장으로 이재와도 교유가 깊었다. 따라서 정덕징 → 찬술 가계는 당대 굴지의 무반 명가로서 문호가 크게 신장되어 있었고, 여기에 이재를 비롯한 중앙의 노론 정권과의 유대를 바탕으로 18세기 중반 포은가문을 대표할만한 가계로 부상할 수 있었던 것이다. 김재로가 영조에게 입후를 주청하면서 정량채鄭良采를 두고 '정찬술鄭纘述의 증손曾孫'으로 표현한 것에서도 당시의 입후에 정찬술의 정치사회적 배경이 작용하였음을 유추할 수 있다.[45]

이런 진통을 수반하고서도 포은의 종통은 좀처럼 안정을 찾지 못했다. 정양채의 손자 정인기鄭麟基, 1790~1809가 무후하여 정택현鄭宅鉉을 입후한 것을 시작으로 고종연간에는 택현의 아들 정선영鄭善永 역시 무후하여 정덕영鄭德永의 아들 정식鄭植을 입양하였으나 정식이 출가하여 중이 되자[46] 1867년고종 4 정규화鄭奎和를 다시 입양하는 곡절이 따랐기 때문이다.[47]

流寓以來 相去不遠 雖文武殊途 而以公圃隱家賢孫 且有儒將風"(정만조, 앞의 글에서 재인용).

45 정만조, 「朝鮮時代 龍仁地域 士族의 動向」, 『韓國學論叢』 19, 국민대 한국학연구소, 1996, 99쪽.

46 『高宗實錄』 卷4, 高宗 4년 5월 26일(戊寅). "大護軍鄭文升等聯名疏略 臣等先祖文忠公夢周之祀孫 以同宗德永之子植 啓請立后 至蒙齋郎之恩除 而今忽出家爲僧 不得已罷歸本宗 更欲立后 而事係倫常 不敢擅便 伏願聖明 特允臣等之請 令臣祖主祀 無替云云 批曰 事係常情之外 謂之狂易可矣 所請依施."

47 『繼後謄錄』(藏書閣圖書 K2-3628). "龍仁故學生鄭善永無後 其妻黃氏亦以其家翁同姓二十寸弟松禾幼學鄭基永第二子奎和立後事 門長行大護軍鄭文升同議呈單據 向前鄭奎和乙鄭善永繼後 如何 同治六年十月初二日 判付上同."

4. 맺음말

이상에서 살펴 본 내용을 요약하면 아래와 같다.

첫째, 영일정씨 포은가문은 정몽주 이후 문벌가문으로 성장·발전하지는 못했으나 충신·대현의 자손이라는 점이 고려되어 사환활동이 지속되었고, 17세기 중반 송시열 등이 정몽주 의리를 강조하고, 현창하는 과정에서 서인(노론)계와 밀착되어 갔다.

둘째, 18세기 초중반 3차에 걸친 계후 과정에서 노론계 관료들이 깊이 개입한 것도 가문의 정치적 향배와 밀접한 관련이 있었고, 이 과정에서 입후상의 변례가 속출하였다.

셋째, 입후상의 변례는 왕명의 권위를 빌어 무마와 번복을 거듭함으로써 조선시대가 추구했던 입후제도의 원칙에서 크게 벗어나게 되었다.

넷째, 계후자의 선정은 일가의 사적私的 영역임에도 불구하고 포은가의 입후과정은 정치적으로 해석할 필요가 있을 만큼 국왕과 당로자의 의도가 크게 반영되어 있었다.

다섯째, 일반적으로 계후 문제는 법제·사회사적 영역에서 다뤄져 왔으나 일부의 경우는 정치사적 시각이 보태져야만 그 배경과 의미를 도출할 수 있음도 밝혀지게 되었다.

참고문헌

원전류 및 번역본

『朝鮮王朝實錄』

『高宗實錄』

『承政院日記』

『迎日鄭氏族譜』

李景奭, 『白軒集』

宋時烈, 『宋子大全』

宋浚吉, 『同春堂集』

李宜顯, 『陶谷集』

尹鳳九, 『屛溪集』

李 縡, 『陶菴集』

「乾隆元年六月日禮曹立案」(鄭夏濟繼後立案 : 別添)

『別繼後謄錄』(奎 12903)

『繼後謄錄』(藏書閣圖書 K2-3628)

연구논저

박 경, 『조선 전기의 입양과 가족제도』, 혜안, 2011.

김학수, 「조선 후기 영천지역 사림과 임고서원」, 『포은학연구』 6, 2010.

______, 「조선 후기 近畿少論 吳允謙家의 학문·정치적 성향과 문벌의식」, 『조선시대사학보』 63, 조선시대사학회, 2012.

박 경, 「罷繼 행정을 통해 본 18세기의 입후법 운용—장서각 소장 『繼後謄錄』을 중심으로」, 『장서각』 25, 한국학중앙연구원, 2011.

박미해, 「17세기 養子의 제사상속과 재산상속」, 『한국사회학』 33, 1999.

안승준, 「異姓養子의 繼後와 分財」, 『문헌과해석』 12, 문헌과 해석, 2000.

이순구, 「朝鮮中期 冢婦權과 立後의 강화」, 『고문서연구』 9·10, 1996.

이영춘, 「尤菴 宋時烈의 政治思想 硏究」, 한국학중앙연구원 석사논문, 1984.

정긍식, 「朝鮮初期 祭祀承繼法制의 成立에 관한 연구」, 서울대박사논문, 1996.

______, 「16세기 첩자의 제사 승계권」, 『사회와 역사』 53, 1998.
______, 「조선 전기 朱子家禮의 수용과 祭祀承繼 관념」, 『역사민속학』 12-장철수 선생추모특집호, 역사민속학회, 2001.
정만조, 「朝鮮時代 龍仁地域 士族의 動向」, 『韓國學論叢』 19, 국민대 한국학연구소, 1996.
조준호, 「朝鮮 肅宗~英祖代 近畿地域 老論學脈 硏究」, 국민대 박사논문, 2003.
최연숙, 「朝鮮時代 立案에 관한 硏究」, 한국학중앙연구원 박사논문, 2005.
최재석, 「朝鮮時代의 族譜와 同族組織」, 『역사학보』 81, 1979.
______, 「朝鮮時代의 養子制와 親族組織」, 『역사학보』 86, 1980.
______, 「朝鮮時代의 養子制와 親族組織(下)」, 『역사학보』 87, 1980.
______, 「17世紀 親族構造의 變化」, 『정신문화연구』 24, 1985.

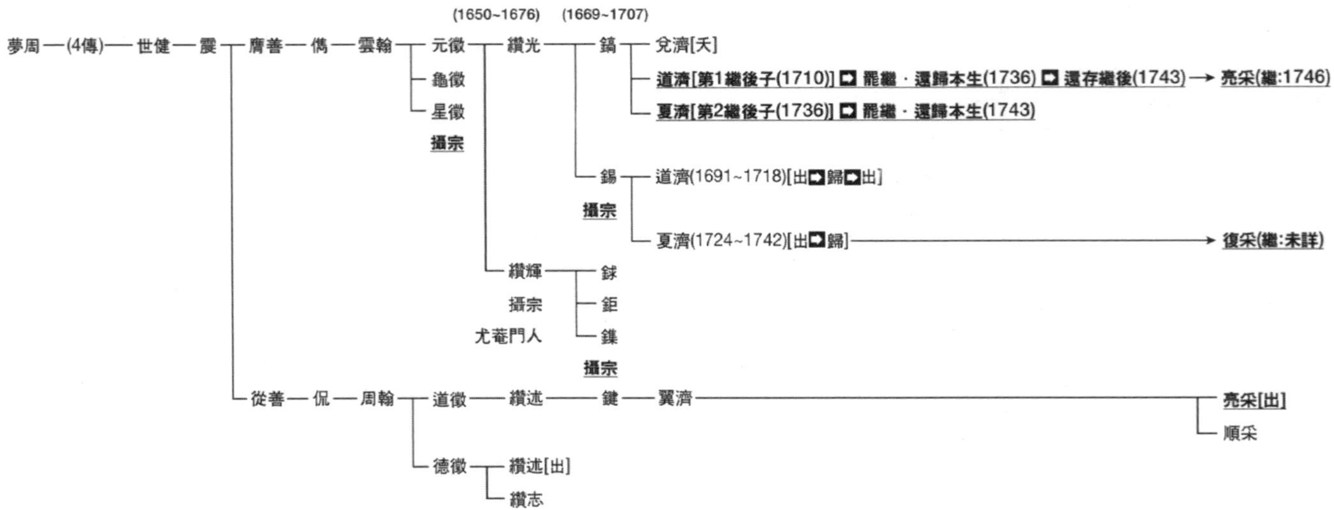

〈별첨〉 영일정씨 포은가문 가계도(略)

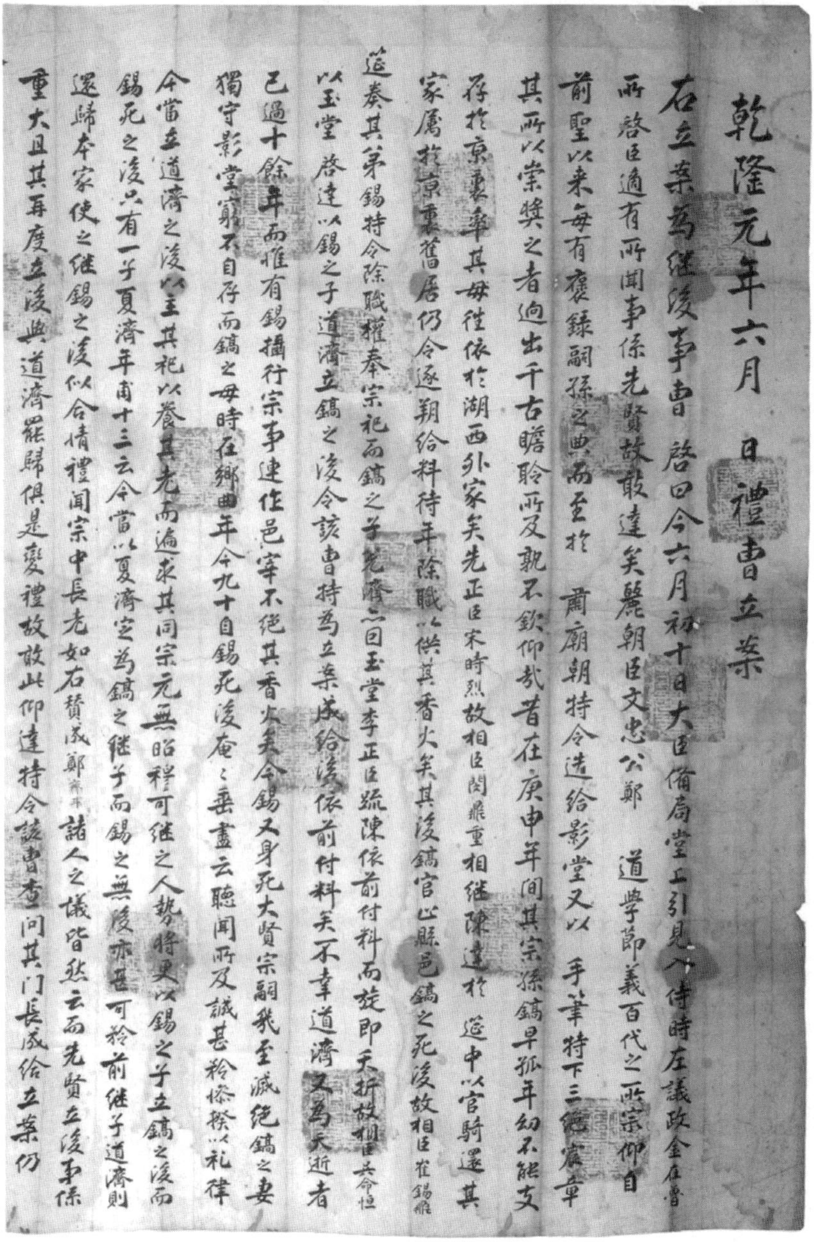

乾隆元年六月 日禮曹立案
右立案爲繼後事曹啓曰今六月初十日大臣備局堂上引見入侍時左議政金在魯
所啓臣適有所聞事係先賢故敢達矣麗朝臣文忠公鄭 道學節義百代之一所宗仰自
前聖以來每有褒錄嗣孫之典而至於 肅廟朝特令造給影堂又以 手筆特下三絶宸章
其所以崇奬之者迥出千古瞻聆所及孰不欽仰哉昔在庚申年間其宗孫鎬早孤年幼不能支
存於京裏奉其母往依於湖西外家矣先正臣宋時烈故相臣閔鼎重相繼陳達於 筵中以官騎還其
家屬於京裏舊居仍令逐朔給料待年除職以供其香火矣其後鎬官止縣邑鎬之死後故相臣崔錫鼎
筵奏其弟錫特令除職權奉宗祀而鎬之子光濟亦因玉堂李正臣疏陳依前付料而旋即夭折故相臣吳命恒
以玉堂啓達以錫之子道濟立鎬之後令該曹特爲立案成給後依前付料矣不幸道濟又爲夭逝者
已過十餘年而惟有錫攝行宗事連任邑宰不絶其香火矣今錫又身死大賢宗嗣幾至滅絶鎬之妻
獨守影堂窮不自存而鎬之母時在鄕曲年今九十自錫死後奄奄無盡云聽聞所及誠甚矜惻以禮律
今當立道濟之後以主其祀以養其老而遍求其同宗元無昭穆可繼之人勢將更以錫之子立鎬之後而
錫死之後只有一子夏濟年甫十三云今當以夏濟定爲鎬之繼子而錫之無後亦甚可矜前繼子道濟則
還歸本家使之繼錫之後似合情禮聞宗中長老如右贊成鄭齊斗諸人之議皆然云而先賢立後事係
重大且其再度立後與道濟罷歸俱是變禮故敢此仰達特令該曹查問其門長成給立案仍

〈별첨〉「乾隆元年(1736)六月日禮曺立案」(鄭夏濟繼後立案) 전반부

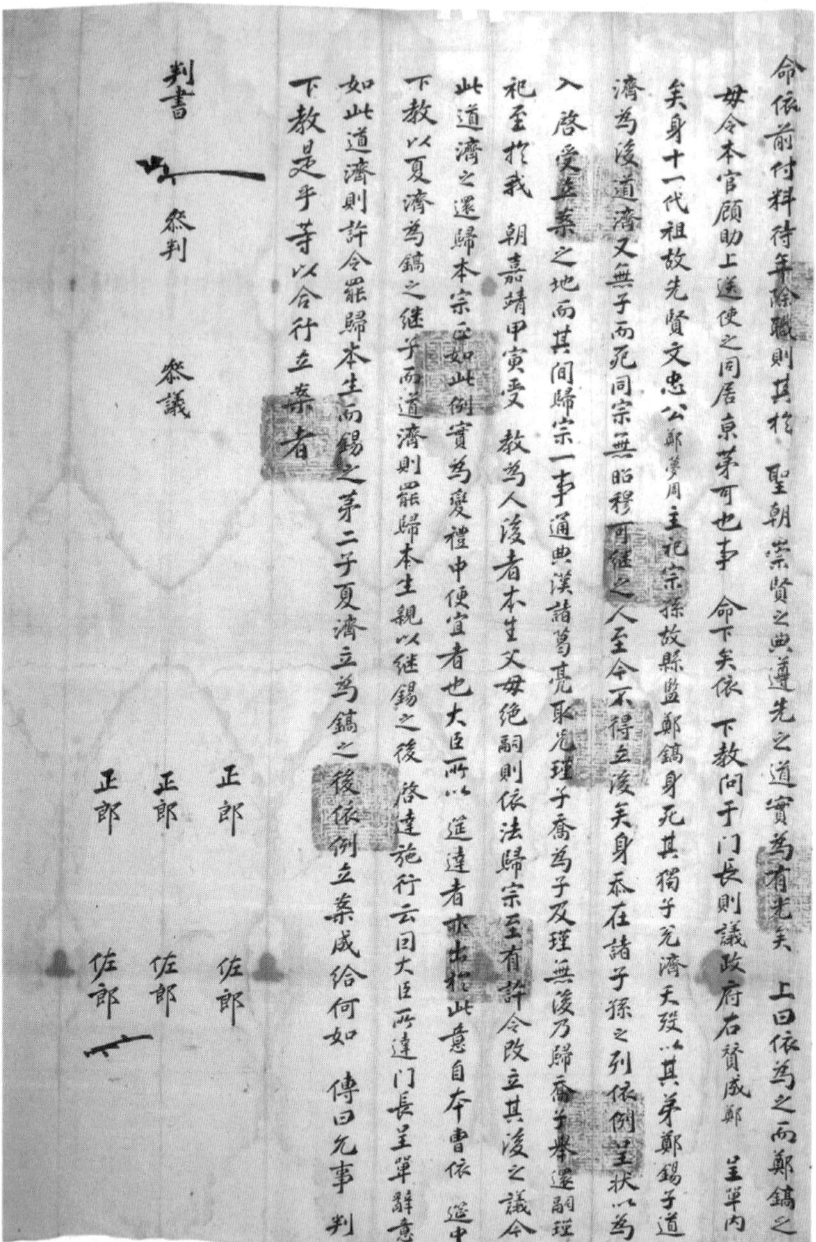

命依前付料待年除職則其於 聖朝崇賢之典遵先之道實為有光矣 上曰依為之而鄭鎬之
毋令本官顧助上送使之同居京第可也事 命下矣依 下教向于門長則議政府右贊成鄭 呈單內
矣身十一代祖故先賢文忠公鄭夢周主祀宗孫故縣監鄭鎬身死其獨子允濟夭歿以其弟鄭錫子道
濟為後道濟又無子而死同宗無昭穆可繼之人至今不得立後矣身忝在諸子孫之列依例呈狀以為
入啓受立案之地而其間歸宗一事通典漢諸葛亮取兄瑾子喬為子及瑾無後乃歸喬子攀還嗣瑾
祀至於我 朝嘉靖甲寅受 教為人後者本生父母絶嗣則依法歸宗至有許令改立其後之議今
此道濟之還歸本宗亦如此例實為變禮中便宜者也大臣所以 筵達者亦出於此意自本曹依 筵中
下教以夏濟為鎬之繼子而道濟則罷歸本生親以継錫之後 啓達施行云因大臣所達門長呈單辭意
如此道濟則許令罷歸本生而錫之第二子夏濟立為鎬之後依例立案成給何如 傳曰允事 判
下教是乎等以合行立案者

判書 參判 參議

正郎 佐郎
正郎 佐郎
正郎 佐郎

〈별첨〉「乾隆元年(1736)六月日禮曺立案」(鄭夏濟繼後立案) 후반부

18세기 노론의 사복師服 예설*

호남사족 양응수楊應秀를 중심으로

김윤정

1. 머리말

18세기 중반 서인-노론 중심으로 정계가 재편되면서, 노론 내부에서 진행되어 온 심성론의 차이는 지역성을 띠는 호락논쟁湖洛論爭으로 확대·재생산되었다. 그중 인물성동론人物性同論을 주장하는 낙론은 서울을 중심으로 정치·경제·문화적 특권을 향유하는 경화사족으로 성장하였다. 이들은 관직과 경제적 부를 독점하였을 뿐만 아니라 새로운 학문과 문물의 도입을 주도하였다. 서울과 지방과의 사회적 격차는 심화되었고, 경향京鄕 분기는 가속화되었다.[1]

---

* 이 글은 「18세기 사복師服의 성격과 실제-양응수의 「축장일기」를 중심으로」(초출일람 참조)에서 호남 노론사족의 의례실천이 갖는 문화적 성격을 중심으로 보충한 글이다.

1 유봉학, 「京·鄕 학계의 분기와 京華士族」, 『조선 후기 학계와 지식인』, 신구문화사, 1998, 114~115쪽.

경향분기의 상황에서 정치 · 경제 · 문화적 열세에 처해있던 지방사족의 일부는 인물성동론이라는 학문적 선택을 통해 노론-낙론에 접근하였다. 호락논쟁이 전국으로 확대되면서, 영남과 호남, 강원도, 평안도 등 여러 지방의 선비들이 논쟁에 참여하였다. 특히 노론-낙론계는 중앙의 정치적 권력을 기반으로 전국에 걸쳐 문인집단을 형성하였고, 지방의 선비들은 중앙 학계와의 연결에 적극적이었다. 사회문화적인 측면에서 볼 때, 영남사족은 정치 권력에서는 배제되었지만 경제적 기반과 문화적 권위를 통해 사회적 위상을 확보하려는 입장이었다.[2] 물론 영남사족 내부에서도 분화가 진행되었지만, 대체로 남인의 사상적 정체성을 중시하는 경향이 강했다. 반면 정치적 권력과 경제적 기반이 모두 미미한 지방사족의 경우에는 현실적 필요에서 중앙학계와의 연결이 더욱 강조되었고, 호남사족들의 경우가 대표적이라고 할 수 있다.[3]

호남사족인 백수白水 양응수楊應秀, 1700~1767 역시 노론-낙론계 산림인 도암陶菴 이재李縡, 1680~1746의 문인이 되었다. 당시 이재는 용인의 한천정사寒泉精舍에서 제자들을 양성하여 '천문泉門'을 이루고 있었다.[4] 양응수는 이재의 제자가 되어 동문인 경화사족들과 적극적으로 교류하였고, 천문을 대표하는 인물로 인식되기도 하였다.[5] 또한 이재

2 박종천, 「성호학파의 친족의식과 의례생활-광주안씨 종계를 중심으로」, 『한국실학연구』 26, 한국실학학회, 2013, 47쪽.

3 조성산, 「18세기 영 · 호남 유학의 학맥과 학풍」, 『국학연구』 9, 한국국학진흥원, 2006, 202쪽; 박현순, 「지방 지식인 황윤석과 경화사족의 교유」, 『한국사연구』 163, 한국사연구회, 2013, 332쪽.

4 최성환, 「朝鮮後期 李縡의 學問과 寒泉精舍의 門人教育」, 『역사교육』 77, 역사교육연구회, 2001, 94~95쪽.

5 洪直弼, 『梅山集』 卷52 「雜錄」. "有言南塘門人, 無如泉門之朴聖源楊應秀者."

頤齋 황윤석黃胤錫, 1729~1791 등과 정읍의 고암서원에서 강학하며 호남 낙론의 기틀을 다지는 데 중요한 역할을 했다.[6]

양응수는 남원양씨로서, 그의 집안은 고려 말 집현전 직제학을 지낸 양수생楊首生의 처 이씨가 유복자를 데리고 순창에 정착하면서 세거하였다. 그의 5대조 양사형楊士衡은 병조정랑을 지냈으나, 이후 아버지 처기處基에 이르는 4대는 모두 관직에 나아가지 못했다.[7] 양응수는 인근의 화산華山 권집權璅과 처사 이거인李居仁에게 학문을 배웠고, 24세에는 형의 권유로 과거시험을 보기도 했다. 이후 다시는 응시하지 않고 성리학에만 전념하였으며, 1737년 4월, 38세의 나이에 비로소 이재의 제자가 되었다.[8]

양응수는 1746년 이재가 사망할 때까지 총 10번 스승을 찾아뵈었고, 2~3달 머물면서 강학에 참여하기도 하였다.[9] 스승 앞에서 동문들과 「대학강설」, 「논어강설」 등을 교정하면서 학문에 힘을 기울였다. 1740년 이재이 회갑 헌수례獻壽禮에 빈賓으로 참석했고, 1745년에는 이재로부터 '백수정와白水精窩'라는 재호齋號를 하사받아 백수를 호로 사용하

---

6 최근 18세기 경향京鄕 분기의 흐름 속에서 낙론의 전국적인 확산과 함께 호남 학자들의 학문적 성취가 주목받고 있다. 그러나 황윤석黃胤錫에 대한 연구가 중심이 되면서 양응수에 대해서는 간단히 언급하는 정도에 그치고 있다(이천승, 「이재 황윤석의 洛學 계승과 호남에 대한 자의식」, 『동양철학연구』 63, 동양철학연구회, 2010; 이재연구소 편, 『이재 황윤석의 학문과 사상』, 경인문화사, 2009; 김선아, 「18세기 실학자 黃胤錫家의 학맥과 湖南 洛論」, 『지방사와 지방문화』 15, 역사문화학회, 2012). 양응수를 중심으로 다룬 연구로는 그의 독서론에 관한 것이 유일하다(김오봉, 「白水 楊應秀의 독서론에 관한 연구」, 전남대 석사논문, 1995; 박수밀, 「18세기 양응수의 독서법에 나타난 독서 양상과 그 의미」, 『국제어문』 42, 국제어문학회, 2008).

7 楊應秀, 『白水集』 卷18 「附錄 · 行狀【大齋兪彦鏶撰】」. 【 】는 세주를 의미한다. 이하 동일.

8 이하 양응수의 생애는 『白水集』 「白水先生年譜」를 정리한 것이다.

9 1737년 4월~9월, 1738년 2월, 1739년 8월, 1740년 3월, 1743년 10월, 1744년 2월, 1744년 10월~12월, 1745년 3월~5월, 1746년 3월, 1746년 6월의 10회이다.

게 되었다. 또한 자신 집안의 산송문제를 이재에게 자문하는 등 현실적인 도움을 기대할 수도 있었다. 양응수는 스승을 아버지처럼 여겨 항상 스스로를 '소자小子'로 칭하였고, 경화사족인 여러 동문들과 돈독한 학적 · 인적 유대를 형성해갔다. 양응수는 스승으로부터 '호남중제일'로 인정받았으나,[10] '호남'이라는 한계에서 자유롭지 못했다.

양응수는 스승인 이재가 사망하자 묘소 아래서 1년간 거상居喪하며 「축장일기築場日記」를 썼다.[11] '축장'은 『맹자』 「등문공상」에서 공자가 돌아가신 후 자공이 묘 마당에 집을 짓고서築室於場 홀로 3년을 거처한 것[12]에 근거하여, 스승의 무덤가에서 거상하는 것을 의미한다. 양응수는 이 기간 동안 호남을 벗어나 근기近畿에 머물면서, 경화사족들과 학문적 · 문화적 특권을 공유할 수 있는 기회를 누렸다. 「축장일기」는 스승을 위한 사복師服 기간의 일기로서, 노론의 사복논의와 절차뿐만 아니라 호남사족 양응수의 일상과 현실인식을 담고 있다는 점에서 매우 의미있는 자료라 할 수 있다.

본 연구는 먼저, 「축장일기」를 중심으로 18세기 사복논의의 쟁점과 성격을 구체적으로 살펴보고자 한다. 조선 후기 도통道統이 중시되고 학파가 형성되면서, 학맥이 중요한 사회적 연결망으로 부각되었다. 스승과 제자의 관계가 더욱 강조되었고, 의리상 스승은 아버지와 동일한 위상을 얻었다. 따라서 스승이 사망하면, 상복을 통해 은혜와 의리

10 楊應秀, 『白水集』 卷30 「附錄 · 序(朴聖源)」. "又承先生嘗評品及門之徒, 以季達爲湖南中第一."

11 「축장일기」는 『白水集』 卷17(韓國文集叢刊, 續77)에 실려 있다. 「축장일기」의 내용은 날짜를 기록한 경우에는 주를 달지 않았다.

12 『孟子』 「滕文公上」. "孔子沒, 三年之外, 門人治任將歸, 入揖於子貢, 相嚮而哭, 皆失聲. 然後歸, 子貢反築室於場, 獨居三年然後歸."

를 표현하는 것은 유교적 의례실천이 강조되는 조선사회에서 필수적인 절차였다. 그러나 스승을 위한 사복師服은 혈연 중심의 오복제도에는 포함되지 않기 때문에, 그만큼 논쟁적인 성격을 띠게 되었다. 또한 스승의 상복이라는 점에서 전체 문인들의 검토를 거쳐 학파의 정설을 도출해내야 하는 어려운 과정이었던 만큼 사복에 관한 다양한 논의가 이루어졌다.[13]

또한 일기류 자료를 통해 상장례 절차와 여묘살이에 대한 구체적인 연구들이 진행되면서, 스승의 상례 기록도 미시적 연구의 대상이 되었다.[14] 그러나 그 기록이 스승의 죽음과 졸곡卒哭 절차까지로 제한되면서 사복의 실상과 심상心喪의 실천에 대한 연구는 이루어지지 못했다. 반면 「축장일기」는 1년간 진행된 심상의 구체적인 일상과 스승 사후 문인들의 역할과 활동을 자세히 보여주고 있다. 또한 이재의 『사례편람』을 시작으로 그 문하에서 18세기의 대표적인 예서들이 등장하는 만큼[15] 사복에 관한 천문 예설의 특징을 살펴보는 것도 중요한 의미를 갖는다.

---

13 정길연, 「艮齋 田愚의 師服說의 淵源과 意義」, 『인문학논총』 30, 국립7개대학공동논문집간행위원회, 2012.

14 김경숙, 「16세기 사대부가의 喪祭禮와 廬墓生活」, 『국사관논총』 97, 국사편찬위원회, 2001; 정승모, 「省齋 辛應純의 '內喪記'를 통해 본 17세기 초 상장례 풍속」, 『藏書閣』 10, 한국학중앙연구원, 2003; 김미영, 「조선 후기 상례의 미시적 연구」, 『실천민속학연구』 12, 실천민속학회, 2008; 오용원, 「考終日記와 죽음을 맞는 한 선비의 일상」, 『대동한문학회지』 30, 대동한문학회, 2009; 이현진, 「碩齋 尹行恁의 禮學과 喪禮 인식」, 『한국사상사학』 34, 한국사상사학회, 2010.

15 겸재謙齋 박성원朴聖源, 1697~1767의 『예의유집禮疑類輯』, 대재大齋 유언집兪彦鏶, 1714~1783의 『오복명의五服名義』, 정전井田 강규康逵, 1714~1798의 『예의차기禮疑箚記』는 「축장일기」에 등장하는 천문학자들의 예서이고, 그 외 낙론계 인물의 예서로서는 본암本庵 김종후金鍾厚, 1721~1780의 『가례집고家禮集考』, 근재近齋 박윤원朴胤源, 1734~1799의 『근재예설近齋禮說』 등을 들 수 있다.

다음으로, 호남사족 양응수에게 사복이 갖는 의미를 그의 일상을 중심으로 살펴볼 수 있다. 양응수는 스승의 묘소아래 머물면서 마음으로 슬픔을 다하는 심상心喪을 철저히 실천하고 적극적으로 스승의 상례에 참여하였다. 그는 유교적 의례실천의 모범이 되어 스스로 예교를 통한 문화적 정체성을 확립할 수 있었다. 이 과정을 통해 이재 집안과의 유대, 경화사족들과의 교류가 강화되었다. 또한 스승의 유고정리와 학문계승에 노력을 다하여 학문적 성취를 인정받았고, 천문의 학자로서 명성을 얻을 수 있었다. 사승師承을 확인하고 발전시키는 것은 문인들의 의무이자 권리였지만, 특히 양응수는 지방사족으로서의 한계라는 현실적인 문제와 관련해 학맥을 더욱 중요시한 측면이 있다. 따라서 양응수의 산송문제와 호남인식 측면에 주목하여, 「축장일기」라는 기록이 갖는 의미와 성격을 파악할 필요가 있다.

2. 이재李縡의 상례와 사복논의

1) 상례절차와 「축장일기」

1746년 10월 28일, 지병을 앓던 이재는 용인 한천에서 고양 화전의 옛 집으로 가던 중 험천險川 가에 이르러 가마를 탄 채 사망하였다. 근처 광주 낙생의 촌사村舍로 급히 옮겨 속광屬纊과 복復을 하는 등 『사례편람』에 따라 상례를 진행하였다. 11월 1일 아침에 습襲과 소렴小斂을 하였는데, 각각 심의深衣와 공복公服을 사용했다. 2일 오후에는 야복野

服을 사용하여 대렴大斂한 후 입관하였다. 3일 새벽에 성복成服하고 조곡朝哭하였는데, 이때 서울과 근방의 문인 백여 명이 가마加麻[16]를 하고 모였다. 이 날 사시巳時에 이재의 관을 한천으로 반구返柩하였다.[17]

「축장일기」는 약 2개월 뒤인 12월 20일에 양응수가 분곡奔哭하면서 시작되는데, 이때부터 장례를 위한 절차들이 진행되었다. 20일 양응수를 비롯한 32명의 문인들이 가마를 하고 한천의 상가에 모여서 곡을 하였다. 이때 호상護喪과 축祝, 집례執禮를 정하였는데, 호상은 안구安衢, 축은 이관李灌과 한경양韓敬養, 집례는 유언집으로 모두 양응수와 친분이 있는 자들이었다. 양응수는 이복룡李伏龍, 강규와 함께 이재의 노복인 계금의 집에 머물렀다.

발인 5일 전인 22일에는 묘소를 조성하기 위해 풀을 베고 흙을 파낸 후 금정틀을 놓았다. 23일 구덩이를 파기 시작하여 24일에 마쳤는데, 그 깊이가 6척 2촌이었다. 25일에는 회격灰隔을 만드는 작업이 진행되었는데, 바닥에 회를 3촌 깔고 외관外棺을 설치한 후 사방에 회를 쌓았다. 또한 이 날 여러 선비들을 주관하는 주빈主賓을 정하였는데, 박성원과 양응수로 결정되었다.[18] 다음날인 26일에는 주빈이 2명인 의리

16 스승의 상에 조복弔服을 입고 마麻로 만든 질絰과 대帶를 착용하기 때문에 가마加麻라고 이른다. 가마의 구체적인 형식은 다음 절에서 자세히 다루었다.

17 任聖周, 『鹿門集』 卷20 「雜著 · 險川禮說」. 「험천예설」은 이재가 정침正寢에서 사망하지 못함으로써 제기된 성복成服의 시기와 절차에 관한 논란을 다루고 있다. 녹문鹿門 임성주任聖周, 1711~1788와 문암文菴 이의철李宜哲, 1703~1778은 일단 한천으로 반구返柩한 후 성복하자고 주장하였으나, 박성원과 유언집의 주장에 따라 성복이 먼저 이루어졌다.

18 주빈은 『家禮』 卷4 「喪禮 · 初終」의 "빈객과 예를 행하는 것은 상주와 동거하는 가까운 사람 가운데 어른인 자가 주관한다"에 근거하는데, 구준邱濬은 『가례의절』에서 주빈으로 "집우執友를 세워도 괜찮다"고 설명하였다. 천문에서는 이에 따라 문인들 중에서 주빈을 선택한 것으로 보인다. 반면, 운평雲坪 송능상과 경호鏡湖 이의조李宜朝는 궤전饋奠과 배빈拜賓은 모두 주인의 일로서, 따로 주빈을 두는 것은 잘못이라고 비판했다(李宜朝, 『家禮增

가 없다는 의논이 일어나면서 박성원과 양응수가 서로 사양하였고, 결국 다른 인물 중에서 논의되었다. 또한 내일의 발인을 위해 빈소를 여는 계빈啓殯을 하고, 망자가 집을 떠나기 전 사당에서 조상을 뵙는 조조례朝祖禮를 행하였다.

27일 새벽卯時에 발인을 행했다. 호상이 여러 집사들을 이끌고 오른쪽에서 곡하면서 가고, 주빈이 여러 선비를 이끌고 왼쪽에서 곡하면서 갔다. 묘소에 이르러서는 호상이 광壙 앞 표목標木의 왼쪽에 서고 그 뒤에 여러 집사들이 위차位次에 따라 겹줄로 차례대로 섰다. 주빈이 표목의 오른쪽에 서고, 그 뒤에 가마한 제자들이 나이에 따라 겹줄로 섰으며, 외빈은 그 뒤에 섰다. 도집사 홍계희洪啓禧가 광 남쪽의 오른쪽에 서고, 복이 없는 친척들이 광 남쪽의 왼쪽으로 유복친의 뒤에 차례대로 섰다. 양응수는 그 위의威儀가 정연하여 볼만하였다고 감탄하였다. 가마를 한 문인들이 총 230여 명, 그 외 무복친과 외빈을 합쳐서 100여 명에 이르는 사람들이 모두 통곡하며 눈물 흘리는 가운데 절차가 진행되었다. 신시申時에 하관하고 송문흠宋文欽이 신주를 썼다. 저녁 무렵에 신주를 집으로 모셔가는 반혼返魂을 행한 후, 초우제初虞祭를 거행하였는데 송덕상宋德相이 종헌을 담당하였다. 양응수는 발인, 하관, 제주 등과 관련된 자세한 절차를 언급하지는 않았으나 많은 사람들의 애도 속에 이재의 장례가 치러졌음을 알 수 있다.

28일에는 재우제再虞祭를 행했는데, 박성원이 종헌을 담당하였다.

解』 卷5 「喪禮一・初終」. "立喪主 (…중략…) 其與賓客爲禮, 則同居之親且尊者, 主之. 【『儀節』補, 立主賓. (…중략…) 又無親戚, 則用執友亦可. 專主與賓客爲禮. ○雲坪曰, (…중략…) 甚至於『丘儀』用執友主賓客, 其悖禮極矣. (…중략…) 愚按, 古禮則饋奠與拜賓, 同是主人事, 雖衆子, 亦不敢. (…중략…) 『儀節』則主人自在而又必爲此, 絶非禮意矣.】").

이 날 가마를 제거하고 돌아간 자가 절반에 이르렀다. 29일에는 삼우제三虞祭를 행했는데, 홍겸해洪謙海가 종헌을 담당하였다, 이 날에도 많은 문인들이 가마를 제거하고 돌아가서 남은 자는 5~60인에 불과했다. 1747년 1월 2일에 마침내 졸곡제를 거행했는데, 남아있던 10여 인의 문인들이 모두 가마를 제거하였다. 양응수는 가마한지 3개월이 되지 않았기 때문에 2월 1일에야 가마를 제거하였다. 그는 졸곡 후에도 집으로 돌아가지 않고 거상하면서 「축장일기」를 기록하였다. 따로 여묘廬墓를 마련하지는 않고, 계금의 집에 머물면서 매일 두 차례 묘소에 올라 조석곡朝夕哭을 행했다.

장례 이후에도 많은 인사들의 조문이 이어졌다. 그중에는 동문으로서 이재에게 가르침을 받은 사람들도 있었지만, 이재의 명성을 듣고 조문하고자 하는 이들도 많았다. 2월 15일에 광주光州 사람 최종원崔宗源이 찾아와 궤연에 곡하고자 하였는데, 그는 살아생전 이재를 만난 적이 없었으므로 곡의 여부가 논란이 되었다. 『예기』「곡례」에 의하면 "산 사람을 아는 자는 조문하고, 죽은 사람을 아는 자는 슬퍼한다"고 하였고, 사계沙溪 김장생金長生, 1548~1631 역시 "죽은 사람이나 산 사람에 대해 모두 알지 못하는 사람은 상사喪事를 위해서 온 것이 아니며 반드시 곡할 필요는 없다"고 말했던 만큼, 최종원은 슬퍼하며 곡할 수 없는 상황이었다.[19] 이에 대해 양응수는 이재같은 대현유종大賢儒宗으로 평생 존경하던 인물의 상인 경우 면식 여부는 중요하지 않다고 보았다. 또한 이재가 이유李維의 상에 면식이 없는 문인들의 입곡入哭을

---

19 『禮記』「曲禮上」. "知生者弔, 知死者傷"; 金長生, 『沙溪全書』 卷39 「疑禮問解・喪禮・弔」. "於死於生, 皆所不知之人, 非爲喪事, 亦不爲弔慰而來, 則不必哭也."

허락했음을 근거로 최종원의 입곡이 가능하다고 주장했다.

9월 28일에는 이재의 생신다례生辰茶禮가 행해졌다. 일반적으로 고인의 생일에 제사를 올리는 생신제는 '예가 아닌 예非禮之禮'로 간주되었다. 그러나 거상 중인 3년 안에는 사당이 아닌 궤연几筵에서 행해지므로, 제사가 아니라고 인식되었다.[20] 우암尤庵 송시열宋時烈, 1607~1689도 3년 내 생신날을 만나면 "평소를 본떠 음식을 조금 갖추어 행한다"는 입장이었다.[21] 이재의 『사례편람』에도 "3년 내에는 '살아 있는 듯이 여기는 뜻'이 있으므로 아침 상식 후에 따로 몇 가지 음식을 차려 조석전朝夕奠처럼 행"하는 것을 인정했다.[22] 양응수는 "생신다례는 예경에는 없는 것이지만, 3년 안에는 세속에서 일반적으로 행한다"고 설명하였다.

만 1년이 되는 10월 28일 연제練祭를 치렀는데, 27일부터 연제를 위해 수백 명의 사람들이 모였다. 양응수는 사복기간을 기년으로 정했으므로 연제 이후 순창의 집으로 돌아갈 준비를 시작했다. 11월 22일 마지막으로 이재의 묘소에 제문祭文과 곡사哭辭를 올리고 궤연에 곡배哭拜하고서 출발하였다. 친우의 집과 곳곳의 서원을 들러 30일 자신의 집에 도착하였고, 1747년 12월 1일을 끝으로 「축장일기」는 마무리 되었다.

---

20 金長生, 『沙溪全書』 卷42 「疑禮問解拾遺 · 喪禮」. "朝夕哭奠上食. 問, 先考生日, 適在季秋, 欲於三年後, 因其日行禰祭, 而第未知三年內設享, 亦難免非禮之譏否? 【宋浚吉】 几筵異於祠堂, 如朔奠禮設之如何. 此非祭禮, 恐無不可."

21 宋時烈, 『宋子大全』 卷107 「書 · 答吳順之」. "(문) 三年內遇亡人生辰, 不忍虛過. 上食後別設數器饌行之, 未知何如. (답) 恐當如此, 鄙家喪中, 象平日饌品稍備而行之耳."

22 李縡, 『四禮便覽』 卷4 「喪禮 · 成服」. "又按馮氏生忌之祭, 實非禮之禮, 先儒已斥之, 三年之內, 則有象生之義, 於朝上食後, 別設數品饌, 而儀如朝夕奠, 恐亦不妨否."

2) 사복논의의 성격

스승을 위한 사복은 심상心喪으로서, 오복五服에 포함되지 않는다. 상복은 혈연과 종통의 관계에 따라 결정되는 것이므로 스승에게 정해진 것은 없지만, 스승에 대한 은혜와 의리를 표현하기 위한 심상이 요구되었다. 심상은 "몸에 최마衰麻의 상복은 없으나 마음에 애척哀戚하는 정이 있는 것이니, 이른바 아버지의 상喪처럼 하되 복服은 없는 것"으로 설명되었다.[23] 이렇게 사복은 정해진 상복이 없다는 점에서 더 많은 논쟁을 불러일으켰다.

사복에 관한 논점의 하나는 사복의 기간을 심상3년으로 하는가, 차등을 두는가의 문제였다.[24] 『예기』와 『맹자』에서는 심상3년을 원칙으로 하는 반면, 이천伊川 정이程頤, 1033~1107와 율곡栗谷 이이李珥, 1536~1584 등은 차등설을 주장했던 만큼 논란의 여지가 있었다. 그러나 이재가 생전에 차등설을 인정했기 때문에 문인들 사이에서 기간에 대한 논쟁은 일어나지 않았다.

---

23 『禮記』「檀弓」. "事師, 無犯無隱, 左右就養, 無方, 服勤至死, 心喪三年. (…중략…) 心喪, 身無衰麻之服, 而心有哀戚之情, 所謂若喪父而無服, 是也."

24 정길연, 「艮齋 田愚의 師服說의 淵源과 意義」, 『인문학논총』 30, 국립7개대학공동논문집간행위원회, 2012, 184~187쪽. 정길연은 간재艮齋 전우田愚가 사승에 따라 심상삼년설을 주장했다고 보았는데, 그의 사승인 노론-낙론의 이재, 박윤원, 매산梅山 홍직필洪直弼, 1776~1852은 심상삼년이 아닌 차등설을 주장하고 있다. 또한 숙재肅齋 조병덕趙秉悳, 1800~1870과 전재全齋 임헌회任憲晦, 1811~1876도 실제로 사복에 심상기년을 했다는 점을 간과할 수 없다. 19세기 심상삼년설이 강조되는 것은 사승의 문제라기보다는 조선의 사회문화적 변화, 즉 관직에서 유리된 양반들의 적극적인 예실천과 문화적인 정체성 확인을 위한 예교의 강화라는 측면에서 살펴볼 필요가 있다.

> 스승의 복을 한결같이 3년으로 기준을 삼는다면, 진실로 아버지·스승·임금을 똑같이 섬긴다는 뜻에 합당하다. 그러나 선유先儒들은 등급을 낮추는 논의를 참작하였으니 대개 그 행할 수 있는 바를 헤아려서 행하려는 것이었다. 비록 정해진 복은 없지만 이것은 마땅히 미리 정해두어야 하니 (스승의 상을 당하여) 가마한 날에 임시로 처리한다면 도리를 이루지 못할 것이다. 관직을 그만둠은 옛날부터 듣지 못했다. 3년을 펴는 자라야 할 수 있는데, 3년을 하는 자가 전혀 없어서 그런 것일까?"[25]

이재는 사복에 대해 "행할 수 있는 바를 헤아려 행한다"는 데 중점을 두었고, 미리 심상 기간을 정해둘 필요가 있다고 생각했다. 또한 심상3년의 주장이 있지만, 실제로 스승을 위해 심상3년을 하는 경우는 거의 없다고 보았다. 이재의 문인들은 스승의 예설에 따라 자신의 심상 기간을 직접 결정했다. 양응수와 이행상李行祥은 기년, 강규는 3년간 심상하기로 하는 등 차등이 있었고[26] 이재를 위해 심상3년을 한 자는 5, 6인에 불과했다.[27] 적어도 18세기 중반까지는 사복에 심상3년을 하는 것은 드문 경우였음을 알 수 있다.

이재 문인들은 사복의 기간 보다는 조복가마弔服加麻에 대해 주로 논의하였다. 사복에는 정해진 상복이 없으므로, 문인들은 조복에 가마를 갖추고 상례에 참여하였다. 그런데 조복가마의 형식과 유지 기간

---

25 朴聖源, 『禮疑類輯』 卷14 「喪禮·師友喪諸節·師喪」. "陶庵曰, 師服, 一以三年爲準, 固合於事一之義. 然先儒參酌降殺之論, 盖亦似度其可行之者, 而行之者也. 雖無制服, 此當預定, 於加麻之日, 臨時裁處, 恐不成道理. 解官, 自古無聞, 豈以伸三年者, 方可爲, 而三年絶無而然耶?【答朴聖源】"

26 「축장일기」, 10월 21일. "且吾與公履, 爲師服朞, 小祥後, 皆將告歸. 獨仲鴻欲行三年築室之禮."

27 朴聖源, 『陶庵先生家狀』. "加麻者, 幷二百六十餘人, 其中盡三年制者, 五六人."

에 대해서는 시대와 학자에 따라 차이가 있었으므로 논란이 지속되었다.[28] 조선에서는 송시열이 사복의 조복가마는 "한 가닥 환질環絰에 백포건白布巾을 쓰고 아울러 백포삼白布衫을 입"는 것으로, "대帶는 포布로 하거나 면綿으로 하더라도 모두 무방하다"고 설명하였다.[29] 또한 조복가마를 사복기간 내내 유지하는가 아니면 장례 후에 제거하는가도 논란이 되었다. 송시열은 두 가지 견해가 있다는 점을 인정하면서도 심상을 하는 동안에는 조복가마를 유지해야 한다고 주장하였다.[30]

그러나 이재를 위한 조복가마는 송시열의 예설과는 다른 형태로 이루어졌다. 이재 생전에 정론이 없었기 때문에 문인들은 그 형식을 의논하여 정할 수밖에 없었다. 그들은 우암설이 있음에도 불구하고 고례와 율곡설을 참작하여 조복가마의 형식을 정했다. 이에 백건白巾을 쓰고 백포심의白布深衣를 입는데, 여기에 시마복의 질과 대緦絰帶를 하거나 환질環絰과 백대白帶를 하도록 하였다. 백포심의는 주자의 제자인 황간黃幹과 왕백王柏의 설에 따른 것이고, 시질대는 『상복도식喪服圖式』에 근거하였다. 이러한 백포심의와 시질대의 사용은 남계南溪 박세채朴世采, 1631~1695의 예설과 같다는 점에서 특징적이다.[31] 또한 3개월

---

28 정길연, 「艮齋 田愚의 師服說의 淵源과 意義」, 『인문학논총』 30, 국립7개대학공동논문집간행위원회, 2012, 179~181쪽.

29 宋時烈, 『宋子大全』 卷80 「書 · 答尹汝良」. "所詢師服, 以單股環絰及白布巾並白布衫, 謂之弔服加麻. (…중략…) 帶則或布或綿, 皆無所妨."

30 宋時烈, 『宋子大全』 卷103 「書 · 答尹爾和」. "爲師心喪, 或三年或期年或五月三月者, 自是一說, 此則以弔服加麻而行之者也. 三月而後除之, 而復伸期九月五月者, 又是一說也"; 『宋子大全』 卷118 「書 · 答朴萬善」. "弔服加麻, 此所謂無服之服也, 所謂心喪也. 除此而復心喪云者, 尋常未曉其說也."

31 朴世采, 『南溪集』 卷56 「雜著 · 爲師弔服加麻議」. "素弁環絰. 【補服】 緦絰帶疑衰素裳. 【喪服圖式】 制如深衣用冠絰. 【黃勉齋】 服深衣加帶絰冠加絲武. 【王魯齋】 (…중략…) 爲師弔服加麻今詳定. 冠絲武○或白巾. 緦絰帶. 白布深衣. 三月○或旣葬除之."

에 장례를 마치면 조복가마를 벗고, 소복에 흑립과 흑대를 하고 심상을 펴는 것으로 정했다. 그러나 일부는 이러한 논의에 따르지 않고 우암설에 따라 심상 내내 조복가마를 유지하면서 논란이 지속되었다.[32]

실제 「축장일기」에서 이재의 문인들은 3개월만에 장례를 치르고, 졸곡제를 기점으로 대부분 가마를 제거하였다. 양응수는 이것이 고례를 따른 것이라고 생각하였다. 그러나 신대운申大雲은 심상기간동안 계속 가마를 유지하고자 하였고 "이것이 수암 문인들이 예를 행한 바"라고 주장하였다.[33] 천문에서는 우암설을 따른 수암遂庵 권상하權尙夏, 1641~1721의 문인들과 다른 방식으로 사복을 시행하고자 하였음을 알 수 있다. 이것은 호론과는 다르다는 점에서 낙론의 사복설이라 할 수 있다. 그러나 내부에서부터 송시열의 사복설과 다르다는 문제제기가 계속되면서, 추후 수정되는 과정을 거쳤다.[34]

사복의 심상은 몸에 상복을 입지는 않지만 아버지의 상처럼 하는 것이기 때문에, 음식과 거처 등에 규제가 따랐다. 특히 양응수는 심상 중에 과거에 응시하는 것을 비판적으로 인식하였다. 2월 6일에 이재의 아들인 이제원李濟遠, 1709~1752과 대화를 나누면서 동문 중 과거의 회시會

---

32 楊應秀, 『白水集』 卷9 「雜著 · 四禮便覽辨疑」. "大抵師服, 先師在時, 未有定論. 故吾門人之服師喪也, 參酌以古禮及栗谷說, 葬前白巾緦絰帶或環絰白帶, 白布深衣, 旣葬則除之, 以素服黑笠黑帶, 伸心喪者, 吾輩之所主論, 而同門率皆從之. 其主尤庵說, 而以單股環絰, 白巾素衣帶, 終心喪月數者, 申大雲羅心甫等數人而已."

33 「축장일기」, 2월 1일. "是朝吾與李伯心, 依古禮除服, 申大雲欲終月數不除, 此則從遂庵門人所行之禮也云."

34 이재 문인들의 사복설은 『사례편람』의 교정과정에서 다시한번 논의되었다. 한경양이 『사례편람』에 우암설을 삽입하자, 양응수는 이재를 위해 행했던 문인들의 사복과 차이가 있다는 점에서 강하게 비판하였다(김윤정, 「白水 楊應秀의 「四禮便覽辨疑」 연구」, 『규장각』 44, 2014, 85~88쪽).

試를 치른 사람들이 많음을 탄식했다. 그들이 대현의 문하에서 수년간 도를 배웠는데도 스승이 사망한지 몇 달만에 과거를 치르는 것은 세도가 무너진 것이라고 비판했다. 따라서 양응수는 유언집이 회시를 치르지 않은 것을 높이 평가했다. 동문 중 초시에 합격하고도 회시에 나아가지 않은 사람은 유언집 뿐이었고, 대부분의 도성 사람들은 지나치다고 생각했지만, 그의 행동은 군자의 입장에서는 당연한 일이라고 칭송하였다.[35] 또한 동문이자 친우인 강규가 숭령전참봉에 나아가지 않았을 때 누구보다 기뻐하였다.[36] 강규는 사복 중이므로 의리상 출사할 수 없다고 사임하고는 한천으로 돌아와 거상하였다. 양응수는 "우리 스승의 제자라 할 만하다"면서 그가 스승에 대한 의리를 다한 것으로 여겼다.

한편 심상 중에 다른 상을 당한 경우에는 그 상에 해당하는 상복을 입어야 한다고 보았다. 양응수는 외숙의 상을 당하여 소공복小功服을 입어야 했기 때문에 흑대 대신 포대布帶를 착용하였다. 이에 대해 윤만익이 사복은 기년이고 외숙복은 소공인데, 왜 가벼운 소공에 따라 포대를 했는지를 묻자, 양응수는 이재의 예설을 인용하여 심상중에 하는 흑대는 상복이 아니라는 점을 강조했다. 심상은 마음에 슬픔의 정이 있는 것이지 몸에는 상복을 입는 것이 아니기 때문에 소공에 따른 포대를 해야 한다고 설명하였다.[37]

---

35 「축장일기」, 3월 25일. "二月會試時, 同門之得參於初榜者, 莫不赴擧, 而士精獨不赴. 洛中之人, 皆謂之過當, 其中以爲當然者, 不過一二人云. 吾謂士精曰, 兄之此事, 由君子觀之, 只是常事, 自世俗言之, 亦可謂出人一等之事也."

36 「축장일기」, 8월 29일. "七月, 關西伯辟仲鴻爲崇靈殿【高句麗始祖東明王朱蒙之廟】參奉, 親友之聞之者, 皆有柏悅之心, 而莫有言師服中, 義不可出仕者, 世道之晦冥若此, 而仲鴻抵死圖免, 終能得遞而歸, 復築室行喪, 誠可謂吾師之弟子也."

37 「축장일기」, 4월 13일. "尹勉益過問 (…중략…) 曰, 君之心服期也. 尊舅之服爲小功, 則居

양응수는 이재의 예설에 따라 사복의 심상기간을 기년으로 정했고, 문인들의 논의를 거쳐 3개월간 조복가마를 하고 제거하는 방식을 취했다. 조복가마의 형식이나 유지 기간은 고례와 율곡설에 따라 논의되었는데, 이는 송시열-권상하의 예설과 차이가 있었다. 또한 몸에는 상복이 없고 마음으로 슬픔을 다하는 심상의 원칙을 중시하였다. 심상 중에 다른 상을 당했을 때는 해당 상복을 입지만, 심상 중의 과거응시나 관직출사는 마음의 문제이므로 부정적으로 인식하였다.

3. 사복의 일상과 실제

1) 심상실천과 현실

졸곡제가 끝나고 대부분의 문인이 돌아갔지만 양응수는 강규, 이행상과 함께 스승의 묘소 곁에서 심상하기로 결정하였다.[38] 그러나 강규는 거듭되는 집안의 상례로 인해, 이행상은 부모를 찾아뵙기 위해 자주 자리를 비웠고 양응수만이 1년의 사복기간 내내 묘소 곁에 머물렀다. 그는 심상의 일과로서 하루 3번의 곡과 소식素食을 실천하였다. 졸곡제 다음날인 1월 3일부터 매일 조석곡을 하기 위해 하루 두 차례 묘소에 올라가고 한 번씩 상식上食에 참여하여 곡했다. 비가 많이 와서

常當以緇帶, 而乃以布帶何也? 曰, 吾嘗有聞於先師矣. 世人在心喪中, 而遭期大功之慽者, 疑常服何服? (…중략…) 先生答曰, 緇笠緇帶, 爲服邪非服邪? 惟身無衰麻之服, 而心有哀慽之情, 故曰心喪. 以此推之, 則緇笠緇帶, 非服也."

38 「축장일기」, 1월 25일. "卒哭後, 同門盡散, 獨仲鴻公履二人, 與吾約同居過期."

산에 오를 수 없는 경우 궤연에서 조석곡을 거행하였다.[39] 그는 스승의 망극한 은혜에 보답할 길이 없는데, 기년동안 하루 3번 곡하는 것은 사소한 일일 뿐이라고 생각하여 하루라도 곡을 거르는 것을 매우 난감하게 여겼다.[40]

그러나 무리한 곡과 소식으로 심한 여름감기를 앓으면서, 6월 7일부터 14일까지 조석곡을 중지할 수밖에 없었다. 6월 4일 새벽 열이 나면서 오한이 들고 두통이 심했지만, 양응수는 억지로 일어나 조곡을 하고 상식에 참여했다. 그러나 병세가 심해져 두통과 구토, 가슴통증에 시달리면서 마품馬品, 꿀, 생강 등을 복용하기도 하였다. 7일 밤에는 증상이 더욱 악화되어, 그는 고통을 견디기 위해 시를 짓고 비몽사몽간에 스승과 대화를 나누기도 하였다. 11일에는 이재의 장손 이목李木이 의원 윤씨를 데려왔는데, 허한 비위를 다스리기 위해 닭고기가 처방되었다. 심상으로 소식을 했지만, 병이 났을 때는 고기와 약물을 복용하기도 하였다. 차츰 회복되어 15일부터는 다시 묘소에 올라가 조석곡을 할 수 있었다.

양응수는 병을 앓는 동안 이재 집안의 정신적·물질적 지원을 받았다. 상주 이제원 역시 계속되는 곡과 소식으로 질병에 시달리고 있었으므로 누구보다 양응수의 상태를 걱정해주었다. 매일 사람을 보내 증세를 묻고 음식과 약물을 보냈으며, 조금 호전되었다고 묘소에 올라가 곡을 해서는 안 된다고 당부하였다. 양응수 역시 늘 이제원의 건강

---

39 「축장일기」, 4월 20일. "夕聞雨來不止, 故不得上山, 夕哭行於几筵."
40 「축장일기」, 6월 7일. "先師罔極之恩, 無以報之. 秖擬以期年日三之哭, 略效微忱, 而不幸遘疾, 兩日廢哭, 情事益難堪."

을 염려했던 만큼 "자신은 남의 말을 듣지 않으면서 남에게 자기의 말을 따르라고 하는 것은 군자가 추서推恕하는 이치가 아니다"라고 하며 친밀함을 드러냈다. 이재의 손자들 역시 여러 차례 병문안을 왔는데 특히 양응수에게 『맹자』를 배운 이뢰李耒는 매일 3번씩 문안을 올 정도로 정성이 지극하였다.[41]

그는 이재의 집안과 돈독한 유대를 맺으면서, 스스로 '일가지인一家之人'과 같다고 생각하였다. 11월 22일 한천을 떠날 때 이재 집안에서 각종 선물을 받고, 극진한 이별례를 나누었다. 이제원과 눈물을 흘리며 악수하였고, 당시 젖먹이였던 이재의 손자 이채李采에게 절을 받았다. 다른 손자들은 동구 밖까지 나와 절하였고 종들도 작별인사를 올렸다. 마지막으로 이재 부인으로부터 스승이 쓰던 호연건浩然巾과 모선毛扇을 전해 받고는 감사의 눈물을 흘렸다. 이러한 일기의 서술은 지극히 개인적인 양응수의 입장을 반영하는 것일 수 있다. 하지만, 양응수가 스승 집안과의 유대를 매우 중요하게 여겼고, 스승의 유품을 통해 고제高弟로서의 자신의 위치를 재확인하고자 하였음은 명확해 보인다.

양응수는 항상 마음으로 슬픔을 다하면서 스승의 언행을 회고하였고, 그러한 일상을 「축장일기」에 꼼꼼히 기록하였다. 3월 4일 묘에서 조곡을 하고 내려오다가 매화가 핀 것을 보자, 스승과 매화시를 주고받으며 정감을 나누었던 일을 기억하며 비통한 마음으로 시를 지었다. 3월 9일에 집주인 계금의 처가 스승이 상례를 치를 때 예를 다하였음

---

41 「축장일기」, 6월14일. "聞欲以今日復行朝夕哭云, 若然則恐致添傷, 姑待少蘇, 毋貽主人憂也. 吾謝曰 (…중략…) 昨聞醫言, 則所以彌留, 哭泣過度之致也. 自家不聽人言, 而欲令人從己之言, 則恐非君子推恕之道也. (…중략…) 仲益來慰, 及夕哭歸. 斯人也自吾得疾以來, 每日三問, 而凡百皆稟于其親庭, 極力周旋, 其誠意可感."

을 칭송하는 것을 듣고는 스승의 인품을 회상하기도 했다. 또한 양응수는 4월 8일부터 5월 22일에 걸쳐서 약 30여조에 달하는 이재의 언행을 따로 기록하였다.

양응수의 '사사思師'의 일상은 무의식으로 내면화되어 스승과 함께하는 꿈으로 나타났고, 그는 이러한 꿈을 「축장일기」에 기록하였다. 스승의 생시를 그리워하며 스승 앞에서 동문들과 함께 공부하는 꿈을 자주 꾸었는데, 4월 28일에 유언집과 스승을 모시고 앉아 주자의 글을 나누어 외우다가 갑자기 깨어나서는 슬픔을 느꼈다. 또한 스승의 영혼이 꿈을 통해 특별한 뜻을 전한다고 생각하여, 자기의 현실적인 문제와 꿈을 직결시켜 해석하였다. 5월 20일에 스승의 이불을 개고 방을 청소하는 꿈을 꾸었는데, 평소 하지 않던 일을 꿈속에서 하게 된 것은 자신의 학문이 퇴보하고 마음이 비루해져 스승의 영혼이 천한 일을 시킨 것이라고 해석하며 매우 두려워하였다. 8월 8일에는 스승과 동문들이 함께 강학하는 꿈을 꾸었는데, 스승이 강록을 가져다 그의 이름 위에 직월直月이라 쓰고 그 아래 작은 글씨를 써주었다. 양응수는 내용을 기억하지는 못했으나 스승이 자신에게 강학의 뜻을 책면해주신 것이라고 해석하였다. 10월 26일 꿈에서는 박성원과 지각설知覺說을 논의하여 강설에 보충하는 것을 스승에게 허락받았다. 그는 이것을 매우 특별한 꿈이라 여기며 기뻐했는데, 당시 지각설에 전념하고 있었던 만큼 자신의 견해를 스승이 인정해준 것으로 생각하였을 것이다.

이에 양응수의 꿈은 자신의 현실적인 고민인 산송과 결부되어 나타나기도 했다. 그는 이재의 문하에 들어간 다음해인 1738년 8월에 농소 산송을 시작하였고,[42] 산송 진행 과정에서 실질적으로 스승의 도움을 받았다. 1745년에는 이재가 「열부이씨전」을 써주어 힘을 보태주었으나 산송에서 거듭 패하였고, 1746년 3월에는 재상의 힘을 빌리기 위해 이재의 도움으로 좌의정을 찾아갔으나 성공하지 못했다.[43] 이런 상황에서 이재의 죽음은 양응수에게 큰 위기감과 상실감을 주었을 것이다. 스승의 제문에 산송관련내용을 써서 홍계희에게 지적을 받을 만큼 양응수에게 산송은 피할 수 없는 현실이었고,[44] 그만큼 그의 일상과 꿈에도 강하게 반영되고 있었다.

> 꿈에 인출한 책자 하나를 보았는데, 바로 우리 산송의 억울함을 호소한 글이었다. 중간에 선생께서 고쳐주신 몇 줄의 큰 글자가 있었는데 다 기억나지 않고 다만 '士大夫忠誠懇惻之意立志' 11자만 기억났다. 선생의 밝은 영혼이 어두운 저승에서도 오히려 열부의 아름다운 행실을 잊지 못하시어 소자의 뜻을 권면하심인가! 꿈에서 깨어나 감읍함을 이기지 못하였다.[45]

---

42 농소는 선조先祖 양수생楊首生의 부인 이씨의 묘가 있는 곳으로, 투장偸葬한 다른 무덤들을 옮기기 위한 산송이 1759년까지 20여 년간 지속되었다. 양응수는 산송이 진행되는 동안 자신을 불효자로 여겨 연회에도 참석하지 않을 만큼 중요하게 여겼다(『白水集』「白水先生年譜」. "十四年戊午. (…중략…) 八月. 始起農所先塋天水事. (…중략…) 三十五年己卯. (…중략…) 二月. 農所山訟, 始得伸理. 先生以此事未伸爲不孝, 平生不與人宴會數十餘年, 含寃積憤矣").

43 『白水集』「白水先生年譜」. "二十一年乙丑. (…중략…) 五月. 受先祖妣烈婦李氏傳于師門. (…중략…) 二十二年丙寅. (…중략…) 翌日稟告曰, 小子山訟事, 不可徒恃守令方伯, 必得當權宰相之力, 可得伸理. (…중략…) 仍受師門指畫, 與族弟春泰往見相公, 請以筵白, 相公不肯."

44 「축장일기」, 12월 22일. "是日洪參議【名啓禧, 字純甫】來, 見吾祭文草, 改點山訟一節." 그러나 양응수가 쓴 이재의 제문에는 산송내용이 그대로 들어가 있다(『白水集』 卷14 「祭文 · 祭先師陶庵先生文」).

45 「축장일기」, 1월 22일.

양응수는 이재가 자신의 산송문서에 수정을 해주는 꿈을 꾸었는데, 선생의 영혼이 자신의 뜻을 고무시키기 위해 현몽한 것으로 해석하며 감격스러워했다. 그는 6월 7일 병을 앓을 때에도 자신이 죽으면 열부의 억울함을 풀어줄 수 없다는 강한 사명감을 갖고 있었다. 10월 2일에는 이재, 이제원과 함께 산송을 걱정하는 꿈을 꾸는 등 그의 고민은 그대로 꿈에 투영되었다.

또한 7월 16일에 이재의 손자인 이뢰가 호남관찰사가 되어 양응수의 산송을 해결하고자 과거공부를 하겠다고 말했을 때 그는 크게 기뻐하였다. 유교적 의례 실천의 모범으로서 철저하게 스승을 위한 심상을 실천하고 있었지만, 그는 산송이라는 현실적인 문제에서 결코 자유롭지 못했다. 산송은 중앙 권력에 의해 좌우되는 경향이 강했으므로, 호남사족 양응수에게 스승과 동문의 도움은 필수적이었다. 그의 적극적인 의례 실천은 개인적·현실적인 필요에도 부합하는 측면이 있었다.

2) 인적교류와 견문

양응수는 「축장일기」를 쓰는 1년 동안 서울-근기라는 권력과 문화의 공간 속에서 다양한 인물들과 교유하는 기회를 누렸다. 이재의 상가와 묘소를 중심으로 동문들과의 잦은 왕래가 이루어졌고, 그 과정에서 많은 정보가 교환되었다. 또한 이재의 조문객들은 스승을 위해 거상하고 있는 양응수를 찾아와 만남을 갖기도 했다. 양응수의 일상에서 손님접대와 인적교류가 중요한 부분이었던 만큼, 「축장일기」에 자세히 기록되었다.[46]

양응수는 박성원과의 교유를 의미있게 생각하였다. 그 전에도 몇 번의 만남이 있었지만, 이재 사후 상례절차를 함께하면서 둘은 돈독한 유대를 쌓아갔다. 양응수가 스승께 동문 중 현자賢者가 누구인지 여쭈었을 때, 이재는 문관에서는 박성원이 제일이라고 대답했다. 그러나 자주 만나지 못해 그 학식의 수준을 알지 못했는데, 스승 사후 여러 번 만나면서 그에 대해 알게 되었다고 하였다. 박성원은 학식이 높으면서도 마음이 다스려지고, 의지가 굳세면서도 두루 살필 줄 안다고 높이 평가하였다.[47] 박성원 역시 양응수가 스승의 학문을 깊이 알고 그것을 전하는 데 가장 공이 크다고 칭찬하였다. 스승이 그를 '호남제일'이라 평한 것은 8도에 한 명씩을 꼽았기 때문이라고 설명하면서, 문인 중 그보다 현명한 자가 없으므로 단지 호남제일이라고만 할 수 없다고 말했다. 또한 스승을 가장 잘 아는 자가 양응수이고 양응수를 가장 잘 아는 자가 자신이라고 하면서 이재의 고제이라 자신의 친우로서 깊이 인정하였다.[48]

양응수는 2월 1일에 조문 온 동문 신수이愼守彝를 찾아가 만났다. 그는 영남 안음에 거주하는 인물로서 천문에서 '영남망사嶺南望士'로 일컬어졌다. 수년 전에 안면이 있을 뿐 이야기를 나누지는 못했기 때문에 만

46 양응수는 자신의 일기가 왕래하는 빈객과 견문을 주로 기록하였을 뿐, 자신의 잘못을 기록하여 반성하는 자료로 삼지 않는다는 점을 비판적으로 인식하였다(「축장일기」, 10월 14일. "蓋吾之日記, 只書往來賓客, 耳目所聞見而已. 至於己過, 全未有所記, 如此則自家身心, 有何所益?").

47 「축장일기」, 9월 19일. "應秀嘗問同門之賢者於先生, 先生答以某某, 而於文官則以朴爲第一. 然不得頻逢, 莫知其學識之淺深. 自山頹之後, 留此一年之間, 再三相面, 始叩其所有, 則識高而心平, 剛毅而周詳, 宜其見許於師門也."

48 楊應秀, 『白水集』 卷30 「附錄 · 序【朴聖源】」. "同門諸友之賢者, 未能或之先焉, 是豈但爲湖南第一而已乎? 先生所云, 特就八路中, 各擧一人之尤者, 故其言偶如此耳. 余竊自妄謂知先生者, 莫如季達, 知季達者, 又莫如吾, 唯自顧無一可以見知於季達者, 則未知季達知吾何如耳."

나보고자 하였다. 양응수는 그의 말이 소박하고 수수하나 깊고 정밀한 학문에는 부족하다고 평가하였다. 반면 화음華陰 김문행金文行, 1701~1754과의 만남은 중요하게 기록하였다. 김문행은 삼연三淵 김창흡金昌翕, 1653~1722의 손자로서 경화사족을 대표하는 인물이었다. 이목이 그의 사위로서 5월 2일에 양응수와의 만남을 주선하였다. 양응수는 안면이 없는데도 방문한 사람은 김문행 한 명 뿐이라는 점을 강조하면서 현자의 자손은 다르다고 칭송했다. 이전에 송문상이 순창에 왔을 때 멀리 떨어진 자신의 집에 일부러 방문했던 것을 언급하며 대현의 후손이라는 점을 강조하였다.[49]

양응수는 이러한 인적교류를 통해 다양한 견문을 얻고 있었다. 2월 18일에는 서울에서 온 사람으로부터 송도 출신 허증許增이 생원시 장원으로 뽑힌 이야기를 들었다. 허증은 3등이었는데, 영조가 특별히 장원으로 올리면서 앞으로는 생원시와 진사시도 문과와 마찬가지로 가세家勢와 상관없이 실력으로만 뽑을 것을 명하였던 것이다. 당시 생원, 진사시의 경우는 이름을 밀봉한 부분을 몰래 열어보고 문벌이 좋은 사람을 장원으로 삼고, 일부러 미천한 사람은 生員 3등, 進士 6으로 뽑았다.[50] 따라서 송도인 허증은 그 출신 때문에 생원 3등이 되었고 이러한 관행을 미워한 영조는 그를 장원으로 올렸다. 호남 차별 인식[51]에서

---

49 「축장일기」, 5월 2일. "食後, 金校理見訪. 近來名士之過此者多, 而無宿面之人, 未見其訪問者, 斯人獨問之. 盖賢者之子孫, 固有異於尋常人也. 因記昔年宋文相氏來守淳昌也, 亟訪余而入吾所居之地, 舍其騶從於數里之外, 以匹馬單童來見, 此則今世之所未見也. 若非大賢之後, 安能如此."

50 『英祖實錄』 卷65, 英祖 23년 2월 14일(丁卯); 李瀷, 『星湖僿說』 卷6 「人事門 · 生三進六」.

51 배우성, 「18세기 지방지식인 황윤석과 지방의식」, 『한국사연구』 135, 한국사연구회, 2006; 이지양, 「호남선비 황윤석이 본 호남차별 문제」, 『동양한문학연구』 27, 동양한문학회, 2008.

자유롭지 못하였을 호남사족 양응수에게 이러한 사건은 현실적인 차별을 극복할 수 있는 반가운 소식이었을 것이다.

2월 22일에 양응수는 임진왜란 때 전사한 최경회崔慶會, 1532~1593의 도장이 남강에서 발견된 사건을 기록하였다. 최경회는 고봉高峯 기대승奇大升, 1527~1572의 제자이자 호남 능주 출신 의병장으로, 진주성이 함락되자 남강에 투신하였다. 영조는 150년이 넘은 그의 도장이 선명한 채로 발견된 것은 그의 충렬로 인한 것이라 하여 치제致祭하고 그 후손을 등용케 하였다.[52] 또한 호남인 겸춘추 안치택安致宅이 호남 충신의 도장을 가지고 온 것을 특별하게 여겼다. 양응수가 "조보의 내용을 재야에 있는 나의 일기에 쓸 필요는 없다"라고 하면서도 굳이 기록하는 것은 호남출신 최경회의 충절을 드러내고 싶어 하는 지방의식이 작용하였을 것이다. 양응수는 호남사족으로서의 자의식을 바탕으로 호남에 대한 편견과 소외를 극복하고자 하는 의도를 갖고 있었다. 이러한 입장은 황윤석이 호남에 역적이 많다는 편견에서 벗어나기 위해 호남 의병에 대한 역사를 편찬하는 과정에서도 드러나고 있다.[53]

또한 만동묘비문萬東廟碑文과 관련된 호론과 낙론의 갈등을 살펴볼 수 있다. 만동묘비문은 김원행과 이의철이 지은 것으로 이재의 글이 아니라는 논란이 화양동서원의 통문을 통해 제기되었다.[54] 양응수는

---

52 『英祖實錄』卷65, 英祖 23년 1월 26일(丙辰). 추후 후손 등용을 둘러싸고 화순和順의 최경회 형의 후손과 릉주綾州의 최경회 적손과의 갈등이 격쟁으로 이어지는 사태가 발생하기도 하였다(「축장일기」, 4월 4일. "聞知則乃綾州人崔兵使慶會之宗孫也. (…중략…) 和順有一崔哥, 以崔兵使兄之後孫, 盜取崔兵使戰場所用長劍而上京, 自稱崔兵使之直孫, 而求得蔭官. 綾州之崔, 發憤欲擊錚, 上京之路歷入云").

53 이지양, 「호남선비 황윤석이 본 호남차별 문제」, 『동양한문학연구』 27, 동양한문학회, 2008, 92~95쪽.

송시열의 후손인 송주상과 그 무리들이 이재가 송시열보다 송준길을 우선했다는 의심을 품고서 선생의 글을 비문으로 쓰지 않고자 하는 것이라고 비판했다. 이재는 "송시열이 주인이고 송준길이 보필했다"고 말했지만, 송준길의 후손인 송명흠이 이재의 제자라는 점에서 논란이 되었을 것이다. 따라서 송준길과 송시열 후손들의 반목은 낙론과 호론의 갈등으로 나타나고 있었다.[55] 이후 민응수와 홍계희는 이재의 비문을 내줄 것을 부탁하기 위해 거듭 유생을 보냈지만, 이제원은 통문의 내용이 체면을 잃었다는 점을 들어 제안을 거절했다. 9월 1일에야 이제원이 비문을 내어주었고, 이러한 과정을 거쳐 1747년에 만동묘비가 건립될 수 있었다.

3) 유고편찬과 학문

사복기간 중 중요한 일과의 하나는 스승의 유고를 정리하는 것이었다. 스승 문집의 간역 사업이 학맥의 계승과 발전에 큰 의미를 갖는 만큼,[56] 양응수는 누구보다 적극 참여하였다. 먼저, 스승의 유고를 모으는

---

54 「축장일기」, 5월 2일. "聞華陽洞書院通文來到, 語意險巧. 蓋年前淸州儒生請萬東廟碑文於丈席, 而中間以尤春先後之論, 尤翁子孫及一種儒生輩, 多懷疑訝, 欲不用丈席文字, 而今宋周相通諭于子仁, 推先生手筆正本云云. 盖尤春先後之論, 先生答鄭延豐羲河書, 有云際遇之隆, 復雪之策, 尤翁卽主人, 春翁是挾輔也"; 7월 29일 "初宋周相輩, 欲不用師門文字, 稱以碑文出於金伯春【元行字】李原明【宜哲字】之手, 而非先生之筆. 五月通告子仁之文, 至有參考云云之說, (…중략…) 故右相與洪令相議, 以出給碑文之意, 修書於哀令, 送儒生至此也."

55 유봉학, 「18・19세기 노론학계와 산림」, 『한신논문집』 3, 한신대 출판부, 1986, 29쪽.

56 심경호, 「조선선비의 문자생활과 지적교류」, 『국학연구』 14, 한국국학진흥원, 2009, 440쪽.

작업이 진행되었다. 졸곡제가 끝나고 1월 4일부터 유언집이 선생의 유고를 모으기 시작했다. 양응수도 이 날부터 스승과 주고받은 문답을 베껴 쓰기 시작해 9일에 마무리 지었고, 16일에 이재의 「경례문답」과 함께 유언집에게 보냈다. 그런데 유고를 모으는 과정에서 이재를 사칭한 글들이 섞여 들어가기도 했다. 1월 19일에 진사 한택성은 이재가 지은 묘문墓文과 편지글 그리고 전해들은 시를 기록하여 보냈는데, 그중 「차증이태흡시병서次贈李泰洽詩並序」는 이재가 평소에 지은 시와 완전히 달랐다. 이제원에게 자문하니, 과연 이재가 지은 것이 아니었다. 이태흡은 불구의 몸으로 걸식하는 자인데, 이재가 불쌍히 여겨 시를 지어주었다고 하여 사람들이 이를 믿었다고 한다. 이렇게 이재의 글이라고 위작된 것들이 있었던 만큼 유고를 모으는 작업도 신중하게 진행되고 있었다.

동시에 스승의 유고를 교수校讎하는 작업이 진행되었다. 양응수는 1월 10일부터 이재의 『주자어류초절朱子語類抄節』을 교수하기 시작하였다. 『주자어류초절』은 『주자어류』를 정리하고 해석을 붙인 책으로 이재가 사망하기 3년 전인 1743년에 완성되었다.[57] 양응수는 매일의 일과로 교정을 진행하였고, 편이나 권이 끝나면 일기에 기록하였다. 삭망제를 위해 많은 문인들이 방문했을 때나 함께 교수할 사람이 없는 경우, 질병이 있는 경우 등 한 달에 1~2일을 제외하고는 쉬지 않고 진행되었다. 또한 교수하면서 그중 가장 요긴한 말들을 초록하는 것을 일과로 삼았다.[58]

---

57 박성원은 『주자어류』가 거질이고 기록한 사람이 한사람이 아니어서 말이 중복되고 뜻이 이해하기 어려워 읽는 자가 병으로 여겼는데, 선생이 그 중요한 내용을 뽑아내고 어지러운 부분을 삭제하고 또 상하 문자를 바꾸어서 문리와 의리가 통하여 보기 쉽게 만들었다고 하였다(朴聖源, 『陶庵先生家狀』). 이 책은 현존하지 않지만, 양응수의 교수기록을 통해 그 권질과 목차를 대략 파악할 수 있다.

58 「축장일기」, 5월 13일. "語類抄節校讎之餘, 就其中抄錄其最要緊之語, 日以爲課矣."

〈표 1〉『朱子語類抄節』 교수 과정

월	語類篇名(완료날짜)	교수자	비고
1월	校讎시작(10),「理氣・太極天地」卷(15),「鬼神」篇(18),「性理・人物之性氣質之性」篇(23),「仁義禮智」篇「學・總論爲學之方」「論知行」篇(28)	이행상	
2월	「讀書法」(2),「持守」「力行」篇(6),「中庸」卷(17),「論語・學而」篇(24),「爲政」篇(28)	이행상	「大學」卷 뛰어넘음.
3월	「八佾」篇(2),「里仁」篇(6),「公冶長」篇(9),「雍也」篇(15),「述而」「泰伯」篇(20),「子罕」篇(27),「鄕黨」篇(28)	이행상 林芝秀	
4월	「先進」篇(2),「顔淵」篇(6),「子路」篇(9),「憲問」篇(11),「衛靈公」篇(16),「季氏」篇(17),「陽貨」篇(18),「微子」篇(19),「子張」「堯曰」篇(21),「孟子・梁惠王上下」篇(22),「公孫丑上下」(27),「滕文公上下」篇(29)	이행상	15일, 30일 쉼.
5월	「離婁上下」篇(3),「萬章上下」篇(5),「告子上下」篇(7),「盡心上下」篇(10),「易・綱領」卷(16),「乾卦上」篇(17독간-18),「乾卦下」篇「坤卦」(19),「屯」~「小畜」(20),「履」~「蠱」(21독간-22),「臨」~「復」(22독간-24),「无妄」~「恒」(23독간-25~26),「困」~「未濟」(25독간-28),「繫辭」(26독간-28~29),「大壯」~「升」(27),「書」卷(30)	이행상 이뢰 이목 吳瑋	
6월	「詩」卷(1),「書」卷(2~3검간),「詩・綱領」(19),「讀詩」~「豳風七月」(21검간),「詩」卷(22),「孝經」篇(23),「春秋」篇「禮・綱領」篇(24),「儀禮」「周禮」「小戴禮・總論」「曲禮」篇(25),「檀弓」~「鄕射」(26),「大戴禮」「冠昏喪」篇(27),「祭儀」「雜儀」篇(28)	이행상 이뢰 오위	병으로 4일~17일 쉼.
7월	「樂」篇「孔孟周程」篇(2),「太極圖」篇(4),「通書」篇(6),「程子書上」篇(9),「程子書下」篇(10),「張子書」篇(12),「邵子書」篇(13),「程子」「楊氏」「尹氏門人」篇(17),「羅氏門人」「胡氏門人」篇(18),「自論爲學工夫」篇(19),「雜記言行」篇(20),「訓門人」九篇(21-8월3일)	이행상 이뢰 이화 오위 李濟愼 李醇甫	15일, 26일 쉼.
8월	「呂伯恭」篇(4),「陳君擧」篇(5),「陳氏」「陸氏」篇(6),「老莊」篇(7),「釋氏」篇(9),「本朝第一」篇(10),「本朝二・法制」篇(11),「本朝三・國初至熙寧人物」篇(12),「本朝四・熙寧至靖康人物」篇(14),「本朝五・中興至今日人物上」篇(17), 「本朝六・中興至今日人物下」篇「盜賊」「夷狄」篇(18),「人物」篇(19온간),「盜賊」「夷狄」篇(20온간),「歷代第一」篇(21독간-29),「歷代第二」篇(22독간-9월2일),「歷代第三」篇(23독간-9월2일),「戰國漢唐諸子」篇(24~25독간-9월3일),「治道・總論」「封建」篇(26독간-9월4일),「論官」篇(27~28독간-9월4일)	이행상 이제신 이순보 한경양 강규	15일 쉼.
9월	「取士」「民財」篇(5),「學校貢擧」篇(6),「兵」「刑」篇(7),「雜類」篇(8~9),「論文上」篇(10~11),「論文下」篇(12),「拾遺」篇(19),「拾遺」篇(20검간),「論自註書」篇(29독간-10월1일),「外任」篇(30독간-10월1일)	이행상 강규 金瓛	14일, 15일 쉼.
10월	「內任」篇(2),「大學或問」卷(3~4),「大學或問」卷(4~6온간),「論孟綱領」(7)	이행상 강규 김후옹	

월	語類篇名(완료날짜)		교수자	비고
10월	마무리 교정과정으로 檢看 작업 진행			
	9일	語類抄節 1卷(양응수)		
	10일	語類抄節 2卷(양응수)		
	11일	語類抄節 3, 4卷(양응수)		
	12일	語類抄節 7卷(양응수)		
	13일	語類抄節 8, 9卷(양응수)		
	14일	語類抄節 5, 6, 10~20卷(양응수, 김후옹, 이관, 한경양)		
	15일	語類抄節 21~25卷(이관, 한경양), 「太極天地」篇 보충(양응수)		
	16일	語類抄節 26~30卷(이관, 한경양), 「太極天地」篇 보충(양응수)		
	17일	語類抄節 31~37卷(이관, 한경양), 語類抄節 50卷 미완(양응수) 「小學」篇 考準(양응수, 이행상),		
	18일	語類抄節 38~47卷(이관, 한경양), 語類抄節 50卷 완료(양응수)		
	19일	語類抄節 48, 49卷(이관, 한경양)		
	20일	語類抄節 교정을 마무리하여 入送함.		

교수는 둘이 한 조가 되어, 한 명은 읽고 다른 한 명은 교정하여 정리하는 방식으로 진행되었다. 양응수는 주로 이행상과 함께 교수하였고, 이 경우에는 교수자의 이름을 언급하지 않았다. 그 외 이행상이 자리를 비울 때는 이목, 이뢰, 이자 등과 교수하였고, 8~9월에는 상을 치르고 돌아온 강규가 교수에 본격적으로 참여하였다. 한경양, 유언집 등 동문들이 방문하여 함께 교수하기도 하였다. 이런 경우 교수자의 이름을 반드시 언급하였다. 함께 교수할 사람이 없는 경우에는 혼자서 보기도 했는데, 이렇게 독간獨看한 경우에는 필히 교수의 과정을 다시 거쳤다.

이러한 교수과정은 대체로 『주자어류초절』의 목차에 따라 진행되었지만, 중간에 빠진 부분은 추후에 보충되었다. 먼저 「대학」은 한경양이 빌려갔기 때문에 건너뛰었고, 「소학」과 「치도」, 「논관」 등도 빠져 있었다. 따라서 9월 4일부터 이행상은 빠진 부분을 써서 채워넣는 작업을 진행하였다. 양응수는 10월 4일 「대학」을 마지막으로 『주자어류초절』의 교수가 마무리되었다고 생각하였다. 그러나 「대학」의 뒷부분에 「논맹강령」이 붙어있어서 10월 7일에 교수하였고, 「소학」은 10월 17일에야 교수가 마무리 되었다.

또한 교수를 마친 것 중 미진한 부분에 대해서는 검사하여 따져보는 검간檢看의 과정을 거쳤다. 5월 30일 「서」권의 교수를 마친 후 6월 2일과 3일에 걸쳐 혼자서 검간하였다. 7～8월에 걸쳐 진행된 인물편의 교수가 끝나고 8월 19일에는 다시 온간溫看하였는데, 온간도 다시 본다는 점에서 검간과 같은 과정으로 볼 수 있다. 이러한 검토과정에서 종종 오자와 누락이 발견되기도 하였다.[59]

10월 9일부터 20일까지는 『주자어류초절』의 마무리 교정 작업으로 권 단위의 검간이 집중적으로 진행되었다. 9일에서 13일까지는 양응수가 하루에 1권, 내지 2권을 검간하다가, 14일부터는 김후옹, 이관, 한경양, 이행상 등이 함께하여 하루에 5～10권씩을 검간하였다. 이 과정을 거쳐 누락된 부분을 찾아냈고, 양응수는 「태극천지」편에서 빠진 내용을 분류하여 보충해 넣는 일을 담당했다. 19일에는 모든 작업을 마쳤고 20일에 결과물을 보내면서 『주자어류초절』의 교수가 마무리되었다. 이처럼 양응수의 『주자어류초절』 교수작업은 약 10개월에 거쳐 꾸준히 진행되었고, 교수-검간의 중층적인 작업을 통해 완성되었다. 그 과정에서 수많은 문인들이 협력하여 완벽을 기하고 있었음을 알 수 있다.[60]

---

59 「축장일기」, 6월 2일. "語類書卷獨檢看止舜典, 訛誤字照管不到處猶多矣."

60 양응수는 5년 후인 1752년 5월 아현鵝峴에 가서 이재의 유고를 수정하는 작업에 참여하였다. 이때 유언집과 함께 『주자어류초절』을 분류하여 목차를 정하는 일을 담당하였다(『白水集』「白水先生年譜」). 그러나 이들을 중심으로 하는 유고편찬 작업이 중단되면서, 1803

이러한 유고편찬사업은 문인들의 정기적인 모임을 통해 더욱 진전되었다. 문인들은 삭망제에 참여하기 위해 보통 전날인 30일이나 14일쯤 도착하여 삭망제를 마친 후 2~3일을 머물다 돌아가곤 하였다. 이때 양응수는 자신의 일과를 접어두고 공동 작업에 전념하였다. 특히 박성원과 「중용강설」, 「근사록도체강설」, 「맹자강설」 등을 검토하였는데, 이재의 강의록인 「강설」은 그의 사후 문인들의 산정刪定을 거쳐서 완성될 수 있었다. 「중용강설」의 경우는 1745년 이재가 지병으로 말조차 할 수 없는 상황에서 손으로 글자를 짚어가며 뜻을 전한 것이었다.[61] 이것을 박성원이 정리하였고, 4월 15일에 양응수와 안구가 취사선택을 의논하여 초본本草을 만들었다. 4월 30일에 박성원과 그 산삭을 논의하여 5월 1일에 마무리하게 되었다. 그러나 6월 17일 안구와 다시 논의하고 9월 18일에는 박성원과 여러 조목을 다시 논할 정도로 「중용강설」의 교정이 매우 신중하게 진행되었음을 알 수 있다. 「근사록도체강설」은 7월 15일에 논의가 시작되어, 9월 15일 박성원과 함께 산정하여 16일에 마무리되었다. 「맹자강설」의 산정도 9월 16~17일에 걸쳐 진행되었다. 박성원은 9월 14일에 도착하여 19일에 떠날 때까지 수차례에 거쳐 교정하고 밤늦게까지 토론하면서 그야말로 바쁜 일과를 보내고 있음을 알 수 있다.

또한 이 기간을 통하여 양응수는 동문들과 학술적인 논의를 진행하였다.

년 이채李采에 의해 간행된 『도암집陶庵集』에는 『주자어류초절』이 포함되어 있지 않다.

61 楊應秀, 『白水集』 卷13 「題跋 · 書中庸講說後遺康參奉」. “乃乙丑夏, 先生疾病沉痼, 不能言語之時, 以手指畫示者也. 其眷眷後學, 至誠開導之意, 爲門人者, 敢不鞠躬奉承.”

양陽은 하나고 음陰은 둘인 이치로서 사람의 몸을 보면 영위榮衛; 氣血에 이러한 이치가 있다고 말했다. 또한 마음에도 이러한 이치가 있음을 미루어 지각知覺이 말미암아 생기는 바와 인심・도심이 나뉘는 까닭을 설명하였다. 박성원이 크게 깨달아 기뻐하며 말하길, "이와 같은 요묘要妙한 이치는 우리형이 아니면 어디서 들을 수 있겠습니까? 지금 사람이 입만 열면 심과 기의 동이同異를 말하지만, 각각 치우친 견해를 주장하고 귀일됨을 얻지 못하여 우리 선사께서 이를 근심하셨습니다. '이일기이理一氣二' 4자로서 깊고 오묘함을 열어보여도 사람들이 믿지 않고, 동문에서 사전師傳을 밝히는 자도 또한 치우친 말에 빠져서 사설師說을 어지럽힘이 건잡을 수 없이 온통 그러하니, 나는 이것을 깊이 걱정합니다." 지금 박성원과 유언집의 믿음을 얻었으니 매우 다행이다.[62]

박성원은 양응수가 스승의 '이일기이'설을 올바르게 해석한 것을 높이 평가하면서, 당시 동문에서도 스승의 학실을 어지럽히는 자들이 많다는 점을 비판하였다. 양응수는 박성원과 유언집이 자신의 견해에 동의한 것을 매우 기쁘게 여겼다. 이후 동문들과 여러 차례 지각설에 대해 논의하였으나, 하나의 견해에 도달하지는 못했다. 양응수는 지각설에 집중하여 10월 22일에 자신의 견해를 정리해냈다. "심통성정心統性情하여 능히 지知하고 능히 행行할 수 있으니, 지知의 근거는 지智에서 말미암고 행行의 근거는 인仁에서 말미암"는데, "지금의 학자가 지智를 일러 단지 옳고 그름을 분별하는 리라고 하면서 지각知覺의 리가 될

62 「축장일기」, 9월 17일.

수 없다고 하는 것은 옳지 못하다"고 생각하였다.[63]

양응수가 동문들과 학술적으로 교유하는 과정에서 책은 중요한 매개가 되었다. 양응수는 사복기간동안 서울을 중심으로 유통되는 많은 책들을 접할 기회를 얻었고, 새로운 책들을 읽고 필사하는 데 전념하였다. 또한 그 스스로 독서에 관해 "읽어서 안 될 책이란 없"고 "경전을 풀이할 때 같지 않더라고 해될 것이 없"다는 유연한 시각을 갖고 있었던 만큼,[64] 매우 적극적으로 독서하였다. 그는 김창협의 문집인 『농암집』을 2월과 5월에 16일 동안 하루에 10여 판씩 읽고, 4월에는 『율곡별집』[65]을 집중적으로 읽었다. 4월 28일~5월 9일까지는 명나라 학자인 구준丘濬의 『주자학적朱子學的』을 읽었다. 『주자학적』은 논어의 방식으로 주자의 말씀을 모아 놓은 책으로서, 양응수는 이 책을 매우 좋아하여 강규가 그를 위해 필사해주기도 하였다. 또한 5월 10일~18일까지는 『주자연보』를 읽었고, 18일부터 필사하여 교수하는 작업을 진행하였다. 11월 3일에는 『반계수록』을 보았고, 11일부터 17일까지 이뢰와 함께 교수하였다.

---

63 「축장일기」, 10월 22일. "近來, 與諸友, 復論知覺說, 不得歸一. 吾遂爲之立說曰, 性發爲情, 惻隱之發, 本乎仁, 羞惡之發, 本乎義, 辭讓之發, 本乎禮, 是非之發, 本乎智. 心統性情而能知能行, 其所以知者, 由乎智也, 所以行者, 由乎仁也. 故孟子就四端上, 發明仁義禮智, 子思就知行上, 說出智仁, 其所指之用處雖不同, 其皆本乎仁智之理則一也, 而今之學者, 乃謂智但爲分別是非之理, 而不得爲知覺之理, 吾未見其可也."
양응수는 이후에도 박성원, 유언집 등과 지각설에 대해 수차례 논의하였고, 「지각설知覺說」, 「지각변설知覺辨說」을 남겼다(楊應秀, 『白水集』 卷6 「說・知覺說」; 『白水集』 卷7 「辨・知覺說辨」).

64 박수밀, 「18세기 양응수의 독서법에 나타난 독서 양상과 그 의미」, 『국제어문』 42, 국제어문학회, 2008, 140~142쪽.

65 『율곡별집』은 박세채가 이이의 옛집과 석담서원 등을 방문하여 자료를 수집하여 1681년 6권으로 간행되었다. 그러나 송시열과의 견해차로 인하여 1685년 폐고되었다(유새롬, 「17세기 서인의 학통의식과 栗谷年譜의 편찬」, 『한국사론』 52, 서울대국사학과, 2006, 55~57쪽). 그러나 이재가 『율곡전서』를 간행할 때 『율곡별집』을 검토했던 만큼 양응수도 『율곡별집』을 볼 수 있었다.

또한 친우를 위해 책을 필사해주면서 서로간의 유대를 확인하기도 하였다. 양응수는 강규를 위해 스승의 「중용강설」을 필사해주었다. 그는 앞서 강규가 『주자학적』을 필사해 준 것을 매우 고마워하며 집안의 보물로 삼겠다고 말하였다. 이에 강규가 정리의 표현으로 양응수가 필사한 「중용강설」을 얻고자 하였고 양응수는 자신의 졸필을 염려하면서도 그를 위해 필사를 시작하였다.[66] 작업은 9월 22일에 시작하여 10월 16일에 마쳤고, 10월 17일부터 3일에 거쳐 이행상과 함께 교수하여 10월 19일에 완성하였다.

스승의 유고를 정리하고 학설을 계승하는 것은 이재의 문인으로서 학문적 정체성을 확립하는 문제였다. 정치 · 경제 · 문화적으로 소외된 지방사족의 입장에서 학문적 성취는 자신이 온전히 인정받을 수 있는 중요한 통로였다. 양응수는 사복의 실천이라는 예교의 측면과 더불어 학술적인 논의에도 전념하면서 자신의 위상을 확립해 나갔다. 또한 서울-근기의 문화적 특권을 향유하며 다양한 책을 매개로 경화사족과 교유하면서 학자로서의 면모를 한층 강화할 수 있었을 것이다.

4. 맺음말

호남사족 양응수는 이재의 문인이 되어 노론-낙론으로서의 학문적 정체성을 통해 경화사족들과 교유하게 되었다. 이재가 사망했을 때,

---

66 楊應秀, 『白水集』 卷13 「題跋 · 書中庸講說後遺康參奉」.

양응수는 스승의 묘소 곁에서 사복을 입으며 「축장일기」를 썼다. 이 기간은 그가 호남사족으로서의 지역적 한계를 넘어 서울-근기라는 권력과 문화의 공간에서 생활할 수 있는 최고의 기회가 되었다.

「축장일기」에는 노론-낙론의 사복 절차와 논의가 기록되어 있다. 이재의 문인들은 스승의 예설에 따라 사복기간을 차등 있게 정하여 실행하였다. 또한 조복가마의 형식과 기한은 고례와 율곡설에 따라 백포심의에 시질대를 갖추고 3개월이 지나면 제거하도록 하였다. 이것은 송시열-권상하의 사복설과 다르다는 특징을 갖는데, 지속적으로 논란의 대상이 되면서 결국 송시열의 예설과 같게 수정되었다. 사복은 심상이라는 점에서 몸에는 상복이 없고 마음으로 슬픔을 다한다는 원칙이 강조되었다. 따라서 심상 중에 다른 상을 당하면 해당 상복을 입어야 하지만, 과거응시나 관직출사는 마음에 거리낌이 있으므로 할 수 없다고 보았다.

「축장일기」에 드러나는 호남사족 양응수의 일상은 예교를 통한 문화적 정체성의 확립을 보여준다. 양응수는 스승을 기리며 하루 두 차례 묘소에 올라가 조석곡을 시행하고 1번씩 상식에 참여하면서 철저하게 심상을 실천하였다. 이 과정에서 이재 집안의 적극적인 지원을 받았고, 돈독한 유대를 형성할 수 있었다. 또한 조석곡과 삭망례에 정기적으로 참여하면서, 경화사족인 동문들과 정기적으로 교류하였다. 양응수는 항상 마음으로 슬픔을 다하면서 스승의 언행을 회상하였고, 이러한 일상은 스승을 만나는 꿈으로 이어졌다. 꿈이 스승의 뜻을 전한다고 생각하여 자기의 현실적인 문제인 학문과 산송에 결부시켜 해석하였다.

양응수는 사복기간동안 많은 조문객들과 교류하면서 견문을 넓혔고, 이것을 「축장일기」에 꼼꼼히 기록하였다. 박성원, 김문행 등을 높이 평가한 반면 영남사족 신수이는 학문적으로 정교하지 못하다고 인식했다. 호남 충신에 대한 견문을 기록함으로써, 호남사족으로서의 자의식을 드러냈고, 만동묘비문에 관련된 호론과 낙론의 갈등을 자세히 서술하였다. 또한 스승의 유고를 정리하는 일에 매진하였다. 『주자어류초절』을 10개월에 걸쳐 교수하였는데, 교수-검간의 중층적인 작업을 거쳐 완벽을 기하였다. 문인들은 삭망제 등을 통해 정기적인 모임을 가지면서 유고편찬사업을 진행하였다. 양응수는 이러한 모임을 통해 학술적인 교류와 유대를 강화하면서, 스승의 학문과 도통의 계승자로서 스스로를 자리매김하고자 하였다.

양응수는 스승의 상례와 유고편찬에 적극 참여하면서 천문에서 핵심적인 역할을 담당하게 되었다. 그 과정이 「축장일기」에 자세하게 기록되었는데, 그 행간에는 사회문화적으로 결핍된 호남사족으로서의 한계가 그대로 드러나고 있다. 양응수는 스승의 제문에 자신의 산송 문제를 기록하였다가 동문인 홍계희에게 비판을 받았고, 산송이 미해결로 남아있는 데서 오는 불안감은 자주 꿈으로 표출되었다. 권력과 문화에서 소외된 지방사족으로서의 불안한 위치는 더욱 경화사족과의 교유를 필요로 했다. 이에 스승 집안과의 유대관계를 강조하였고, 사복기간 동안 교유하게 된 인물들을 꼼꼼히 기록하였다. 동문들에게 자신의 노론-낙론으로서의 학문적 위상을 인정받는데도 주력하였다. 양응수는 사복을 통해 유교적 의례실천의 전형으로서 문화적 정체성을 확립할 수 있었다. 이것은 경화사족 중심의 천문에서 높은 위상을 유지한다는 현실적인 필요에도 부합되는 것이었다.

참고문헌

원전류 및 번역본

『孟子』

『禮記』

『英祖實錄』

金長生, 『沙溪全書』

朴聖源, 『陶庵先生家狀』

朴聖源, 『禮疑類輯』

朴世采, 『南溪集』

宋時烈, 『宋子大全』

楊應秀, 『白水集』

李宜朝, 『家禮增解』

李　瀷, 『星湖僿說』

李　綽, 『四禮便覽』

任聖周, 『鹿門集』

洪直弼, 『梅山集』

연구논저

이재연구소 편, 『이재 황윤석의 학문과 사상』, 경인문화사, 2009.

김경숙, 「16세기 사대부가의 喪祭禮와 廬墓生活」, 『국사관논총』 97, 국사편찬위원회, 2001.

김미영, 「조선 후기 상례의 미시적 연구」, 『실천민속학연구』 12, 실천민속학회, 2008.

김선아, 「18세기 실학자 黃胤錫家의 학맥과 湖南 洛論」, 『지방사와 지방문화』 15, 역사문화학회, 2012.

김오봉, 「白水 楊應秀의 독서론에 관한 연구」, 전남대 석사논문, 1995.

김윤정, 「白水 楊應秀의 「四禮便覽辨疑」 연구」, 『규장각』 44, 규장각한국학연구원, 2014.

박수밀, 「18세기 양응수의 독서법에 나타난 독서 양상과 그 의미」, 『국제어문』 42,

국제어문학회, 2008.
박종천, 「성호학파의 친족의식과 의례생활—광주안씨 종계를 중심으로」, 『한국실학연구』 26, 한국실학학회, 2013.
박현순, 「지방 지식인 황윤석과 경화사족의 교유」, 『한국사연구』 163, 한국사연구회, 2013.
배우성, 「18세기 지방지식인 황윤석과 지방의식」, 『한국사연구』 135, 한국사연구회, 2006.
심경호, 「조선선비의 문자생활과 지적교류」, 『국학연구』 14, 한국국학진흥원, 2009.
오용원, 「考終日記와 죽음을 맞는 한 선비의 일상」, 『대동한문학회지』 30, 대동한문학회, 2009.
유봉학, 「18·19세기 노론학계와 산림」, 『한신논문집』 3, 한신대 출판부, 1986.
유새롬, 「17세기 서인의 학통의식과 栗谷年譜의 편찬」, 『한국사론』 52, 서울대국사학과, 2006.
이지양, 「호남선비 황윤석이 본 호남차별 문제」, 『동양한문학연구』 27, 동양한문학회, 2008.
이천승, 「이재 황윤석의 洛學 계승과 호남에 대한 자의식」, 『동양철학연구』 63, 동양철학연구회, 2010.
이현진, 「碩齋 尹行恁의 禮學과 喪禮 인식」, 『한국사상사학』 34, 한국사상사학회, 2010.
정길연, 「艮齋 田愚의 師服說의 淵源과 意義」, 『인문학논총』 30, 국립7개대학공동논문집간행위원회, 2012.
정승모, 「省齋 辛應純의 '內喪記'를 통해 본 17세기 초 상장례 풍속」, 『藏書閣』 10, 한국학중앙연구원, 2003.
조성산, 「18세기 영·호남 유학의 학맥과 학풍」, 『국학연구』 9, 한국국학진흥원, 2006.
최성환, 「朝鮮後期 李縡의 學問과 寒泉精舍의 門人敎育」, 『역사교육』 77, 역사교육연구회, 2001.

성호학파의 입후설과 변등론적 사회의식

박종천

1. 머리말

조선 후기 입후立後제의 확산과 종법질서의 정착은 '친친親親'과 '존존尊尊'의 결합에 의해서 구성되는 친족의식과 사회질서에 변화를 가져왔다. 이러한 변화는 『가례』에 대한 학문적 이해의 성숙과 그에 따른 입법화 과정을 통해 사회문화적 관습으로 정착되고 제도화되었으며, 조선 후기 사회구조의 변화는 조선 중기의 대규모 국제전쟁과 더불어 기근, 홍수, 전염병 등에 의해 많은 사람들이 죽으면서 본격적으로 가속화되었다.[1]

이러한 변화의 흐름 가운데 특별히 주목할 만한 몇 가지 경향이 발견된다.

---

1 박종천, 「조선 후기 유교적 가족질서의 확산과 의례적 양상－立後와 入養을 중심으로」, 『퇴계학보』 132, 퇴계학연구원, 2012a, 2장과 3장 참조.

먼저, 사회문화사적 맥락에서 조선 후기 입후설은 친족의식의 심화와 변화가 사회구조적 차원에서 진행되는 양상을 잘 보여준다.[2] 특히 계후자와 친생자, 서얼의 문제 등은 입후에 따른 친족 내부의 갈등요인이 사회구조적인 문제와 연동되는 양상으로 주목할 만하다. 그런데 이러한 양상들은 사회의 구조적 성격과 연관하여 사상사적 의의를 지닌다. 특히 혈연적 유대관계를 강화하는 '친친'과 사회적 위계질서를 구축하는 '존존'의 이념적 기준들을 둘러싼 해석의 차이는 사상과 사회구조의 관계를 이해하는 데 중요한 시사점을 보여준다.[3]

한편, 조선 후기 사족들은 입후와 종법질서에 대한 인식을 전반적으로 공유하는 가운데 종법과 입후의 몇 가지 논점에서 서로 다른 주장들을 펼치는데, 입후설을 비롯한 예설의 차이는 도통의 계승과 연관된 학파적 연원과 경향분기京鄕分岐의 지역적 차이를 넘어서서 예교禮敎의 사회문화를 이해하기 위한 새로운 접근을 요청하고 있다. 학파적 특성과 지역적 차이를 넘어서는 경향들이 나타나기 때문이다. 예컨대, 특정 학파나 지역에서 스승과 제자 사이나 각 분파별로 예설의 차이가 나타나기도 하고, 서로 다른 학파나 지역에서 상호 수렴되는 예설이 등장하기도 하기 때문이다.

이런 측면을 고려하여 필자는 기존의 설명방식을 존중하면서도, 그것을 넘어서서 정치적 권력, 경제적 기반, 문화적 권위라는 요인들이 상호 결합되는 다양한 양상을 규명함으로써 조선시대 예교질서에 대한 사회

---

2 Mark A. Peterson, *Korean Adoption and Inheritance : Case Studies in the Creation of a Classic Confucian Society*, Ithaca, N.Y. : East Asia Program, Cornell University, 1996 참조.

3 이런 시각의 선행 연구는 이봉규, 장동우, 이원택, 최진덕, 박례경, 전성건, 박종천 등 주로 철학 전공자들이 주도했다.

문화적 접근을 시도하고 있다.[4] 특히 세 가지 사회적 요인들을 모두 가진 서울 중심의 경화세족들, 영남 남인들처럼 중앙의 정치적 권력에서 배제되었지만 향촌에서 경제적 기반을 갖춘 채 문화적 권위를 통해 사회적 위상을 확보하려는 재지사족들, 근기 남인 성호학파처럼 정치적 권력과 경제적 기반이 모두 미미하거나 서인庶人으로 몰락하는 잔반殘班 사족들, 서얼과 중인, 서민과 노비처럼 예교질서에서 차별받는 피지배층 등을 구별하고 그런 구별을 통해 예교질서가 정립과 분화, 재구성과 해체의 다양한 가능성을 전개하는 역동적 양상을 해명하는 노력을 기울이고 있다.

이 글에서는 예교질서의 사회문화적 접근의 관점에서 조선 후기 입후설과 연관되는 친족의식의 양상을 성호학파를 중심으로 다루고자 한다. 종법이나 입후설의 사안에서는 양반 사족 중에서도 권력이나 재력을 가진 측일수록 포용적인 모습을 보여주는 경향이 있는 반면, 정치적 권력이 약한 대신 어느 정도 경제적 기반을 갖춘 향촌의 재지사족은 입후의 의례적 실천을 통해 여러 가문들 사이 또는 친족 내부에서 차별적 위계질서를 구축함으로써 그 문화적 권위를 인정받고자 했으며, 정치적 권력과 경제적 기반이 미미하거나 서민으로 몰락하는 과정에 있는 사족들은 종법의 새로운 이해 혹은 엄격한 입후 실천을 통해 하층계급과 구별되는 자신들의 차별적 정체성을 확보하고자 했다. 이에 비해 하층민들은 양반들의 문화적 관습을 모방함으로써 양반과의 신분적 차별성을 해소하고자 했다.[5]

---

4 박종천, 앞의 글, 2012a; 박종천, 「의례적 계승인가, 사회적 구휼인가?—조선 후기 입후立後와 입양入養에 대한 다산의 논의」, 『다산학』 16, 다산학술문화재단, 2010; 박종천, 「성호학파의 친족의식과 의례생활—광주안씨 종계를 중심으로」, 『한국실학연구』 26, 한국실학학회, 2013a.

2. 성호학파 종법론의 성격과 입후설의 경향

조선 후기 입후제의 전개는 크게 두 가지 측면을 주목할 수 있다. 입후설은 기본적으로 적장자 중심주의, 동종근친同宗近親의 원칙, 소목昭穆의 항렬 준수, 장자 입후 금지, 첩자에 대한 배려 여부 등 종법질서의 정립과 연계되며,[6] 가족과 친족의 구조가 양측적 질서에서 부계 중심의 질서로 재편되는 가운데 친친의 유대관계과 존존의 위계질서가 결합되면서 종종 충돌하는 양상을 보여주었다.

이러한 흐름 가운데 성호학파의 입후설은 조선 후기 입후의 사회적 현실에 대한 진단, 종법과 입후의 의미에 대한 이해, 사회적 문제를 해결하기 위한 대안적 입후설의 제시 등의 측면에서 주목할 만한 양상을 선보였다.

첫째, 성호학파 예학자들은 종법의 이상을 친족질서로 구현하는 과정에서 입후의 실천이 원칙을 넘어서서 지나치게 확대되고 무원칙하게 변용되는 문제점을 주목했다. 특히 지나친 입후로 인한 종법질서의 훼손이 특정한 개인이나 가문의 사회적 위상 유지나 현실적 이익 추구를 위해 이루어지고 있다는 점을 강렬하게 비판했다.

---

5 권내현, 「조선 후기 입양의 시점과 범위에 대한 분석」, 『대동문화연구』 62, 성균관대 대동문화연구소, 2008; 권내현, 「조선 후기 입양의 확산 추이와 수용 양상」, 『역사와 현실』 73, 한국역사연구회, 2009; 권내현, 「양반을 향한 긴 여정－조선 후기 어느 하천민 가계의 성장」, 『역사비평』 98, 2012; 박종천, 위의 글, 2010; 박종천, 위의 글, 2012a 등 참조.

6 1744년 영조英祖의 명에 따라 편찬된 『춘관지春官志』 「계후繼後」편은 18세기까지 문제가 된 종법의 원칙에 대해 정리하는 한편, 영조대까지 정립된 입후의 원칙을 벗어난 사례를 '법외계후法外繼後'의 항목으로 총 23가지 유형으로 다루었다. 『春官志』 卷2 「繼後【只錄法外繼後】」(『법제자료』 86집, 법제처, 1976, 19~32쪽). 【 】는 소자小字로 표기된 원주原註이다. 이하 동일.

18세기 이후에는 친족의 범위가 가족에서 문중으로 그 규모가 확대됨에 따라 불천위를 중심으로 구성되는 동종同宗 원친遠親들까지 입후의 대상이 되었다. 그리하여 동종 근친近親의 입후 원칙을 벗어나서 근친과 원친, 대종大宗과 소종小宗을 구분하는 입후의 범위가 무분별하게 확대되자, 대종에 국한되는 입후를 소종에서도 실행하고 혈연적 거리가 먼 친족을 마구 입후하는 현상이 나타나게 되었다.[7] 실제로 조선 후기에는 입후의 범위가 갈수록 확대되었는데, 17세기까지 10촌 이내에 머물던 입후의 범위가 18세기 이후에는 20촌을 넘어서서, 심지어 40촌 이내의 입후까지 나타날 정도로 확대되었다.[8]

이렇듯 입후의 범위가 지나치게 확대된 까닭은 무엇인가? 똑똑한 후사를 얻어서 종宗의 단절을 막기 위해 입후하려는 가문에서는 건강하고 똑똑한 후사를 얻으려 했고, 입후 대상은 사회적 지위가 높거나 경제적 조건이 좋은 집안에서 사회적 지위와 경제적 혜택을 받을 기회를 얻을 수 있었기 때문이다.[9]

이에 대해 성호星湖 이익李瀷, 1681~1763은 경제적 이익 추구를 위해 무분별한 입후가 이루어진다는 점을 비판했으며,[10] 다산茶山 정약용丁

---

7 鄭介淸, 『困齋先生愚得錄』 卷6 「論禮 · 論繼後【辛巳八月初五日】」, 36~37쪽. "夫爲人後者, 謂同宗之支子, 繼承大宗之無後者也. 蓋尊祖重宗, 子孫之道也. (…중략…) 爲祖宗而非爲身, 故支子無後, 則只祔於祖而不須立後, 古之禮也. (…중략…) 後世之所謂繼後者, 非爲祖宗而與爲人後也. 所後者特以占吝身後之產業, 不欲分裂於族人也. 爲後者亦貪戀所得之產業, 利爲子孫計, 皆非爲祖宗也. 且其愛財利, 而割天屬之愛以服朞, 重利合之父以服斬, 逆理亂常, 罪不容赦, 流俗之弊, 視以爲常, 不以爲怪, 深可嘆也." 朴世采, 『南溪外集』, 卷6 「書 · 問答論事 · 答李士亨【庚午五月十四日】」, 5쪽. "禮經古義, 大宗及貴爲大夫者外, 不可立後, 而今世雖支子遠族, 皆必繼絶, 使班祔一路遂廢, 誠足慨然也."

8 최재석, 『韓國家族制度史硏究』, 一志社, 1983, 618~625 · 635~646 · 694~698쪽 참조.

9 위의 책, 626~635쪽.

10 李瀷, 『星湖僿說』 卷6 「漢法不立後」, 60a. "近世無論遠近, 輒養族人爲後, 有財故也."

若鏞, 1762~1836은 벼슬길이 막힐까봐 첩자가 있는데도 가문의 사회적 위상 유지를 위해서 입후하고 재산 취득을 목적으로 적자를 입후시키는 현상, 곧 파양破養과 차양次養을 거듭하는 복잡한 문제들을 지적했다.[11]

물론 입후 범위의 지나친 확대와 경제적 이익 추구에 대한 비판적 인식은 성호학파뿐만 아니라 대부분의 지식인들이 공유하는 것이었다.[12] 다만 성호학파는 입후를 통한 사회적 욕망의 무분별한 실현을 철저하게 경계하면서도 하층민과 구분되는 양반의 문화적 정체성을 차별적으로 확보하는 기제로 설정하여 정치적 권력과 경제적 기반이 미미한 사족으로서 사회문화적 위상을 확보하려고 했다는 점에서 주목할 만하다. 실제로 성호학파에서 사회적 욕망 확산에 대한 비판적 인식과 경계는 순자荀子의 영향을 일정하게 인정하면서 예악禮樂의 자발적 이상과 형정刑政의 타율적 규제의 균형을 새롭게 고민하는 현실주의적 예론으로 나타났으며,[13] 이익의 서성입종론과 다산의 대종론과 입후론에서 보이는 창의적 해석은 하층민과 구분되는 양반의 문화적 정체성의 확립하기 위한 모색의 일환이었던 것으로 파악된다.[14]

둘째, 입후의 지나친 확대와 무분별한 시행을 바로잡기 위해 성호학파 예학자들은 대종과 소종의 구분을 철저하게 하고, 고례古禮의 입후

---

11 丁若鏞, 「立後論」(『與猶堂全書』 1-1-11).

12 박종천, 앞의 글, 2010, 69쪽.

13 박종천, 「다산 예론의 실천적 함의」, 『한국실학연구』 13, 한국실학학회, 2007; 박종천, 「조선 후기 예론의 성격과 전개 양상」, 『한국학연구』 31, 인하대 한국학연구소, 2013b 참조.

14 이봉규, 「실학의 예론—성호학파의 예론을 중심으로」, 『한국사상사학』 24, 2005; 장동우, 「『의례儀禮』 「상복喪服」 편에 대한 다산의 해석—『상례사전喪禮四箋』 「상기별喪期別」에 나타난 종법宗法과 입후立後에 대한 해석을 중심으로」, 『다산학』 1, 다산학술문화재단, 2000; 박종천, 앞의 글, 2012a; 박종천, 앞의 글, 2010; 박종천, 앞의 글, 2013a 등 참조.

원칙에 따라 입후의 범위를 대종으로 국한하는 대안을 제시했다.[15] 흥미로운 점은 이들이 입후의 범위를 고례에 따라 엄격하게 제한함으로써 파생되는 친족의 결속 약화를 방지하기 위해 오히려 종법을 창의적으로 새롭게 해석한다는 점이다. 예컨대, 이익과 정약용은 공히 '승중承重' 혹은 '입후'의 시점을 아버지의 죽음 이후에 설정했는데, 이는 계후자와 친자 사이에서 파양을 비롯하여 각종 사회적 문제가 생기는 것에 대한 의례적 대안이자, 친친의 혈연관계를 왜곡시킬 수 있는 입후의 문제점을 합리적으로 방지하기 위한 제안으로서 의미가 있다.

그러나 이들의 입후설은 입후를 대종에 국한한다는 점에서는 고례의 원칙을 표방하면서도 자의적이고 파격적인 대종을 설정한다는 점에서는 도리어 고례의 원칙을 벗어나는 문제점을 드러내기도 했다. 예컨대, 이익은 자의적으로 현조顯祖를 불천위로 세워서 새롭게 대종을 형성하는 서성입종론庶姓立宗論[16]을 제기함으로써 입후의 범위 내에서 이루어지는 친족의 결속을 도모했으며, 정약용의 경우에는 대종과 소종의 개념을 각각 계조繼祖 이상과 개네繼禰로 보는 파격적인 종법론을 제시함으로써 입후가 이루어질 수 있는 대종의 범위를 확대하는 방식으로 입후를 통한 친족의 결속을 보완했다. 실제로 이익의 서성입종론은 많은 향촌 사족들에게 유행되었으나, 순암順菴 안정복安鼎福, 1712

15 丁若鏞,「立後論」(『與猶堂全書』 1-1-11). "大宗方立後"; 李瀷,『星湖全集』 卷40「雜著・書鄭聽泉疑禮考證」. "古無小宗立後之禮. 喪服傳云 : 爲人後者孰後? 後大宗也. 曷爲後大宗? 大宗者尊之統也. 大宗者, 收族者也, 不可以絶, 故族人以支子後大宗也. 曷嘗謂小宗亦立後耶? 蓋百世不遷之宗有君道, 而不可不立後也. 如小宗則四世而遷者也. 雖無後, 諸孫猶可以奉其祀享, 以至親盡也, 何必爾耶? 故兄亡弟及, 禮有明文, 但後世不曾行耳. 夫立後禮之大變, 爲後者不得父其父, 有不得已也. 若所後之人自有其子, 則因而爲子, 是何意義? 還宗似可."

16 이봉규, 앞의 글, 2005 참조.

~1791은 서성입종론이 지나치게 확산되어 조상이 공덕功德이 없는데도 무조건 불천위를 세워서 대종을 자의적으로 형성하는 풍조가 생길까 우려하기도 했다.[17]

이익의 서성입종론과 정약용의 새로운 대종 해석은 모두 정치적 권력이나 경제적 기반을 갖춘 명문 경화세족이나 유력 재지사족에 의해 확대되어 왔던 입후 범위를 고례의 원칙에 따라 엄격하게 한정할 것을 주장한다는 점에서 조선 후기 각종 사회적 문제를 파생시켰던 권력과 재력에 대한 욕망을 일정하게 견제하는 한편, 근기 남인처럼 권력과 재력이 미미한 향촌의 사족들이 양반의 문화적 정체성을 보여주는 입후를 통해 혈연적 유대의식에 근거한 친족의식을 펼칠 수 있도록 새로운 가능성을 열어주었다고 해석할 수 있다.

셋째, 성호학파의 입후설은 입후의 범위와 원칙을 일정하게 제한함으로써 입후에 의해 친족의 결속을 강화시킬 뿐만 아니라 입후를 할 수 있는 동종同宗의 범위 내에서 친친의 혈연적 유대의식을 최대한 보존하는 방식으로 전개되었다. 이익과 정약용은 공히 손자가 없고 친자가 있을 경우 되도록 먼 친척에서 입후를 하지 않고 친자가 제사를 지내는 것을 중시했다. 이는 친친의 가족질서를 교란시키지 않도록 하는 배려였다.

이익은 입후한 뒤에 친생자를 얻었을 경우에 소후자所後子를 파계罷繼하여 생가로 귀종歸宗시킴으로써 혈연적 관계망을 최대한 자연스러운 상태대로 유지하려고 했다.[18] 이는 일단 입후한 뒤에는 양가 아버

17 安鼎福, 『順菴集』 卷7 「答安正進問目【癸巳】」, 3ab.

18 李瀷, 『星湖全集』 卷13 「書・答權台仲【甲子】」; 『星湖僿說』 卷15 「人事門・代疏」 등 참조.

지가 합의하는 특별한 경우가 아니면 소후부가 친생자를 얻더라도 입후의 제도적 안정성 유지와 소후자의 권리 존중을 위해 함부로 파계귀종하지 못하도록 한 일반적 경향과 분명하게 차이가 난다.[19] 이익은 입후시 소후자가 생부에 대한 호칭과 소후부의 칭호에서도 친소관계의 혼동을 줄 수 있는 호칭과 복제의 차서에 대해 고민하면서 최대한 자연적인 혈연적 친소관계의 왜곡을 줄이려는 고심도 보여주었다.[20]

친친의 혈연적 유대관계를 최대한 존중하려는 고심은 정약용에게서도 분명하게 부각되었다. 정약용의 종법론은 대종을 계조 이상으로 규정함으로써 대종의 숫자를 늘렸을 뿐만 아니라 동종同宗의 범위를 촘촘하게 규정하였다. 예컨대, 계녜지종繼禰之宗은 곤제昆弟가 동종이고, 계조지종繼祖之宗은 종부곤제從父昆弟가 동종이며, 계증조지종繼曾祖之宗은 종조곤제從祖昆弟가 동종이고, 계고조지종繼高祖之宗은 족곤제族昆弟가 동종이다.[21] 이런 방식으로 동종의 범위를 재구성한 것은 입후가 가능

19 이는 영남과 기호의 지역적 차이와 남인, 노론, 소론을 망라하고 일반적인 인식이었다. 朴世采,『南溪集』卷39「答問【講學論禮】· 答梁季通問【辛未追答】」. "出繼者初旣受命於父, 而爲後於人. 若彼此俱無父, 則恐不當擅自罷繼而歸宗, 其義然也";『喪變通考』卷1「通禮 · 宗法 · 還本宗」. "『大明律』: 若有親生子及本生父母無子欲還者, 聽. ○『問解』: 出後者本生親無後, 則兩家父相議, 歸宗. 古有其例. 兩家父死, 則子不可擅自罷繼, 當以本生親爲班祔也."

20 『星湖全集』卷40「雜著 · 書鄭聽泉疑禮考證」. "按先儒論祭祀曰: 吾之此身, 卽祖考之遺體也. 因祖考之遺體, 以聚祖考之氣, 卽是祖考來格. 又曰: 大宗無子, 則取族人之子爲後者, 取其氣脈可以嗣屬也. 然則祖考在天之靈, 舍吾之氣脈, 而能格於族人之氣脈乎? 且以祖考之主, 不傳於祖考之遺體, 而傳於族人之遺體, 可乎? 古人立後後生子, 遣所後子歸宗, 乃天理人情之不能已者也."

21 丁若鏞,『喪禮四箋』卷11(『與猶堂全書』3-1-11)「喪期別」, 22ab. "鏞案, 同宗者, 包遠近之名也. 繼禰之宗昆弟, 其同宗也. 繼祖之宗從父昆弟, 其同宗也. 繼曾祖之宗從祖昆弟, 其同宗也. 繼高祖之宗族昆弟, 其同宗也. 百世不遷之宗, 凡爲別子之血裔者, 皆同宗也. 五世而遷之, 宗雖同, 爲五世祖之子孫, 不得爲同宗, 何也? 祖遷於上, 宗易於下, 不得以血脈相連, 而冒稱同宗也."

한 대종의 범위 내에서도 혈연적 동질성을 최대한 확보하려는 정약용의 고심의 반영인 동시에,[22] 동종의 범위 내에서 종족적 친족의식을 활성화시킴으로써 혈연적 친소관계의 왜곡을 줄이려는 의도가 엿보인다.

정약용은 친친의 혈연적 유대관계를 최대한 존중하기 위해 첩자손의 봉사와 승중을 인정했으며, 입후 혹은 입승대통入承大統의 경우에도 생부와 소후부의 호칭만큼은 혈연적 관계를 그대로 살릴 수 있는 방안을 제시했다.

그는 친친의 혈연적 유대관계를 훼손시키지 않기 위해 적자손이 없을 때 첩자손의 봉사와 승중을 인정해야지, 다른 사람의 아들을 입후해서는 안 된다고 주장했다.[23] 실제로 정약용은 그 중형仲兄 정약전丁若銓, 1758~1816의 큰아들 정학초丁學樵, 1791~1807가 죽었을 때 원친遠親의 아들 중 똑똑한 아이를 입후하기 원했던 형수에게 정약전의 서자庶子 정학소丁學蘇, 1806~?가 아들을 낳으면 정학초의 후사로 삼을 것을 제안하기도 했다.[24]

정약용이 입승대통시에 소후부에 대해서 '황고皇考'로 칭하고 생부를 '백숙부伯叔父'로 칭할 것을 주장했던 예설을 비판한 것도 마찬가지

---

22 장동우, 앞의 글, 285쪽.

23 丁若鏞, 『喪禮四箋』 卷11(『與猶堂全書』 3-1-11) 「喪期別6・出後7【有妾子則立之, 不取他人之子.】」, 34a~35b. "鏞案, 先王之禮, 上自天子・諸侯, 下至大夫・士, 無適子・適孫者, 立其妾子, 未嘗舍吾之子而取人子以爲後也. … 父子, 天性也, 不能以人力無故決絶. 有廢疾, 則舍之; 有罪惡, 則舍之. 不如是, 則吾子也, 豈宜以妾出而舍之, 遠取他人之適出哉? (…중략…) 庶子承統, 天理則然, 而我邦卑庶太甚, 雖才德竝隆, 不許淸官. 於是庶子盈庭, 而必取族人之子, 以爲己後, 傷天彝而斁人紀, 未有甚於此者也? (…중략…) 自與妾子別爲一支者, 謂以宗祀讓與同母之弟, 而己則退而爲庶, 使其妾子, 但奉父祭, 別爲一支也." 물론 이 경우에는 종사宗祀는 아우에게 넘기고 서얼과 자신은 별도의 家로 분리된다.

24 박종천, 앞의 글, 2010, 78~79쪽.

맥락에서 이해할 수 있다. 그는 생부에 대한 혈연적 호칭屬稱을 그대로 유지하되 소후부와 계후자의 호칭은 선제先帝와 사황嗣皇 또는 선왕先王과 사왕嗣王이라는 통칭統稱으로 이원화함으로써 '친친'의 은혜와 '입후'의 의리를 조화시키려고 했다.[25] 이는 입후의 의리를 존중하면서도 친친의 관계를 최대한 존중하려는 고심의 흔적으로 해석된다.

3. 서얼문제와 변등론으로 본 성호학파의 입후설

성호학파의 종법론과 입후설에서 제기된 차별적 성격은 성호학파가 지닌 사회문화적 배경을 통해 해석할 수 있다. 근기 남인 성호학파 학자들은 중앙의 노론 경화세족이나 영남 남인 재지사족과는 달리 파격적인 종법의 이해와 입후의 실천을 통해서 정치적 권력이나 경제적 기반이 미미한 사족들이 종법과 입후의 실천을 통해 양반으로서 문화적 정체성을 유지할 수 있는 길을 열어주는 한편, 기본적으로 존존의 위계질서가 강조되기 마련인 입후의 사안에서도 친친의 혈연적 유대관계를 최대한 존중할 뿐만 아니라 친족의 결속을 강화하는 예설을 제안한다는 점에서 영남 남인 퇴계학파의 예설에서 벗어나 노론 기호학파의 흐름과 유사한 양상을 드러내고 있다.

그렇다면 성호학파가 노론 기호학파의 친친 중심주의적 양상에 접근해 가는 흐름은 어떻게 이해할 수 있을까? 앞서 살펴보았듯이, 이익

25 丁若鏞, 『喪禮四箋』 卷12(『與猶堂全書』 3-1-12) 「喪期別8－出後二十七【出後七本生父母稱謂】」; 丁若鏞, 『喪禮外編』 卷4(『與猶堂全書』 3-2-20) 「國朝典禮考」 卷1, 3b · 卷2, 25b.

은 입후시 호칭과 복제는 물론, 파계귀종을 감수하면서까지도 친친의 혈연적 유대관계를 최대한 보존하려고 했다. 정약용은 여기서 한 걸음 더 나아가 첩자승중을 통해 혈연적 관계를 최대한 존중하려는 제안까지 했다. 이는 힘도 돈도 없는 가난한 향촌 사족들이 혈연적 결속을 통해 양반의 문화적 정체성을 유지하려는 차원에서 이해할 수 있다. 먼저 성호학파가 영남 남인 퇴계학파에서 노론 기호학파로 다가가는 방향을 잘 보여주는 서얼 승중의 문제를 다루어 보자.

1) 서얼차대와 서얼허통의 역사적 흐름

조선에서 서얼庶孽 차대는 태종 15년1415에 우부대언右副代言 서선徐選, 1367~1433 등이 서얼 자손을 현관 직사顯官職事에 임명하지 말 것을 진언한 데서 비롯되었다.[26] 서얼 차대는 한품서용법과 서얼금고법을 통해 공인되었으며, 이에 따라 적서嫡庶의 구분은 가족 내 규범을 넘어서서 사회적 신분의 문제로 확대되었다.[27] 오랜 기간동안 많은 사회적 문제를 겪은 뒤에 임진왜란의 납속책을 비롯하여 몇 번의 계기를 거치다가, 숙종대 이후 본격적인 서얼허통운동이 진행되어 숙종 22년1696에는 서얼들이 '업유業儒'와 '업무業武'의 직역職役을 획득하였고, 영조

---

26 『太宗實錄』 卷29 태종15년 6월 25일(庚寅). "右副代言徐選等六人陳言 : '宗親及各品庶孽子孫, 不任顯官職事, 以別嫡妾之分.' 議得 : '依陳言施行.'"

27 조선 전기 서얼에 대한 차별과 서얼허통 논의에 대해서는 최이돈, 「조선 초기 서얼의 차대와 신분」, 『역사학보』 204, 2009; 심상완, 「조선 전기 서얼의 지위에 대한 일고찰」, 고려대 석사논문, 2007; 정긍식, 「16세기 첩자의 제사 승계권」, 『사회와 역사』 53, 한국사회사학회, 1998 등 참조.

48년1772에는 드디어 서얼금고가 공식적으로 폐지되었으며, 18~19세기에 걸쳐 서얼의 자손들은 양반의 직역인 '유학幼學'의 호칭까지 얻게 되었다.[28] 마침내 철종 10년1859 11월 이후 서얼들은 친생자인 서자가 있음에도 불구하고 서자에게 제사를 상속하지 않고 적출이 아니면 입후하는 관행이 왕명과 국법을 거스른 불법적 행태라고 비판하면서 통문을 돌려서 적극적으로 서얼 차대 철폐를 위한 대규모의 집단적 저항을 시도했는데, 이에 따라 19세기 후반부터는 서얼의 제사상속권을 인정하는 가문이 상당히 증가하게 되었다.[29]

『경국대전』에서는 적자와 첩자가 모두 없을 경우에만 입후를 한다고 규정했으나, 조선 후기에는 계승할 만한 적자가 없고 첩자가 있을 때에도 입후를 하는 것이 일반적이었다. 그러나 적자 없이 첩자만 있을 경우에는 입후를 하지 않고 첩자의 봉사를 인정하거나 첩자의 승중을 옳게 여기는 경우도 있었다. 이런 역사적 흐름 가운데서도 영남 남인과 기호 서인들은 상대적으로 각각 서얼차대와 서얼허통으로 각기 상이한 입장을 취했다.[30]

먼저 퇴계退溪 이황李滉, 1501~1570은 비록 혈육 간의 정리를 존중하

---

28 한기범, 「17世紀 庶孼의 宗法的 地位-『禮問答書』의 分析을 중심으로」, 『國史館論叢』 81, 국사편찬위원회, 1998; 배재홍, 「朝鮮後期의 庶孼 許通과 身分地位의 變動」, 경북대 박사논문, 1995; 김정현, 「17세기 庶孼 職役 變動에 대한 一考察」, 이화여대 석사논문, 1996; 이순형, 『한국의 명문 종가』, 서울대 출판부, 2000, 317~337쪽 참조.

29 『葵史』 卷2, 哲宗條; 「朝鮮後期의 庶孼 許通과 身分地位의 變動」, 경북대 박사논문, 1995; 특히 이지영, 「조선 후기 서얼의 차별 철폐운동과 그 지위의 변화」, 한남대 석사논문, 2012, 45~46쪽 참조.

30 영남학파와 기호학파의 차이에 대해서는 이순형, 『한국의 명문 종가』, 서울대 출판부, 2000, 325~334쪽 참조. 이순형은 양 학파가 모두 적통론이라는 점에서 공통적이지만, 그 실현방법론이라는 측면에서 영남학파가 엄격한 원칙론에 근거한 서얼차대를 강조한 반면, 기호학파는 혈통 중심의 적통론에 따라 서얼허통을 주장했다고 설명했다.

지만 장자가 아들이 없을 때 승중하는 조카의 범주를 명백하게 적자손適子孫에 국한시키면서 첩자손妾子孫을 철저하게 배제시켰으며, 영남 남인 퇴계학파는 이러한 이황의 관점을 계승하여 대체로 적서의 구별을 철저하게 지켰다.

> 서얼庶孼의 복제는 사람들이 의문이 많은데, 『가례家禮』뿐만 아니라 『대명률大明律』 등의 서책에도 없습니다. 『의례경전儀禮經傳』의 경우에는 고례古禮를 모아 놓은 것이라서 기재하지 않은 것이 없는데도, 그에 대한 글이 없으니, 웬만해서는 그 뜻을 깨닫지 못하겠습니다. 삼가 생각건대, 아마도 옛날 사람들은 적서適庶의 분별이 엄하다고는 하지만 골육骨肉의 은혜는 다를 것이 없으므로 지금 사람처럼 노예 대접하듯 하지 않았기 때문에 복제에 차별이 없었던 듯한데, 확실히는 모르겠습니다.[31]

> 제 생각에 '장자長子에게 아들이 없으면 차자次子의 아들이 승중承重한다'는 것은 분명 적자손適子孫을 가리켜서 말한 것입니다. 비록 첩이 낳은 아들이 있더라도 문득 대신하여 계승하지는 못할 듯합니다.[32]

이런 관점은 국가적 차원의 서얼허통 논의를 거치면서 더욱 명료해졌다. 명종 8년1553, 서얼허통론자들은 현직顯職 서용을 제한하는 한계

31 李滉, 『退溪集』 卷25 「答鄭子中別紙」, 30b~31a. "爲庶之服, 人多疑問, 非徒『家禮』, 『大明律』等書無之. 如『儀禮經傳』, 乃集合古禮, 無不該載, 而亦無其文, 尋常不曉其意. 竊恐古人適庶之分雖嚴, 而骨肉之恩無異, 非如今人待之如奴隷, 故其制服無所差別歟, 未可知也."

32 李滉, 『退溪集』 卷13 「書・答宋寡尤【言愼○庚午】」, 19b. "竊意長子無子, 次子之子承重, 應指適子孫而言. 雖有妾產, 恐未可遽代承也."

내에서 양처良妻를 취했을 때 양첩자良妾子는 손자대에 허통하고 천첩자賤妾子는 증손대에 허통한다는 결정을 통해 한정적 서얼허통론의 가능성을 열어주었다.[33] 당시 영의정 심연원沈連源, 1491~1558, 좌의정 상진尙震, 1493~1564, 우의정 윤개尹漑, 1494~1566, 좌찬성 윤원형尹元衡, 1509~1565 등 의정부 대신들은 사대부 집안에서는 적서嫡庶의 구분이 중하지만 일반 백성들은 양천良賤의 분별이 없다는 현실적 차이점을 강조하면서, 사대부가의 명분과 달리 국가의 인재 선발은 귀천貴賤을 가리지 않는다는 점을 내세워 청직淸職, 현직顯職, 중직重職을 제외한 서얼허통을 주장했다. 이에 비해 서얼차대론자들은 나라와 집안의 명분名分 질서의 근간이 되는 귀천의 분별과 적서의 구분이 무너지면 비천한 자가 존귀한 자를 해치고 서얼이 적자를 능멸하는 풍조가 생길 것을 우려하여 서울허통을 반대했다.

당시 이황은 예외적인 경우에 한하여 귀천을 따지지 않는 국가의 인재 선발과는 달리 적서嫡孽의 명분名分과 귀천貴賤의 위계질서等倫를 나라와 집안의 예교질서를 유지하는 대방大防으로서 인식하면서 서얼허통에 반대하는 편에 서서 다음과 같은 의견을 표명하였다.

> 만일 이 대방이 한번 허물어지면 서얼이 적자를 핍박하고 비천이 존귀를 능멸할 것이니 어찌 이를 경솔히 개정할 수 있겠습니까. 하물며 지금 인심은 어지럽고 세상 풍습은 완악하여 대방이 있는데도 오히려 서천庶賤들이

33 『明宗實錄』 卷15, 明宗 8년 10월 7일(庚辰). 물론 서얼차대론자들의 반대로 인해, 정도와 양상의 차이는 있지만, 현실화되는 데 일정한 한계가 있어서 조선시대 내내 현실적 차별은 지속되었다.

> 적존嫡尊을 능멸하고 분수를 뛰어넘어 명교名教를 더럽히는 일들이 속출하고 있는 데이겠습니까? 만일 이와 같은 때에 국가에서 먼저 대방을 없애서 폐단을 유도한다면 종말에 가서는 그 폐가 어떠하겠습니까?[34]

이황의 관점이 반영된 서얼차대론은 동계桐溪 정온鄭蘊, 1569~1641을 거치면서 더욱 확대되었다. 정온은 사회적으로 명분을 무너뜨리고 신뢰를 상실하며 백성의 원망을 산다는 이유로 서얼허통을 철저하게 반대하면서, '방자한 서얼들 때문에 분노하는 사대부'들을 위해 서얼 억제의 수단으로 계세법計世法(1627)을 만들었다.[35]

물론 정온이 완전하게 서얼허통의 가능성을 부정한 것은 아니었다. 특수한 상황 속에서 일정한 한계 내에서는 서얼 허통을 논의할 수 있다고 보았다. 그리하여 납속納粟이나 사회적 공로를 고려하여 서얼을 허통시키자고 주장한 율곡栗谷 이이李珥, 1536~1584의 관점을 일부 수용했다.

---

34 『明宗實錄』卷15, 明宗 8년 10월 7일(庚辰). "天生一世, 人材無間於貴賤, 故先王用人之法, 但視其才德之優劣, 而不論其所出之如何. 自古名人, 碩士, 由庶賤而奮世, 或至於立功業裨國家者, 不可一二數. 惟我東方, 庶孽之人, 不許通仕路, 其來已久. 其間雖或有才智出衆者, 例皆沈埋下流以死, 有乖於古者立賢無方之義, 故往者或欲依上國法例, 許通庶孽之議有之. 雖然, 此法之改有二難, 一曰國俗難猝變, 二曰大防難猝毁. 二難之中, 國俗猝變, 始雖甚駭, 人心苟義理得中, 則終當帖帖, 何患難改乎? 惟是大防之守, 誠不可猝毁. 所謂大防者, 嫡孽之名分, 貴賤之等倫是也. 有國有家者, 所以維持鞏固, 無敢陵越者, 以有此防也, 此防一毁, 以庶偪嫡, 以賤蔑貴, 豈可輕易爲哉? 況今人心淆雜, 世習頑悖, 大防之下, 猶有以庶賤而陵駕嫡尊, 踰越分地, 以干名教者, 滔滔. 若國家先去其大防以導之, 則其末流何如哉? 且上國雖或得才於庶品, 然亦甚稀. 本國才雖間出於庶孽, 然而千百僅一, 而無賴不率者, 每出於此輩, 何可輕毁其舊防乎? 故庶孽許通之法, 今不可創立也. 顧臣之愚意, 復有所未盡者, 不敢不言. 今之庶薛中, 果有忠義如晋之周顗, 德行如宋之陳了翁, 潘良貴, 武略如漢之衛青輩, 出於其間, 而猶拘以勿通之法, 則又恐非所以奉天心命有德之意也. 臣請苟有如是者, 大臣及該曹, 臨時另行商議, 悉稟睿裁施行, 庶幾不壞大防, 而兼得於立賢無方之義也."

35 鄭蘊, 『桐溪集附錄』卷1 「桐溪先生行狀【許穆】」, 9ab. "時有宰相建白以爲材能多屈, 廣開庶孼之路, 而又以邊兵不足, 納粟多游丁, 議悉發防邊. 公又曰 : '此壞名分失信, 斂怨於民.' 極言之. 於是庶孼縱恣, 而士大夫皆怒, 裁抑爲計世法."

곡식을 납부하고 공을 세우기를 기다려서 허통시키자고 한 이이李珥의 주장은, 오히려 '예禮를 사랑하기 때문에 양羊을 그대로 둔다'는 의미이므로 오히려 가한 일입니다. 그런데 지금 아무런 한계를 두지 않고 활짝 열어버리려는 것은 무슨 의도이겠습니까. 아, 양녀良女이면서 두 번 시집가지 않은 경우는 그의 자식을 오히려 허통시킬 수 있겠지만, 천한 창녀娼女의 출생이거나 유녀游女의 출생으로 영성嬴姓인지 여성呂姓인지조차 구분할 수 없는 자를 모두 다 허통시킨다면, 사로仕路는 혼탁해지고 명분은 모조리 없어져서 나라가 어지럽고 망하게 될 것입니다[36]

그러나 정온은 완전한 서얼허통은 명분에 입각한 사회의 위계질서를 무너뜨릴 수 있다는 우려를 강하게 제기했다. 실제로 그는 재가再嫁한 양인良人 여성의 아들이나 천한 창녀나 유녀의 아들인 경우 성姓을 구분하기 곤란할 경우가 많은데, 그마저도 허통하면 사회적 기강과 명분이 무너질 것이라고 서얼허통의 문제점을 지적했다. 나아가 그는 집안과 나라의 영역과 적서嫡庶와 존비尊卑의 관계를 연속적인 영역과 관계로 해석하면서 서얼허통을 철저하게 비판했다.

서얼庶孼의 허통許通 문제에 대하여 조정의 논의가 한결같지 않은데, 대저 행할 만하다고 하는 자가 반이 넘습니다. 그러나 신의 어리석은 생각으로는 기필코 시행해서는 안 된다고 봅니다. 우리 국가가 200년 동안 유지

---

36 鄭蘊, 『桐溪集』 卷3 「辭都承旨疏【乙丑】」, 18ab. "李珥之必待納粟立功而後許通者, 猶有愛禮存羊之意, 猶之可也. 今欲洞開而無防閑, 其意何居焉? 噫! 良女而不更二夫者, 則其所生猶可通也. 至於賤娼之産, 游女之出, 不辨嬴, 呂之姓者而皆許其通, 則仕路穢濁, 名分掃地, 其不爲亂亡之歸者幾希矣."

하고 공고히 해 오면서 거의 망할 뻔하다가 다시 흥기한 것은 명분名分이 있었기 때문입니다. 적자嫡子와 얼자孼子 사이의 존비尊卑의 구분은 하늘의 법과 땅의 의리로서 어지럽힐 수 없는 것입니다. 삼대三代 시대에는 집안에서만 시행하고 나라에서는 시행하지 않았다는 것을 신은 믿을 수가 없습니다. 집안이 다스려진 뒤에 나라가 다스려지는 것인데 어찌 집안에서만 시행하고 나라에서는 시행하지 않았겠습니까.[37]

서얼허통론자들은 집안家의 적서 구분과 나라國의 존비 구분을 서로 다른 영역으로 구별하고 적서 구분을 집안의 영역에만 국한시키고 나라의 영역에서는 적용하지 않는다고 주장했으나, 정온은 집안의 적서 구분이 나라의 존비 구분에도 적용되어야 함을 주장하면서 서얼허통론을 비판했다. 이러한 정온의 주장은 후대 서얼차대론자들이 가장 많이 인용하는 논리로서 널리 회자되었다. 이에 따라 집안 내부의 적서 구분은 나라의 존비 구분에도 적용되어 사회적 위계질서를 지키는 핵심적 명분으로 부각되었다.

서얼허통론자들이 기본적으로 모계의 신분을 어느 정도 고려하면서도 부계의 신분과 지위를 기준으로 삼아 서얼의 폐해를 극복하고자 한 데 반해, 서얼차대론자들은 부계는 물론 모계의 신분을 분명한 기준으로 설정하면서 양측적 가족제도의 습속을 견지하였다. 이 때문에 서얼차대론자들은 모친이 천출賤出이 아니라 양인良人일 경우에, 그것도 재

---

37 鄭蘊, 『桐溪集』 卷3 「辭都承旨疏【乙丑】」, 17b~18a. "庶孼許通, 廷議不一, 而大抵以爲可行者過半矣. 以臣愚意, 知其必不可行也. 我國家二百年維持鞏固, 幾亡而復興者, 徒以名分在也. 嫡孼之間, 尊卑之分, 天經地義, 不可撓紊. 三代之時, 行於家而不行於國者, 臣未之信也. 家齊而後國治, 則豈有獨行於家而不行於國乎?"

가再嫁하지 않는 경우에 한하여 허통의 가능성을 일부 고려했을 뿐이다.

이에 비해 서얼허통론자였던 이이의 첩자승중 전통을 계승한 사계沙溪 김장생金長生, 1548~1631은 서얼차대를 인정하는 이황의 관점에 대해서 천속天屬의 친족에게 적서嫡庶의 구분에 따라 귀천貴賤의 논리를 적용하는 문제점을 신랄하게 비판했다. 그는 서얼차대를 야만적인 조선의 풍습으로 규정하고 그에 따르는 이황과 그 후계자들의 논의를 철저하게 비판했다.

> 서얼庶孽에 대한 복은, 그 아버지의 입장에서 보면 첩자妾子나 적자嫡子나 그 정이 차이가 없다. 첩자가 죽었을 경우에 그 아버지가 곡읍哭泣하면서 복을 입으니, 적형제嫡兄弟가 어찌 대수롭지 않게 보아서 복을 입지 않을 수 있겠는가. 이로부터 미루어 나가면 그를 위한 복은 백숙부伯叔父와 종자從子와 종부형제從父兄弟에게 모두 복이 있는 것임이 분명하다. 이 예는 물어볼 필요가 없는 것이다. 퇴계가 '알 수 없다'고 답하였는데, 천속天屬의 친족이 어찌 귀천貴賤으로 인해 차이가 있겠는가. 퇴계 역시 우리나라의 야박한 풍속에 구애되어 벗어나지 못하였으니, 탄식스럽다. 고례를 보면, 적서의 구분은 처첩妻妾의 구분으로써 말을 하였지, 형제의 구분을 가리켜서 말하지는 않았다.[38]

> 서얼庶孽의 복服은 퇴계의 말이 옳지 않다고 생각되네. 서얼이란 아버지의 입장에서 보면 그 정은 적자嫡子와 다를 바가 없네. 첩의 자식이 죽었을

---

38 金長生, 『沙溪全書』 卷42 「附喪祭禮答問辨疑」, 32b~33a.

때 그 아버지가 곡하면서 상복을 입는다면 적실嫡室의 형제가 어떻게 아무 걱정 없이 복을 입지 않을 수 있겠는가. 이로 미루어 보면 백숙부모伯叔父母와 종형제에 대해 모두 상복을 입어야 할 것임이 분명하네. 퇴계 선생이 어떤 사람에게 보낸 답서에서 말씀했다. "옛 예법에도 그런 내용이 없어서 항상 그 뜻을 이해하지 못하였네. 삼가 생각해 보건대, 옛사람들의 적서嫡庶 구분은 비록 엄격하였으나 골육의 은혜는 차이가 없었네. 요즘 사람들이 종처럼 대하는 것과 같지 않았던 까닭에 차별한 바가 없었던 것이다." 천속天屬의 친족이 어찌 귀천貴賤으로 인해 차이가 있겠는가?[39]

이러한 김장생의 관점은 이이, 송익필 등 서얼에 대한 포용적 관점을 지녔던 스승들의 영향도 있었고, 개인적으로 첩자인 서출 형제들과 좋은 관계를 유지하면서 그들로 인해 정치적 어려움을 극복했던 환경 덕분이기도 하지만, 이념적 차원의 실천적 관심의 문제이기도 했다. 김장생의 스승인 이이는 적자가 없고 서얼 혹은 첩자만 있을 경우 서얼 또는 첩자에게 승중承重을 할 것을 주장했으며, 첩자만 있었던 자신도 실제로 입후를 행하지 않고 첩자에게 대를 잇게 했다. 이는 뒤에 '첩자승중'의 사례로 언급되곤 했는데,[40] 첩자의 계승 가능성을 인정했다

---

39 金長生, 『沙溪全書』 卷4 「書・答金巘問目」, 11b~12a. "庶孼之服, 退陶之言恐未然. 庶孼, 以其父視之, 則其情與嫡子無異矣. 妾子死, 其父哭泣爲服, 則其嫡兄弟, 豈可恝然不服乎? 以此推之, 伯叔父母・從兄弟皆當有服, 明矣. 退溪先生答人書曰, '古禮亦無其文, 尋常不曉其意. 竊恐古人嫡庶之分雖嚴, 而骨肉之恩無異, 非如今人待之如奴隷, 故無所差別矣.' 天屬之親, 豈以貴賤有間乎?"

40 이이가 첩자에게 대를 잇게 한 사례는 이이가 장남이 아니기 때문에 첩자승중의 사례가 될 수 없다고 평가할 수도 있지만, 이이의 서자는 이이의 아버지의 종통을 계승한 것이 아니라 이이로부터 시작되는 별도의 새로운 계통의 계승자라는 점은 인정할 수 있다. 더구나 『栗谷全書』 卷11 「答成浩原」, 「答宋雲長」 등에 '승중첩자지친모承重妾子之親母' 문제에

는 점에서 가계계승에서 '존존'보다 '친친'을 앞세우는 분명한 지향점을 보여준다.

그러나 서자승중은 현실적으로 가문의 위상을 하락시키는 사회적 문제를 야기했기 때문에, 가계계승에서 친친을 존중하려는 관점은 입후 대신 서자봉사庶子奉祀와 차적이종次適移宗을 병행하는 흐름으로 전개되었다. 예컨대 김장생의 아들 신독재愼獨齋 김집金集, 1574~1656은 서자에게 봉사를 하도록 하면서도 종통은 차적에게 이종했고, 이런 방식은 차후 역사적 모범 선례가 되었다.

> 『대전大典』의 입후조立後條에는 '적처適妻나 첩妾에게서 모두 자식이 없어야 비로소 입후를 허락한다'고 하였네. 이를 근거로 한다면, 첩에게서 태어난 아들도 제사를 받들 수 있음을 분명히 알 수 있고, 고례古禮에서도 그러하였네. 따라서 문익공文翼公(鄭光弼의 시호)의 봉사奉祀를 정희번鄭希蕃에게 맡긴 것이야. 희번은 정鄭 정승 집의 첩 소생으로 원로元老의 할아버지이네. (그러나) 신로愼老(金集)는 막중한 종사宗祀를 천첩賤妾의 소생에게 맡길 수 없다고 생각한 까닭에, 김 남원 자장金南原 子章(金益烈)에게 옮겨 군평君平(金萬埈)에게 전하게 하였네. 이것도 예법가禮法家에서 한 일이니, 당연히 선비 집안에서 본받아야 할 것이네. 우리 집안의 처신도 신로愼老 집과 같았네. 백부伯父에게는 단지 첩에게서 얻은 아들 시섭時燮이 있었네. 백부가 돌아가신 뒤에는 종사宗祀가 주부종형主簿從兄에게 돌아갔네. 종형은 넷째 작은아버지에게서 난 아들이었지. 그러나 정 정승 집의 일이 결국

대한 논의가 나오는 것으로 보아 이이가 첩자승중을 인정했다는 점은 분명해 보인다.

은 옳을 것이네. 그러므로 내가 당초에 이를 신로에게 말씀드렸으나, 따라 주지 않으셨네.[41]

중종대 영의정을 지낸 정광필鄭光弼, 1462~1538 집안은 서얼이 승중하여 첩자봉사를 했고, 이후 첩자봉사에 대한 논의에서 자주 거론되는 대표적인 사례가 되었다. 우암尤庵 송시열宋時烈, 1607~1689은 정광필가의 사례를 서얼승중의 대표적 사례로 여겼으며, 서얼의 승중이 고례와 『경국대전』 「입후」조에 따라 경전적 토대와 법적 근거를 지닌다고 보았다. 그러나 서얼금고와 한품서용의 제도적 한계로 인해 현실적으로 서얼의 승중은 가문의 사회적 위상을 하락시키는 곤란한 문제였다. 이에 따라 송시열의 집안에서도 종통을 차적次適에게 이종移宗한 김집의 사례를 따랐다. 그리하여 이이로부터 본격적으로 제기되었던 서자승중이 지향했던 친친의 이념은 첩자봉사와 차적이종의 병행이라는 방식으로 입후를 대신하는 서인 노론 계통의 중요한 양상으로 구체화되었다.

이런 흐름 가운데 조선 후기에는 서얼도 가례를 실천하는 주체로 인정되면서 서얼과 관련된 의례의 정비가 일정하게 이루어지게 된다. 이것은 첩과 서얼을 노주奴主 관계에 의해 신분적으로 배제하던 경향에서 벗어나 양반의 친족 질서 내에 어느 정도 자리매김하는 과정이었다고 할 수 있다. 서얼이 적모嫡母 유무와 관련없이 생모生母에게 삼년

41 『宋子大全』 卷107 「答郭汝靜」, 15ab. “『大典』「立後」條云:‘適·妾俱無子, 然後始許立後.’ 據此則妾子奉祀之意, 昭然可見矣. 古禮然也. 故文翼公奉祀付之鄭希蕃. 希蕃乃鄭相家孽屬也, 而向者元老之祖也. 愼老則以爲莫重宗祀, 不可付之賤生, 移之金南原子章, 以傳之君平. 此亦禮法家所爲, 則當爲士夫家所效矣. 吾家所處, 亦如愼老家. 伯父只有妾子時變. 伯父身後, 宗祀歸於主簿從兄. 此從兄是第四房出也. 然鄭相家事終是正當, 故吾則當初以此告於愼老, 而不見聽矣.”

복을 입을 수 있게 된 것은 신분에 의해 적모에게 압굴壓屈되는 존재가 아니라는 점을 인정한 것이다. 서자는 친족 내에서 중자衆子로서의 지위를 인정받으면서 보편적인 종법질서의 틀 속에 포함되기 시작했다고 할 수 있다.[42]

2) 서얼과 최장방 논의에 반영된 친친親親의 친족의식 강화

서얼 문제와 관련해서 서인 기호학파는 적서 구분에 대해 상대적으로 포용적인 입장을 지닌 반면, 영남 남인들의 경우에는 적서의 구분에 대단히 엄격했다. 이는 자식의 신분을 정할 때 부계만 고려하는 중국에 비해, 양측적 친족질서부터 부계 중심적 친족질서로 이행하는 과정에서 부계 친족질서를 강화하면서도 양측적 친족질서의 유산을 고려했던 조선의 특수한 상황에서 비롯된 현상이었다.

조선 후기에는 사림의 정계 진출 이후 정치권력을 주도했던 서인이 능력과 덕망만 고려하는 국가운영의 관점에서 서얼허통에 대해 상대적으로 포용적인 관점을 유지한 반면, 정치권력으로부터 소외되었던 남인의 경우에는 지역의 경제적 기반을 갖추고 자율적인 향촌질서를 주도하였으나 중앙 정계 진출이 여의치 않은 상황 가운데 양반의 문화적 정체성을 유지하기 위해서 상대적으로 강하게 서얼차대를 유지했다. 노론 중심으로 중앙의 권력을 장악한 경화세족들은 서얼들까지도

---

42 김윤정, 「18세기 禮學 연구－洛論의 禮學을 중심으로」, 한양대 박사논문, 2011, 150쪽.

일정한 사회적 역할을 나누어줄 만한 여유가 있었다. 이에 비해 영남 남인들을 비롯한 지방의 재지사족들은 중앙의 정치권력의 가능성이 좁아진 정치적 형국 내에서 지방의 향권鄕權 장악과 지역내부의 위계질서 강화에 몰두할 수밖에 없었다. 그러나 이미 경제적으로 상당히 성장한 중인층과 하층민들이 사회적 위상강화를 도모하고, 서얼층의 사회적 불만도 집단적으로 표출되는 상황이 점차 확산되었다. 재지사족들의 지역적 위계질서의 강화는 이러한 사회적 흐름과 마찰을 일으키게 되어, 상하, 적서, 신구의 갈등이 사회적 갈등으로 격화되는 양상을 불러일으켰다.

이런 상황에서 성호학파 학자들은 정치적 권력에 일부 참여하거나 정치와 문화의 중심부 근처에서 사회구조적 변화를 목도하면서 일정한 문제의식을 갖게 되었다. 그러나 그런 시대적 인식과는 달리, 정치적 권력과 경제적 기반이 미미하거나 사회문화적 위상이 하락하는 현실적 처지를 감안할 때, 하층민과 차별화된 양반으로서의 문화적 정체성을 확보할 필요가 있었다. 이에 따라 미미한 상태로 흩어진 친족들을 결속시킬 만한 사회문화적 필요성을 절감한 결과가 '친친'의 강화에 일정하게 반영되었다.

특히 입후는 가계의 계승을 통한 친족 내 위계질서 정립이라는 차원에서 '존존'의 성격을 지니고 있었기 때문에, 친족 질서의 근간인 혈연적 유대의식인 '친친'을 일정 정도 제한할 뿐만 아니라 심할 경우 상충될 가능성도 있었다. 조상의 권위와 연계된 종통의 계승을 위한 입후는 기본적으로 친족 내 수평적 친소관계를 뜻하는 '친친'과 종횡으로 유기적으로 연결된다. 그러나 조상으로부터 전승되는 종통宗統은 시간을 초월해서 조상과 후손을 연속적인 생명의 전승 속에서 결합시키는 역할을 할 뿐만 아니라 조상의 권위에 근거한 '존존'의 수직적 위계질서를 구성하기 때문에, 친친과 존존의 결합에 따라 구성되는 친족관계의 수평축과 수직축은 변례變禮의 상황 속에서 상호 파열음을 내는 경우가 종종 있었다. 그 대표적인 사례가 바로 첩자승중과 최장방 체천遞遷 문제였다.

먼저 최장방 문제는 기본적으로 적서嫡庶 문제가 아니라 종지宗支의 문제이지만, 종자를 제외한 지자나 서자가 제사의 주체가 될 수 있는가 여부가 포함된다는 점에서 서얼의 예학적 위상에 대한 논의로 확대될 가능성이 있는 사안이었다. 이익에 의하면, 대종만 입후하되 적자가 없을 경우에는 아우가 계승하고 장자가 없을 경우에는 차자가 승중하는 것이 원칙인데도, 이황 이후에는 적파嫡派는 입후하지 않는 경우가 없을 정도로 입후가 보편화된 습속이 되었다는 문제점을 지적한 뒤,[43] 입후는 소목昭穆을 고려하되 서자는 계후자가 될 수 없다는 보수적 관점을 유지했다.[44] 이것은 영남 퇴계학파의 전승을 충실하게 계승하는 것이었다.

그러나 이익과 정약용은 최장방最長房 체천이 고례의 원칙에서 벗어난다는 점에서 부정적인 입장을 선보였다. 이익은 최장방 체천이 오

---

43 李瀷,『星湖全集』卷25「書・答安百順【乙亥】・別紙」, 8a. "古者只有大宗立後, 自繼高祖以下無所考. 嫡子無後, 則兄亡而弟繼. 長子無後, 次子之子承重.『通典』有此說. 承重, 則後雖嫡孫婦立後, 同於支庶. 東俗自退溪以後, 嫡派則無人不立後. 因此成風, 支庶同然, 非古也."

44 李瀷,『星湖全集』卷32「書・答人【甲寅】」, 21b~22a. "繼後必以昭穆, 外此無他可議者, 且庶子不可以繼後. 雖夫之所生妾子爲後承重, 而依舊是妾子, 故嫡母母之父母兄弟姊妹雖從服, 而至嫡母歿則不服, 不曾視以外黨. 故「小記」曰, 爲君母後者, 君母卒則不爲君母之黨服, 可以見矣. 況以他人之庶子爲後耶? 如國法戶籍中必書己之外祖, 則安在乎立後?"

류라는 점을 여러 차례 언급했으며, 종자宗子와 지자支子를 구분하는 데 긍정적인 입장을 표명함으로써 서인西人과 상통할 수 있는 가능성을 보여주었다.[45] 정약용도 지자는 제사를 받들 수 없으므로 최장방이 신주를 옮겨 모시는 것은 예가 아니라는 점에서 비판적이었다.[46]

이에 비해 노론 예설의 근간이 되는 김장생은 서얼이 비록 지위가 낮지만 동일한 혈연적 형제라는 점을 고려하여 조천한 신주의 제사를 받들 수 있다고 했다.[47] 이황 이후 영남학파에서도 지자의 최장방 가능성의 차원에서 일정하게 수긍하였다.[48]

그러나 최장방에 대한 논의는 성재性齋 허전許傳, 1797~1886에 와서 다시 일정하게 수용되었다. 친진親盡한 5대조의 신주는 조천하는 원칙에 따라 적손嫡孫의 장방長房이 없을 경우 서현손庶玄孫이 천봉遷奉해야 하는데, 적현손嫡玄孫과 서증손庶曾孫이 함께 있을 경우에는 이들 중에 누구를 최장방으로 볼 것인가 하는 의문이 제기될 수 있다.[49] 이에 대

---

45 李瀷, 『星湖全集附錄』 卷1 「家狀【從子李秉休書】」. "長房之例, 自家禮始. 今大夫士家疑義難處者, 太半在此, 恐不可以不變也"; 李瀷, 『星湖全集』 卷26 「書 · 答安百順【丙子】」, 10b. "長房之禮, 源頭註誤, 末流之難處每多如此"; 李瀷, 『星湖全集』 卷21 「書 · 答幼章家祭稟目」, 20ab. "長房之祭, 古所未有也. 宋之時制兄亡弟及, 伊川兄弟相及, 不敢違國法, 今則皆遵立宗之義, 無弟及之禮, 只準禮律, 宗盡則遷埋. 若有子孫欲祭, 設位行事, 以爲家法, 未知如何? 『語類』沈僩錄分明與佗日說不同, 而考其目錄, 則是末年所聞, 其爲後定無疑. 且『朱子家禮』又立宗孫, 不用弟及之制. 吾已立說廢此禮, 來說正合吾意."

46 丁若鏞, 『詩文集』 卷16(『與猶堂全集』 1-1-16) 「自撰墓誌銘【集中本】」, 14a. "支子不祭, 最長房之遷主, 非禮也"; 丁若鏞, 『祭禮考定』 卷16(『與猶堂全集』 3-3-22) 「祭法考」, 15a~16a. "至若最長房遷奉之法, 是朱子初年未定之論. (…중략…) 其晩年定論竝以祧去爲正. 朱子之論, 一無參錯, 則長房遷奉, 非朱子晩年之意也."

47 金長生, 『沙溪全書』 卷42 『疑禮問解』 「通禮 · 遞遷」, 29b.

48 『常變通攷』 卷21 「喪禮 吉祭 庶孫爲最長房」 참조.

49 許傳, 『性齋集』 卷7 「書【禮疑問答】· 答韓參奉【鎭宅】」, 21a. "宗子父喪畢, 五代祖主當祧, 而無嫡長房, 故庶玄孫遷奉矣. 宗子死, 而宗子之子又當祧親盡之主. 此有嫡玄孫, 故人或言旣有嫡玄孫, 則庶曾孫不可主祀. 何以則合禮耶?"

해 허전은 최장방은 적서嫡庶의 구분이 아니라 소목昭穆에 따른 장유長幼의 기준에 따라 규정되므로 적현손이 아니라 서증손이 천봉한다고 설명했다.[50] 허전의 최장방 논의는 적서의 구분보다 장유의 순서를 앞세움으로써 친족 내부에서 존존보다 친친을 앞세우는 흐름을 보여주었다.

최장방의 서적庶嫡 선후先後에 대한 허전의 관점은 노론 기호학파 예설에서도 비슷하게 공유되는 것을 확인할 수 있다. 김집은 서증손과 적현손이 있을 때 서증손이 모셔야 하지만 서증손이 빈천貧賤하여 제사를 모실 수 없는 경우에는 적현손이 제사를 모셔도 무방하다고 보았으며,[51] 송시열도 5대조 고비考妣의 신주를 서현손의 집에 옮겨 모셨으나 가난하여 제사를 받들 수 없자 여러 족친族親과 함께 힘을 모아 그의 집에 사당을 세우고서 모시게 했다.[52]

이에 비해 안정복은 친친을 존중하는 맥락에서 좀더 적극적으로 서얼의 최장방 봉사에 대한 허용 의견을 개진했다. 그는 친진한 신주에 대해 최장방이 서얼일 경우 서얼이 최장방으로서 제사를 지내는 것에 대해 고례가 아닌 『가례』에서 비롯된 예로서 주자의 만년 정론에 비추어 보면 바람직하지는 않다는 점을 적시하면서도, 친친의 관점에서 예를 시행한 이상 제사를 지낼 뿐만 아니라 서얼이 초헌관이 되어야 하며 적

---

50 許傳, 『性齋集』 卷7 「書【禮疑問答】· 答韓參奉【鎭宅】」, 21a. “長房之長字, 昭穆最長之謂也. 嫡庶均是祖先之血脉也. 若捨曾孫而就玄孫, 則恐非『家禮』之意也. 『家禮』但云最長之房, 而不分嫡庶, 故退溪亦從之矣.”

51 金集, 『愼獨齋全書』 卷13 『疑禮問解續』 「通禮 · 遞遷 · 最長房嫡庶先後」, 6b~7a. “問: ‘親盡之祖當遷於最長房, 而有庶曾孫若嫡玄孫, 則庶曾孫奉祀乎, 嫡玄孫奉祀乎?’【崔碩儒】【答】‘庶曾孫當奉祀. 若貧賤不可奉祀者, 則嫡玄孫奉祀無妨.’”

52 宋時烈, 『宋子大全附錄』 卷6 「年譜5」, 28b. “崇禎四十三年庚戌, 十二月【甲申】辛丑, 奉五代祖考妣神主, 埋安于淝陰墓所. 先生五代祖考妣神主, 遷于庶玄孫家, 而貧無以奉祭, 先生與諸族合力, 立祠于其家而奉之, 備送祭需, 俾不闕享. 至是庶玄孫死而親盡, 依禮埋安于墓所.”

손에 대한 예의로 조금 뒤에 서는 것을 합리적 대안으로 제시했다.[53]

이익과 정약용이 종자와 지자의 철저한 구분에 따라 지자의 최장방 봉사에 대해 기본적으로 부정적인 관점을 취한 반면, 안정복과 허전은 친친의 관점에서 서얼의 최장방 봉사를 인정했다. 그러나 양자는 가족 내부에서 친친의 혈연적 유대관계를 강화하려고 했다는 점에서는 공통적인 방향성을 갖고 있었다. 예컨대, 이익의 서성입종론과 정약용의 대종론은 가난하거나 정치적으로 폐족으로 전락할 위기에 처한 상황에서 양반의 사회문화적 정체성 유지와 사회적 안전망 구축을 위해 친친의 혈연적 결속력을 제고시켰다.

나아가 정약용은 종지의 철저한 구분에 따라 최장방 체천을 비판하면서도, 첩자를 놔두고 입후하는 행태에 대해서 비판적 의식을 갖고 첩자妾子가 있을 경우에는 첩자를 후사로 세우고 다른 사람의 아들을 입후하지 않는다는 원칙을 제시했다. 정약용에 의하면, 천자로부터 사대부에 이르기까지 적자와 적손의 계승을 기본으로 하되, 양자가 모두 없을 경우에는 그 첩자를 세우는 것이 선왕의 예禮이지만, 조선 후기의 현실은 친생자인 첩자를 버리고 혈연적으로 거리가 먼 남의 아들을 입후하는 것이 일반화되었다.[54] 이런 현상은 본래 서얼금고와 한품

53 安鼎福,『順菴集』卷7「答安正進問目【癸巳】」, 3ab. "【問】人家或有親盡之主, 而庶孽以長房奉祀, 則以庶孼名書塡耶, 以宗孫書之耶? 若以庶孼, 則主祀者當立上位, 以庶孼而居嫡宗孫之上, 無乃不可乎? 今則朝家已許通淸序齒, 自此以後, 果無害耶? 並乞回示.【答】長房之法非古禮, 而自宋儒義起, 家禮從之, 遂爲後世定制. 然以朱子晩來定論觀之, 不以爲然. 據答李堯卿胡伯量書及語類答沈僩問, 可知矣. 長房之禮旣行, 則雖庶孽子孫, 似無不奉之理, 故世多行之. 旣奉其祀, 祝辭當用主祭之庶孫名, 無疑矣. 旣奉祀而有祝, 則庶孫似當初獻, 而嫡孫參祀, 則庶孫稍退後列, 以明不敢抗嫡之意似可. 今朝家雖有許通庶孼之法, 朝廷用人之規, 人家嫡庶之分, 自不相干矣."

54 丁若鏞,『喪禮四箋』卷11(『與猶堂全書』3-1-11)「喪期別6・出後7【有妾子則立之, 不取

서용이라는 사회적 신분 제한에서 비롯된 것인데, 더욱 큰 문제는 이로 인해 국가의 질서는 물론, 집안 내에서도 서얼들의 지위와 권리가 무시되고 있다는 점이었다.

> 부자父子관계는 천부적인 본성天性이기 때문에, 인력人力으로 까닭 없이 갈라서 끊어버릴 수 없다. 폐질廢疾이 있거나 죄악罪惡이 있는 경우에는 버릴 수 있다. 그렇지 않을 경우에는 자기 아들이니, 어떻게 첩출妾出이라고 해서 버리고 멀리서 다른 사람의 적출適出을 취하겠는가? (…중략…) 서자승통庶子承統은 천리天理인 것이다. 그러나 우리나라는 서자를 낮추는 경향이 너무나 심해서 비록 재덕才德이 두루 높아도 청관淸官을 허락하지 않는다. 그리하여 서자庶子들이 뜰에 가득해도 굳이 족인族人의 아들을 취해서 후사로 삼으니, 천이天彝를 상하게 하고 인기人紀를 깨뜨리는 것이 이보다 심한 것이 없다. 오직 율곡 문성공만이 흔들림 없이 홀로 서자庶子가 통統을 계승하게 했으니, 이는 후학後學의 모범이다. ○내가 생각건대, 스스로 첩자妾子와 더불어 별도로 일지一支가 되는 것은, 종사宗祀를 동모지제同母之弟에게 양도하고, 자신은 물러나서 서庶가 되어 그 첩자妾子로 하여금 아버지 제사를 받들게 하여 별도로 일지一支가 된 것을 말한다.【신독재愼獨齋 김집金集은 사계沙溪의 장자長子다. (적자인) 아들이 없어서 동모제同母弟 김반金槃에게 종사를 양도하고, 그 첩자로 하여금 자기의 제사를 받들게 했다.】[55]

他人之子.】」, 34a. "鏞案, 先王之禮, 上自天子·諸侯, 下至大夫·士, 無適子·適孫者, 立其妾子, 未嘗舍吾之子而取人子以爲後也."

55 丁若鏞, 『喪禮四箋』 卷11(『與猶堂全書』 3-1-11) 「喪期別6·出後7【有妾子則立之, 不取他人之子.】」, 34b~35b. "父子天性也, 不能以人力無故決絶. 有廢疾則舍之, 有罪惡則舍之, 不如是則吾子也, 豈宜以妾出而舍之, 遠取他人之適出哉? (…중략…) 庶子承統, 天理則然, 而我邦卑庶太甚, 雖才德竝隆, 不許淸官, 於是庶子盈庭, 而必取族人之子以爲人後,

입후는 적장자계승을 중심으로 하는 종법 질서 정립에 핵심적인 계승방식이었지만, 지나치게 확대되는 바람에 친생자인 첩자가 있음에도 불구하고 첩자를 놔두고 남의 아들을 취해서 입후를 강행함으로써 역설적으로 가족질서의 근간인 친친親親의 원리를 훼손시키는 역작용을 초래했다. 이에 대해 정약용은 "부자父子관계는 천부적인 본성天性이기 때문에, 인력人力으로 까닭 없이 갈라서 끊어버릴 수 없다"고 천명함으로써 가족질서의 중심인 부자관계의 혈연적 유대가 인위적인 방식에 의해 훼손되지 않도록 친친의 원리를 존중할 것을 천명했다.

정약용은 '서자승통'이 보편적인 원칙이지만 국가적으로 서얼을 차별하는 조선의 실정이 가문 내부에서 서얼을 후사로 인정하지 않는 풍조를 낳았다고 비판했다. 그는 오직 이이만 서얼승통을 실현했다고 칭송하고, 이이와 김집처럼 조상의 제사와 종통은 적파인 동모지제同母之弟에게 양도하고, 첩자의 아버지는 첩자와 함께 새로운 서파庶派가 되어 첩자가 서파의 제사를 이어받아 승중하도록 하는 방식을 제안했다. 이는 첩자봉사와 차적이종을 병행함으로써 가족 내부에서 친친의 이념에 따라 혈연적 친족의식을 최대한 구현하는 기호학파의 예설에 다가가는 양상을 잘 보여준다.

이렇듯 성호학파 예설에서 새롭게 나타나는 가족 내부 서얼 위상 제고는 18세기 이후 본격적으로 확대되어 국가적 차원의 서얼허통의 흐름과 맞물리면서 기호학파 예설을 계승하는 중앙의 경화세족들에 의

傷天彝而斁人紀, 未有甚於此者也. 唯栗谷李文成公不撓不憹, 獨以庶子承統, 此後學之模楷也. (…중략…) ◯鏞案, 自與妾子別爲一支者, 謂以宗祀讓與同母之弟, 而己則退而爲庶, 使其妾子但奉父祭, 別爲一支也. 【愼獨齋金集, 沙溪之長子也. 無子, 讓宗祀於同母弟槃, 使其妾子但奉已祀.】"

해서 지속적으로 제기되었으며,[56] 서얼과 중인 등 양반층에 들지 못하는 계층에서도 일정하게 호응하는 경향이 나타났다.[57]

3) 입후와 입양의 구분과 사회적 위계질서를 정당화하는 변등론

조선 후기에는 입후의 의리가 보편적으로 확산됨에 따라 계후자의 지위가 존중되었다. 심지어 양반에 들지 못하는 중인 이하 하층민들까지도 입후를 모방하는 양상이 나타났다.[58] 그러나 입후는 종종 입양과 그 성격이 혼동이 되기도 했다. 이에 대해 성호학파 학자들은 입후와 입양, 계후자와 양자를 일정하게 구분하는 논의를 전개했다.

먼저 노론 낙론 계열에서는 송시열의 사종설四種說을 기준으로 삼아 계후자를 '전중비정체'傳重非正體로 파악하여 계후자繼後子에 대한 상복으로 중자衆子에 대한 기년복을 입는다는 예설을 전개했다.[59] 이는 친속과 종통을 이원화한 토대 위에서 상복에서 종통보다 친속을 우선시하는 친친의 구현으로 이해할 수 있다.

이러한 흐름에 대해 남인 예학자들은 대체로 계후자의 상복에 사종설의 '정이불체正而不體'를 적용하는 것을 비판하면서 후사와 양자를 구

56 대표적인 사례로는 朴趾源, 『燕巖集』 卷3 「孔雀舘文稿 · 擬請疏通疏」 참조.
57 成海應, 『硏經齋全集』 卷23 「禮論2 · 立後說」. "苟無嫡子, 則庶子主其祀; 無庶子, 則外孫攝其祀."
58 박종천, 앞의 글, 2010; 박종천, 앞의 글, 2012a; 각주 5의 권내현 논문들 참조.
59 김윤정, 앞의 글, 121~122쪽. 이에 비해 호론 계열의 한원진은 소후자가 소후부를 친아버지와 같이 여기니 소후부도 마찬가지로 소후자를 친아들처럼 대우해야 한다고 주장했다. 입후의 의리를 중심으로 존존尊尊을 중시했다.

분할 것을 주장했다. 이익은 사종설의 '정이불체'에 따라 기년복을 주장하는 노론 예설에 대해 양자養子는 이성異姓을 양육해서 아들로 삼는 것이지, 『예』에서 말하는 후사가 아니라는 점을 지적하면서, 이미 아들이 되었다는 의리가 중요하다는 점을 강조했다.[60] 또한 소후부所後父를 위한 상복을 의복義服으로 규정하고 이성異姓 양자를 후사로 삼는 방식은 『개원례開元禮』의 '양자위후'養子爲後에서 비롯되었다고 인식하면서, 삼례三禮에 양자나 양부를 지칭하는 표현이 없으며 계후繼後 혹은 출후出後는 종宗을 위한 의례적 방식이지 실제 양육을 위한 것이 아님을 지적했다.[61] 대산大山 이상정李象靖, 1711~1781도 소생所生의 은혜를 무겁게 하느라고 계체繼體의 의리와 전중傳重의 예를 가볍게 하는 문제점이 있다고 신랄하게 비판했다.[62] 동암東巖 류장원柳長源, 1724~

---

60 李瀷, 『星湖全集』 卷44 「雜著 · 爲繼後子服議」, 17b~20b. "近世或多以繼後子爲四種之正而不體, 雖傳重而只服期. 其言曰『家禮』爲所後父義服, 與親父稍別, 則父於子亦當與親了不同矣. 「小記」疏以養佗子者爲非適, 此爲可據也. 蓋詳『家禮』因『書儀』, 而本出於『開元禮』. 其必時制如此, 而不加評正者也. 開元之制本有可疑. (…중략…) 疏說本未可曉, 而『開元禮』又不可從. 旣不屬之非適, 則適而已矣. 適而傳重, 猶不服斬, 更出四種之外, 不足屑道. 或曰, 此養子非『禮』所謂爲人後者。卽養異姓爲子者. 自漢以來, 已成委巷之禮, 而時典之所許也. 此則未可知, 然非其族類, 强名血屬, 本不是正禮, 歷代時典, 固亦有此. 若攙入於註經文字. 豈非大錯乎? 雖爲子, 而畢竟非服三年之親生子矣. 其賊恩悖禮, 爲何如也? 此禮之大節, 不可不辨."

61 李象靖, 『大山集』 卷41 「雜著 · 讀李星湖家禮疾書」, 40b~41b. "【星湖】以所後父爲義服, 自『開元禮』始. 今世或子是繼後, 又或父是出後者, 爲其子皆不服斬. 問之, 則曰旣是繼後, 則乃正而不體, 非嫡子之例也. 故不爲其子斬, 而卒乃以『家禮』義服爲證. 愚按其說出於孔穎達禮疏, 談經豈不難哉? (…중략…) 『禮』疏所謂養他子爲後者, 分明出於『開元禮』養子爲後之文, 而本指異姓而言. 不然, 三禮文字, 豈復有養子養父之稱乎? 彼出後之禮, 爲宗也, 非爲養也."

62 李象靖, 『大山集』 卷41 「雜著 · 讀李星湖家禮疾書」, 41b~42a. "今之議所後長子之服者, 每以正而不體養他子爲後不得三年之說爲證. 然終覺有未安者, 星湖所論極有證據. 足以破世俗流傳之誤, 且有一說焉. 父之爲長子三年, 將以繼體而傳祖重也. 夫旣繼體傳重而其服之也. 徒以己出與否而異斬齊之制, 則是所生之恩反重, 而繼體之義隱, 傳祖之禮輕矣. 恐其不然也."

1796도 수양收養의 풍습에서 비롯된 양자와 입후제도에 근거한 소후자所後子의 차이점을 다음과 같이 설명했다.

> 근세의 예가들은 후사로 세운 아들의 상을 당했을 때, 소가疏家들에 따라 '남의 아들을 입양하여 후사로 삼으면 삼년복을 입지 않는다'는 문장과 '사종복정이불체四種服正而不體'의 설에 의거하여 기년복을 행한다고 했는데, 내 생각으로는 그렇지 않다. 소가의 설은 다른 성姓의 아들을 입양하여 후사로 삼은 경우를 가리켜서 말한 것이지, 자기 친족의 아들을 취하여 후사로 삼은 경우에도 삼년복을 입지 않는다고 말한 것은 아니다. 자기 친족의 아들을 취하여 후사로 삼은 경우에는 후사로 삼은 아들所後子이라고 말하지, '양자'養子로 일컬었던 적이 없었다. 다만 다른 성을 수양收養한 뒤라야 비로소 '양자'로 이르는 것이다.[63]

이러한 비판적 관점에 의하면, 노론의 예설은 사종설에 근거한 '정이불체'의 계후자 상복설을 견지함으로써 전중을 위한 '후사'와 수양을 통한 '양자'를 일치시킨 문제점이 있으며, 결과적으로 친친이 비롯되

---

63 柳長源, 『東巖集』 卷14 「附錄・行狀【南漢朝】」, 14b～15b. "近世禮家遭所後子喪, 據疏家養他子爲後不服三年之文及四種服正而不體之說, 行朞年之制. 愚恐未然. 蓋疏家之說指養他姓子爲後者而言, 非謂取己族子爲後者亦不服三年也. 今以禮家諸說考之, 其取己族子爲後者, 則曰所後子而未有以養稱之者也. 惟收養他姓, 然後方謂之養, 如夏侯嵩爲曹騰養子・李元亮爲駱奉先養子之類是也. 惟「三父八母服圖・養母」註曰, 養同宗遺棄兒未三歲者. 此則婦人私自收養而不以昭穆繼後, 故雖同宗, 而亦以養稱之也. 只爲世俗傳訛, 謂所後子曰養子, 謂所後父母曰養父母, 遂錯認疏說, 以爲所後子不服三年, 其亦誤矣. 若四種服正而不體, 則乃嫡孫爲後而非所後子也. 凡論不體, 皆以孫言之. 今喪服篇中, 其說甚詳, 本不當援而附之於所後子, 不知近世禮家之論何所據也. 今以繼體傳重之子而下同於不體之孫, 以爲不服三年之證, 無乃悖倫理而乖禮意乎?"

는 소생의 은혜를 존존을 표현하는 계체의 의리 혹은 전중의 예보다 앞세운 셈이다. 이러한 관점의 정당성에 대한 의문은 제기될 수 있지만, 남인계 예설에서 노론계 예설을 비판할 때 입후와 입양을 혼동했다는 논점을 제기했다는 점과 노론계 예설이 존존에 의해 친친을 훼손하지 않도록 고심한 결과라는 점은 분명하다.

이렇듯 후사와 양자를 철저하게 구분하는 논리적 토대 위에서 남인계 예설은 입후를 기본적으로 존존의 관점에서 설명한다. 그 대표적인 사례는 정약용에게서 명료하게 확인된다. 정약용은 종법이 왕공王公으로부터 사대부士大夫까지 보편적인 예법이며, 종법과 입후가 상호 긴밀하게 연동된다고 설명했다.[64] 입후는 왕족부터 사대부까지 지배층의 문화이며, 입후론은 종법 인식에 따라 달라진다는 것이다. 정약용은 '입후'와 '입양'의 차이를 귀족貴族과 천류賤流의 문화로 철저하게 구분하고 그것을 통해 지배층과 피지배층의 차이를 합리화하는 변등론辨等論의 시각을 제시했다.[65]

서얼승중에서 친친의 관점을 견지했던 정약용은 변등론의 관점에서는 입후와 입양을 구분함으로써 양반과 하층민의 구분을 합리화함으로써 친족 질서를 넘어서는 사회질서에서는 존존의 위계질서를 분명하게 구현하려고 했다. 이는 사적 영역과 공적 영역을 구분하는 경향이기도 했다. 정약용은 『논어고금주論語古今註』에서 사회적 인간관계人倫에서 선천적이고 근원적인 천속天屬과 후천적이고 파생적인 의

64 『喪禮四箋』 卷11(『與猶堂全書』 3-1-12) 「喪期別5 · 出後1【爲人後者斬衰三年】」, 28b. "立宗之法, 上自公子, 下至大夫 · 適士, 無不有之. 立宗之法旣均, 立後之禮宜同."

65 박종천, 앞의 글, 2010 참조.

합義合을 구분했다.[66] 이에 따라 친친이 우선되는 사적 영역과 존존이 중시되는 공적 영역을 구별했으며, 이러한 논점을 다시 『국조전례고』의 위인후 논쟁에서도 그대로 관철시켰다.[67]

이러한 정약용의 논의는 범분犯分에 의한 사회적 질서 혼란을 우려하는 기호 남인들의 공통된 경향을 반영하는 것이었다. 사실 범분의 문제의식은 특정 학맥, 정파, 지역을 가리지 않는 양반사회의 일반적 인식이었으나, 영남의 남인 퇴계학파가 중앙의 노론 율곡학파에 비해 상대적으로 훨씬 더 보수적인 관점을 취했다. 근기 남인 성호학파는 이러한 두 진영의 영향을 일정하게 수용하면서도 자신들의 사회문화적 위상 정립과 관련하여 새롭게 변용시켰다.

실제로 반계磻溪 유형원柳馨遠, 1622~1673과 안정복 등은 사서士庶를 포함하는 새로운 향약을 제시하면서 신분貴賤이 아닌 연령序齒에 따른 배치를 주장하여 교육과 관료 선발이라는 공적 영역에서는 재능과 연령을 우대하는 흐름을 선보이는 한편, 가문의 사적 영역에서는 서얼과 적통의 구분을 엄격하게 하여 서얼이 적통에게 무례하면 향당에서 훈계하고 처벌하는 등 적통의 서얼 학대를 비판하면서도 서얼이 권세를 내세우면서 적통을 침해하고 경시하는 것을 더 비판하는 경향을 보여주었다.[68]

이는 서얼 신분의 세습적 차별 지양에 대한 비판을 유지하면서도 신분구조 자체에 대한 부정은 아니었으며, 서얼허통론을 일부 수용하면

---

66 이영훈, 「다산의 인간관계 구분과 사회인식」, 『다산학』 4, 2003, 15쪽 이하.

67 박종천, 「『國朝典禮考』에 나타난 茶山 丁若鏞의 禮論」, 『한국사상사학』 16, 한국사상사학회, 2001 참조.

68 柳馨遠, 『磻溪隧錄』 卷9 「教選之制上」, 19~21. 이봉규, 「유교적 질서의 재생산으로서 실학-반계와 성호의 경우」, 『哲學』 65, 2000, 22~24쪽.

서도 서얼차대를 정당화하는 방식으로 유교적 질서를 재생산하는 것이다. 또한 18세기 이후 사회적 차원의 왕정 문란의 상황 속에서 향촌의 사족 지배 체재를 재구성하는 것이기도 했다.[69] 이런 흐름은 조정의 논의에서도 발견된다.

> 태학의 식당에서 신분의 귀천을 따지지 않고 똑같이 나이의 순서대로 앉게 한 것은 실로 모든 사람을 똑같이 대우하는 정치입니다. 조정에서는 재주가 중심이 되어야 하니, 서얼이라 해서 재주가 있는데도 그의 진출을 막아버리는 것은 하늘이 인재를 이 세상에 낸 뜻이 아닙니다. 다만 집안에서는 적자와 서자가 엄연히 차등이 있으니, 역시 이 점을 문란하게 해서는 안 됩니다. 서울에 사는 사람들이야 스스로 식견이 있을 뿐만 아니라 적자의 집이 꼭 모욕을 당하는 일이 없어 별다른 문제는 없을 것이나 먼 지방의 경우 태학에서 나이순으로 앉히는 일 때문에 집안의 분의分義를 문란케 해도 무방하다 여긴다면 그 폐단은 이루 다 말할 수 없을 것입니다. 그러니 이 문제를 한 차례 분명히 효유하여, 조정과 개인 집의 경우는 각기 정해진 한계가 있다는 것을 분간해 깨우치는 일을 그만둘 수 없을 듯합니다.[70]

1791년 좌의정 번암樊巖 채제공蔡濟恭, 1720~1799은 성균관의 식당에서 신분의 귀천이 아니라 나이에 따라 앉는 순서를 정하되 그런 사례

---

69 이봉규, 「유교적 질서의 재생산으로서 실학—반계와 성호의 경우」, 『哲學』 65, 2000, 19쪽.

70 『正祖實錄』 권32, 正祖 15년(신해 5월 8일(壬午)). 左議政蔡濟恭白上曰: "太學食堂之無問貴賤, 一例序齒, 實爲一視之政. 朝廷之上, 以才爲主, 庶類而有才, 則枳而錮之, 有非天所以生才之意. 第家中嫡庶, 自有等威, 亦不可使之紊亂, 王都所居之人, 自有知識, 且嫡家未必受侮, 而至若遐方, 則以太學序齒之故, 家中分義, 謂可以紊亂無妨, 則其弊有不可勝言. 此一款, 一番明諭, 使之分曉朝廷與私家之各有定限, 恐不可已矣."

를 확대해석해서 집안에서 적서의 구분을 문란하게 하는 것을 곤란하다고 보았다. 국가와 사회의 영역에서는 적서차등을 금지해도 집안에서는 적서차등을 지킨다는 채제공의 논의는 공적 영역과 사적 영역을 구분하려는 제안이었다.

이러한 논의에는 공동체의 예교질서를 이루는 모든 영역은 그 공동체가 지닌 특성에 따라 각각 독특한 위계질서를 지닌다는 생각이 깔려 있다. 실제로 조정에서는 직위에 따른 정치적 위계질서가 있고, 교육이나 교류를 하는 학교 혹은 지역 공동체에서는 나이나 학덕이 중심이 되겠으나, 가족이나 친족 내에서는 혈연적 친소관계와 적서의 구분이 작용했다. 그리고 그런 구분에는 공과 사의 영역 구분이 연동되었다.

정약용 역시 이런 흐름을 계승하여 공적 영역과 사적 영역을 구분하였으며, 가족 내 적서 구분에 대해서는 비판하면서도 사회적으로 양반과 하층민의 차이는 철저하게 고수했다. 그리하여 귀족貴族과 천류賤流의 구분을 철저하게 하고, 사회적 위계질서를 위태롭게 하는 소민小民에 대한 징계와 중인中人의 상류층 도전을 강하게 압박하는 변등론을 전개했다. 이러한 그의 변등론은 『목민심서』 변등론에 반영되어 나라를 다스리는 기본 강령으로 제시되었다.

정약용의 논의는 조선 후기 향촌사회에서 사족들이 문화적 권위를 상실한 채 쇠퇴하는 상황에서 비롯되는 위기의식이자 중인 이하 하민下民들이 상층 양반의 권위에 도전하는 양상에 대한 비판적 문제의식이라고 할 수 있다.[71] 이로 인해 정약용은 아무런 자격도 없는 이들이

---

71 김인걸, 「조선 후기 향촌사회에서 "유교적 전통"의 지속과 단절—향촌 사족士族의 거향관居鄕觀 변화를 중심으로」, 『한국사론』 50, 서울대 국사학과, 2004; 김호, 「조선 후기 '위

양반이 되려고 하는 상황을 비판적으로 바라보게 되었으며,[72] 그런 인식을 명말청초의 대학자 고염무의 「생원론」을 빗대어 다음과 같이 설명하였다.

> 중국에 생원生員이 있는 것은 마치 우리나라에 양반兩班이 있는 것과 같다. 고정림顧亭林(顧炎武)은 온 세상이 다 생원이 될까 걱정하였는데, 이는 마치 내가 온 나라가 다 양반이 될까 걱정하는 것과 같다. 그러나 양반의 폐단은 더욱 심하다. 생원의 경우는 실상 과거에 합격한 다음에 그 이름을 얻은 것이지만, 양반은 문과文科나 무과武科를 거치지도 않고서 허명虛名만을 띠고 있으며, 생원은 인원수가 정해져 있으나 양반은 인원의 제한이 없다. 그리고 생원은 세대에 따라 변천하는 것이 있지만, 양반은 한번 얻으면 영원히 놓지 않는다. 더구나 생원의 폐단까지 양반이 다 겸하고 있는 데야 말할 나위가 있겠는가? 그러나 나의 소망은 따로 있다. 가령 온 나라가 양반이 된다면 이는 곧 온 나라에 양반이 따로 없는 셈이다. 젊은이가 있어야 어른이 드러나는 것이고, 천한 자가 있어야 귀한 자가 드러나는 것인데, 만일 다 존귀尊貴하다면 이는 곧 존귀한 사람이 따로 없는 것이다. 관자管子는 이렇게 말하였다. "온 나라 사람을 다 존귀하게 할 수는 없다. 다 존귀하게 되면 일은 이루어지지도 않고 나라만 불리하게 된다." 【『관자管子』 「승마편乘馬篇」】[73]

핍률威逼律'의 적용과 다산 정약용의 대민관對民觀」, 『역사와 현실』 87, 2013 참조.

72 김호, 위의 글, 566~569쪽 참조.

73 丁若鏞, 『詩文集』 권14(『與猶堂全書』 1-1-14) 「跋顧亭林生員論」, 23b~24a. "中國之有生員, 猶我邦之有兩班. 亭林憂盡天下而爲生員, 若余憂通一國而爲兩班. 然兩班之弊, 尤有甚焉. 生員實赴科擧而得玆號, 兩班竝非文武而冒虛名, 生員猶有定額, 兩班都無限制, 生員世有遷變. 兩班一獲而百世不捨. 況生員之弊, 兩班悉兼而有之哉? 雖然若余所望則有之, 使通一國而爲兩班, 卽通一國而無兩班矣. 有少斯顯長, 有賤斯顯貴. 苟其皆尊, 卽無所

여기서 '온 나라가 다 양반이 될까' 걱정하는 정약용의 고백은 '온 백성의 양반화'를 지향하는 평등주의가 아니다. 이러한 주장은 오히려 허명만으로 권력과 자원의 분배에 무임승차하는 특권층에 대한 비판이자, 그러한 특권층인 양반이 무제한으로 늘어나고 고정불변 상태로 지속되는 것에 대해 우려였다. 그리하여 비도덕적이고 무능력한 양반의 특권주의가 공동체를 망치지 않도록 하기 위해서 존귀한 자와 비천한 자의 차이가 합리적인 사회제도로 정착되는 변등辨等의 이상을 제시했던 것이다.

4. 맺음말

이 글에서는 입후설과 연관되는 몇 가지 논점을 중심으로 친족의식과 예교질서의 전개 양상과 특성을 살펴보았다. 그 과정에서 후사와 양자, 계후자와 첩자의 관계를 중심으로 친친과 존존의 결합방식에 대한 의식이 친족과 사회의 예교질서를 어떻게 구성하는가를 검토했다. 아울러 그러한 친족의식이 개별 집단의 문화적 정체성 유지와 사회적 위상 확보를 위한 실천적 전략에 따라 몇가지 기본적인 양상을 드러낸다는 점도 고찰했다.

특히 정치적 권력, 경제적 기반, 사회문화적 권위의 측면에서 포용적 동화 혹은 확대 전략과 배타적 차별화 전략이 작동하면서 예교질서

爲尊也. 『管子』曰: '一國之人, 不可以皆貴, 皆貴則不成而國不利也.'【「乘馬篇」】"

의 확장과 심화 및 해체가 함께 이루어지고 있다는 가설을 제기했다. 조선 후기 입후설의 정립과 종법질서의 확대는 친족의 문화적 정체성 유지와 사회적 위상 확보를 위한 실천적 전략에 따라 정치적 권력, 경제적 기반, 사회문화적 권위의 측면에서 중앙의 유력 경화세족들의 주도적 포용 전략, 지방 명문 재지사족들의 배타적 차별화 전략, 중인 이하 하층민들의 동화적 모방 전략이 병행되는 양상이 나타났다.

조선 후기 근기 남인 성호학파는 정치적 권력과 경제적 기반이 미미한 가운데 사회문화적 권위를 확보하기 위한 전략적 차원에서 친친의 이념에 따라 친족의 결속을 통해 중앙의 유력 경화세족이나 지방의 명문 재지사족을 따라잡을 수 있는 가능성을 확보하는 한편, 상층 양반과 하층민들의 차별적 경계를 확고하게 분별함으로써 사족의 문화적 정체성을 배타적으로 지키는 양면적 전략을 보여주었다.

이런 관점에 의거하여 볼 때, 성호학파는 사적 영역에 해당하는 친족 질서의 혈연적 결속을 제고하기 위한 종법론과 입후설을 전개함으로써 친친親親의 측면에서 중앙의 경화세족 혹은 노론 기호학파에 다가가는 한편, 공적 영역인 사회질서에서는 존존尊尊의 사회적 위계질서를 합리화하는 변등론의 정당화의 양상을 통해 영남 남인 퇴계학파의 문제의식을 계승하여 변용시켰다. 이는 정치·경제적으로 미미한 가운데 쇠락한 근기 남인 성호학파의 사회문화적 정황에서 비롯된 것으로서, 친친의 이념에 따라 친족의 결속을 통해 유력 경화세족이나 명문 재지사족을 따라잡을 수 있는 가능성을 확보하는 한편, 양반과 하민들의 경계를 명확히 하여 사족의 문화적 정체성을 지키는 양면적 전략을 보여주는 것이라고 평가할 수 있다.

이 글에서는 이런 점에 주목하여 성호학파의 입후설을 둘러싼 논의, 서얼과 최장방 논의에 반영된 친친親親의 친족의식 강화, 입후와 입양의 구분과 사회적 위계질서를 정당화하는 변등론 등을 검토했다.

조선 후기 성호학파 입후설은 지나친 입후로 인한 종법질서의 훼손이 특정한 개인이나 가문의 사회적 위상 유지나 현실적 이익 추구를 위해 이루어지고 있다는 문제점을 강렬하게 비판하고, 그 문제점을 해결하기 위해 대종과 소종의 구분을 철저하게 하고, 고례의 입후 원칙에 따라 입후의 범위를 대종으로 국한하는 대안을 제시했으며, 입후의 범위와 원칙을 일정하게 제한함으로써 입후에 의해 친족의 결속을 강화시킬 뿐만 아니라 입후를 할 수 있는 동종의 범위 내에서 친친의 혈연적 유대의식을 최대한 보존하는 방식으로 전개되었다.

그러나 이러한 추구는, 이익의 서성입종론과 정약용의 대종 해석에서 보이듯이, 도리어 종법에 대한 파격적 해석이나 주장으로 연결되기도 했는데, 이는 정치적 권력과 경제적 기반을 갖춘 명문 경화세족이나 유력 재지사족들에 대한 견제인 동시에, 근기 남인처럼 권력과 재력이 미미한 향촌의 사족들이 양반의 문화적 정체성을 보여주는 입후를 통해 혈연적 유대의식에 근거한 친족의식을 펼칠 수 있도록 새로운 가능성을 열어주었다.

한편, 서얼 문제와 관련해서 서인 기호학파를 중심으로 한 중앙의 경화세족들은 대체로 적서 구분에 대해 상당히 포용적인 입장을 지닌 반면, 지역의 경제적 기반을 토대로 명문 재지사족을 형성했던 영남 남인들의 경우에는 적서의 구분에 대단히 엄격했다. 중앙의 정치권력에서 소외되었던 영남 남인을 중심으로 한 지방의 재지사족들은 국가적인 서얼차대 정책으로 인해 조성된 사회적 여건 속에서 서얼의 가계 계승을 통해 서파로 전락하게 되면 그나마 일정하게 유지했던 재지사족으로서의 사회적 위상에 큰 타격이 되기 때문에 집안 내 적서구분과 더불어 지역 내 위계질서를 공고하게 하는 전략을 선택했던 것이다.

이에 비해 성호학파는 서얼과 하층민에 대한 차별 문제에서도 양면적인 태도를 보여주었다. 일반적으로 서얼에 대한 차별을 분명하게 견지했던 영남 남인들과는 달리, 정약용처럼 이이로부터 본격적으로 제기되었던 서자승중이 지향했던 친친의 이념은 첩자봉사와 차적이종의 병행이라는 방식으로 입후를 대신하는 서인 노론 계통의 중요한 논점을 긍정하는 예설이 등장하기도 했고, 첩자의 최장방 봉사를 일정하게 수용하는 양상으로 나타나기도 했다.

또한 근기 남인 성호학파는 범분犯分의 사회적 문제를 심각하게 여겼던 영남 남인의 문제의식을 일정하게 계승하여 사회적 위계질서를 정당화하는 변등론을 강화하고 변용하는 양상을 선보였다. 사실 범분의 문제의식은 위계적 사회질서를 구축하는 과정에서 양반의 일반적인 의식이었다. 그러나 이미 정치적 권력, 경제적 기반, 사회적 권위를 모두 차지한 중앙의 경화세족들과는 달리, 사회적 영향력이 지역으로 국한된 조선 후기 영남 남인이나 경제적 기반과 사회적 위상이 약화된 근기 남인의 경우에는 조선 후기 이후 상당히 성장한 중인이나 하층민과 차별화된 사회적 위상 구축을 위한 양반의 문화적 정체성을 확보하기 위한 방안으로 범분이 더욱 절실한 문제로 부각되었다. 따라서 범분은 조선 후기 향촌사회에서 사족들이 문화적 권위를 상실한 채 쇠퇴하는 상황에서 비롯되는 위기의식이자 중인 이하 하민下民들이 상층 양반의 권위에 도전하는 양상에 대한 비판적 문제의식이기도 했다.

그러나 이에 대한 대응양상은 일률적이지 않았다. 근기 남인들은 공적 영역과 사적 영역을 구분하는 의식에서는 대개 일치했지만, 채제공처럼 국가와 사회의 영역에서는 적서차등을 금지해도 집안에서는 적서차등을 지키자는 의견이 일반적인 가운데, 정약용처럼 서자의 종법적 지위를 일정하게 인정함으로써 사적 영역에서 적서차별을 극복할 수 있는 단서를 일부 마련하면서도 공적 영역에서는 양반과 하층민의 사회적 지위를 차별적으로 유지하려고 했던 경우도 있었다.

이렇듯 조선 후기 성호학파의 예설은 예교질서의 구조적 심화와 변화과정에서 노론 기호학파와 남인 영남학파, 중앙의 경화세족과 지방의 재지사족, 친친과 존존, 차별적 보수와 포용적 진보 사이에서 상호 모순되는 흐름들을 독특하게 결합하여 사회문제에 대한 대응책을 제시하려고 노력했다. 그것은 정치적 권력과 경제적 기반이 미미한 사족들이 사회문화적 권위를 일신함으로써 새로운 예교질서를 재구축하려는 고심의 산물이라고 평가할 수 있다.

그러나 이러한 가설을 논증하기 위해서는 더욱 심화된 귀납적 연구가 필요하다. 조선 후기 친족의식과 예교질서와 연관된 사례는 다양하기 때문에, 변례變禮의 상황에서 극적으로 표출되는 다양한 친족관계의 양상들을 다룬 개별 사안들의 예설들을 다루는 과정에서 상호 충돌하는 예설들이 가정하고 있는 기본 원리들을 구성하는 개념과 사상의 성격을 예론의 차원에서 상호 비교하는 이론적 검토가 필요하다. 이에 대한 연구는 추후의 과제로 설정하고 앞으로 지속적인 보완작업을 할 예정이다.

참고문헌

원전류 및 번역본

『經國大典』

『續大典』

『受教輯錄』

『朝鮮王朝實錄』

『春官志』

金長生,『沙溪全書』

金　集,『愼獨齋全書』

柳長源,『東巖集』;『常變通攷』

柳馨遠,『磻溪隧錄』

朴世采,『南溪集』

朴趾源,『燕巖集』

成海應,『研經齋全集』

宋時烈,『宋子大全』

安鼎福,『順菴集』

李象靖,『大山集』

李　珥,『栗谷全書』

李　瀷,『星湖僿說』;『星湖全集』

李　滉,『退溪集』

鄭介淸,『困齋先生愚得錄』

丁若鏞,『與猶堂全書』

鄭　蘊,『桐溪集』

許　傳,『士儀』;『性齋集』

『葵史』(『조선서얼관계자료집』, 여강출판사, 1986).

연구논저

박종천,『다산 정약용의 의례이론』, 신구문화사, 2008.

이순형,『한국의 명문 종가』, 서울대 출판부, 2000.

최재석, 『韓國家族制度史硏究』, 一志社, 1983.
정경주·김철범, 『성재 허전, 조선말 근기 실학의 종장』, 경인문화사, 2013.

Peterson, Mark A., *Korean Adoption and Inheritance : Case Studies in the Creation of a Classic Confucian Society*, Ithaca, N.Y. : East Asia Program, Cornell University, 1996.

권내현, 「조선 후기 입양의 시점과 범위에 대한 분석」, 『대동문화연구』 62호, 성균관대 대동문화연구소, 2008.
_____, 「조선 후기 입양의 확산 추이와 수용 양상」, 『역사와 현실』 73호, 한국역사연구회, 2009.
_____, 「양반을 향한 긴 여정－조선 후기 어느 하천민 가계의 성장」, 『역사비평』 98호, 역사비평사, 2012.
김남이, 「18세기 喪·祭禮 실천과 宗統의 이상－星湖 李瀷의 承重·立後 논의를 중심으로」, 『동양고전연구』 35호, 동양고전학회, 2009.
김윤정, 「18세기 禮學 연구－洛論의 禮學을 중심으로」, 한양대 박사논문, 2011.
김인걸, 「조선 후기 향촌사회에서 "유교적 전통"의 지속과 단절－향촌 사족士族의 거향관居鄕觀 변화를 중심으로」, 『한국사론』 50호, 서울대 국사학과, 2004.
김정현, 「17세기 庶孼 職役 變動에 대한 一考察」, 이화여대 석사논문, 1996.
김학수, 「18세기 圃隱家門 繼後의 정치사회적 의미」, 『圃隱學硏究』 10호, 圃隱學會, 2012.
김현수, 「明齋 尹拯의 禮論과 宗法思想－『明齋疑禮問答』을 중심으로」, 『儒學硏究』 23호, 忠南大學校 儒學硏究所, 2010.
김 호, 「조선 후기 '위핍률威逼律'의 적용과 다산 정약용의 대민관對民觀」, 『역사와 현실』 87호, 역사와 현실, 2013.
박종천, 「다산 예론의 실천적 함의」, 『한국실학연구』 13호, 한국실학학회, 2007.
_____, 「16~7세기 禮問答으로 살펴본 退溪와 退溪學派 禮學」, 『퇴계학보』 125호, 퇴계학연구원, 2009.
_____, 「의례적 계승인가, 사회적 구휼인가?－조선 후기 입후立後와 입양入養에 대한 다산의 논의」, 『다산학』 16호, 다산학술문화재단, 2010.
_____, 「조선 후기 유교적 가족질서의 확산과 의례적 양상－立後와 入養을 중심으로」, 『퇴계학보』 132호, 퇴계학연구원, 2012a.

______, 「퇴계 예학과 근기실학자의 예학－퇴계退溪·성호星湖·다산茶山을 중심으로」, 『국학연구』 21호, 한국국학진흥원, 2012b.
______, 「성호학파의 친족의식과 의례생활－광주안씨 종계를 중심으로」, 『한국실학연구』 26호, 한국실학학회, 2013a.
______, 「조선 후기 예론의 성격과 전개 양상」, 『한국학연구』 31호, 인하대 한국학연구소, 2013b.
배재홍, 「朝鮮後期의 庶孼 許通과 身分地位의 變動」, 경북대 박사논문, 1995.
심상완, 「조선 전기 서얼의 지위에 대한 일고찰」, 고려대 석사논문, 2007.
이봉규, 「유교적 질서의 재생산으로서 실학－반계와 성호의 경우」, 『哲學』 65호, 한국철학회, 2000.
______, 「실학의 예론－성호학파의 예론을 중심으로」, 『한국사상사학』 24호, 한국사상사학회, 2005.
이숙인, 「『주자가례』와 조선 중기의 제례문화－결속과 배제의 정치학」, 『정신문화연구』 29권 2호, 한국학중앙연구원, 2006.
이영훈, 「다산의 인간관계 구분과 사회인식」, 『다산학』 4호, 다산학술문화재단, 2003.
이종성, 「명재 윤증과 남계 박세채의 학문적 교유」, 『동서철학연구』 54호, 한국동서철학회, 2009.
이지영, 「조선 후기 서얼의 차별 철폐운동과 그 지위의 변화」, 한남대 석사논문, 2012.
장동우, 「『이례儀禮』 「상복喪服」 편에 대한 다산의 해석－『상례사전喪禮四箋』 「상기별喪期別」에 나타난 종법宗法과 입후立後에 대한 해석을 중심으로」, 『다산학』 1호, 다산학술문화재단, 2000.
정경주, 「性齋 許傳의 士儀 禮說에 대하여」, 『동양한문학연구』 19호, 동양한문학회, 2004.
정긍식, 「16세기 첩자의 제사 승계권」, 『사회와 역사』 53호, 한국사회사학회, 1998.
______, 「조선 전기 朱子家禮의 수용과 祭祀承繼 관념」, 『역사민속학』 12호, 한국역사민속학회, 2001.
최이돈, 「조선 초기 서얼의 차대와 신분」, 『역사학보』 204집, 역사학회, 2009.
최일범·김병현·이상성, 「性齋 許傳의 禮學과 變禮 論議에 대한 연구－『士儀』에 보이는 變禮 辨疑를 중심으로」, 『온지논총』 32호, 온지학회, 2012.
한기범, 「17世紀 庶孼의 宗法的 地位－『禮問答書』의 分析을 중심으로」, 『國史館論叢』 81호, 국사편찬위원회, 1998.

성호학파의 친족의식과 종계 활동

박종천

1. 머리말

조선 후기는 동아시아 전통사회에서도 유교적 예교질서禮教秩序가 가장 고조되었던 시대였다. 특히 17~18세기 이후에는 『가례家禮』를 본격적으로 실천하면서 종법의식의 구현을 근간으로 부계 적장자 중심의 친족질서가 상당히 정착되었다. 특히 족보族譜와 종산宗山을 중심으로 한 동성 집성촌의 기능이 확대되어 불천위不遷位 제사를 중심으로 한 대규모의 문중門中이 형성되었으며, 그에 따라 가족에서 친족으로 확대된 유교적 공동체가 향약鄕約과 서원書院 등을 중심으로 하는 지역 공동체로 유교적 질서를 확장하는 양상도 나타났다.[1]

1 이해준, 『조선시기 촌락사회사 연구』, 민족문화사, 1996; 이해준, 『조선 후기 문중서원 연구』, 경인문화사, 2008; 정만조, 『조선시대 경기북부 지역 집성촌과 사족』, 국민대 출

지역마다, 시대마다 상대적으로 차이가 있지만, 각 문중들은 불천위 조상에 대한 제사를 중심으로 하는 의례적 실천을 반복함으로써 친족의 결합을 강화했고, 종계宗契와 종약宗約을 제도적으로 마련함으로써 유교적 친족질서의 지속적이고 안정적인 재생산을 도모하였다.[2] 예컨대, 17세기 기호지방에서는 동토東土 윤순거尹舜擧, 1596~1668를 중심으로 파평윤씨 노종파에서 종약을 제정하고 종학당宗學堂을 운영했으며,[3] 18세기 영남지역에서는 백불암百弗庵 최흥원崔興遠, 1705~1786을 중심으로 경주최씨들이 『선산분영록先山墳塋錄』과 『봉선입의奉先立議』를 마련하고 부인동동약夫仁洞洞約을 운영했다.[4] 양자는 유교적 친족질서를 기반으로 하는 종계와 유교적 향촌질서를 정립하는 동계洞契의 대표적인 사례로서, 조선 후기 사족들이 친족질서를 기반으로 향촌질서를 주도해 나가는 양상으로 주목할 만하다.[5]

조선 후기에 종약과 종계를 중심으로 전개된 예교질서의 정립은 크게 세 가지 측면에서 접근할 필요가 있다.

첫째, 가족질서가 친족질서로 확대되는 과정과 양상에 대한 고려이

판부, 2004; 정승모, 『조선 후기 지역사회구조 연구』, 민속원, 2010 등 참조.

2 김필동, 『韓國社會組織社會史硏究 - 계조직의 구조적 특성과 역사적 변동』, 일조각, 1992; 정구복, 「한국 족계의 연원과 성격」, 『고문서연구』 16 · 17, 1999; 신정희, 「朝鮮時代 契의 組織과 그 性格變化에 대한 小考 - 16, 7世紀 親睦契 · 族契 · 洞契를 중심으로」, 『역사교육논집』 16 · 17, 1990 등 참조.

3 성봉현, 「조선 후기 친족결합 양상 - 충청도 지역 족계를 중심으로」, 『고문서연구』 21, 2001; 이해준, 「17세기 중엽 坡平尹氏 魯宗派의 宗約과 宗學」, 『충북사학』 11 · 12, 2000; 김필동, 『韓國社會組織社會史硏究 - 계조직의 구조적 특성과 역사적 변동』, 일조각, 1992 등 참조.

4 최언돈, 「백불암의 『부인동동약』과 관련된 향촌 규범에 대한 연구」, 『동북아문화연구』 23, 2011 참조.

5 이외에도 영남, 기호, 근기 지역의 문중들의 친족활동과 연관된 다양한 사례들이 최근 들어 많이 제시되고 있다. 자세한 내용은 참고문헌 참조.

다. 종약의 제정과 종계의 운영, 시제時祭나 묘제墓祭의 실천 등에 대한 검토를 통해서 종중宗中 혹은 문중이 형성되는 과정과 양상을 파악하는 연구가 필요하다. 이는 향촌 재지사족의 정체성 의식과 문화적 지위 유지라는 차원에서 설명할 수 있다.

둘째, 친족질서가 향촌질서로 확장되는 과정과 양상에 대한 탐구이다. 조선 후기 동족마을을 기반으로 하는 문중의 종계와 종약은 지역사회의 동계 및 향약과 연계되어 확장되는 양상을 선보이게 된다. 이에 대한 탐색은 향촌 재지사족在地士族의 문화적 권위와 사회적 영향력 확대라는 차원에서 해석할 수 있다.

셋째, 가족질서, 친족질서, 향촌질서, 국가질서로 이어지는 예교질서의 형성과 유지 과정에서 정치사회적 지위와 사회경제적 기반, 지역적 특성과 학문적 개성 등을 고려한 사족들의 전략과 실천에 대한 이해이다. 18~19세기를 중심으로 조선 후기사회는 다양하게 분화했다. 서울과 지방의 지역적 차이는 정치사회적 권력을 지닌 경화세족京華世族과 권력에서 배제된 지방의 재지사족 사이에서 정치사회적 권력의 차이로 나타나기도 하지만,[6] 향촌에서도 일정한 영향력과 부유한 경제력을 지닌 재지사족과 몰락하고 가난한 잔반殘班의 분화도 주목할 만하다. 이는 조선 후기 예교질서의 분화를 초래한 요인들에 대한 분석으로 의미가 있다.

이렇듯 조선 후기 종약의 제정과 종계의 운영은 정치, 경제, 사상의 요인들이 복합적으로 작용하면서 유교적 친족질서를 역동적으로 확

6 조선 후기 사상과 문화의 경향분기京鄕分岐에 대한 대표적 논의로는 유봉학, 『조선 후기 학계와 지식인』, 신구문화사, 1998 참조.

대하고 분화시키는 데 중요하게 작용했다. 그런데 이러한 친족의식의 확대 양상은 『가례』를 중심으로 하는 의례생활을 통해서도 복합적 요인들의 상호작용에 따라 다양한 양상을 보여준다. 예컨대, 불천위의 남설을 경계함으로써 의례를 통해 사회적 위계질서를 통제하려는 중앙 경화세족과 불천위 확대를 통해 향촌 내부의 문화적 권위와 사회적 권력을 확보하려는 지방 재지사족 간의 차이가 드러나기도 했으며, 입후立後와 입양入養의 의례적 사안에 대해서도 중앙의 경화세족과 지방의 재지사족, 부유한 사대부士大夫와 궁벽한 사서인士庶人 사이에서 분명한 대립이 나타났다.[7]

이런 시각에서 볼 때, 근기 남인 성호학파는 대체로 정치적 권력에서는 소외되었다는 점에서는 지방의 향촌 재지사족과 비슷했지만, 비교적 넉넉한 경제적 기반을 토대로 비교적 큰 영향력을 행사했던 유력한 향촌 재지사족과는 달리 경제적으로도 가난했다. 따라서 사족들 중에서도 정치적 권력과 경제적 기반을 모두 갖추어 전국적으로 사회적 영향력을 발휘했던 중앙의 경화세족, 정치적 권력은 별로 없지만 상당한 경제적 기반을 근거로 향촌사회 내에서 향권鄕權을 누리던 지방의 명문 재지사족, 정치적 권력과 경제적 기반 모두 부실한 사서인으로서의 지방 향유鄕儒 등이 분화되는 가운데, 근기 남인 성호학파의 예론과 예설은 세 번째 유형의 다양한 가능성을 현실적으로 구현했던 대표적 사례로서 주목할 만하다.

---

7 김윤정, 「18세기 禮學 연구－洛論의 禮學을 중심으로」, 한양대 박사논문, 2011; 박종천, 「의례적 계승인가, 사회적 구휼인가?－조선 후기 입후立後와 입양入養에 대한 다산의 논의」, 『다산학』 16, 2010; 박종천, 「조선 후기 유교적 가족질서의 확산과 의례적 양상－입후立後와 입양入養을 중심으로」, 『퇴계학보』 132, 2012a 등 참조.

특히 성호학파의 문호를 연 성호星湖 이익李瀷, 1681~1763과 순암順菴 안정복安鼎福, 1712~1791은 궁벽한 향촌의 사서인이었지만, 친족질서와 향촌질서를 정립하고 의례적 실천을 통해 향촌내에서 사회문화적 영향력을 상당히 발휘했다.[8] 이들은 보잘 것 없는 정치적 처지와 어려운 경제적 형편에도 불구하고, 불천위 제사를 중심으로 종회宗會를 열고 종회를 운영할 종약을 세워 종족宗族의 친족질서를 형성했을 뿐만 아니라 종계를 통해 친족질서를 지속적으로 유지하는 기반을 구축하는 데 상당한 성공을 거두었다.

조선 후기 근기 성호학파, 특히 광주안씨 순암가의 친족의식과 의례생활은 궁벽한 향촌의 사서인들이 불천위 제사와 종계를 중심으로 가족질서를 친족질서로 확장하고, 동약洞約 제정과 동계 운영 등을 통해 향촌의 예교질서를 정립하는 과정과 양상을 잘 보여준다. 이 글에서는 이런 점에 주목하여 조선 후기에 평범하고 가난한 양반들이 친족의 결속을 다지고 문화적 정체성을 유지하는 문화적 전략과 방식을 살펴보고 그 특징과 의의를 해석하고자 한다.

---

8 『星湖僿說』 卷10 「人事門 · 庶人家禮」; 『順菴集』 卷18 「慶安二里洞約序【丙子】」, 4a. "窮而在下之君子, 或推其修齊之餘, 及於鄉里, 以淑諸人, 而無僭上議禮之嫌." 【 】는 소자小字로 표기된 원주原註이다. 이하 동일.

2. 성호와 순암의 친족의식과 종계 운영

1) 성호 이익의 정곡종회와 종계 운영

성호학파의 종약과 종계는 종장인 성호 이익으로부터 비롯되었다. 성호는 1706년 형 이잠李潛, 1660~1706의 정치적 희생으로 인해 실의에 빠져 있다가[9] 1726년 5월에 증조曾祖 이상의李尙毅, 1560~1624의 자손들과 함께 정동貞洞 옛집에서 모여서 종회宗會를 열고 이 모임을 기념하는 몇 편의 시를 지었다.[10]

성호는 1731년 이 모임을 확대하여 종약과 종계를 만들면서,[11] "지위가 없는 사람이 자신의 힘을 쓸 데는 집안"이라고 강조했다.[12] 그는 정치적 진출이 좌절된 향촌의 사서인士庶人으로서 친족적 예교질서一家之政의 정립에 힘썼으며, 이를 통해 사족의 사회적 책임을 다하고 문화적 정체성을 확립하려 했다. 그리하여 종계를 결성하면서 만든 「종계첩宗契帖」에서는 이 모임에 참석한 친족들 십수명의 이름, 자字, 생년生年을 항렬에 따라 기록하고 시를 부기附記한 다음 그 시말始末을 서序로 써서 종인들에게 보여서 친족질서의 확장을 도모했다.[13]

---

9 이봉규, 「실학의 예론—성호학파의 예론을 중심으로」, 『한국사상사학』 24, 2005, 124~125쪽 참조.

10 『星湖全集』 卷2 「宗會敬次先集韻」·「復次聖肯宗會韻」·「宗會次家集韻」.

11 이봉규, 앞의 글 참조. 해당 내용은 『성호예식星湖禮式』의 「가제법家祭法」과 『성호전서星湖全書』의 「종중정문宗中呈文」 등에 자세하다.

12 『星湖全集』 卷49 「宗契帖序」, 25b~28a.

13 『星湖全集』 卷52 「貞谷宗會詩序」, 30b. "歲丙午孟夏, 會于貞谷第. 赴者數十人, 遂排行列錄, 繫之以詩, 仍序其端, 用示吾宗人."

> 무릇 사람은 멀리 떨어지면 소원해지고, 소원해지면 정이 흩어지며, 정이 흩어지면 의사가 막히고, 의사가 막히면 길한 일에도 기뻐하지 않고 흉한 일에도 슬퍼하지 않아서 점차 남과 다를 바 없는 지경에 이르니, 어찌 너무나 탄식할 일이 아니겠는가? 속담에 '먼 친척이 가까운 이웃만 못하다'는 말이 있는데, 사는 곳이 가까워야 정의情義가 서로 붙음을 말하는 것이다. 저 이웃은 족류族類가 아닌데도 오히려 이와 같은데, 하물며 골육이 서로 이어진 백대의 친족이야 말할 것이 있겠는가? 그러므로 '성姓으로 연계하여 분리하지 않으며 음식으로 정을 이어서 끊지 않는다'고 하였으니, 친족과 보합保合하여 돈독하게 지내고 그 예에 맞게 하는 것은 세교世敎에 연관된 것이요 인도人道의 큰 단초이다. 이제 우리 종족이 약속을 거듭 다져서 그만두지 말고 끊임없이 실천하여 서로 정답고 기쁜 마음으로 성심을 소통한다면, 아마도 조상의 덕을 실추시키지 않을 것이다.[14]

「정곡종회시서문貞谷宗會詩序」에서 성호는 물리적으로 거리가 멀어짐에 따라 친족간의 정이 흩어지기 때문에 친족간 의사소통이 되지 않아 결국에는 남과 다를 바 없는 지경에 이른 현실을 극복하기 위해서 친족의 결속과 화합을 위해 종회를 결성했다고 밝혔다.

그런데 종회의 정신적 중심은 조상이기 때문에, 공통의 조상을 의례

---

14 『星湖全集』 卷52 「貞谷宗會詩序」, 29ab. "凡人遠則疏, 疏則情散, 情散則意阻, 意阻而至於吉不欣凶不慽, 駸然爲路人, 豈不傷歎之甚? 諺有之曰, '親戚之睽, 不若隣里之近.' 謂居止密比, 情義之相屬. 彼非族類, 猶尙如此. 況其骨肉相連之百世親乎? 故曰, '繫之以姓而不別, 綴之以食而不殊.' 保合敦敍, 厥有其禮. 此世敎之所關・人道之大端也. 今我宗黨申束約劑, 源源不廢, 俾有慇懃懽燕, 導達誠衷, 庶幾不墜先德耳"(이하 『성호전집』, 『성호질서』, 『순암집』 등의 번역은 기본적으로 한국고전번역원 번역본을 인용하되, 필요에 따라 필자가 약간 손질했다).

적 중심상징으로 삼는 종중의 형성이 중요하다. 이런 점을 의식한 성호는 8대조 경헌공 이계손李繼孫, 1423~1484을 구심점으로 삼는 대종大宗을 만들고 그 사당을 종가에 세워서 1년에 1번씩 제사를 지냈으며, 대종은 시조묘와 1소1목, 소종小宗은 할아버지와 아버지 2대만 제사 지내는 예법을 정립하였다.[15] 정산貞山 이병휴李秉休, 1710~1776에 의하면, 성호는 종족을 결합시키기 위해 경헌공을 시조로 하는 대종을 세우고 종가에 제전祭田을 두어 1년에 한번씩 제사를 지내게 했으며, 약간의 종전宗田을 두어 연회비용을 마련해서 서울에 있는 종인들을 소종小宗으로 모이게 하고 시골에 사는 족인들을 대종택大宗宅으로 모이게 함으로써 친족의 화목을 도모했는데, 사대부들 사이에서 이를 따라 하는 풍조가 생겼다.[16] 이러한 지적은 성호의 대종 정립과 종계 운영이 근기 남인 성호학파의 종중 형성과 종계 운영의 모델이 된다는 점을 잘 보여준다.

이미 잘 알려진 바와 같이, 성호 이익과 성호학파의 예학적 문제의식의 핵심은 경제적 절검節儉을 실천하고 정치권력의 남용을 막는 사회적 위계질서의 확립이다. 전자가 경제적 기반이 모자라서 잔반으로 몰락할 위험에 처한 향촌 사족으로서 사족적 정체성을 유지하려는 노력이라면, 후자는 막강한 정치적 권력을 지닌 경화세족을 견제하려는 고심의 반영이다. 이러한 방향은 정치적 권력과 경제적 여유를 갖추지 못한 향촌 재지사족의 비판적 사회 인식을 잘 보여준다.

성호에 의하면, 예禮는 "명분名分을 바로잡는 것"[17]이며, 사회적 명분

15 이봉규, 앞의 글, 125쪽.

16 『貞山集』, 『近畿實學淵源諸賢集』 4, 성균관대 대동문화연구원, 2002, 117쪽.

에 맞추어 적절한 형식으로 의례적 위계질서를 정립해야 것이다.[18] 성호는 이런 인식에 따라 관직이 없는데도 4대봉사를 하거나 경제적 형편과 분수에 넘치는 의례적 과시에 대한 비판을 가하면서 벼슬을 하여 경제적 여유가 있는 사대부의 『가례』와는 달리 "녹祿이 없는 서인庶人"을 위한 『서인가례庶人家禮』의 구상을 역설함으로써 사대부가 아닌 사서인의 예를 마련했다.[19]

> 예禮는 사치하고 참람한 것보다 더 해로운 것이 없다. 만일 윗사람에 너무 핍근逼近하면 마침내는 나라가 망하고 집이 망한다. 가례家禮가 생긴 이후에 사민士民의 상제喪祭와 선조를 받드는 데 분수를 넘는 것이 많다. 사당이 4대代에 미치는 것은 제후의 예인데도 벼슬이 없는 서인도 모두 4대를 제사하고, 대부大夫 이하는 띠茅를 묶어서 신주神主를 삼아야 하는데도 집집마다 목주木主를 하며, 지자支子가 감히 사당을 세우지 못하는 것은 종宗을 높이기 위한 것인데도 종자宗子가 친진親盡하면 장방長房에 신주神主를 옮겨서 적파嫡派와 동등하게 된다. 천자의 제사도 8변籩 8두豆에 지나지 않고, 제후도 6변 6두에 지나지 않는데도, 사서士庶의 제사에 과품果品이 6첩楪이고 포脯·해醢·소蔬·채菜도 6첩이니, 이와 같은 종류가 심히 많다. (…중략…) 대저 지위가 낮으면 재물이 적고, 재물이 적으면 용도가 궁핍하고, 용도가 궁핍하면 일이 간략하게 된다. 간략해야 하는데도 간략하게 하지 않으면 힘이 반드시 미치지 못하는 것인데, 억지로 넉넉하게 하면 민

17 『星湖僿說』 卷10 「人事門」, '率禮定名'.
18 『星湖僿說』 卷10 「人事門」, '祭三世'.
19 『星湖僿說』 卷10 「人事門」, '庶人家禮'.

> 생에 해를 끼치게 되는 것이니, 세상이 다스려지기를 어떻게 논하겠는가? (…중략…) 우리 동방은 (…중략…) 땅은 척박하고 백성은 가난하여 재용財用이 항상 궁핍한데도, 풍속은 사치한 것을 힘써 공연히 높은 체하고 겉치레하느라고 묘사廟祀에 이르러서도 남에게 미치지 못하는 것을 부끄럽게 여겨서, 벼슬이 없는 필부와 서인이 매양 경상卿相과 견주고, 비록 아무 것도 없는 빈한한 집이라도 죽기를 무릅쓰고 따라 가려고 한다. 혹 살아서는 잘 봉양하지 않다가도 죽어서는 반드시 분수를 넘으니, 이것은 반드시 행하지 못할 도道이다.[20]

성호는 분수에 맞지 않게 경제적으로 사치하고 사회적 위계질서를 범하는 풍조를 비판하면서, 구체적인 의절儀節과 제찬祭饌의 규모까지도 합리적인 의례적 위계질서를 구현해야 한다고 주장했다. 합리적인 의례적 위계질서는 정치적 지위와 연계되는 경제적 규모, 경제적 규모와 연동되는 의례적 형식이 유기적으로 조화를 이룬 것이므로, 사회적 위계질서가 적절한 의례적 형식으로 구현될 때 온전하게 이룩된다. 그러나 조선 후기에는 이러한 합리적 한계선을 넘어서 경제적 사치와 사회적 위세를 자랑하기 위해 분수에 넘치는 의례적 실천을 과시하는 풍조가 만연했다. 성호는 사회적 명분과 분수를 넘어서는 경제적 사치와 정치적 참람이 가정과 국가를 망치는 원인이라고 지목했다. 가정과 국가를 아우르는 합리적 예교질서는 정치적 지위와 경제적 형편과 의례적 형식을 하나로 수렴하는 의례적 위계질서였던 것이다.

---

20 『星湖僿說』 卷10 「人事門」, '四世木主'.

정치와 경제와 의례가 예교질서 속에서 유기적으로 연결된다는 인식은 역설적으로 의례적 실천이 문화적 차별화를 통해 정치-경제적 차이를 공고하게 하는 수단이자, 그러한 차이를 넘어서는 문화적 전략이 될 수도 있다는 점을 잘 보여준다. 이 때문에 지도층이 자신의 명분과 분수를 넘어서게 되면, 그 폐해는 결국 백성들에게 가고 공동체는 질서를 상실한 채 혼란에 빠지게 된다는 것이 성호의 비판적인 의식이었으며, 이런 의식은 순암 안정복과 다산 정약용에서도 지속적으로 견지되었다.

성호는 3대봉사를 주장한 자신의 예설을 보완했던 소남邵南 윤동규尹東奎, 1695~1773[21]에게 보낸 편지에서 사대부와 다른 서인의 분수에 맞는 의례적 실천을 강조했다. 비록 『가례』를 철저하게 실천하지 못했다는 비판에도 불구하고, 성호는 현실적으로 경제적 형편과 사회적 처지에 맞는 의례적 실천을 역설했던 것이다.

> 서인庶人이 어찌 감히 사대부士大夫와 같겠습니까? (서인은) 한 달을 넘기는 장례踰月葬를 치르지 않아도 갈장渴葬은 아닌 듯합니다. 궤식饋食하는 의절도 생략하여 생계를 부지하게끔 해야 합니다. 그러므로 우리 집안의 방식은 지극히 곤궁한 처지를 고려하여 규례를 마련하지 않은 것이 없고, 줄일 수 없을 만큼 줄이고 감히 더하지 않았습니다. 따로 『서인가례』 한 부를 만들어서, 바로 당장 몰락하는 처지나 면해 보고자 도모했는데, 비난이 사방에서 이르렀으나 신경 쓰지 않았습니다.[22]

---

21 이봉규, 앞의 글, 125쪽.

22 『星湖全集』 卷20 「答尹幼章【甲戌】」, 25b~26a. "庶人其敢與大夫士同耶? 不踰月, 恐非渴

요컨대, 성호는 서성입종론庶姓立宗論에 근거하여 '경제적으로 가난하고 정치적 지위가 없는' 서인가례庶人家禮의 새로운 가능성을 모색하고자 했으며, 종회를 만들고 종계를 운영하며 묘제를 실천한 것은 그 연장선상에서 이해할 수 있다. 이는 정치권력과 경제력을 모두 갖춘 중앙의 경화세족이나 정치권력은 모자라도 경제력을 갖춘 지방의 재지사족과는 달리, 양자를 모두 못 갖춘 향반鄕班들이 문화적 차원에서 불천위의 제사를 중심으로 (대)종중의 친족의식으로 새롭게 결속하면서 사족의 문화적 정체성을 확인하고 종계를 통해 상호부조하는 사회경제적 안전망을 확보함으로써 하층 백성으로 전락하는 것을 막기 위한 의례적 실천전략이라고 할 수 있다.

2) 순암 안정복의 합리적인 의례적 실천 양상

성호의 종회 결성과 종계 운영은 순암 안정복에게도 영향을 주었다. 안정복은 상제喪祭의 실천에서 성호의 예학과 예설에 대체로 충실하였다. 특히 상례의 실천에서는 성호의 『상위일록喪威日錄』을 철저히 계승했으며, 자신의 상례에도 그것을 따르도록 유언을 남겼다.[23] 그러나 4대봉사를 비롯한 제사 문제에서는 『성호예식星湖禮式』에서 『가례』로 접근하는 양상을 보여주었다.[24]

葬矣. 饋食之節, 更宜刪略, 俾有扶持活計. 故吾家中所處, 無非從至窮至殘處起例, 無可減而有不敢加, 別成庶人家禮一部, 庶幾免目下破落之圖, 譏誚四至而亦不卹也."

23 자세한 분석으로는 이민주, 「성호 이익(1681~1763)의 상례인식과 실천」, 『성호학보』 8, 2010 참조.

요즘 사람들을 보면, 부유하고 현달한 이들은 음식이 물 흐르듯 풍족하면서도 선조를 받드는 일에는 도리어 박하게 하기도 하고, 혹 가난하고 힘없는 이들은 제물을 수대로 차릴 수가 없으면 아예 공공연히 제사를 모시지 않기도 하니, 이 두 가지 경우는 모두 옳지 않습니다. 흉년이면 제사에 하생下牲을 쓰는 것은 나라 임금도 오히려 그렇게 하는데, 하물며 사士나 서인庶人이야 말할 나위 있겠습니까?[25]

순암은 합리적 의례질서를 넘어서서 분수에 넘치는 의례적 과시를 비판하고 절검의 정신에 따라 현실적으로 정성껏 의례를 실천할 것을 주장한 성호의 의견에 기본적으로 공감한다. 그러나 성호와는 달리, 정치적 권세를 지니고 경제적으로 풍족한 상류층이 현실적으로 온갖 호사를 누리면서도 조상 제사에서는 박하게 하거나, 가난하고 힘없는 하류층이 현실적 곤궁함으로 인해 아예 제사를 폐하는 문제점에 대해서도 날카롭게 비판했다.

제사 모시는 예는 마땅히 집이 가난한지 부유한지와 농사가 풍년인지 흉년인지와 한 해 경비의 많고 적음을 살펴서, 그에 따라 절제하여 다음과 같이 일단 삼품三品으로 정합니다. 집이 부자이고 농사도 풍년이면 『가례』대로 변과 두를 각기 여섯 개씩 놓되 지나쳐서는 안 되고, 그렇지 못하면 변과 두를 네 개 또는 두 개를 놓되 정조鼎俎와 병면餠麵 같은 것은 경우에 따라서 적당히 줄이며, 또 그 이하는 변과 두 각각 하나씩만 차려도 안 될 것이 없습

24 이봉규, 앞의 글 참조.
25 『順菴集』 卷2 「上星湖先生書【丁丑】」.

니다. 또 그것도 못하여 예를 차릴 수가 없으면, 비록 현미밥에 나물국이라도 놓아서 제사를 빠뜨리지 않기만 하면 될 것입니다. 제가 비록 매우 가난하긴 해도 아주 영락한 것은 아니기에 묘전墓田을 그대로 지키면서 오직 절약하며 살아가고 있습니다. 그러나 한 해 동안 제사가 매우 많아서 비록 제기祭器 둘씩만 차린다고 해도 연말에 계산해 보면 비용으로 든 돈이 매우 많습니다. 가난한 선비가 돈을 마련하자면 곡식과 바꾸는 길 밖에 없는데, 많지 않은 곡식으로 계속 바꾸다 보면 나머지가 얼마나 되겠습니까? 그것이 두려워 금년에는 제사 의식을 다시 정해 묘제墓祭는 국제國制대로 한식寒食·추석秋夕에만 행하고, 정조正朝와 단오端午는 없앴으며, 사당 안에서는 동지冬至와 하지夏至 두 때만 제사를 행하기로 하였습니다. 그리고 기제忌祭가 있는데, 제물은 위에 말한 삼품 중에서 중中과 하下 두 품만을 쓰기로 하였습니다. 중요한 이유는 우선 남에게 빚을 지고 싶지 않고, 또 물건을 전당잡히기 싫어, 단지 1년 동안 수입을 계산해서 쓰고 싶었던 것입니다. 그러나 토지는 늘 줄어 들고 사람 입은 갈수록 더 많아져서, 앞으로는 반드시 이렇게 할 수 있으리라는 보장도 없습니다. 이는 다 제 억지스런 생각에서 나온 것들이라서 아무래도 자신이 없기에 다시 이렇게 여쭙습니다.[26]

이런 문제점을 해결하기 위해 순암은 성호의 절검정신을 합리적 의례 실천을 위해 적용했다. 그리하여 사회의 경제적 상황과 개인의 형편에 따라 의절과 제찬의 규모를 줄이더라도 제사의 실천을 하는 합리적 방안을 강구했다. 넉넉할 때는 변두를 6개씩 갖추지만, 형편이 힘

26 『順菴集』卷2「上星湖先生書【丁丑】」.

들 때는 4개 또는 2개로 줄인다든가, 묘제를 한식과 추석에만 하고 사당 제사를 동지와 하지로 국한하기도 했으며, 중품과 하품을 제물로 쓰기도 했다. 이는 절검의 정신에 따라 현실에 맞게 정성껏 제사의 규모를 합리적으로 조정한 것이다.

> 자네는 예禮를 아는가? 『주역』「계사전」에 '예는 낮추는 것이니, 낮기 때문에 행하기가 쉽다'고 했다. 옛사람은 예를 제정할 때에 모두 행하기 쉬운 곳에서부터 일으켰는데, 지금 사람들은 궁핍하게 살면서 부자의 본을 보고 서민으로서 왕공王公의 흉내를 내어 사치와 참람함으로 법도가 없고 오만을 키워 재산을 탕진하니, '예는 낮춘다'는 뜻과 상반된다. 공자께서 또 '예는 사치하기보다는 차라리 검소해야 한다'고 말씀했으니, 검소하다는 것은 낮추어야 한다는 말이 아니겠는가? 예는 명분을 정하여 참위僭僞를 막는 것이니, 사람이 예를 행하는 때에 낮추어 검소하게 하는 뜻을 잃지 않는다면 거의 틀리지 않을 것이다.[27]

이러한 합리적 방식에는 순암 자신의 현실 상황에 대한 성찰과 더불어 백성들의 생계를 중시하는 서인가례의 절검 정신에 대한 성호의 관심이 반영되어 있다. 성호는 가난한 서민이 부자나 왕공의 흉내를 내어 사치하거나 법도를 넘어서는 참람한 오만을 떠느라고 재산을 탕진하는 문제점에 대해 날카롭게 지적하고 '낮추고 절검하는' 예의 정신을 강조했는데, 순암은 이런 스승의 충고를 수용하여 자신의 상황에

27 『順菴集』 卷18 「星湖禮式序【己丑】」, 13b~15b.

맞게 적용함으로써 빚을 지거나 전당을 잡힐 정도의 상황에 이르지 않도록 합리적으로 의례를 실천하는 신중함을 선보였던 것이다.

이러한 신중함은, 경제적으로 궁하고 사회적으로 낮은 지위에 있는 궁벽한 향유鄕儒로서 비록 관직과 재물은 없지만, 정치적 권력과 경제적 재력의 한계를 문화적 실천을 통해 극복하고 향촌사회에서 예교적 이념을 실현함으로써 사회적 권위를 확보하고 사족으로서 문화적 정체성을 재정립하려고 했던 의식으로 확장되었다.[28] 그 결과 종계를 운영하고 동약을 제정하여 향촌사회의 친족공동체와 지역공동체를 주도하는 사회적 영향력을 확보하였다.

> 무릇 진작시키지 않으면 일어나지 않고 인도하지 않으면 행하지 않는 것이 민정民情인데, 진작시켜 일어나게 하고 인도하여 행하게 하는 방술은 반드시 백성이 눈으로 보는 데서부터 시작해야만 감동하여 행해지기가 쉬운 것이다. 그러므로 그 가깝고 쉬운 것부터 시작함으로써 온 천하가 하나의 가르침에 동화同化되는 것이다. 그렇게 하지 않고는 생양生養을 이룰 수가 없고 풍속風俗을 같게 할 수가 없고 정령政令을 행할 수도 없으니, 비록 성왕聖王이라도 그 가르침을 베풀 수가 없는 것이다. (…중략…) 아, 우리 동이 수십 년 이래로 풍속이 퇴폐하여 문득 호향互鄕처럼 더불어 말할 수 없는 곳으로 전락하였고, 또 교활한 수령과 완만頑慢한 아전들이 나라의 권력을 등지고 횡포를 부렸으니, 어떻게 백성이 궁해지지 않고 풍속이 야박해지지 않을 수 있겠는가? 외부의 업신여김은 실로 어쩔 수가 없다지만, 예의

---

28 『順菴集』 卷18 「慶安二里洞約序【丙子】」, 4a. "窮而在下之君子, 或推其修齊之餘, 及於鄕里, 以淑諸人, 而無僭上議禮之嫌."

禮義는 사람 마음의 고유함에 근거한 것이니, 만약 그 고유한 바를 인하여 닦고 밝힌다면 가능할 것이다. 그리하여 정공남鄭孔南이 여기에 간곡한 뜻을 두고 나에게 부탁을 하여 조례條例를 세운 것이다. 무릇 법을 만들어 사람을 인도하는 데에는 먼저 민심이 따르게 해야 하는데, 민심이 따르지 않는 것은 언제나 해정害政에 원인이 있다. 이제 동중洞中에서 백성의 해가 되는 것을 빗질하듯이 제거하여 민심이 귀의할 바가 있게 한 뒤라야 가르침도 행해질 수가 있는 것이다. 맹자가 왕정王政을 논하면서 민산民産의 제정을 학교보다 먼저 말한 것은 참으로 이 때문이었다. 내가 이것을 정공남에게 말했더니 공남도 수긍하였다. 드디어 폐정弊政을 고치고 교화敎化를 돈독히 하고 금령禁令을 거듭 알리고 권면할 것과 징계할 것을 분명히 하였다. 이대로 행한다면 상호 모순이 되지 않고 또한 성상의 다스림에도 조금은 도움이 될 것이다. 만약 이를 핑계하여 무단武斷하는 기이한 술책을 삼는다면 나와 공남이 부끄러워할 것이다.[29]

순암은 진작하고 인도해야 할 민정民情을 이끌어내는 지역사회의 지도적 지식인으로서 「경안2리동약慶安二里洞約」을 제정하고 운영하였으며, 이는 뒤에 미천서원의 운영규약에도 영향을 미쳤다.[30] 그는 향촌사회를 구성하는 사족과 서민이 함께 참여하는 상하합계上下合契 형태의 동계를 조직하고, 동계의 최고책임자인 집강執綱은 나이가 많고 덕망이 있는 사족이 담당하지만, 그 밖의 직임은 중인, 평민, 천민 중 훌

29 『順菴集』 卷18 「慶安二里洞約序【丙子】」, 4a~5b.

30 김보경, 「18세기 향촌사회와 유교공동체－순암 안정복을 중심으로」, 『동양고전연구』 35, 2009 참조.

륭하고 적합한 사람을 뽑아서 담당하게 했다.[31] 이러한 구성과 직임의 분업은 사족과 서민의 수직적 구조를 유지하면서도 신분질서가 동요하는 현실 속에서 향촌사회의 주체로 새롭게 성장한 서민들의 사회적 위상을 예교질서 속에 수용하여 향촌사회의 경제적 안정과 도덕적 위계질서를 재정립하려는 시도였다.

나아가 순암은 백성들의 생계를 중시했던 성호의 노선을 계승하여 '생양生養'을 가장 중시했고, 그 기반 위에서 예교적 '풍속風俗'을 정립할 것을 주장했으며, 실제로 그 실현을 위해 노력했다. 또한 예교화의 문화적 실천을 가능하게 경제적 기반을 정립한 토대 위에서 '정령政令'을 통한 정치적 경계를 시행함으로써, 경제와 정치를 현실적으로 연동시키는 예교의 문화질서를 구현하려고 했다. 따라서 순암의 예학적 노선은 경제적 절검에 입각한 의례의 합리적 실천을 정치사회적 위계질서 구현과 연동시키는 현실주의적 방향이었으며, 성호의 현실주의적 예론을 더욱 균형있게 체계화하고 심화시킨 것이라고 할 수 있다.

이런 의식에 입각하여 순암은 대종중과 소종중을 아우르며 종회를 구성하고 종계를 운영하는 데 주도적으로 참여했다. 순암의 종계 활동은 부친인 안극安極, 1696~1754과 함께 사간공 대종계의 종인宗人으로 활동하면서 시작되었다. 순암가는 광주안씨 광양군파의 봉사손으로 입계入繼한 조부 안서우安瑞羽, 1664~1735가 1735년에 광주廣州 터골基谷로 옮겨 오면서부터 광주에 뿌리를 내렸다.[32] 1737년 순암의 부친 안극은 「무오보戊午譜, 1738」를 만들면서 사간공 대종계를 주도적으로 만

31 위의 글, 특히 316~320쪽 참조.

32 『順菴集』「順菴先生年譜」와「行狀」 참조.

들었다. 이를 지켜본 안정복은 1785년에 덕곡동에 세 칸짜리 집을 짓고, 1786년에 제청祭廳 혹은 재사齋舍를 완성하고 제전祭田을 마련해서 매년 10월 1일에 묘제를 정기적으로 거행했으며, 1790년에는 족보를 개수하여 「경술보庚戌譜」를 완성했다.[33]

> 이번 을사년1785; 정조 9에 덕곡德谷에 세 칸짜리 집을 지어 묘사墓祀 때 제사지내는 장소로 삼았다.[34]

> 10대의 선영先塋이 영장산靈長山의 남쪽에 있는데, 순암이 처음으로 제전祭田을 마련하고 선영 아래에 청사廳事를 건립하여 봄가을로 제사 지냈고, 10월 상일上日에 조위祧位에 합사合祀하였다. 또 선영 곁에 있는 후손이 없는 신위神位에 대해서도 전奠을 베풀었으며, 제사가 끝난 뒤에는 청사 앞에서 나이 순서에 따라 앉아 음복하였는데, 드디어 이것을 정식의례로 삼았다.[35]

순암은 이를 정례화하기 위해 「묘제의墓祭儀」를 지었다. 묘제를 위해 마련한 제전의 소출은 추수 뒤 저축했으며, 제사에 쓰고 남은 것은 종중을 위해 썼다. 이는 광양군파 종가인 순암가가 소종중으로서 대종계에 참여하면서 정했던 의례 매뉴얼로 보인다. 「묘제의」 내용은 다음과 같다.

---

33 『順菴集』 卷18 「族譜跋【庚戌】」, 43b~44b. 『順菴覆瓿藁』 14, "時上之十四年庚戌(淸乾隆五十五年)暮春下澣."

34 『順菴集』 卷14 「雜著 · 墓祭儀」, 49a. "【建祭廳】 今乙巳, 搆三間屋于德谷, 爲墓祀時行祭之所."

35 『順菴集』 「順菴先生行狀【黃德吉】」, 6a. "十世先塋在靈長山之南. 先生始營置祭田, 建廳事于壟下, 春秋將事於廳. 十月上日, 合祀於祧位. 又設奠于旁壟無嗣之神. 祀訖, 燕毛於廳前, 遂爲定儀."

선대의 묘소에는 조위祧位가 있고, 봉사위奉祀位가 있고, 부위祔位가 있고, 상위殤位가 있으며, 또 산신위山神位가 있다. 조위는 1년에 한 차례, 매년 10월 초하루에 상묘上墓한다. 봉사위는 1년에 두 차례, 한식과 추석에 상묘한다. 부위와 상위는 모두 집에서 마련한 것으로 하며, 제전에서 거둔 것을 쓰지 않는다. 추수한 것을 제사에 쓴 후에는 필시 다소간 남는 것이 있을 터이니, 모두 따로 저축해두고 유사有司를 정하여 선대先代의 묘역墓役에 사용하고, 또 마을 안 일가들의 길흉사 등에 적절히 헤아려서 도와준다. 조위 및 봉사위는 밥 · 국 · 떡 · 면 · 어탕魚湯 · 육탕肉湯을 각각 한 그릇, 적炙 세 꼬치, 소채 따위는 김치 · 숙채熟菜 · 생채生菜 · 잡절임雜菹 · 식해食醢 및 초酢의 육두六豆로 하고, 절육切肉, 속칭 자반佐飯과 포脯, 과일 사품四品의 육변六籩으로 한다. 그러나 만일 힘이 미치지 못하면 사두四豆 · 사변四籩으로 하면 된다. ○ 상위殤位는 밥과 국으로만 하되, 살아있는 사람의 식사와 같이 할 일이며, 찬품饌品에 대해서는 논할 필요가 없다. 가난하면 집의 형편대로 하는 것이 예禮이다. 우리집이 매우 가난하여 살기가 어려우니, 조상을 받들고 싶은 마음이야 무궁하지만, 집안의 능력 유무에 달린 일이므로 이제 그 능력을 감안하여 언급한다. ○ 제사를 마친 뒤에 자손들이 제청祭廳에서 음복을 한다. 첫째는 선조의 은혜를 잊지 않겠다는 것이며, 둘째는 그 날의 친족간의 정의를 펴고자 함이다. 한껏 기쁨을 나누고 파한다. 조위祧位의 묘제 축문 10월 초하룻날로 정한다. 사간공思簡公의 산소는 문장門長이 제사를 지내고, 다른 산소는 종가宗家에서 제사를 주관한다.[36]

---

36 『順菴集』 卷14 「雜著 · 墓祭儀」.

「묘제의」에 의하면, 광주안씨 종중은 가난한 살림을 고려하여 현실적 능력에 따라 의절의 형식과 제찬의 규모를 축소할 수 있는 여지를 갖고 묘제를 드리며, 대종중의 상징인 사간공 산소에는 문장이 제사를 드리고 다른 산소들은 해당 소종가에서 제사를 드린다. 전자는 성호학파 예학의 현실적 절검 정신을 반영한 것이며, 후자는 대종중과 소종중이 각각 문장과 종손의 관계 설정을 통해 갈등을 피하고 화합을 도모한다는 점에서 특기할 만하다. 실제로 10월 묘제는 나이가 많은 대종중의 문장이 초헌을 드렸다.

> 정조 10년 병오丙午; 1786, 선생의 나이 75세 ◯ 5월에 덕곡동德谷洞 안에 재사齋舍를 세웠다. 선생의 12대조 이하의 선롱先壟이 모두 덕곡에 있었다. 선생이 제전祭田을 마련하고 제식祭式을 작정했는데, (제일을) 이미 조천한 신위祧位는 10월 초하룻날 아침으로 정했으며, 아직 조천하지 않은 신위奉祀位는 봄·가을의 두 명절(한식과 추석)로 정했다. 묘역塋域을 전소展掃한 뒤에 신위神位를 차려놓고 재齋 안에서 제사를 지냈으며, 여러 무덤들의 후사後嗣가 없는 신위까지도 모두 축문祝文이 있었다. 평소에는 후배들이 강학講學하는 곳으로 삼았기 때문에, 역시 '이택재麗澤齋'라고 이름붙였으며, 이에 따라 월강月講의 규정을 정했다. 덕사德社의 학약學約을 만들었다.[37]

그런데 경제적 안정을 위한 상호부조와 예교질서의 정립이라는 종

---

37 『順菴集』「順菴先生年譜」, 60b~61a. "十年丙午, 先生七十五歲. ◯五月, 建齋舍于德谷洞中. 先生十二代以下先壟, 皆在德谷. 先生爲置祭田, 酌定祭式, 已祧之位, 則定以十月朔朝; 未祧之位, 則定以春秋兩節. 展掃塋壟, 後設位, 行祀于齋中, 以及於諸壟無后之神, 皆有祝文. 平時, 則爲後進講學之所. 故亦名麗澤齋, 因定月講之規. 作德社學約."

계 운영의 정신은 혈연공동체를 넘어서서 경안2리의 동약과 덕사의 학약 등을 통해 지역공동체에도 적용되었다. 순암은 재사에서 제사를 지냈을 뿐 아니라 후배들의 강학소로 이택재를 활용하였다. 이를 위해 덕사의 학약을 제정했으며, 이것은 뒤에 미천서원의 학규에도 반영되었다.[38] 종계에 반영된 상호부조의 정신은 동약과 학약 및 학규에도 적용되었으며, '생양'의 경제적 기반 구축과 '예속'의 문화적 실천 및 '정령'의 정치적 질서 정립을 연동시킴으로써 향촌사회의 예교질서를 정립시키려 한 순암의 구상은 친족질서 유지를 위한 제사를 거쳐 마을 공동체의 교화와 서원의 교육으로 확대되었던 것이다. 파평윤씨 노종파와 백불암 최흥원의 사례에서 알 수 있듯이, 친족공동체와 지역공동체를 아우르는 향촌사회 예교질서를 정립하려는 노력은 향촌 지식인의 사회적 책임을 문화적으로 구현하는 사례로 볼 수 있다.[39]

> 집안에서 부모를 섬길 때에는 효성과 공경을 다하였으며, 자제를 가르칠 때에는 예로써 이끌었다. 동생들이 이미 분가分家하였는데도 매번 있고 없는 것을 물어서 집안 살림을 보살펴 주었으며, 친척과 인근 마을 사람들 가운데 혹시라도 곤궁한 자가 있으면 반드시 힘이 닿는 대로 도와주었다. 생활이 검소하고 소박하였으며, 항상 절검하기를 힘썼다. 몇 마지기 되는 돌밭에서 나는 소출이 적었으나, 제사 지내고 손님을 접대할 때 궁핍한 지경에 이르지 않은 것은 수입을 따져서 지출하였기 때문이다.[40]

---

38 『順菴集』「順菴先生年譜」, 63ab. "十三年己酉, 先生七十八歲. ○四月, 貽書眉泉院儒, 辭院貳, 且勸行講學之規."

39 최언돈, 「백불암의 『부인동동약』과 관련된 향촌 규범에 대한 연구」, 『동북아문화연구』 23, 2011 참조.

실제로 가정에서 이루어지는 절검의 생활, 경건한 제사 봉행, 예교 질서의 교육과 체득, 상호부조의 연대 등은 친족공동체의 울타리를 넘어서 지역공동체로 확장되어 향촌사회의 예교질서를 활성화시켰다. 이러한 예교질서의 활성화는 일상생활의 수양으로부터 배양되었다. 순암은 일상생활의 수양을 위해 심잠心箴, 구잠口箴, 이잠耳箴, 목잠目箴, 수잠手箴, 족잠足箴의 육잠六箴과 조명朝銘, 주명晝銘, 모명暮銘, 야명夜銘의 사명四銘을 지어 벽에 새겨 넣고, 종약, 학약, 동약을 아우르는 정신을 '경직의방敬直義方'이란 네 글자로 새겨 자리의 오른쪽에 붙여 놓았다. 이런 경건한 의례적 태도와 더불어 절검의 실천을 통해 개인의 수양은 자연스레 친족공동체와 지역공동체로 확장되었던 것이다.

요컨대, 생양(경제)-예속(문화)-정령(정치)이 유기적으로 연계되는 순암의 예학적 구상은 경건한 수양과 절검의 생활을 기반으로 향촌사회의 예교질서를 구현하는 방향으로 전개되었다고 평가할 수 있다.

---

40 『順菴集』「順菴先生行狀【黃德吉】」, 5b~6a. "先生尤用力於日用工程, 著心口耳目手足六箴, 朝晝暮夜四銘, 銘諸障壁, 又刻敬直義方四字, 符揭座右, 及病革, 命侍者索置寢側, 其平日可知也. 居家事親, 盡誠敬, 教子弟, 繩以禮, 弟妹既分居, 每稱其有無, 爲經理之, 親戚鄰比, 或有窮匱者, 必隨力賙恤之, 生事素薄, 常務爲節儉, 數頃石田, 歲入頗約, 而供祀禮賓, 不至窘乏者, 量入爲出也."

3. 광주안씨 사간공파 종중의 의례활동과 종계 운영

1) 종계의 형성과 종회의 구성

조선 후기에는 종법질서가 정착함에 따라 종계 혹은 족계를 통해 문중의 친족질서가 확장되어 갔는데, 그에 따라 재지사족의 친족공동체인 문중은 대체로 동성 집성촌을 기반으로 한 특정 지역에 집중적으로 분포되어 있었다.[41] 특정지역에 밀집한 친족공동체의 구성원 분포와 경제적 기반은 특정 지역에 국한된 종계의 운영을 가능하게 했다.

그러나 경제적 기반이 넉넉하지 못할 경우에는 새로운 지역으로 이주할 수밖에 없었기 때문에 문중의 확장은 친족의 분화로 연결되었으며, 종계의 형성과 종회의 구성은 전국적 분포로 이루어졌다. 전국적으로 산재한 가난한 종인들이 '십시일반十匙一飯'으로 모아야 겨우 종회를 구성하여 종계를 운영할 수 있었기 때문이다. 이에 따라 정치적 권력과 경제적 기반이 없거나 모자란 향반들의 종계는 종계의 광역화 전략을 취하게 되었다.

광주안씨 사간공파의 종계 운영은 그 대표적인 사례로서, 향촌사회에서 절검과 부조를 통해 친족공동체를 결속하고 친족의식의 토대 위에서 사회경제적 안정망을 확보함으로써 하층민으로 전락하는 것을 막기 위한 실천적 전략의 차원에서 이해할 수 있다.

---

41 성봉현, 「조선 후기 친족결합 양상－충청도 지역 족계를 중심으로」, 『고문서연구』 21, 2001; 신정희, 「朝鮮時代 契의 組織과 그 性格變化에 대한 小考－16, 7世紀 親睦契・族契・洞契를 중심으로」, 『역사교육논집』 16・17, 1990참조.

실제로 광주안씨 사간공思簡公 안성安省, 1344~1421의 후손들은 안철관安鐵關의 주부공파注簿公派, 안철산安鐵山의 서령공파署令公派, 안종생安從生의 감찰공파監察公派 등으로 분화되어 전국적으로 산재했다. 순암가는 소종가로서 광주안씨 감찰공파 계열의 광양군파 종가였다. 광주안씨 사간공의 후손들은 사간공의 묘소가 위치한 광주 터골基谷의 감찰공파 종인宗人들과 현천玄川; 현재 하남시 감북동의 서령공파 종인들이 주도가 되어 대종중을 이루고 대종계를 형성했다.[42] 실제로 종계의 결성과 사간공 묘제의 봉행은 사간공 선영이 위치한 광주를 중심으로 영남지역과 기호지역을 망라하여 전국적으로 산재했던 광주안씨 사간공파 후손들을 대종계大宗契의 종인宗人으로 재결속시켰다.[43]

1737년丁巳 가을, 광주廣州 서문西門 밖 현천의 종장宗丈인 생원生員 안택명安宅明, 1683~?[44]이 족보를 펴내는 일로 순암의 집에 방문했을 때, 순암의 부친인 안극이 안택명과 함께 집 근처에 있는 선조 사간공의 무덤에서 세향世享의 논의를 시작해서 현천의 여러 종인들과 함께 종계宗契를 만드는 구상을 제기했다.[45] 그리고 10월 19일에는 안택명이 쓰고 서형瑞珩, 택주宅周, 택정宅貞, 서희瑞熙, 택형宅亨, 명집命楫, 석집錫

---

42 종계 결성을 위한 통문에 이름을 올린 종인은 서령공파(현천) 7인(택명, 택주, 택정, 택형, 명집, 석집, 홍집, 필집)과 감찰공파(터골) 3인(서형, 서희, 명룡)으로 구성되었다.

43 『종계일기』에 의하면, 종계의 운영을 위해 예전禮錢을 납부한 종인宗人들의 명단만도 166명에 이른다.

44 『종계일기』에서는 진사進士로 기록했지만, 『병오식년사마방목丙午式年司馬榜目』에 의하면, 영조英祖 2년1726, 丙午 식년시에 생원生員 2등으로 합격했으므로 바로잡는다.

45 『종계일기』 1-1(『古文書集成』 8, 131쪽). "丁巳年. 是年秋, 玄川【廣州西門外地名】宗丈進士宅明氏以嶺宗人修譜事, 來會余家,【在廣州城西南三十里慶安面葛馬峙南靈長山下基谷里, 俗名터골改頤谷.】先祖思簡公墳山, 在余家右甲坐之原, 相與瞻拜, 後不勝霜露之感, 倡出歲享之議, 與玄川宗人及墓下, 諸子孫一言相契, 始定【通諭】遠近諸宗之議."

楫, 홍집弘楫, 필집弼楫, 명룡命龍 등이 참여하여 이듬해에 갈마재葛麻峙 선산先山에 모여 종계를 결성할 것을 촉구하는 통문通文을 돌렸다.[46] 종계 결성을 위해 각 집마다 닷돈의 돈五錢銅을 갹출하되, 개별적 형편을 고려하여 더 낼 수 있는 여력이 있는 집에서는 재물을 더 내기로 했으며, 특별한 사정상 참석하지 못한 계원에게는 별도로 거두는 방식으로 계첩좌목契帖座目을 작성하기로 했다.[47]

> 자손이 조상들께 친함이 다하면 제사가 폐지되고, 제사가 폐지되면 종宗을 이끄는 예禮가 없어지며, 종을 이끄는 예가 없어지면 (자손들이) 서로 만나볼 수 없게 되고, 서로 만나볼 수 없게 되면 정情이 더욱 소원해지며, 정이 더욱 소원해지면 남남이 된다. 이것이 종을 이끌고 해마다 제사하는 예禮를 마련한 까닭이니, 근본에 보답하고 종을 도탑게 하는 의리는 모두 그 가운데 있는 것이다.[48]

그러나 광주안씨들은 묘제墓祭를 경제적으로 뒷받침할 제전祭田도 없고 무덤을 관리할 묘지기 노복도 없어서 제사가 끊기고 무덤도 제대로 관리하지 못하는 바람에 선산先山의 위치도 모르고 종족끼리도 서로 알지 못하는 지경에 이르렀다는 판단을 내렸다.[49] 이에 따라 선산 아래 몇 칸

---

46 『宗契日記』 1-2(『古文書集成』 8, 132쪽). "十月十九日, 通文右文爲通諭事."

47 『宗契日記』 1-2(『古文書集成』 8, 132쪽). "此亦中, 各持五錢銅, 來會爲去乎, 家力稍優之家, 不必拘此例, 從優出物, 而有故未會之員, 則收付出物於會員便名帖, 書單送來, 以爲契帖座目修定之地云云."

48 『宗契日記』 1-1(『古文書集成』 8, 131쪽). "蓋子孫之於祖先親盡, 則祭廢. 祭廢, 則無率宗之禮. 無率宗之禮, 則不得相見. 不得相見, 則情益疎. 情益疎, 則塗人也. 此率宗歲祭之禮所以作也, 而報本敦宗之義俱在其中矣."

의 집을 마련하여 제사를 지내고 종족이 모이는 장소로 삼고자 했다.[50]

이런 목적 아래 1738년戊午 2월 30일, 1737년 10월에 발송한 통문通文으로 인해 전국에 흩어져 있던 제종諸宗이 광주 터골의 사간공 무덤 아래에 일제히 모여서 종계를 결성했다.[51] 종회宗會를 연 첫 모임에서 논의된 안건은 크게 세 가지였다. 사간공의 무덤 뒤에 묻힌 종인 안재우安載愚의 무덤을 파서 다른 곳으로 옮기는 선산금장先山禁葬, 사간공 선조를 위한 묘제를 10월 1일에 정기적으로 드리고 이를 위한 종계를 만드는 일, 족보를 새롭게 펴내는 일 등이다.[52]

선산 금장 결의에 따른 후손 무덤의 이장은 선산인 영장산靈長山의 선영을 성역화하는 조치였다. 이는 사간공 선영이 광주안씨 사간공 후손들의 거룩한 뿌리의식을 확인하는 성소聖所였기 때문에 각 지파의 후손이 근처에 묻힐 수 없는 곳이라는 의식의 발로였다. 특정 지파 후손이 근처에 함께 묻히게 되면 사간공 종중의 공적 상징이 특정 지파의 사적 상징에 의해 전유되거나 공적 상징이 사적 상징으로 격하될

---

49 『宗契日記』 1-1, 1-2(『古文書集成』 8, 131~132쪽). "噫! 於穆我思簡公先祖, 奕葉重光, 其淸德懿行, 猶將百世祀之, 而親盡以來享儀之廢, 遽然百有年矣. 爲無傳來祭田, 又無守墓奴僕, 以至於香火久絶洒掃亦缺, 爲先祖後子孫者不爲不多, 而人易世疎, 禮服遂悠, 殊井異閭, 散在四處, 其中或有不知先山之在於何地, 不知其族之在於某處. 孰謂我世家大族貿蔑裂, 至此之甚耶?"

50 『宗契日記』 1-2(『古文書集成』 8, 132쪽). "方欲与諸宗準諸率宗歲祭之儀, 將行之, 而先祖墓下, 搆得數架屋子, 將行祭合族之所. 然後此禮可復也."

51 『宗契日記』 1-2(『古文書集成』 8, 132쪽). "戊午二月三十日, 諸宗因上年十月所發通文, 齊會于基谷思簡公墓下, 結成宗契."

52 『宗契日記』 1-4(『古文書集成』 8, 134쪽). "是日, 以諸處宗人多有不來者. 且思簡公墓後宗人安載愚入葬 故諸宗相議掘移 又通諭于諸宗曰 今日宗會所重何如 一則爲先山禁葬而掘移也 一則爲先祖歲祭而結契也 其次則相与團聚講定譜牒也 噫 人家大事孰有大於此三者乎 凡爲我先祖後孫者 同心協謀 宜不敢後宗末等. (…중략…) 以今十月朔日 將行歲祭於先祖祭 後仍行宗會於墓下 歲以爲常 而此事必□(…중략…) □辦得 故各出物力 結爲宗契 一以爲先墓薦享之資 一以爲後孫團會之計. (…중략…) 九月晦日, 一齊來會於基谷墓下云云." □는 글자판독불가. 이하 동일.

우려가 있었다. 이 때문에 광주안씨들은 사간공 선영에 더 이상 무덤을 쓰면 안 된다는 '금장'의 금기를 통해 성역화함으로써 모든 지파의 후손들이 함께 공유하는 공적 의례공간의 지위를 유지하게끔 만들었다. 이는 의례적 공간의 상징적 위계질서를 고려한 조처였다고 평가할 수 있으며, 여러 소종小宗들이 함께 구성하는 대종大宗의 종중을 구성하기 위한 대종계大宗契의 특징적 양상으로 해석할 수 있다.

선산 금장 결의가 유교적 친족질서의 공간적 성역화라면, 10월 1일의 정기적 묘제 봉행은 친족의식의 주기적 갱신을 위해 시간적 중심을 확립하는 일이었다. 실제로 시간적 연속을 통해 확인되는 계보의식의 정립을 위해 안극과 안택명이 중심이 되어 족보를 개수하였으며, 그 결과 「무오보戊午譜」(1738~1739)가 완성되었는데, 이는 뒤에 순암이 「경술보」를 만드는 데 큰 자극을 주었다. 족보의 간행과 종계의 결성은 혈연적 유대관계를 제고하기 위한 친족의식의 확립과 사회경제적 공동체 기반 형성에 중요한 계기가 되었다.

〈표 1〉『종계일기』에 기록된 광주안씨 사간공 종계의 초기 구성

계파	인원		지역	종인 명단
주부공파	27	12	廣州 古邑	光祚, 光岳, 光運, 光選, 光喆, 興迪, 興奎, 興成, 興龍, 慶福, 廣福, 時遇
		4	洪州	世光, 師尹, 師說, 師稷
		11	淸安	堂, 壤, 處靜, 處元, 處聖, 處貞, 處亶, 處光, 處重, 處寬, 處仁
서령공파	72	10	長水	世一, 世萬, 世淙, 世翼, 守聖, 守默, 守經, 守儉, 守賢, 守朴
		11	金川	世鎭, 世泰, 世謙, 禎, 禧, 祜, 祊, 祥, 禕, 淇瑞, 潾瑞
		5	庇仁	基, 亶, 鎭世, 鎭國, 鎭邦
		3	積城	宅周, 廷瑞, 錫楫
		2	楊州	椣, 宅元

계파	인원		지역	종인 명단
		33	龍宮 / 聞慶	三命, 三益, 三樂, 三愼, 三達, 時運, 榮建, 榮建, 廷輔, 夢大, 慶泰, 樟, 萬重, 時行, 德昌, 後榮, 時說, 時夔, 時翊, 時迪, 時甫, 時顯, 時弼, 時濟, 時復, 泰斗, 夢弼, 三極, 三樂, 重泰, 三錫 / 時遇, 時道
		8	廣州 玄天	柏, 宅明, 宅亨, 宅貞, 永楫, 商楫, 弼楫, 命楫
감찰공파	100	38	報恩	鳳奭, 友奭, 相奭, 景奭, 保奭, 宅奭, 鼎奭, 留奭, 采奭, 烋奭, 震奭, 行健, 行遠, 行儉, 行敬, 行履, 行萬, 行運, 行敏, 行大, 行正, 定國, 定后, 定性, 定岳, ○○, 應耋, 時命, 燕奭, 希奭, 行道, 行吉, 格, 載億, 載昌, 載基, 檜, 商楫
		12	通津	必淸, 蘖, 槊, 棨, 彙, 柔, 頲, 遲, 重復, 重益, 重履, 國泰
		10	南原	濟夏, 根, 相, 楷, 宅潤, 棖, 濟海, 橼, 檀, 處默
		5	南陽	載億, 載基, 載昌, 載百, 堪
		6	廣州 基谷	瑞珩, 瑞熙, 楫, 極, 鼎福, 瑞瑾
		5	廣州 都尺	后章, 后平, 后益, 堣, 垌
		1	靑坡	栻
		14	安東	如石, 如岳, 如泰, 後龍, 日相, 道元, 後雄, 震奭, 震益, 震光, 震邦, 汝石, 汝岳, 汝泰
		6	淸州	宅亨, 鼎老, 瑞蓂, 瑞莢, 處靜, 麒瑞
		1	果川	思喆(載曦)
		1	鎭川	載泰
		1	茂朱	杙
계	205		기타 6	부여(思默), 인천(鼎貨), 순천(景勛, 碩勛), 木川(檜, 載晟)

1738년에 결성되는 대종중의 종계는 사간공파의 3지파가 모두 참여했으며, 그 규모도 전국적이었다. 조직 운영은 지역별 대표자들을 통해 이루어졌다. 종계 운영을 위한 지역별 직무대표를 중심으로 조직을 구성한 「종계시공원분정기宗契時公員分定記」(1738)에 의하면, 공원 전체를 대표하는 판공원判公員 안택명安宅明을 중심으로 도척공원都尺公員 안후장安后章, 현천공원玄川公員 안상집安商楫, 기곡공원基谷公員 안서희安瑞熙, 홍주공원洪州公員 안세광安世光, 고읍공원古邑公員 안광조安光祚, 청안공원淸安公員 안처정安處靜, 남원공원南原公員 안근安根, 장수공원長水公

員 안수성安守聖, 순천공원順天公員 안경훈安景勛, 통진공원通津公員 안정安頲 등이 종원들을 대표하는 공원公員으로 활동하였다.

〈표 2〉 집사(분정기)에 나타난 제집사 명단(1738~1743)

집사	1738 (戊午)	1739 (己未)	1740 (庚申)	1741 (辛酉)	1742 (壬戌)	1743 (癸亥)
初獻	安宅明	安德亨	安極	安宅亨	安后章(겸)	安瑞珩
亞獻	安瑞珩	安栻	安處寬	安楫	安瑞珩(겸)	安瑞熙
終獻	□□□	安商楫	安載百	安鼎老	安瑞熙	安錫楫
陳設	安瑞熙 安極	安三命 安載曦	安杙 安處垕	朴致敬(겸)	安堣 安永楫	安永楫 朴致敬
大祝	安鼎福	安極	安載曦	安鼎福(겸)	安瑞珩(겸)	安極(겸)
奉爐	安興肇	安定岳	安處智	安猉瑞	安楫	安楮(汝山)
奉香	安命尙	安命岳	安弼楫	安汝山	安汝山	安景曾
奉酌	安彙	安宅周	安楫(겸)	朴致敬(겸)	安瑞珩(겸)	安命楫
執禮	安載晟	安載晟	安鼎福	安鼎福(겸)	安后章(겸)	安極(겸)
奠酌	安弼楫	安杙	安楫(겸)	朴致敬(겸)	安永楫	安鼎祐
司樽	安柏	安瑞珩	安宅貞	安處靜	安后章(겸)	安楫

한편, 10월 초하루 묘제의 집사執事를 분정한 「집사기執事記」 혹은 「집사분정기執事分定記」에 참여한 내역은 위와 같다. 대체로 각 지파와 지역을 고르게 배분하려고 했으나, 참여자가 적을 경우에는 집사 겸직을 하는 경우도 많았다.

사간공 계열 지파들의 종손들을 중심으로 구성된 묘제의 집사들은 대종계大宗契의 일반적인 관례에 따라 나이가 많고 학덕이 있는 문장門長이 초헌을 하면서 전체 묘제를 주도하였으며, 종가의 종손들과 소종가의 문장들을 중심으로 집사직을 수행하는 경우가 많았다.[53] 실제로 순암가에서는 종손이었던 안극, 안정복, 안경증安景曾, 1732~1777 등 삼부자의 이름이 확인된다.

그러나 참여자가 적은 경우에는 어쩔 수 없이 겸직을 하는 경우가 많았다. 1738년과 1740년에는 광주에 사는 안씨들이 상사喪事를 당하여 묘제에 불참하는 경우가 발생하였으며, 특히 1740년 사간공 무덤이 위치하여 10월 1일마다 드리는 묘제에서 주축이 되는 광주 터골의 두 가문에 상사가 생기는 바람에 전국의 제관들이 모이지 않았다.[54] 이에 따라 1741년부터 1742년까지는 11대 외손外孫인 박치경朴致敬이 집사로 참여했으며, 묘제 참여 종인수가 감소했던 1740년부터 1743년까지는 한두 사람이 각각 두세 가지 역할을 겸하는 경우가 지속되었다. 심지어 안경증과 안자安橧; 安汝山의 경우처럼 1741년부터는 어린이까지 집사執事로 분정分定되는 사례도 있었다. 처음 종계를 구성할 때에는 순전히 안씨들로만 구성되었던 종원 가운데 외손이 들어가서 집사까지 한 것은 광주안씨들이 적장자 중심의 부계주의가 확립된 18세기에도 여전히 외손을 친족의 범위에 포함시켰음을 보여주는 사례라고 할 수 있다. 이러한 경향은 내외보內外譜 형태로 유지되어 온 광주안씨 족보의 형태에서도 재확인된다.

한편, 매년 9월 그믐날 묘제에 참여하기 위해 전국에서 터골로 모여든 종인들의 방명록인 「도기到記」에는 '묘하자손불서墓下子孫不書'라는 표현으로 볼 때 당시 터골에 살았던 감찰공파, 특히 광양군파 종인宗人들을 별도로 표시하지 않았던 것으로 보인다. 광주 터골에 사는 종인을 제외하면, 사간공 묘제의 참여 인원은 다음과 같다.

---

53 최재석, 「同族集團의 組織과 機能」, 『민족문화연구』 2, 1966, 141~144쪽 참조.

54 『宗契日記』. "是日祭祀時, 基谷兩家皆在喪中, 京外祭官皆不來參, 享祀之際, 不成儀度."

〈표 3〉 사간공 묘제에 참여한 종인 방명록(1738~1743)

1738 (戊午)	1739 (己未)	1740 (庚申)	1741 (辛酉)	1742 (壬戌)	1743 (癸亥)
安宅明	安宅明	安杙	安宅亨	安后章	安錫楫
安根	安宅亨	安載曦	安鼎老	安永楫	安永楫
安處靜	安世光	安載百	安處靜	安堣	安命楫
安頲	安處靜	安處寬	安麒瑞		
安載晟	安宅元	安處智			
安命尙	安世美	安處垕			
安恒	安頲	安宅貞			
安命尹	安宅周	安弼楫			
安柏	安彙	安處貞			
安宅亨	安德亨	安彙			
安宅元	安栻	安琪			
安錫楫	安構				
安永楫	安三命				
?	安商楫				
安弼楫	安杙				
安命楫	安載晟				
安后章	安命岳				
安處重	安載曦				
安處寬	安定岳				
安處后	安鼎大				
安彙	安瑞栻				
安興肇	安檍				
21~22	22	11	4	3	3

당시 광주 터골에 살았던 광양군파를 중심으로 한 감찰공파 종인들을 제외한 타지역 종인들의 참여인원수는 1738년과 1739년에는 22명을 유지하다가 1740년 11명으로 50% 정도로 줄어들었고, 그 이듬해인 1741년 4명, 1742~1743년 3명으로 1740년 대비 반 이상 격감했다. 그런데 「집사분정기執事(分定)記」와 「소도인원기所到人員記」, 「구월이후계예전소납인원九月以後契禮錢所納人員」 등의 기록을 살펴보면, 「도기」에 '묘하자손불서'로 표기가 생략되었던 광주 터골 종인들로는 안서형安瑞珩(10세손), 안서희安瑞熙(10세손), 안서근安瑞瑾(庶10세손), 안극安極(11세손), 안즙安楫(11세

손), 안정복安鼎福(12세손), 안경증安景曾(13세손) 총 7명의 이름이 확인된다. 1739년 2월 30일 종계를 결성하기 위해 광주 터골로 모였던 사간공 후손들의 방명록인 「소도인원기所到人員記」에는 안후장安后章을 비롯하여 사간공 9세손부터 안정복을 포함한 사간공 12세손까지 망라되었다.

2) 종계의 수익과 지출과 의례 활동

광주안씨 사간공파 종계는 종인宗人들의 예전禮錢으로 마련한 기금을 운용하여 확보한 제전祭田의 운영과 기금 대출 등을 통해 확보한 수익금을 선영 관리와 묘제 봉행 및 종중 대소사 지원 등을 위해 지출했다.

수익의 종자돈은 종인들이 각출한 예전이었다. 『종계일기』(1738~1743)에 매년 기록하는 「종계예전봉상기宗契禮錢捧上記」 혹은 「예전기禮錢記」를 보면, 1738년부터 1741년까지는 매년 87명, 68명, 5명, 6명씩 예전을 납부했다. 극소수 여유가 있는 사람은 1량을 내기도 했지만, 대체로 5전씩 납부하여 종계를 만든 초기 4년간 총 166명의 종원宗員이 예전을 납부했다. 초기 2년간은 전국에 산재한 종족들에게 적극적으로 연락을 취하여 종원으로 충원하면서 예전이 이자수익을 포함하여 45량 7전 5푼, 42량 9전 7푼에 이르렀으나, 3~4년차에는 새로 납부한 종원이 5명과 6명, 예전 납부금액이 2량 5전과 3량에 불과했다. 이로써 종원 충원이 일단락되어 이후 2년간은 예전 납부가 보이지 않는다. 그리하여 예전을 납부한 종원 166명, 이자수익을 제외한 예전 납부 원금 총 83량 5전이 조성되었다.

〈표 4〉 예전 납부 현황(1738～1743)

예전 납부마감일	납부종원	예전 납부 원금	비고(이자 / 총수입)
1738년무오 2월 종회	5명	2량 5전	이자 1량 2전 5푼 총 3량 7전 5푼
1738년무오 9월말이후	82명	41량 5전	총 45량 7전 5푼
1739년기미 11월 1일	68명	34량	이자 8량9전7푼 총 42량9전7푼
1740년경신 11월 1일	5명	2량 5전	
1741년신유 11월 1일	6명	3량	
1742년임술～1743년계해	0명	0	
총계	166명	83량 5전	

매년 작성되는 「용하기用下記」를 보면, 종인들이 납부한 예전을 운용한 수익으로 제수를 마련하거나 제전祭田을 매입하는 등 선조 제사를 지속적으로 모시기 위해 지출하는 한편, 상사에 부의하거나 금전이 필요한 종원에게 대출하는 등 종원들의 생활 안정과 종중의 결속을 위해서도 사용했다. 이러한 운용은 조상 제사와 친족 결속이라는 종계의 목적에 부합하는 보편적인 지출 양상이다.

조선 후기 계의 이자율은 일반적으로 50%였다.[55] 이러한 흐름에 따라 광주안씨들은 1738년 종회 첫 모임에서 종곗돈의 이자율殖利을 연 50%로 정했으며,[56] 실제로 2월에 열린 1차 종회시 5명에게 각 5전씩 거둔 예전 2량 5전은 10월 1일 묘제 제향시 50% 이자율에 따라 이자 1

55 19세기 인플레이션 시기였다. 고려부터 조선 전기까지는 현물대부에서 춘궁기부터 추수기까지 1년에 50%인 장리長利가 관행화되었으나, 조선 전기 공채의 법정이자율은 20%, 조선 후기 공채는 10%였으며, 사채는 숙종대(1710)까지 1년 50%의 장리가 일반적이었으나, 화폐 유통이 활발해지면서 화폐대부는 20%로 제한되었으며, 영조대(1746) 이후 고종대까지는 20%로 제한되었다. 서길수, 「朝鮮後期 貸借關係 및 利子에 관한 硏究(I)－法定利子率의 變遷과 行錢의 影響을 中心으로」, 『韓國經濟學會誌』, 1983, 110～113쪽 참조.

56 『宗契日記』「宗契禮錢捧上記」. "當日會時, 契錢殖利定以什五."

량 2전 5푼을 합산한 총 3량 7전 5푼으로 늘어났다.[57] 또 9월 이후 82명에게 41량 5전을 거두었다. 1년간 거둔 예전은 45량 7전 5푼이며, 여기에 대족보전貸族譜錢 8량 3전을 합하여 종계를 운영한 첫해인 1738년戊午에는 도합 53량 9전 5푼의 총수입을 거두었다.[58] 이 중 13량 7전 5푼 제수祭需로 사용하였으며, 40량은 8명의 유사有司가 각각 5량씩 분장하여 곗돈을 운용하였다.[59]

한편, 광주안씨들은 제수를 마련하고 선산을 관리하며 묘제를 지속적으로 지내기 위하여 드는 일체의 비용을 마련하기 위해 제전을 매입했다. 『종계일기』에 의하면, 이와 관련된 문서로는 승려 인호印浩에게 산 논 8마지기斗落 문서 1장, 터골 두 종인宗人이 짓는 논 4되升지기와 밭 이틀갈이二日耕 문서 2장, 터골 유사有司 집에서 조처하는 논 3마지기 퇴도지退賭地 문서 1장 등이 있다. 그리하여 제위전답祭位田畓은 논 11마지기 4되지기, 밭 이틀갈이 규모였다.

「종계전봉상용하기宗契錢捧上用下記」를 보면, 1740년庚申에 승려 인호印浩에게 46량을 주고 지곡동芝谷洞의 논 8마지기斗落를 매입하였다.[60] 묘지기墓直 노복奴僕 김을생金乙生과 두만斗万 등이 제전祭田에서 농사를

57 『宗契日記』「十月朔日宗契錢用下留在記」. "二月晦宗會時, 五員所納禮錢, 二兩五錢. 秋, 並利納三兩七錢五分."

58 『宗契日記』「十月朔日宗契錢用下留在記」. "九月以後, 諸宗所納禮錢, 八十二員合四十一兩五錢. 合肆十五兩七錢五分. 又貸族譜錢八兩二錢. 都合五十三兩九錢五分內."

59 『宗契日記』「十月朔日宗契錢用下留在記」. "拾三兩九錢五分祭需下, 肆十兩, 安光選 安興成 安慶福 安彙 安載晟 安楫 安宅元 安宅員 八有司各五兩式分掌, 皆着名, 皆定以一年只納利錢. 至再周, 並納本利. 有司遞下."

60 『宗契日記』「庚申年 十二月卄四日宗契錢捧上用下記」. "已上二十二兩, 合上在錢二十六兩五錢之數, 及五員禮錢二兩五錢, 都數爲五十一兩內分. 四十六兩, 僧人印浩處買芝谷洞下畓八斗落."

지어서 나오는 소득과 터골 두 종인宗人이 짓는 논 4되지기와 이틀갈이二日耕 밭, 터골 유사有司 집에서 조처하는 논 3마지기에서 나오는 소득으로 제수 준비, 종자種子 비축, 토지세 지출 등에 보탰다.[61]

특히 매년 10월 1일 올리는 사간공 묘제를 위한 제수비용은 정기적인 지출이었는데, 1738년부터 1740년까지는 약 14량에서 20량 사이의 비용이 지출되었으나, 1741년부터 1742년까지는 7량에서 9량을 전후한 비용이 소모되었다.

〈표 5〉 예전 수익과 제수 비용(1738~1742)

시기	예전禮錢 수익	제수祭需 비용	비고
1738무오	53량 9전 5푼	13량 9전 5푼	
1739기미	23량 2전 5푼	19량 2전 8푼	
1740경신	41량 6푼	14량 5전 8푼	紙價及雇人糧價同入 在二十六兩五錢
1741신유	25량 5전	9량 2전	
1742임술	8량 4전 5푼	7량 5전 5푼	實餘九錢措辦家在同上八兩錢爲八兩九錢

이러한 변화 추이는 어떻게 해석할 수 있는가? 예전 수익의 감소는 종인의 신규 가입 축소에 따른 자연스런 것이며, 제수 비용의 감소는 묘제 참여자 숫자의 축소에 따른 것이라고 볼 수 있다. 1741년부터 급감하는 제수 지출 비용은 묘제 참여자 숫자의 급감에 따른 것이다. 실

61 『宗契日記』「辛酉年 宗契祭位畓打作」. “租二石十斗 而八斗來年種子除 卽上年印浩處所買畓 在二石二斗 給利次墓直奴金乙生處付”; 「壬戌年 宗契畓穀打作及捧利記用下記付」. “乙生所耕畓四石十三斗 上年租二石二斗利幷爲三石三斗 已上七石十七斗內 祭需一石下 種子八斗下 土稅一斗下 實在六石七斗 給利次乙生處付 木麥一斗 祭需盡下 赤豆三斗五升內 一斗五升祭需下 六升今年種子償 實在一斗四升 乙生處付 太四斗一升五合內 七升五合今年種子償 實在三斗四升 乙生處付”; 「癸亥年 同年宗契穀打作与捧上用下記」. “乙生所耕畓二石十八斗 万所耕畓一石三斗 今春措辦有司錢代所納畓 尙云 所耕一石四斗.”

제로 매년 9월 그믐날 묘제에 참여하기 위해 전국에서 터골로 모여든 종인들의 방명록인 「도기到記」(〈표 3〉 참조)를 보면, 1741년부터는 외지에서 터골로 와서 묘제에 참여하는 숫자는 3~4명에 불과했으며, 이에 따라 10월 초하루 묘제의 집사執事를 분정한 「집사기執事記」 혹은 「집사분정기執事分定記」(〈표 2〉 참조)는 광주에 사는 종인들을 중심으로 제집사의 역할을 겸하는 경우가 늘어났고, 외손과 어린이까지도 집사직을 수행하는 현상도 나타났다.

이러한 변화의 추이는 그 뒤에 어느 시점에 회복되었다가 19세기를 거치면서 종중 종계의 규모가 확대되었을 것으로 추정된다. 광주안씨 순암가 소장 고문서 중에 포함된 「종중문부宗中文簿」(1855~1863)를 보면, 1855년乙卯의 경우 종중의 총수익이 7,232량 7전錢 5부卜인데, 그 중 전답田畓 및 대도수합금大賭收合金 6,647량兩 7전錢 5부卜였으며, 총지출이 3,656량 5전이었는데, 그 중 274량이 종답결세宗畓結稅로 지출되었다. 전결田結 548량 5전에, 각 작인作人이 조租를 부담했다. 1856년丙辰의 경우에도 비슷한 수입과 지출이 있었는데, 총지출 중 1,501량이 대종답기경비大宗畓起耕費로 사용되고, 172량 2전 5부가 종답기경비宗畓起耕費로 쓰일 정도로 18세기에 비해 규모가 확대되었다.

20세기에 오면, 종중 재산의 규모는 좀더 확대된 것으로 확인된다. 광주안씨 제종 중 순암을 계승한 광양군파廣陽君派 34세부터 38세까지 모인 「안씨종중회결의서安氏宗中會決議書」(1915)에 의하면, 종중은 기존에 37대 종손 안붕수安朋洙, 1891~1965 단독명의로 소유권이 설정되어 있던 산판을 종중宗中 공유共有로 신탁증명信託証明하는 일을 결정했다.[62] 척관법에 따라 표시된 종중 재산의 산판의 면적은 다음과 같다.[63]

〈표 6〉 광주안씨 종중 공유지 현황(1915)

산판 소재지	면적(尺貫法)	평수 환산	m^2 환산
廣州郡 彦州面 方下橋	3정町 7반反 5보步	11,105평	36,710.744m^2
廣州郡 五浦面 鵂谷	11정 1반 1무畝 19보	33,349평	110,244.628m^2
廣州郡 慶安面 垈洞	127정 1반	381,300평	1,260,495.868m^2
종중 공유지 총계	141정 9반 1무 24보	425,754평	1,407,451.240m^2

4. 맺음말

18세기 중반에 광주 터골에서 형성된 광주안씨 종계는 사간공의 후손인 주부공파, 서령공파, 감창공파를 아우르는 대종계로서, 사간공을 중심으로 한 역대 선산이 모여 있는 광주 터골 근처 영장산을 성역화하고 「무오보」를 편찬하여 문중의 역사를 정리하면서 결성되었다.

사간공 종계는 최초의 문장門長 안택명을 중심으로 한 광수 현천의 서령공파 종인들과 광주 터골基谷에 자리 잡은 광양군의 종손이자 순암의 부친인 안극이 중심이 되었으나, 광주를 포함한 근기지역뿐만 아

62 「安氏宗中會決議書」(『古文書集成』 8, 148쪽). "을묘乙卯년1915 5월 28일, 종중회宗中會를 열고 문장門長 효석孝錫 씨가 병환으로 참석하지 못하니 섭원燮遠 씨가 일을 대행하여 다음과 같이 협의하여 결정함. 1조. 종손宗孫 붕수朋洙 소유 산판山坂 광주군廣州郡 언주면彦州面 방아다리方下橋; 역삼동 소재 3정町 7반反 5보步, 동仝; 광주군 오포면五浦面 부엉이골鵂谷 소재 산판(문형산文衡山) 11정 1반反 1무畝 19보步, 동仝 경안면慶安面 대동垈洞 소재 산판 127정 1반은 대정大正 4년1915 민법民法 제209호에 의하여 종손 붕수는 단독명의 소유권을 말소하고 종중宗中 공유共有로 신탁증명信託証明을 받게 함을 승낙함."

63 1정 = 10반, 1반 = 10묘, 1묘 = 30보로 정해져 있으며, 1보 = 1평에 해당한다. 1정보는 3,000평으로, 약 9917.36평방미터이다. ※환산공식 : 1평 = (400÷121)제곱미터, 1제곱미터 = (121÷400)평. 척도와 산식은 이승일, 『조선총독부 법제 정책』, 역사비평사, 2012 참조.

니라 영남지역과 기호지역을 포괄하는 전국적인 규모의 혈연적 네트워크를 정립시켰다. 이 종계는 지역적 규모뿐만 아니라 재정적 참여도에서도 괄목할 만한 규모를 선보였다. 초기 몇 년간 각자 5전씩 예전을 납부한 종인의 숫자만 166명에 이르렀다.

이러한 규모와 구성은 선산금장, 묘제 봉행, 종계 결성, 족보 제작 등을 통해 친족의식을 확립했던 광주안씨들이 족보 편찬과 묘제 봉행을 아우르는 대종계의 출범을 통해 친족의식을 확장시켜 소종중에서 대종중으로 친족질서를 확대했음을 실증해 준다.

그러나 순암이 계승하는 광양군파 소종가를 포함해서 대다수 광주안씨 종인들은, 상당한 규모의 경제적 기반을 구축했던 각 지방의 명문 종가들에 비해 경제적으로 열악했다. 순암의 고백에서 직접 확인할 수 있거니와, 순암가는 그리 넉넉하지 못한 경제적 형편에도 불구하고 절약과 상부상조를 통한 종계 운영과 묘제 실천을 지속했던 것으로 추정된다. 이는 지위와 재력이 모자라는 향촌에서 '절검'과 '부조'를 통해 친족공동체를 결속하는 양상을 보여준 것으로 평가할 수 있다. 광주안씨 사간공파의 사례는 혈연적 친족질서를 전국적으로 확대함으로써 가까스로 불천위 제사를 모시고 종계를 운영할 수 있는 경제적 기반을 마련했다는 점에서 조선 후기 가난한 문중들이 규모의 경제를 위해 '십시일반'의 전략을 취했을 가능성을 선보였다.

이러한 내용은 서성입종론庶姓立宗論에 근거하여 '경제적으로 가난하고 정치적 지위가 없는' 서인가례庶人家禮의 새로운 가능성을 모색했던 성호의 정곡종회 구성과 묘제 실천의 연장선상에서 이해할 수 있다. 이는 정치권력과 경제력을 모두 갖춘 중앙의 경화세족이나 정치

권력은 모자라도 경제력을 갖춘 지방의 재지사족과 달리, 양자를 모두 못 갖춘 양반들이 문화적 차원에서 불천위의 제사를 중심으로 (대)종중의 친족의식으로 새롭게 결속하면서 사족의 문화적 정체성을 확인하고 종계를 통해 상호부조하는 사회경제적 안전망을 확보함으로써 하층 백성으로 전락하는 것을 막기 위한 의례적-공동체적 실천전략이라고 할 만하다.

한편, 순암은 친족질서 확립을 위해 종계 운영에서 적용했던 절검의 실천, 상호부조의 연대, 예교질서의 교육과 체득의 원칙들을 동계나 서원의 지역질서에도 적용함으로써 향촌사회의 예교질서를 효과적으로 구축했다. 그는 친족질서와 지역질서를 아우르는 예교질서의 정립을 위해 상하, 존비, 노소 등 사회적 위계질서를 공고하게 하는 한편, 향촌사회의 가난하고 평범한 사족들과 더불어 중인, 서인, 천민까지도 예교질서의 새로운 주체로서 새롭게 인식하는 구상을 실천을 통해 분명하게 구현했다. 이러한 구상과 실천은 근기 남인 성호학파를 중심으로 정치적 출세가 곤란한 향촌 지식인들이 그러한 상황을 만회할 만한 경제적 기반마저 없을 때 조선 후기에 무너져가는 향촌의 예교질서를 재정립함으로써 향촌사회에서 사족의 사회적 책임을 다하고 문화적 정체성을 유지함으로써 문화적 헤게모니를 장악하는 실천전략으로서 의미를 지닌다.

이런 맥락에서 순암은 생양生養의 경제적 기반 위에서 예교적 풍속風俗의 문화적 실천을 합리적으로 정립하고, 그러한 합리적 의례질서를 친족과 지역공동체에서 구현하도록 정령政令의 경계를 시행하는 체계적인 구상을 밝혔다. 생양(경제)-예속(문화)-정령(정치)이 유기적으로 연계되는 순암의 예학적 구상은 절검에 입각한 의례의 합리적 실천을 사회적 위계질서 구현과 연동시키는 근기 성호학파의 현실주의 예론을 대표한 것인 동시에, 종계 / 동계 운영과 의례적 실천을 통해서 정치적 권력과 경제적 기반이 모자란 향촌 선비가 예교질서의 문화적 실천을 통해 지식인의 사회적 책무를 다하고 사족의 문화적 정체성을 유지 혹은 갱신하는 새로운 전형을 보여주었다고 평가할 수 있다.

참고문헌

원전류 및 번역본

『丙午式年司馬榜目』, 국립중앙도서관 소장본, 일산古6024-70.

『星湖僿說』

『星湖雜著』, 전2책, 규장각 소장 필사본, 奎 12133.

『星湖全集』

『星湖全書』, 여강출판사 영인본.

『順菴集』

『順菴覆瓿藁』

『古文書集成 8－廣州安氏・慶州金氏篇』.

『廣州安氏監察公波譜』

『廣州安氏大同譜』

『近畿實學淵源諸賢集』 3・4책(『貞山集』, 『喪祭禮』, 『星湖先生禮式』 등), 성균관대 대동문화연구원, 2002.

『邵南 尹東奎 書簡』(한국간찰자료선집 18), 한국학중앙연구원, 2012.

연구논저

김인걸・한상권 편, 『朝鮮時代 社會史硏究史料叢書』 3, 보경문화사, 1986.

김필동, 『韓國社會組織社會史硏究－계조직의 구조적 특성과 역사적 변동』, 일조각, 1992.

안병직・이영훈 편, 『맛질의 농민들－韓國近世村落生活史』, 일조각, 2001.

유봉학, 『조선 후기 학계와 지식인』, 신구문화사, 1998.

이수건 외, 『16세기 한국 고문서 연구』, 아카넷, 2004.

이승일, 『조선총독부 법제 정책』, 역사비평사, 2012.

이영훈 편, 『수량경제사로 다시 본 조선 후기』, 서울대 출판부, 2004.

이해준, 『조선시기 촌락사회사 연구』, 민족문화사, 1996.

______, 『조선 후기 문중서원 연구』, 경인문화사, 2008.

정만조, 『조선시대 경기북부 지역 집성촌과 사족』, 국민대 출판부, 2004.

정승모, 『조선 후기 지역사회구조 연구』, 민속원, 2010.

김건태, 「조선 후기 契의 재정운영 양상과 그 성격－전라도 장흥군 용산면 上金里 書契를 중심으로」, 『한국사학보』 38, 2010.
김경숙, 「16세기 사대부가의 喪祭禮와 廬墓生活－이문건의『默齋 日記』를 중심으로」, 『국사관논총』 97, 2001.
김남이, 「17세기 사대부의 『주자가례』에 대한인식과 일상에서의 예 실천－우암 송시열의 경우를 중심으로」, 『정신문화연구』 29-2, 2006.
______, 「18세기 喪·祭禮 실천과 宗統의 이상－星湖 李瀷의 承重·立後 논의를 중심으로」, 『동양고전연구』 35, 2009.
김보경, 「18세기 향촌사회와 유교공동체－순암 안정복을 중심으로」, 『동양고전연구』 35, 2009.
김윤정, 「18세기 禮學 연구－洛論의 禮學을 중심으로」, 한양대 박사논문, 2011.
김필동, 「17세기 사족 문중의 형성－파평윤씨 노종파魯宗派의 사례」, 『사회과학연구』 20-3, 충남대 사회과학연구소. 2009.
박종천, 「의례적 계승인가, 사회적 구휼인가?－조선 후기 입후立後와 입양入養에 대한 다산의 논의」, 『다산학』 16, 2010.
______, 「조선 후기 유교적 가족질서의 확산과 의례적 양상－입후立後와 입양入養을 중심으로」, 『퇴계학보』 132, 2012a.
______, 「퇴계 예학과 근기실학자의 예학」, 『국학연구』 21, 2012b.
______, 「다산 예학의 경세론적 성격」, 『한국실학연구』 24, 2012c.
______, 「조선 후기 예론의 성격과 전개 양상」, 『한국학연구』 31, 2013.
백도근, 「近畿 退溪學派 禮學觀 연구－성호예학의 연원과 이념」, 『철학연구』 90, 2004.
______, 「근기 남인 실학파 예학관 연구－성호학의 실학성과 그 예학」, 『철학논총』 41, 2005.
성봉현, 「조선 후기 친족결합 양상－충청도 지역 족계를 중심으로」, 『고문서연구』 21, 2001.
신정희, 「朝鮮時代 契의 組織과 그 性格變化에 대한 小考－16, 7世紀 親睦契·族契·洞契를 중심으로」, 『역사교육논집』 16·17, 1990.
원재린, 「순암 안정복(1712～1791)의 형법관과 향정론」, 『한국사상사학』 23, 2004.
______, 「조선 후기 星湖學派의 鄕政論 계승 양상－李瀷(1681～1762)과 安鼎福(1712～1791) 중심으로」, 『한국사상사학』 37, 2011.

이명희, 「18세기 지방자치의 구조와 기능에 대한 고찰—順庵의 경기도 광주부 二里洞約을 중심으로」, 『한국실학연구』 9, 2005.
이민주, 「성호 이익(1681~1763)의 상례인식과 실천」, 『성호학보』 8, 2010.
이봉규, 「유교적 질서의 재생산으로서의 실학—반계와 성호의 경우」, 『철학』 65, 2000.
_____, 「실학의 예론—성호학파의 예론을 중심으로」, 『한국사상사학』 24, 2005.
이영춘, 「星湖의 禮學과 己亥服制 禮論」, 『韓國史硏究』 105, 1999.
이은주, 「순암 안정복의 喪禮諸具와 喪禮 服飾觀」, 『성호학보』 5, 2008.
이해준, 「17세기 중엽 坡平尹氏 魯宗派의 宗約과 宗學」, 『충북사학』 11·12, 2000.
이현진, 「성호학파의 예학과 상례 인식—貞山 李秉休의 『喪祭禮』를 중심으로」, 『성호학보』 5, 2008.
장동우, 「고례古禮 중심의 예교禮敎 사상과 그 경학적 토대에 대한 고찰—다산의 『상의절요喪儀節要』와 『주자가례朱子家禮』의 비교를 중심으로」, 『한국실학연구』 13, 2007.
전성건, 「『사례가식四禮家式』 연구」, 『다산학』 19, 2011.
_____, 「星湖學派의 禮學과 茶山禮學의 定位—『家禮』 이해를 중심으로」, 『한국실학연구』 24, 2012.
정구복, 「한국 족계의 연원과 성격」, 『고문서연구』 16·17, 1999.
최승희, 「朝鮮後期 古文書를 통해 본 高利貸의 實態」, 『韓國文化』 19, 1997.
최언돈, 「백불암의 『부인동동약』과 관련된 향촌 규범에 대한 연구」, 『동북아문화연구』 23, 2011.
최재석, 「同族集團의 組織과 機能」, 『민족문화연구』 2, 1966.

◎초출일람

조선 후기 예론의 변동과 분화 - 영남 퇴계학파로부터 근기 성호학파까지

전성건,「성호학파의 예학과 다산예학의 정위 -『가례』 이해를 중심으로」,『한국실학연구』 24, 한국실학학회, 2012.

18세기 향촌 지식인의 자아 구성 - 존재存齋 위백규魏伯珪의 경우

김문용,「18세기 향촌 지식인의 자아 구성 - 존재存齋 위백규魏伯珪의 경우」,『민족문화연구』 61, 고려대 민족문화연구원, 2013.11.

가난, 병, 죽음 - 삶의 난관 앞에 선 실학자들

김선희,「가난, 병, 죽음 - 삶의 난관 앞에 선 실학자들」,『한국실학연구』 26, 한국실학학회, 2013.

조선 후기 가모嫁母·출모出母 담론과 어머니의 예학적 위상

김윤정,「조선 후기 가모嫁母·출모出母 담론과 그 예학적 성격」,『퇴계학보』 131, 퇴계학연구소, 2012.

가家의 확장과 내부의 타자들 - 성호학파의 여성 인식

김선희,「가家의 확장과 내부의 타자들 - 성호학파의 여성 인식」,『민족문화연구』 65, 고려대 민족문화연구원, 2014.

임진왜란 직후 대구사림의 지역사회 재건 노력과 분화

김형수,「17세기 초 대구사림의 형성과 분화 -『모당일기』를 중심으로」,『역사교육논집』 36, 역사교육학회, 2006.

임진왜란 이후 월천학맥과 예안지역사회의 재건

김형수,「17세기 초 월천학단과 예안지역사회의 재건」,『민족문화연구』 65, 고려대 민족문화연구원, 2014.

18세기 포은圃隱가문 계후繼後의 정치사회적 의미

김학수, 「18세기 圃隱家門 繼後의 정치사회적 의미」, 『포은학학연구』 10, 포은학회, 2012.

18세기 노론의 사복師服 예설 - 호남사족 양응수楊應秀를 중심으로

김윤정, 「18세기 사복師服의 성격과 실제－양응수의 「축장일기」를 중심으로」, 『국학연구』 23, 한국국학진흥원, 2013.

성호학파의 입후설과 변등론적 사회의식

박종천, 「조선 후기 성호학파의 입후설立後說과 친족의식」, 『민족문화연구』 65, 고려대 민족문화연구원, 2014.

성호학파의 친족의식과 종계 활동

박종천, 「성호학파의 친족의식과 의례생활－광주안씨 종계를 중심으로」, 『한국실학연구』 26, 한국실학학회, 2013.12.

◎필자 소개

전성건 全聖健, Jeon, Sung-Kun

연세대학교 국학연구원 연구교수. 한국유학을 전공했으며, 조선시대 가례문화와 유교공동체에 대한 연구를 진행하고 있다. 주요논저로는 『정약용의 철학사상과 체제개혁론』, 「신흠의 상수역학과 역사철학」, 「성호의 가문의식과 일상생활」, 「유학의 인륜성과 정감적 인간형에 대하여」, 「영지 개념의 분석을 통해 본 성기호설의 의미」, 「다산의 시대인식과 정치철학적 기반」 등이 있다.

김문용 金文鎔, Kim, Moon-Yong

고려대학교 민족문화연구원 HK교수. 한국유학을 전공하고, '자연'과 '사회'를 키워드로 삼아 조선시대 사상사 연구를 진행하고 있다. 주요논저로는 『조선 후기 자연학의 동향』, 『홍대용의 실학과 18세기 북학사상』, 『담헌 홍대용 연구』(공저), 『19세기 문화구조와 동역학』(공저), 『실학의 철학』(공저), 『조선 유학의 개념들』(공저) 등이 있다.

김선희 金宣姬, Kim, Seon-Hee

이화여자대학교 인문과학원 HK연구교수. 동서 비교 철학과 한국 유학을 전공했으며 근대 동서양의 사상적 교류와 영향에 대해 연구하는 한편 한국 근대 지식장에 관한 연구를 진행하고 있다. 주요논저로는 『마테오 리치와 주희 그리고 정약용』, 『하빈 신후담의 돈와서학변』(역서), 「신체성, 일상성, 실천성, 공공성-성호 이익의 심학心學」, 「『경세유표』의 경로들」, 「조선의 문명 의식과 서학의 변주」, 「최한기를 읽기 위한 제언-근대성과 과학의 관점에서」, 「실천철학으로서의 유학-크리스천 볼프와 다산 정약용의 비교 연구」 등이 있다.

김윤정 金允貞, Kim, Yun-Jung

연세대학교 국학연구원 연구교수. 한국사와 조선 후기 예학을 전공했으며, 조선시대 예설담론의 사회문화적 성격에 대한 연구를 진행하고 있다. 주요논저로는 「18세기 예학 연구-洛論의 예학을 중심으로」, 「조선 중기 가묘제와 여성제례의 변화」, 「霞谷 鄭齊斗의 宗法 시행과 禮論」, 「白水 楊應秀의 「四禮便覽辨疑」 연구」, 「18세기 端懿嬪의 喪禮와 服制論議-『端懿嬪喪葬謄錄』을 중심으로」 등이 있다.

김형수 金炯秀 Kim, Hyeong-Su

한국국학진흥원 책임연구위원. 한국중세사를 전공했으며, 조선시대 지역사회 구성과 학파간의 관계에 대한 연구 및 여말선초 국가의 재구성에 대한 연구를 진행하고 있다. 주요논저로는 『고려후기 정책과 정치』, 『조선서원을 움직인 사람들』(공저), 『한국유학사상대계 법사상편』(공저), 『낙동강 유역의 사람들과 문화』(공저), 「元 간섭기의 國俗論과 通制論」, 「고려시대의 貼과 申省狀」, 「고려 후기 원율의 수용과 법전편찬시도」, 「이황 서한을 통해본 명종대 서원의 창설과 운영」, 「1738년(영조 14년) 安東 鶴東서원의 置廢와 지방관의 역할-『法城日記』를 중심으로」 등이 있다.

김학수 金鶴洙, Kim, Hak-Su

한국학중앙연구원 국학자료연구실 실장. 조선시대사를 전공했으며, 조선시대 정치사회 및 고문서에 대하여 공부하고 있다. 주요논저로는 『끝내 세상에 고개를 숙이지 않는다』, 『여헌 장현광 연구』(공저), 『아계 이산해의 학문과 사상』(공저), 『조선을 이끈 명문가 지도』(공저), 『조선사회 이렇게 본다』(공저), 「고문서를 통해 본 조선시대의 증시행정」, 「17세기 영남학파 연구」, 「조선 중기 한강학파의 등장과 전개」, 「鄭逑(1543~1620)의 학자・관료적 삶과 안동부사 재임」, 「선유를 통해 본 낙강 연안지역 선비들의 집단의식-17세기 한려학인을 중심으로」 등이 있다.

박종천 朴鍾天 Park, Jong-Chun

고려대학교 민족문화연구원 HK교수. 종교학과 한국유교를 전공했으며, 조선시대 의례문화와 유교공동체에 대한 연구를 진행하고 있다. 주요논저로는 『일기를 통해 본 조선 후기 사회사』(공저), 『서울의 제사, 감사와 기원의 몸짓』, 『예, 3천년 동양을 지배하다』, 『다산 정약용의 의례이론』, 『역주 국조전례고』, 「조선 후기 예론의 성격과 전개 양상」, 「16~7세기 禮問答으로 살펴본 退溪와 退溪學派 禮學」 등이 있다.